高等院校应用型财经专业基础课规划教材

货币银行学

张 芳 主 编
白玮炜 石 磊 侯志铭 副主编

对外经济贸易大学出版社
中国·北京

图书在版编目（CIP）数据

货币银行学／张芳主编．—北京：对外经济贸易大学出版社，2015（2020.12 重印）
高等院校应用型财经专业基础课规划教材
ISBN 978-7-5663-1330-0

Ⅰ．①货…　Ⅱ．①张…　Ⅲ．①货币银行学-高等学校-教材　Ⅳ．①F820

中国版本图书馆 CIP 数据核字（2015）第 082879 号

货币银行学

张　芳　**主编**

责任编辑： 李晨光　张姗姗

对外经济贸易大学出版社
北京市朝阳区惠新东街 10 号　邮政编码：100029
邮购电话：010-64492338　发行部电话：010-64492342
网址：http://www.uibep.com　E-mail：uibep@126.com

北京华创印务有限公司印装　新华书店经销
成品尺寸：185mm×260mm　21.25 印张　491 千字
2015 年 6 月北京第 1 版　2020 年 12 月第 4 次印刷

ISBN 978-7-5663-1330-0
印数：5 001-8 000 册　定价：39.00 元

前　　言

随着我国金融业的逐步开放，金融业在现代经济生活中的地位越来越重要。为了应对国内外竞争，企业迫切需要一批掌握金融理论知识、勇于创新实践的管理人才。我们结合多年讲授货币银行学课程的经验，精心编写了这本教材。

货币是金融发展的起点，而银行则是传统金融体系的核心，货币银行学就是一门研究货币与金融体系运行机制以及货币运行与经济运行之间关系的学科。本书具体包括货币与货币制度、信用与利息等金融范畴，也包括金融市场、金融机构、商业银行、中央银行等微观金融分析内容，还包括货币需求、货币供给、通货膨胀与通货紧缩、货币政策、金融风险与金融监管、金融发展与金融创新、国际收支等宏观金融分析内容。

本书是专门为经济类学科设计的教材，内容全面、体系完整是本书的最大特点。论述详略得当，注意前后课程衔接，对后续专业课程不多做深入阐述，避免重复。

与其他货币银行学教材相比，本书的特点和优势表现为：

1. 在教材内容的选择上注意知识的系统性与重点性、前沿性与基础性、理论性与应用性的结合，突出原理，注重实用。

2. 在教材体系的安排上注重科学性和实用性，注重知识的内在逻辑和循序渐进，系统地介绍货币银行学的基础理论、制度和政策的演进，又大量涉及了金融市场和金融机构的实务操作，体现了货币银行学教学微观化和市场化的趋势，以利于学生的理解和掌握。

3. 注意联系我国实际。坚持理论联系实际，不仅结合我国金融改革实践，对原理加以阐述，对金融创新、金融危机等体现时代特色的有关内容进行介绍，而且在这些问题的论述上尽量结合世界金融业发展的实际情况，对国际纷繁复杂的金融现象进行深度分析，使学生在系统掌握金融学基础理论的同时，了解金融的最新实践与发展。

4. 注重对学生动手能力的培养。各章不仅有学习目标、每章小结、关键概念、案例、参考资料，而且各章后面都有复习思考题，便于学生理解掌握，以培养学生解决问题的能力。

本教材由张芳老师编写大纲，并撰写第九章和第十章，石磊老师编写第一章、第二章和第三章，白玮炜老师编写第六章、第八章和第十四章，侯志铭老师编写第十一章和第十二章，李丹捷老师编写第十三章，孙欢老师编写第四章和第七章，高嘉璘老师编写第五章，李刚老师和高西老师参与整理和校对，最终由张芳老师定稿。

本教材既适用于高等院校老师和学生用书，也可作为金融理论研究与金融工作者的参考书。

在编写过程中，我们参阅、借鉴了大量的文献资料和网上资料，这些参考文献为我们提供了丰富的素材和创作的源泉，在此向这些作者表示诚挚的谢意！

由于作者水平有限，在编写过程中难免有疏漏之处，恳请专家和读者批评指正。

作者

2015.1

目　录

第一章

货币与货币制度

学习目标

在这一章中，通过对货币起源的探究，学生应了解货币的产生与发展；通过对货币的概念、本质、职能的讨论，在进一步探究货币的同时应理解不同的货币统计口径及其对经济的影响；通过对货币制度的演变和发展历程的分析，研究货币在现代金融活动中的作用；通过辨析货币是否中性，明确货币与经济运行的关系。

第一节　货币的产生与发展

全世界有200多个国家和地区，近200种货币，货币既是社会经济发展中最根本的要素，也与我们每个人的生活息息相关。所以，研究它从哪里来、如何影响世界以及在经济生活中到底扮演了什么角色，至关重要。

货币起源于何时？最早的货币形态是什么？这一直是令人关注的问题。随着劳动产品转化为商品，商品也在同一程度上转化为货币”。显然，货币的产生是商品经济发展的结果。

一、货币的起源

研究货币的起源是正确理解货币本质的关键。对于货币的起源，古今中外很多思想家、经济学家都看到了其与交换发展的联系。他们对于物物交换的方式及其向媒介交换的转化做了多方面的剖析，得到的结论是：货币只能是进入交换的多种商品中的一种。

（一）中国古代的货币起源学说

中国古代的货币起源学说主要从两个角度解释了货币的产生：一个是先王制币说。该学说认为货币是圣王先贤为解决民间交换困难创造出来的。先王制币说在先秦时代十分盛行，以后的许多思想家大都继承了这一观点。这一观点产生以后影响很大，成为货币起源说上的主流认识。另一个是司马迁的交换需要说（又称自然产生说）。他在《史记》中写到“维币之行，以通农商”，意思是货币是用来沟通产品交换的手段，为适应商品的需要而自然产生的。

(二) 西方的货币起源学说

在马克思之前，西方关于货币起源的学说大致可以概括为三种：

(1) 创造发明说。该学说认为货币是由国家或先哲创造出来的。代表人物是古罗马法学家 J. 鲍鲁斯（公元二三世纪期间）。

(2) 便于交换说。该学说认为货币是为解决直接物物交换的困难而产生的。代表人物是英国经济学家亚当·斯密（1723—1790 年）。他认为，货币是随着商品交换发展逐渐从诸多商品中分离出来的，是为解决相对价值太多而不易记忆、直接物物交换不便而产生的。

(3) 保存财富说。该学说认为货币是为保存财富而产生的。代表人物是法国经济学家 J. 西斯蒙第（1773—1842 年）。他认为，货币本身不是财富，但随着财富的增加，人们要保存财富，交换财富，计算财富的数量，这样就产生了对货币的需要，货币因此而成为保存财富的一种工具。

(三) 马克思的货币起源学说

马克思对货币起源的论证，用最完整的劳动价值论揭示出推动这一进程的本质矛盾，即从社会分工和私有制揭示劳动作为社会劳动和私人劳动的矛盾统一体，进而揭示价值的实质及其表现的必然途径，然后通过价值形式的发展导出货币这一范畴出现在经济生活中的客观必然性。

马克思依据“货币根源于商品”的理论，用以下两种方法阐述货币的起源。

1. 抽象的逻辑分析法

马克思运用抽象的逻辑分析方法说明货币本身也是一种商品，而且这种商品是其他一切商品的价值形式。在商品交换发展的过程中，货币经历了四个发展阶段，有过四种价值形式。

(1) 简单的或偶然的价值形式

这种价值形式可用如下的等式来表示：

2 只羊 = 1 把斧子或 1 担谷 = 1 头牛

这是商品交换处于萌芽阶段的价值表现形式。商品交换最初是在原始公社之间发生的。一种商品的价值通过交换从另一种商品上表现出来只是偶然发生的：1 把斧子只是偶然地成为 2 只羊的交换价值，1 头牛只是偶然地成为 1 担谷的交换价值。

(2) 扩大的价值形式

这种价值形式可用如下的等式来表示：

2 只羊 = 1 把斧子或 = 1 担谷或 = 1 包盐。

这一价值形式反映了生产力和社会分工发展条件下日益扩大的商品交换关系。一种产品已经不是只能偶然地同另一种产品相交换，商品的价值表现扩大了范围，可以同多种产品相交换了，比如 2 只羊的价值现在有了 1 把斧子、1 担谷、1 包盐等一系列的交换价值，即一系列的价值形式。

(3) 一般价值形式

这种价值形式可用如下的等式来表示：

$$\left.\begin{array}{l}\text{2 只羊}\\ \text{或 1 包盐}\\ \text{或 1 把斧子}\\ \quad\vdots\end{array}\right\}=\text{1 担谷}$$

这一阶段商品交换的特点就是出现了表现一切商品价值的一般等价物。到了第三阶段，一般等价物成了商品交换的中介即与扩大的价值形式不同，1 担谷已经不仅仅是一种商品的价值表现，而是作为媒介商品的特殊商品了。在这一阶段，一切商品都首先同作为一般等价物的商品发生价值关系，然后借助于一般等价物的中介完成交换过程。一般等价物出现以后，一切商品的价值都通过它来表现，这种统一的表现形式称作一般价值形式。一般等价物是适应商品交换发展的需要，为克服直接物物交换的困难而产生的。

(4) 货币形式

一般等价物的地域性和不稳定性限制了商品交换的发展。商品生产和商品交换的发展必然要突破一般价值形式的这种局限性。在一个很长的历史过程中，随着商品数量的增加和商品交换的发展，一般等价物的职能逐渐固定在贵金属金、银身上。这种稳定地充当一般等价物的金或银便是货币。自从出现了货币，一切商品首先同货币相交换，用货币表现自己的价值，从而就出现了价值的货币形式。它是价值形式发展的最高阶段。

以上四种价值形式的发展，解决了“商品怎样、为什么、通过什么成为货币”的问题，使货币从商品中脱离出来，成为一般等价物。

2. 具体的历史分析法

马克思运用具体的历史分析方法，通过考察商品内在矛盾的发展来揭示货币的产生，侧重于说明货币的根源在于商品本身。马克思从商品和商品交换着手进行分析，认为在原始共同体中，劳动产品归整个共同体所有，既不存在商品，也不存在货币。随着社会分工和私有制的出现，不同生产者分别生产不同产品，产生了产品品种单一性和消费需求多样性的矛盾，从而出现了相互交换劳动产品的要求。但私有制的存在使劳动产品的交换变成了商品交换的关系。

马克思运用上述两种分析方法，科学地揭示了货币之“谜”。从中可以得出：(1) 货币是在商品交换过程中为了适应交换的需要而自发地从一般商品中分离出来的；(2) 商品变成货币是商品经济的内在矛盾——私人劳动与社会劳动之间的矛盾发展的产物；(3) 商品变成货币是一个漫长的历史过程（经历了四种价值形式），是一个由低级向高级的发展过程。

总之，货币是商品经济发展的必然产物，它根源于商品，并伴随着商品经济的发展而自发地产生。

二、货币的发展

货币是商品交换的产物。从古至今，充当过货币的物品很多，货币的形态经历着由低级向高级的不断演变过程。早期的货币都是实物形态的，包括非金属和金属实物货币。后来，随着货币体系的演进，出现了以国家权力为支持的价值符号，如纸币、铸币、信用货币等。

（一）实物货币

实物货币是指作为货币的价值与作为普遍商品的价值相等的货币。实物货币本身既作为商品，同时又作为货币在充当交换媒介。实物货币可以划分为两个阶段：非金属实物货币阶段和贵金属实物货币阶段。

1. 非金属实物货币

在原始社会末期最早出现的货币是实物货币。在人类历史的早期，任何交易者认为重要的商品，如牛、羊、铜、铁、贝壳、羽毛、石头、谷物等都可以并确实被用作货币。其中，海贝堪称原始货币之祖，另一种经常被用作货币的物质是盐。由于非金属实物货币保持原来的自然形态，受自身物理属性局限，易受季节、场景变化影响，充当实物货币的商品具有不稳定性，接受范围有限，难以分割，缺乏统一的价值衡量标准等局限性，从而使金属货币逐渐成为普遍的交易媒介。

2. 贵金属实物货币

充当货币的金属主要是金、银、铜。以黄金、白银作为货币几乎是所有国家共同的历史，因为这些金属有以下特点：（1）币值稳定，便于携带；（2）价值大，易于分割；（3）不受场景、季节的影响，易于贮藏；（4）具有统一的价值衡量标准；（5）具有普遍接受性。

为了适应经济发展对货币的新的要求，国家把金属块铸成一定的形状并打上面值，这样就出现了铸币。所谓铸币，就是指由国家统一铸造、具有一定重量和成色、铸成一定形状并标明面值的金属货币。政府根据铸币所包含的实际价值标明铸币的面值，并以其信誉做担保。

目前，黄金、白银等贵金属作为货币的属性主要表现在价值贮藏方面。它们更多的是一般商品，发挥着一般商品的职能。但是，在那些经济、政治局势动荡，爆发战争的国家，这些贵金属仍然发挥着货币的部分职能。

（二）代用货币

代用货币就是黄金等贵金属货币的替代品，代表黄金等贵金属发挥货币的职能。代用货币的出现是商品交换日益扩大的结果。通常是由政府和银行发行，其本身价值低于货币价值，是一种不足值货币。由于其一般形态是纸质的凭证，故亦称“纸币”。代用货币分为兑现纸币和不兑现纸币。兑现纸币是可随时向发行银行兑换铸币或金银条块的纸币，其效力与金属货币完全相同，且有携带便利、避免磨损和节省金属等优点；不兑现纸币是不能兑换金属铸币或金银条块的纸币，是流通中的货币符号。

（三）信用货币

信用货币是目前世界上几乎所有国家普遍采用的货币形态，信用货币只是政府通过银行向社会提供的信用流通工具。其本身价值远远低于其货币价值，而且不再代表任何贵金属，不能与金属货币兑换，实际上它只是一种货币价值符号。

货币形式发展到信用货币是由于两个原因：第一，商品货币，尤其是贵金属货币的生产成本高昂，相对而言，纸币或铜币、镍币几乎无生产成本；第二，贵金属的数量不能被轻易地改变，而纸币的数量几乎可在一瞬间发生增减。信用货币作为一般的交换媒介必须有两个条件：一是货币发行的立法保障；二是人们对此货币抱有信心。

信用货币的主要形态有：

（1）辅币。辅币多以贱金属铸造，本身所含的金属价值低于其货币价值，一般由政府独占发行，其功能主要承担小额或零星交易中的媒介手段。

（2）纸币。纸币一般由一国中央银行发行，其功能主要承担人们日常生活用品的购买手段。

（3）银行存款。存款是存款人对银行的债权，对银行来说，这种货币又是债务货币。银行存款种类很多，主要有活期存款、定期存款和储蓄存款。

（4）电子货币。随着电子计算机和电讯技术的发展，支付系统目前已部分地实现了向电子货币系统的转换。由于电子货币根本看不到货币的影子，而只是存储于银行电子计算机中的数据，所以也称作“超物货币”。

（5）信用卡。信用卡不是货币，但是它代表的延期货币支付行为紧随交易之后。储值卡或智能卡代表了新一代的塑制卡，且现在越来越普及。它们都是内置芯片的塑制卡，并按电子货币单位收费。利用电子支付系统，持卡人可直接在商店中进行支付，而无需考虑开立账户的银行地理位置。

总之，货币形态的演变依赖于信用制度和信用关系的不断拓展，其外在形式也不断地脱离具体物质形态的束缚，而更加的抽象化和虚拟化。

［专栏］1-1

比特币对货币体系的冲击

2008 年，全球金融危机爆发，当时有人用“中本聪”的化名发表了一篇论文，描述了比特币的模式。2009 年，不受央行和任何金融机构控制的比特币诞生。比特币是一种“电子货币”，由计算机生成的一串串复杂代码组成，新比特币通过预设的程序制造，随着比特币总量的增加，新币制造的速度减慢，直到 2014 年达到 2 100 万个的总量上限，被挖出的比特币总量已经超过 1 200 万个。和法定货币相比，比特币没有一个集中的发行方，而是由网络节点的计算生成，谁都有可能参与制造比特币，而且可以全世界流通，可以在任意一台接入互联网的电脑上买卖，不管身处何方，任何人都可以挖掘、购买、出售或收取比特币，并且在交易过程中外人无法辨认用户身份信息。

凯恩斯学派的经济学家们认为政府应该积极调控货币总量，用货币政策的松紧来为经济适时的加油或者刹车。因此，他们认为比特币固定总量货币牺牲了可调控性，而且更糟糕的是将不可避免地导致通货紧缩，进而伤害整体经济。物价持续下跌会让人们倾向于推迟消费，因为同样一块钱明天就能买到更多的东西。消费意愿的降低又进一步导致了需求萎缩、商品滞销，使物价变得更低，步入“通缩螺旋”的恶性循环。同样，通缩货币哪怕不存入银行本身也能升值（购买力越来越强），人们的投资意愿也会升高，社会生产也会陷入低迷。

奥地利学派经济学家们的观点却截然相反，他们认为政府对货币的干预越少越好，货币总量的固定导致的通缩并没什么大不了的，甚至是社会进步的标志。

法新社报道，比特币尚未在任何国家和地区受到有效监管。德国是世界上第一个承认比特币为“私人货币”的国家。目前全球最大的三个兑换平台分别是Mt. Gox、Bitstamp和BTCChina。世界首台比特币自动提款机于2013年10月29日在加拿大温哥华启用，办理加拿大元与比特币的兑换，使得排队办理业务的人群迅速增加。这台自动提款机由美国机器货币公司制造，设在温哥华一家名为“潮流”的咖啡屋内。

许多面向科技玩家的网站已经开始接受比特币交易，具体包括Mtgox、BTCChina之类的网站，以及淘宝某些商店，它们甚至能提供比特币兑换美元、欧元等服务。毫无疑问，比特币已经成为真正的流通货币，而非腾讯Q币那样的虚拟货币。国外已经有专门的比特币第三方支付公司，类似国内的支付宝，可以提供API接口服务。

思考：真实货币是否可能被虚拟货币取代?

资料来源：新华网（http：//www. xinhuanet. com）。

三、中国的货币

中国货币的起源，有据可查的是商汤时期的“铜贝”，而在此之前的夏商，骨贝、石贝、陶贝已经开始流通。贝壳自装饰品发展为货币可以上溯到黄帝时期，因此中国货币自使用贝币至今已有四五千年的历史，虽然货币的形态经历了多次更迭，但大多数社会都很快确定用贵金属，特别是黄金和白银作为货币。

最初的铜币形状多种多样，有刀币、布币、蚁鼻钱等很多形式。秦始皇统一中国后，下令全国的铜币以秦国的铜钱为标准，之后的各朝各代也都铸造自己的铜币，铜币上面通常带有铸造时的皇帝年号。

白银，在西汉的著述中已经出现，但直到宋代才逐渐成为主币，与铜并行流通。唐朝以后，白银货币逐渐得到广泛流通。虽然国库和官方银库里的白银按照统一的成色与重量铸造成元宝以便存放，但是流通的白银却不是铸币，而是以零碎的块状流通。中国不使用白银铸币的原因有很多，最主要的原因是由于政治的不稳定性，官方无法为发行的银币提供担保，同时，由于战乱频繁，民众经常将白银窖藏起来，导致市场流通额不足以支持银本位货币体系。

明朝中后期，白银开始大量流入中国，成为和铜钱一样普遍的金属货币。清朝时期，白银已经成为国家的主要货币（单位“两”）。清朝末年，墨西哥的银元开始在中国大量流通。清朝光绪皇帝在位时期，中国铸造了自己的银币，并设立了户部银行，发行正规的纸币。清宣统二年（1910年）颁布的《币制则例》，确认中国实行银本位制，以“元”为单位。1935年，中国实行法币制度，正式废除银本位。根据1936年《中美白银协定》，法币1元等于0. 265美元。

中国当前的货币主要包括现金（硬币、纸币）和银行存款。现金由硬币和纸币构成，主要用于日常零星交易，是使用最为广泛的货币形式。由于历史和结算方式等方面的原因，中国目前的现金数量相对于其他国家要多得多。近年来，随着市场经济的发展，信用卡、商业票据等各种替代现金支付的结算工具快速增长，现金在货币供应量中所占比重已在逐年下降。

中国银联是经中国人民银行批准的、由 80 多家国内金融机构共同发起设立的股份制金融机构。公司于 2002 年 3 月 26 日成立，总部设在上海，注册资本 165 亿元人民币。“银联”标识卡是经中国人民银行批准由国内各发卡金融机构发行、采用统一业务规范和技术标准、可以跨行跨地区使用的带有“银联”标识的银行卡。

目前，在国内经常使用的信用卡除“银联”标识卡外，中国银行、中国工商银行和广东发展银行等都与威士卡（VISA）和万事达卡（MasterCard）这两大国际信用卡组织合作，并分别推出了带有 VISA 和 MasterCard 标识的全球通用的银行卡。

第二节 货币的界定与计量

一、货币的性质

货币的本质即货币“质”的规定性实际上就是要解决“什么是货币”的问题，并对货币的本质做出理论说明。在这一探讨的过程中，形成了有代表性的几种观点。

（一）马克思的货币本质观

马克思货币的起源揭示了货币的本质属性，认为货币是从商品世界中分离出来的固定充当一般等价物的特殊商品，并能反映一定的生产关系。

作为一般等价物的货币，还必须具备以下一些必要条件。

1. 价值的稳定性

这是货币的先决条件。历史上的普遍情况是，货币的实物形态本身也应具有内在的价值，如金银。然而，内在价值的要求也可能会发生变化。现代货币的实物形态（纸币和硬币）只是纯粹的价值象征，它们不再由贵金属铸造。

2. 数量上的有限性

与它的需求量相比较，货币的供给应处于短缺状态。这似乎与有效的交易媒介的基本条件相矛盾。但为了在支付中被接受，货币本身须具有价值或较为稀缺。正是由于其数量上的有限，货币才成为被人们持续性追求的对象。

3. 普遍接受性

这是货币的基本特征，即货币必须为公众所普遍接受。原则上，可接受性是通过法律来强制执行和加以保证的，没有哪个社会成员会坚持使用其他支付形式。但如果人们对官方货币的价值失去信心，禁止他们拒收官方货币的行为也就没有足够的合法性。他们可能需要其他商品或币值更为稳定和更方便交易的货币作为支付手段。

4. 供给富有弹性

即货币必须能随着商品生产和交换的需要而有弹性的伸缩。货币能否满足此条件，关系到币值的稳定与否，这是货币能否发挥一般等价物作用的重要条件之一。若流通中的货币量超过了需求量，其价值就会下跌。这表明尽管货币作为交易媒介，是价值的单位标准，但它本身仍是一种商品，其价值也会波动。

5. 可分割性

这是为适应交易所需。交易数额有大有小，货币应有分割的特性，货币除有各种不同面值外，还应有各种小额辅币。

6. 易于辨认与携带

这是保证货币被普遍接受的前提条件。如果很容易被仿制，则必引起流通界的混乱。同时，也要容易被携带和运输，即易于从一个地方携带到另一个地方，或从一个人转移到另一个人手中，才能保证公众愿意接受它。

（二）货币金属说

这是西方关于货币性质的一种古老的观点，提出这种学说的主要是威廉·斯塔福斯以及托马斯·孟为代表的重商主义者，并最终由古典政治经济学派威廉·配第、亚当·斯密、大卫·李嘉图等人形成并完善。该学说从货币的价值尺度、贮藏手段等职能的角度来认识货币的本质，认为货币就是贵金属，货币的价值是由金属的价值决定的。古典学派也基本坚持这一观点。

（三）货币名目说

这是西方关于货币性质的又一经典学说，盛行于 17—18 世纪，主要有巴本的货币国定论、贝克莱的货币计算比价论、斯图亚特的劳动价值论、克拉普的货币支付手段论等。该学说从货币的流通手段、支付手段职能的角度出发来认识货币本质，认为货币只是一种便利交换的技术工具和一种价值符号，否认了货币的商品性和货币的实质价值，货币只是名目上的存在，货币的价值不是货币本身所具有的，而是由国家创造的，并由国家权威所规定。

在现代货币名目说的发展过程中，以费雪和马歇尔为代表的货币数量说在坚持货币名目说及货币本质观的基础上对货币定义及职能实现了认识上的突破。到了 1936 年年底，随着国际金本位制的崩溃，货币金属说风光不再，当代货币名目说则以“管理通货论”的形式再度兴起，而其中最具代表性的就是经济学家凯恩斯，他在《货币论》中提出“计算货币”这一概念，认为货币只是一种计算单位，是一种可以用符号或称号来表示的观念上的货币。从那以后，以“管理通货论”为代表的现代货币名目说基本上支配了西方货币本质理论的论坛。

（四）货币职能说

货币职能说主要从货币职能或用途来给货币下定义，并解释货币本质，是现代货币名目论的一种典型代表学说。该学说的最早倡导者为新历史学派的经济学家瓦格纳（1835—1917 年）和边际效用学派的门格尔（1840—1924 年）。此外，法国经济学家海尔弗里希（1872—1924 年）也是该学说的主要代表人物。货币职能说认为，货币是从商品发展演变而来的，但是货币一旦产生之后，它就逐渐脱离商品、脱离货币材料的价值而独立存在。这时，货币材料的价值对货币本身来说已经没有了决定意义。货币的价值不是货币材料实体的价值，而是货币职能的价值。

二、货币的定义

经济学往往从货币职能来定义货币，比如斯蒂格利茨认为“货币就是货币行使的职能”，米什金认为“货币是在商品或劳务的支付中或债务的偿还中被普遍接受的任何东西”，托马斯·梅耶则认为“任何一种能执行交换中介、价值标准或完全流动的财富贮藏手段职能的物品都能看成是货币”。

通常的定义一般认为：货币可以泛指在商品、劳务的支付或债务的偿还中被普遍接受的任何东西。

而一个普遍的错误概念是将货币的含义仅局限于通货——纸币与硬币上。今天，任何人实际理解的货币，可能更多的指纸币和硬币。然而，通货只是货币实际数量的一小部分。所以，货币的经济学含义要远比人们口袋中和追求的货币更为宽泛。从其基本的含义来看，货币并不是某一特定的事物或物质，它存在各种不同的形式。在货币的发展历史中，硬币和纸币只是近期才出现的。

货币与通货、财富、收入的区别主要有：

1. 货币（Money）不等于现金（Cash）或通货（Currency）

现金亦称通货，是指由政府授权发行的不兑现的银行券和辅币，是一国的法偿货币，比货币范围小。

2. 货币不等同于财富（Wealth）

财富即个人拥有的、包括所有资产在内的总资源，包括房产、汽车、家具、艺术品、股票、债券、货币等。财富是存量，货币是财富的表现形式之一。

3. 货币不等同于收入（Income）

收入是单位时间内收益的流量，是流量概念，货币一般在流通中和贮藏中都可以存在，既可以表现为流量，也可以表现为存量。

三、货币的职能

（一）马克思关于货币职能的论述

马克思的货币理论认为，货币在与商品的交换发展过程中，逐渐形成了价值尺度、流通手段、贮藏手段、支付手段和世界货币五种职能。其中，价值尺度和流通手段是货币的最基本职能。

1. 价值尺度

货币的价值尺度职能是指货币能够表现和测量商品的价值，这是货币的首要职能。货币在表现和衡量其他一切商品价值时，执行价值尺度职能。货币在执行价值尺度的职能时，并不需要有现实的货币，只需要观念上的货币。例如，1头牛值2两金，只要贴上个标签就可以了。用来衡量商品价值的货币虽然只是观念上的货币，但是这种观念上的货币仍然要以实在的金属为基础。商品的价值用一定数量的货币表现出来，就是商品的价格。价值是价格的基础，价格是价值的货币表现。

2. 流通手段

货币的流通手段职能是指货币在商品交换中充当交换的媒介。货币在执行流通手段职能时的特点是：（1）作为流通手段的货币，必须是现实的货币，因为必须用现实的货币进行交换，才能实现商品的价值；（2）流通手段起的是媒介作用，是个转瞬即逝的过程，完全可以用不足值的或没有价值的符号代替；（3）包含有危机的可能性，在货币发挥流通手段职能的条件下，交换过程分裂为两个内部相互联系而外部又相互独立的行为，即买和卖，这两个过程在时间和空间上分开了，货币流通手段的职能因此“包含危机的可能性”。

3. 贮藏手段

货币退出流通领域后，被人们保存、收藏起来，成为储蓄的货币，执行贮藏手段职能，这是货币退出流通领域充当独立的价值形式和社会财富的一般代表而储存起来的一种职能。货币执行价值尺度的职能可以是观念上的货币，作为流通手段的货币可以用货币符号来代替。但是，作为贮藏手段的货币：（1）必须既是实在的货币，又必须是足值的金属货币，最典型的形态有金银铸币或金银条块作为贮藏手段。（2）作为贮藏手段的货币必须退出流通领域，处于暂时静止的状态。贮藏货币具有自发调节货币量的特殊作用。当流通中需要的货币量减少时，多余的货币便自动退出流通贮藏起来；当商品流通需要的货币量增加时，部分贮藏货币会加入流通以满足需要。

4. 支付手段

在商品交换中，货币运动可能先于或后于商品运动。当货币作为独立的价值形式进行单方面运动（如清偿债务、缴纳税款、支付工资和租金等）时所执行的职能即为支付手段职能。货币充当支付手段，是由商业信用引起的，即商品买卖和货币支付存在时滞性，买卖关系成为债权债务关系。作为流通手段的货币是商品交换中转瞬即逝的媒介，而作为支付手段的货币则是交换过程的最终结果。货币执行价值尺度是观念上的货币，货币执行流通手段可以是不足值的货币或价值符号，但作为支付手段的货币必须是现实的货币。从货币作为支付手段的职能中产生了信用货币，如银行券、期票、汇票、支票等。

5. 世界货币

货币在国际市场上发挥一般等价物的作用时执行世界货币职能。世界货币除了具有价值尺度的职能以外，还有以下职能：（1）充当一般购买手段，一个国家直接以金、银向另一个国家购买商品；（2）作为一般支付手段，用以平衡国际贸易的差额，如偿付国际债务、支付利息和其他非生产性支付等；（3）充当国际间财富转移的手段。货币作为社会财富的代表，可由一国转移到另一国，例如，支付战争赔款、输出货币资本或由于其他原因把金银转移到外国去。在当代，世界货币的主要职能是作为国际支付手段，用以平衡国际收支的差额。

（二）西方经济学家关于货币职能的表述

从经济学含义来看，货币最好应理解为满足独立而又相关的四个方面的职能，即交换媒介、计价单位、价值储藏、延期支付标准。任何具有其中全部或部分职能的事物，即使不可能用于储备，理论上仍可称为货币。

1. 交换媒介

交换媒介或交易媒介是交换商品和劳务、偿付债务、交换资产（如普通股）时被普遍接受的支付手段。货币必须具有交换媒介的职能。货币的该职能在于它是一种特定的物质，并能在支付过程中被交易双方在给予和收受时普遍接受。在买卖交易中，货币作为交换工具而被提供，这种工具（货币计量单位）正是硬币和后来的纸币等实物形式，硬币和纸币本身也相应成为产品和服务的交换品。

2. 计价单位（价值标准）

计价单位是指衡量价格与价值的尺度及比较它们的标尺。在计量产品服务的成本以及债务与合同中出现支付活动时，货币必须充当一般计价标准。这使得人们能够确定毫不相关的商品的相对价值，例如衣服和飞机票，其价值可用第三者的单位价值来表示（有时又被称为“计量单位”）。

3. 价值储藏

价值储藏是未来购买力的蓄水池，是指货币既是暂时性又是永久性的贮存购买力的手段。无论是实物还是银行账户形态的货币，都提供了一种持有财富的有效方法，这种当时并不需要的财富，可以用来购买将来的产品和服务。为了满足此职能，实物形态的货币应耐用，这也正是历史上把金属作为优先选择的货币的原因。

4. 延期支付标准

在物物交换的条件下，缺乏一种为人们所能共同接受的价值标准作为衡量长期性交易契约和借贷契约的基础，而货币的出现为此提供了计价单位，以便在未来的特定时期，当前的债务能以合理的数额偿还。在特定时期内若出现延期支付，贷款人就会向借款人收取一定的费用。这笔费用称为利息，它通常以贷款总额的百分比来计算。因此，货币的使用，促进了信用制度下借贷关系的发展，成为现代货币信用经济发展的基石。

四、货币层次的划分

（一）划分货币层次的目的

所谓货币层次划分，即把流通中的货币量主要按照其流动性的大小进行排列，分成若干层次并用符号代表的一种方法。货币量层次划分的目的是为了把握流通中各类货币的特定性质、运动规律以及它们在整个货币体系中的地位，进而探索货币流通和商品流通在结构上的依存关系和适应程度，以便中央银行拟订有效的货币政策。

（二）货币层次的划分标准

不同国家对货币划分的标准各不相同，所以对货币层次的划分也各不相同。但基本思路都是按照货币的流动性或可接受性来划分的，即各国划分货币层次的共同依据是金融资产的流动性。所谓金融资产的流动性，是指这种金融资产能迅速转换成现金而对持有人不发生损失的能力，也就是变为现实的流通手段和支付手段的能力，也称变现能力。

（三）货币层次的具体划分标准

一般各国都把 M1 称为狭义的货币量，M2 称为较广义的货币量，M3 称为更广义的货币量，M4 则称为最广义的货币量。有的国家则简单地将货币划分为 M1（狭义货币量）和 M2（广义货币量）。

国际货币基金组织（IMF）于 1996 年制定了《货币与金融统计手册》，并于 1997

年、2000 年进行了修订。其在 1997 年修订的手册中指出：中央银行在编制货币供应量统计时，必须依据机构组织和市场特点，以满足政策制定和经济分析的需要。根据这一基本原则，各国在编制货币供应量时主要考虑本国经济和金融的特点，以实证分析为依据。货币供应量的统计口径分别如下所示。

M0：流通中现金

M1：M0+可转让本币存款和在国内可直接支付的外币存款

M2：M1+单位定期存款和储蓄存款+外汇存款+CDs

M3：广义货币，M2+外汇定期存款+商业票据+互助金存款+旅行支票

2000 年版的《货币与金融统计手册》取消了对货币定义及货币层次的划分，转而从金融资产、货币持有部门、货币发行部门三个方面描述广义货币量。

此外，IMF 还建议在编制广义货币的同时编制广义流动性总量。广义流动性的范围要超过广义货币。除广义货币外，广义流动性总量还包括其他被认为具有一定流动性，但还不足以纳入国家定义的广义货币范围之内的负债。2008 年金融危机后，各国央行对金融统计数据缺失问题展开了广泛深入的讨论。

当今世界各国在确定货币供应量范围及层次上，总的原则基本相同，都是按照货币的流动性对货币进行分层。下面介绍各国货币供应量统计情况。

1. 美国现行货币层次

M1＝现金（流通于财政部、联邦储备银行和横跨州内机构以外的硬币和纸币）+活期存款（在银行的无息支票账户）+其他支票存款［如下形式的计息支票账户：可转让提款单账户、超级可转让提款通知单账户、自动转账账户、信用协会股金提款账户］+旅行支票。

M2＝M1+由商业银行发行隔夜回购协议+隔夜欧洲美元存款+货币市场互助基金股份+在所有存款机构的储蓄和货币市场存款账户在所有机构的小额定期存款（发行的定期存款面额在 100 000 美元以下）。

M3＝M2+所有存款机构的大额定期存款（发行的定期存款面额在 100 000 美元以上）+定期回购协议和定期欧洲美元+货币市场互助基金股份（机构）。

M4＝M3+短期财政部证券+商业票据+储蓄债券+银行承兑票据。

美国联邦储备委员会 2006 年 3 月发表的公报已表示，由于 M3 无法提供比 M2 更多的经济活动信息，多年来对货币政策没有产生什么实质性影响，收集和发布这些信息的所需费用也大于所得，所以决定取消 M3、M4 的数据公布。

2. 日本现行货币层次

货币供应量分为 M1、M2+CDs、M3+CDs 三个层次，另编制广义流动性。

M1＝流通中现金+非金融机构活期存款

M2+CDs＝M1+准货币+居民储蓄存款+外币存款+CDs

M3+CDs＝M2+CDs+邮政储蓄存款+劳动信贷协会以及农业合作社存款

广义流动性＝M3+CDs+信托投资性存款+金融机构签发的商业票据+回购协议+国外政府在日本发行的债券

3. 欧洲中央银行对货币层次的划分

欧洲中央银行将货币分为狭义货币、中间货币和广义货币三个层次，具体划分如下：

狭义货币：M1＝流通中现金+隔夜存款

中间货币：M2＝M1+期限为两年以下的定期存款+通知期限三个月以内的通知存款

广义货币：M3＝M2+回购协议+货币市场基金+货币市场票据+期限为两年以内的债券

通过对货币定义及货币层次划分的理论和实际操作的分析，我们可以得出如下几点结论：（1）对货币供应量的定义应从注重理论上的定性研究，发展到注重对经济影响的定量研究。如中央政府的财政存款，从定性方面分析，它具有货币的四个基本职能，但从其对经济的影响来说，它不被划入货币供应量的范围。货币与货币供应量二者不能完全画等号，货币供应量已限定于对本国经济起影响作用的货币量。（2）货币供应量的范围逐步扩大，货币层次不断延伸，从M0、M1、M2发展到编制广义流动性总量。（3）尽管货币供应量可以划分为多个层次，但针对一定时期货币供应量与经济的关系，监测的重点可能是货币供应量的某个层次。比如日本中央银行，货币供应量划分为三个层次，另外还编制了流动性总量，但重点监测M2+CDs。（4）货币供应量的范围和层次划分是动态的，为监测货币对经济的作用，应当根据金融市场的变化做出适当的修订。

（四）我国货币层次的划分

随着中国人民银行职能的转变，对宏观经济的调控从直接转向间接，由此中国人民银行正式推出了货币供应量统计监测指标，并定期公布。从我国具体的金融经济运行状况出发，根据国际通用的按货币流动性的强弱进行划分的原则，1994年12月28日颁布的《中国人民银行货币供应量统计和公布暂行办法》，根据当时的实际情况，将我国货币供应量划分为M0、M1、M2以及M3等几个层次，各层次所涵盖的内容如下：

M0＝流通中现金

M1＝M0+单位活期存款（狭义货币）

M2＝M1+储蓄存款和企业定期存款（广义货币）

2001年6月份第一次修订货币供应量统计将证券公司客户保证金计入M2。2002年初，第二次修订货币供应量统计将在中国的外资、合资金融机构的人民币存款业务，分别计入到不同层次的货币供应量。

2003年12月，中国人民银行发布《关于修订中国货币供应量统计方案的研究报告（征求意见稿）》（以下简称《征求意见稿》），提出了从我国金融市场实际出发修订货币供应量统计方案应坚持的六项原则，包括相关性增强原则、可测性原则和成本效益比较原则、连续性原则、流动性原则、价值储藏手段原则和与国际接轨原则。《征求意见稿》提出了调整货币供应量统计口径的四种备选方案，在市场上引起了广泛的反响。但《征求意见稿》公布后，相关调整并未落实。

2011年10月，人民银行对货币供应量统计口径进行了第三次正式调整，将非存款类金融机构在存款类金融机构的存款和住房公积金存款计入广义货币供应量M2。经过三次统计口径调整，目前我国货币供应量仍划分为M0、M1和M2三个层次：

M0＝流通中现金（包含境外人民币流通量）

M1＝M0+活期存款

M2＝M1+准货币

准货币又可进一步细分为定期存款、储蓄存款和其他存款。其他存款包括信托存款、应解汇款及临时存款、保证金、财政预算外存款、租赁保证金、证券公司客户保证金（90%）、非存款类金融机构在存款类金融机构的存款及住房公积金存款等。尽管我国货币供应量统计已经修订了三次，但它仍未全面反映金融市场的变化。

（五）货币数量与货币购买力

所谓货币购买力，是指单位货币能够交换到的商品劳务数量的多少。在给定条件下，单位货币交换到的商品劳务数量越多，其购买力就越大；反之，则越小。在金属货币时期，由于货币本身具有价值，货币数量对其购买力的影响不大。货币数量多了，会自动退出流通，形成贮藏；货币数量少了，贮藏的货币量又会进入流通。在信用货币时期，由于货币本身的内在价值很小，其购买力与商品劳务的市场价格直接相关。而市场价格又与流通中的货币数量相关。一般而言，在其他条件既定情况下，流通中的货币数量多了，商品劳务的价格就会上涨，单位货币的购买力就会下降；反之，如果流通中的货币数量少了，商品劳务的价格就会下跌，单位货币的购买力就会上升。因此，在信用货币时期，要维系价格的稳定，保证经济的平稳运行，就要有效地控制好货币数量。

（六）货币的流动性结构

货币的结构也叫货币的流动性结构，是指流动性较高的货币与流动性较低的货币余额之间的比率。其衡量指标包括 M0 与 M2 之间的比率以及 M1 与 M2 之间的比率。

例如，M1/M2 增大，货币流动性增强，货币流通速度加快，可能表明人们消费信心和投资信心的增强，经济趋热。

货币流动性的变化虽然可能是对经济环境变化的一种自然的反应，但货币流动性的变化也可能使经济环境出现新的变化，中央银行往往可以通过观察货币流动性结构的变化来判断宏观经济的走向。

［专栏］1-2

战俘营里的货币

第二次世界大战期间，在纳粹的战俘集中流通着一种特殊的商品货币——香烟。当时的红十字会设法向战俘营提供了各种人道主义物品，如食物、衣服、香烟等。由于数量有限，这些食品只能顾及到每个战俘的特定偏好。但是人与人之间的偏好显然是会有所不同的，有人喜欢巧克力，有人喜欢奶酪，还有人则可能更想得到一包香烟。因此这种分配显然是缺乏效率的，战俘们有进行交换的需要。

但是，即使在战俘营这样一个狭小的范围内，物物交换也显得非常的不方便，因为它要求交易双方恰巧都想要对方的东西，也就是所谓的需求的双重巧合。为了使交换能够更加顺利地进行，需要有一种充当交易媒介的商品，即货币。那么，在战俘营中，究竟哪一种物品适合做交易媒介呢？许多战俘营都不约而同地选择香烟来扮演这一角色。战俘们用香烟来进行计价和交易，如一根香肠值10根香烟，一件衬衣值80根香烟，替别人洗一件衣服则可以换得两根香烟。有了这样一种记账单位和交易媒介之后，战俘之间的交换就方便多了。

香烟之所以会成为战俘营中流行的“货币”，是和它自身的特点分不开的。它容易标准化，而且具有可分性，同时也不易变质。这些正是和作为“货币”的要求相一致的。当然，并不是所有的战俘都吸烟，但是，只要香烟成了一种通用的交易媒介，用它可以换到自己想要的东西，自己吸烟与不吸烟又有什么关系呢？我们现在愿意接受别人付给我们的钞票，也并不是因为我们对这些钞票本身有什么偏好，而仅仅是因为我们相信，当我们用它来买东西时，别人也愿意接受。

思考：为什么香烟能成为战俘营中的货币呢？

资料来源：李春．金融学基础习题与实训．大连：大连出版社，2011.

第三节 货币制度

货币制度，简称“币制”，是国家以法律形式规定货币流通的结构和组织形式。建立统一的货币制度有利于本国货币流通的正常与稳定。货币制度是国家对货币的有关要素、货币流通的组织与管理等加以规定所形成的制度，完善的货币制度能够保证货币和货币流通的稳定，保障货币正常发挥各项职能。依据货币制度作用范围的不同，货币制度包括国家货币制度、国际货币制度和区域性货币制度；根据货币的不同特性，货币制度分为金属货币制度和不兑现的信用货币制度。货币制度是随着商品经济的发展而逐步产生和发展的，到近代才形成比较规范的制度。

一、货币制度的形成与要素

（一）货币制度的产生与发展

货币是在商品交换过程中自发形成的，是商品内在矛盾发展的必然结果，也是价值形式发展的产物。由于各国经济、社会及各种习惯上的原因，一个社会究竟如何选择一种货币制度以实现货币的各种功能，在经济史上往往存在着巨大的差异性选择。但是，虽然不同国家的货币制度安排不同，其共同的趋势却有如下特征：

第一，不同的货币制度的安排都与相应的经济发展水平和阶段相适应。

第二，人类社会随着经济的发展，逐渐摆脱金属货币，特别是贵金属货币的束缚，而通过国家宏观制度来自发调节货币供应量，以满足经济发展的需要。

第三，货币制度的统一与商品市场的统一相伴随，可以预言，单一货币制度的出现需要更加广泛的统一市场的形成，欧洲货币的出现是一个极好的例证。

货币制度由于范围不同，形成适应范围的不同货币制度。在一国范围内，形成国家货币制度；在国际范围内，形成国际货币制度，比如布雷顿森林体系；也有区域性的货币制度，如欧洲货币体系。

（二）货币制度的构成要素

货币制度的主要内容包括规定货币材料、规定货币单位、规定流通中货币的种类、规定货币法定支付偿还能力、规定货币铸造发行的流通程序、规定货币发行准备制度等。

1. 规定货币的材料

规定货币材料是指规定用哪一种金属作为货币材料，不同的货币金属就构成了不同的货币制度。如用金、银或金银并用，就分别称为金本位制、银本位制、金银复本位制。但是哪种物品可以作为货币材料不是国家随心所欲指定的，而是对已经形成的客观现实在法律上加以肯定。目前，各国都实行不兑现的信用货币制度，对货币材料不再做明确规定。

2. 规定货币单位

货币单位又称价格标准，通常是指一个单位的本位货币。它是一个尺度或一个标准。货币单位是货币本身的计量单位，规定货币单位包括两方面，一是规定货币单位的名称，二是规定货币单位的值。在金属货币制度条件下，货币单位的值是每个货币单位包含的货币金属重量和成色。在信用货币尚未脱离金属货币制度条件下，货币单位的值是每个货币单位的含金量；在黄金非货币化后，确定货币单位的值表现为确定或维持本币的汇率。

3. 规定流通中货币的种类

主要指规定主币和辅币。主币是一国的基本通货和法定价格标准，是基本货币单位以上面值的货币。辅币是基本货币单位以下面值的货币，是小面额货币，主要用于小额交易支付。如美国的辅币为分，1 美元 = 100 分；英国的辅币是便士，1 英镑 = 100 便士。金属货币制度下，主币是用国家规定的货币材料按照国家规定的货币单位铸造的货币，辅币用贱金属并由国家垄断铸造；信用货币制度下，主币和辅币的发行权都集中于中央银行或政府指定机构。

在金属货币时期，主币是一种足值铸币，即以名义价值和实际价值相一致为基本特征。主币有以下规定：(1) 主币可以自由铸造；(2) 规定铸币的磨损公差；(3) 本位币具有无限的法定支付能力，即无限法偿。辅币的主要特征是：(1) 辅币是用贱金属，如铜、镍、银等铸造的不足值的铸币，其名义价值高于实际价值；(2) 辅币不能自由铸造，统一由国库的金属铸造，铸币收入归国家所有；(3) 辅币的支付能力是有限的，即有限法偿；(4) 辅币可以自由兑换为本位币。

4. 规定货币法定支付偿还能力

货币法定支付偿还能力分为无限法偿和有限法偿。无限法偿指不论用于何种支付，不论支付数额有多大，对方均不得拒绝接受；有限法偿即在一次支付中有法定支付限额的限制，若超过限额，对方可以拒绝接受。这是货币制度的基础。本位货币（即主币）是一国货币制度规定的标准货币，其特点是具有无限法偿的能力，即用它作为流通和支付手段，债权人不得拒绝接受。非本位货币（即辅币）不具有这种能力，当被用于流通和支付时，超过一定数量的非本位货币，债权人可以拒绝接受，因而被称为“有限法偿”。

金属货币制度下，一般而言，主币具有无限法偿能力，辅币则是有限法偿，在信用货币制度条件下，国家对各种货币形式支付能力的规定不是十分的明确和绝对。

5. 规定货币铸造发行的流通程序

货币铸造发行的流通程序主要分为金属货币的自由铸造与限制铸造、信用货币的分散发行与集中垄断发行。自由铸造指公民有权用国家规定的货币材料，按照国家规定的货币单位在国家造币厂铸造铸币，一般而言，主币可以自由铸造，限制铸造指只能由国家铸造，辅币为限制铸造。信用货币分散发行指各商业银行可以自主发行，早期信用货币是分散发行。目前，各国均由国家统一发行纸币和不足值的铸币，并通过国家法律强制流通。

6. 规定货币发行准备制度

货币发行准备制度是为约束货币发行规模、维护货币信用而制定的，要求货币发行者在发行货币时必须以某种金属或资产作为发行准备。为了稳定货币，各国的货币制度中都包含准备制度的内容。在实行金本位制的条件下，建立国家的金准备，或称黄金准备。它的用途有三点，一是作为国际支付的准备金，二是国内货币流通的准备金，三是支付存款或兑换银行券的准备金。国家的金准备集中于中央银行或国库。当前，金币已退出流通领域，作为国际支付准备金的用途仍然存在，其他两个用途已基本消失。

各国中央银行为了保证有充足的国际支付手段，除了持有黄金之外，还可以选择储备外汇资产，具体选择何种外汇资产，既取决于该外汇资产所对应的外国货币作为国际支付手段的可接受性，也要考虑国际金融市场上的汇率变动以及各种不确定性因素。由于面临汇率风险，中央银行外汇储备应考虑持有适当的外汇资产组合而不是单一外汇资产。

二、货币制度的演变

货币制度的演变过程大致可以划分为两个阶段，即金属货币本位制阶段和纸币本位制阶段。金属货币本位制可以分为银本位制、金银复本位制和金本位制，而金本位制又可分为金币本位制、金块本位制和金汇兑本位制。

（一）金属货币本位制

1. 银本位制

银本位制是近代最早实行的货币制度之一，其历史最为久远，在币制萌芽的中世纪为许多国家所采用。

在实行银本位制的国家，政府颁布法令规定：白银为币材，由政府的铸币厂铸造的银币为本位货币，在流通中具有无限法偿的能力；银币可以自由铸造，自由熔化；白银和银币可以自由输入输出；纸币和其他货币可以自由兑换银币。

2. 金银复本位制

金银复本位制是金银两种金属同时被法律确定为金属本位币，金银皆可自由铸造，自由输入输出，同为无限法偿的货币本位制。

银本位制的主要缺陷是价值不稳。世界白银的产量继续增加，使得白银的价格逐步下落。因而许多国家纷纷由银本位制过渡到金银复本位制，最早实行金银复本位制的国家是英国，于1663年铸造了金币“基尼”与原来的银币“先令”并用。

在实行金银复本位制的国家，政府颁布法令规定：金银为币材，以金银铸造的货币为本位货币，具有无限法偿的能力；金银可以自由铸造，自由熔化；金银和金银币可以自由输入输出；纸币和其他货币可以自由兑换金银币。在金银复本位制下，金币与银币必须有一定的比价。最初这种比价完全由市场价格确定，后来由政府规定。

根据金银的比价关系确认方式的不同，金银复本位制有三种形式。

（1）平行本位制。指两种货币按各自所含金属的实际价值流通，其比价完全由市场价格确定的金银复本位制。1663年，英国发行“基尼”金币与原来的“先令”同时并用，两种通货间的兑换比率完全随市场比价变动而变动。

在实行平行本位制的条件下，市场上每一种商品都必然有两种价格表现形式，一种是金币价格，一种是银币价格。由于金银市价不断变动，金银铸币的兑换比率也不断变动，用金银两种铸币表示的商品的两种价格对比关系也随市场金银比价的变化而变化。这就使货币价值尺度功能的发挥受到影响，对商品价值的衡量缺乏统一的标准。因此，平行本位制是一种不稳定的货币制度。这种不稳定的根源在于货币具有的排他性、独占性的本性不容许金银同时执行价值尺度的职能。

（2）双本位制。指国家用法律形式规定金银之间的比价，金银按法定比价流通的本位制。导致“平行本位制”到“双本位制”的原因是金银市场的涨落使得它们的比价不断波动。因为这种波动，从国内来说，必然使交易双方的某一方受害。从国际来说，必然使黄金、白银对流（国内银价高时，白银流入，黄金流出；相反，国内金价高时，黄金流入，白银流出），从而影响币值的稳定。

在双本位制下，当市场上金、银的比价发生变化时，会引起金币或银币的实际价值与名义价值的背离。这时，实际价值高于名义价值的货币（良币）就会被人熔化，退出流通领域，而实际价值低于名义价值的货币（劣币）则会充斥市场。这就是“劣币驱逐良币”规律。即在金属货币流通条件下，如果在同一地区同时流通两种货币，则价值相对低的劣币会把价值相对高的良币排挤出流通领域。“劣币驱逐良币”规律是英国理财家格雷欣首先论及的，所以又称“格雷欣法则”（Gresham's Law）。

（3）跛行本位制。因为实行“双本位制”与当时商品经济的发展相适应。后来，世界上白银供应激增，国际市场上银价日落，使得实行“双本位制”的国家银币充斥，金币减少。在这种情况下，政府不得不规定金币可以自由铸造，银币不能自由铸造，将银币的铸造权完全收归政府以保持银币与金币的比价稳定。人们把这种金银复本位制称为“跛行本位制”。

跛行本位制和双本位制的区别仅在于金币可以自由铸造而银币不能自由铸造。由于银币限制铸造，银币的币值实际上不再取决于其本身的金属价值而取决于银币与金币的法定兑换比率。因此，跛行本位制下的银币实际上已演化为金币的符号，起着辅币的作用。

随着经济的发展，金银复本位制的不稳定性造成商品价格的起伏不定和货币流通的动荡，这对迅速发展的资本主义经济起着阻碍作用，因而客观上要求建立一种稳定的货币制度。于是，从18世纪末开始，各资本主义国家的货币制度都逐渐从复本位制向金本位制过渡。到20世纪初，金本位制已在各国广泛流行了。

3. 金本位制

在世界上，最早实行金本位制的是英国，它在1816年通过金本位制法案。之后，许多经济发达的资本主义国家也实行金本位制。金本位制按基本货币单位与黄金的联系程度又可分为金币本位制、金块本位制和金汇兑本位制。

（1）金币本位制。金币本位制是典型的金本位制。它的主要内容是：以一定数量与成色的金币作为本位货币，金币具有无限法偿能力；金币可以自由铸造、自由熔化；黄金可以自由输入输出；辅币和银行券可以自由兑换成金币。金币本位制是相对稳定的货币制度，对资本主义经济的发展起了积极作用。

第一次世界大战结束后，各资本主义国家曾企图恢复金币本位制，但由于黄金供应不足和分配不均等问题，传统的金本位制很难恢复。于是除美国继续实行金币本位制外，英、法两国开始实行金块本位制，其他资本主义国家则逐步实行金汇兑本位制。

（2）金块本位制，又称生金本位制。金币本位制被废除以后，实行的是金块本位制。金块本位制的特点是：政府停止了金币的铸造；不允许金币流通，代替金币流通的是中央银行发行的纸币；纸币的发行必须以金块为准备；货币的价值与黄金保持等值关系，即一元钱纸币的价值相当于一元纸币的含金量所具有的价值；人们持有的其他货币不能兑换金币，但可以兑换为金块；黄金仍然可以自由输入输出。由于金块较重，价值较高，规定兑换的限额较大，非一般人所能兑换，因而这种制度被人们称为“富人本位制”。

在世界经济动荡的冲击下，金块本位制延续时间并不长，英国从1925年5月率先推行，并于1931年首先放弃金块本位制，以后的法国、比利时、荷兰、瑞士等国相继放弃了金块本位制。

（3）金汇兑本位制。金汇兑本位制的内容与金块本位制大体相同，只是人们持有的其他货币在国内不能兑换黄金，只能兑换与黄金有联系的外币。这实际上是把黄金存于国外，国内中央银行以外汇作为准备金发行纸币。进一步说，也就是只能让国内居民购买外汇，外汇虽然代表着并能兑换一定的黄金，但一般很难到国外去兑换黄金，所以人们称这种货币制度为“虚金本位制”。

（4）金本位制的崩溃。第一次世界大战后，美国经济实力急剧增长，成为世界上最大的债权国，而其他国家的货币竞相贬值。为重建国际货币体系，1944年7月，由44个国家参加的“联合国货币金融会议”在美国新罕布什尔州的布雷顿森林举行。经研究讨论，确定了战后国际经济体系，通过了《国际货币基金协定》，又称“布雷顿森林协定”，创立了两个永久性的国际金融机构，即“国际货币基金组织”和“国际复兴开发银行”，后者又称“世界银行”。

布雷顿森林协定的有关内容是：① 以黄金为基础、以美元为最主要的国际储备货币，各国政府或中央银行可按35美元兑1盎司黄金的官价用持有的美元向美国兑换黄金。其他国家的货币则与美元挂钩，把美元的含金量作为各国货币平价标准。② 实行固定汇率制。各国货币对美元的汇率一般只能在平价上下1%的幅度内浮动。这是以美元为中心的资本主义货币体系，这个货币体系的实质是美元—黄金本位制，美元与黄金直接挂钩；其他国家的货币与美元确定固定汇率，与美元挂钩。这是布雷顿森林协定的两大支柱。美元取得了与黄金同等的地位，充当了“国际货币”，被广泛用作国际间的计价单位、支付手段和贮藏手段，也可以说，这个货币体系确定了美元的霸权地位。

布雷顿森林体系从1945年运行到1973年的28年间，对第二次世界大战后世界经济贸易的发展产生了巨大的促进作用。美元作为黄金的补充，满足了国际贸易增长对国际储备的需求，在一定程度上解决了国际储备的短缺，弥补了国际清偿能力的不足，缓解了国际收支的逆差，促进了国际资本的流动。但是，布雷顿森林体系从一开始就存在着严重的缺陷，而且在运行期间并不能按设想的轨道运作。首先，固定汇率制很难调整，顺差国不愿其货币升值，逆差国不愿其货币贬值，为维持固定汇率又不影响到国内经济，顺差国只能采取扩张性货币政策，这将导致通货膨胀。逆差国则采取收缩性货币政策，这将导致衰退和失业。所以，在这种汇率制度下，难以按实际情况经常调整汇率。而且更为重要的一点是，以美元为中心的国际货币体系必须具备两个基本要素，一是要保证各国以35美元兑1盎司黄金的官价向美国兑换黄金，二是美国要向各国提供足够的美元。然而，20世纪60年代中期后，美国国内通货膨胀严重，国际收支状况恶化，美国的黄金储备流失达14亿美元，这两个基本要素相矛盾的问题难以解决，该问题又被称为“特里芬难题”。在此情况下，美国不得不实行“黄金双价制”，即一个是官价，仍维持35美元1盎司，但只在各国官方结算时使用；另一个是自由市场价格，私人买卖黄金完全由市场供求情况决定。“黄金双价制”标志着美元为中心的国际货币体系的动摇。1971年，由于英国和法国希望以美元兑换黄金，在各国掀起抛售美元、抢购黄金和硬通货的浪潮，美国总统理查德·尼克松于8月15日宣布，美元停止兑换黄金。各国货币纷纷脱离和美元的固定比价。同时，美国国际收支逆差越来越大，引发了人们对美元信心的动摇，如果美国要保持国际收支平衡，就会影响到国际储备，引起国际清偿能力不足。由于美元供给困难和美元贬值，到1973年，以美元为中心的国际货币体系彻底崩溃，金本位制全面瓦解。

（二）纸币本位制

纸币本位制度又称信用货币制度，是货币制度的高级形式，它使用国家强制手段，以本身没有价值的纸币代替金银执行货币职能。在流通中，以真实货币代表出现的货币符号通常有两种：纸币与银行券，它们同是本身没有内在价值的纸制货币符号。

所谓纸币本位制，即一国本位货币采用纸币而不与黄金发生关系，它的特点是：(1) 纸币的发行不受黄金准备的限制，其发行量决定于货币管理当局实现货币政策的需要；(2) 纸币的价值不决定于黄金的价值，而决定于购买力；(3) 纸币的流通完全决定于纸币发行者的信用，如纸币发行者是中央银行，则决定于中央银行的信用；(4) 中央银行是政府的银行，政府以法律手段强制社会公众接受，保证纸币的流通。

纸币是由国家强制发行的不兑换的纸制货币符号。

纸币的流通取决于两个条件：一是中央集权制国家的政权干预，因为只有国家发行的纸币才具有权威性，只能由国家赋予纸币以强制使用的权力；二是由于市场经济的形成和发展，市场提供了吸收大量纸币的场所，从而使纸币能够被广泛使用。

信用货币制度下，各国的主要货币是中央银行发行的纸币。它是国家强制流通的价值符号，具有无限法偿能力。纸币本身没有价值，不能兑换黄金，它的发行不以金、银为保证，而是依据经济发展的客观需要，通过信用程序进入流通领域。

信用货币制度有以下特点：（1）流通中的货币都是信用货币。纸币的流通完全决定于纸币发行者的信用。如纸币发行者是中央银行，则决定于中央银行的信用。银行券是银行发行的，则决定于发行银行的信用。现实经济生活中的货币都是银行对所有者的负债，体现着信用关系。（2）流通中的货币都是通过信用程序投入流通的，即是通过信用程序发行的，这与金属货币制度下货币通过自由铸造投入流通不同。它们既不能兑换黄金与白银，也不能规定纸币金、银的含量。（3）国家对货币流通的管理成为经济正常发展的必要条件。在纸币制度下，货币大多是通过银行放款程序投入流通的，货币的发行不以黄金做保证，而是取决于货币当局实现货币政策的需要。如果银行放款过多就会造成通货膨胀；如果放款过少，则会造成通货紧缺。因此中央银行必须控制、调节货币供应量，以保持货币流通的稳定。

纸币制度克服了金属货币制度下货币数量受金属供给限制的缺点，使国家可以根据经济活动的客观需要来发行或回笼货币，以便灵活地调整货币供应量。同时，纸币本身造价低廉，携带方便，可大大节约流通费用。然而，也正是由于纸币发行的人为性，使得货币发行存在着超过经济发展需要的可能。不兑换的纸币会发生通货膨胀，造成纸币贬值。特别是当一个国家采取赤字财政政策时，往往因纸币的超额发行而导致恶性通货膨胀的后果。第二次世界大战后，各国均受到通货膨胀的困扰。

（三）区域性货币制度

区域性货币制度是指区域内的有关国家（地区）通过协调形成一个货币区，组建联合中央银行来统一发行与管理区域内单一货币的制度。

所谓区域本位货币，就是指在一定的地理区域内的国与国之间的经济往来中，各国出于经济条件和政策上的考虑，用法律的形式将本国货币与区域本位货币固定起来，作为衡量本国货币价值的标准以及区域内经济往来的最终清偿手段，区域本位货币的终极目标是形成区域内单一货币。区域本位货币的理论基础是由获得诺贝尔经济学奖的蒙代尔于 1961 年提出的“最优货币区”理论。他认为，那些在商品、劳动力、资本等生产要素方面流动比较自由，经济发展水平和通货膨胀率比较接近的国家和地区，可以组成一个独立的货币区，在区域内通过协调货币政策、财政政策和汇率政策来达到经济增长、充分就业、物价稳定和国际收支平衡等目标。在该理论的指导下，欧洲各国基于政治和经济的利益建立了区域本位货币——欧元。

欧元的实行可分为四个阶段：

第一阶段为欧元的准备阶段，时间从 1991 年欧共体 12 国在荷兰马斯特里赫特签订的《马斯特里赫特条约》至 1998 年年底。欧盟国家以全民公决的形式确定本国是否参加欧元区，各国为达到加入欧元的标准实行相关的财政和金融政策；1998 年 5 月，由欧盟财长理事会投票决定哪些国家符合欧盟统一货币的标准，同时选出欧洲中央银行的行长、副行长和董事，确定欧元区各国货币的双边汇率。

第二阶段为欧元区各国货币向欧元转换的过渡期，时间从 1999 年 1 月 1 日至 2001 年 12 月 31 日。欧元汇率于 1999 年 1 月 1 日固定下来且不可撤销，欧洲货币单位也于 1999 年 1 月 1 日以 1∶1 的兑换汇率全部自动转换为欧元。金融批发市场的业务以欧元进行，企业和个人可以在银行开立欧元账户，欧元的收付可以在账户之间进行，但欧元的纸币和硬币未投入使用。

第三阶段从2002年1月1日至2002年6月30日，欧元纸币和硬币投入流通，欧元在欧元区内与成员国纸币和硬币同时流通。

第四阶段从2002年7月1日起，欧元区内各国的货币完全退出流通，欧元将成为欧元区内11个国家唯一的货币，欧洲统一货币正式形成。

区域本位货币——欧元的建立，突破了“一个国家、一种货币”的传统主权观念，真正从货币的功能——价值尺度、流通手段出发，构筑了“一个市场、一种货币”的新理念，有效地消除了区域内各国货币汇兑风险，降低了贸易与金融的交易成本，提高了价格的透明度，促进了市场竞争，实现了区域内的经济稳定增长。欧元区的成功实践也成为区域性货币制度的典型代表。

（四）国际本位货币

经济全球化的发展要求一个有效的国际货币体系，而国际货币体系的核心就是国际本位货币。所谓国际本位货币，是指国际经济活动中，世界各个国家出于经济条件或政策上的考虑，用法律的形式将本国货币与国际本位货币固定地联系起来，作为衡量本国货币价值的标准以及国际交易的最终清偿手段。国际本位货币是在国际上占据中心货币地位的可自由兑换货币。首先，它必须能在世界上自由兑换；其次，还必须占据国际中心货币的地位，能充当国际商品的价值尺度或价格标准，并成为各种货币汇率计算的中心。充当这种中心货币的曾经有金属形态的货币，如黄金。在纸币信用本位制的条件下，由于历史的、政治的、经济的原因，美元成为主要的国际本位货币。

国际本位货币的演变经历了三个阶段：

第一阶段，1944年以前的黄金本位阶段。该制度下，各国都规定金币的法定含金量，不同货币之间的比价是由它们各自的含金量的对比来决定的，世界各国的贸易往来主要以黄金结算。

第二阶段，从1944年7月至1978年3月1日的黄金—美元本位阶段。随着国际货币金融体系的发展演变，金本位制被以黄金—美元本位为特征的布雷顿森林体系取代。布雷顿森林体系实行美元与黄金挂钩、各国货币与美元挂钩的双挂钩机制：一方面锁定各国货币与美元的比价；另一方面，确定了美元与黄金的兑换比例，各国政府可将所持有的美元向美国政府兑换黄金。

第三阶段，从1978年3月1日到现在的以美元为主体的多元化的国际本位制。1978年生效的牙买加协议废除了黄金与美元的联系，在法律上实行了黄金的非货币化。自此以后，国际货币本位制经历了短暂的无中心的多元化阶段，然后进入了以美元为主体的多元化的阶段。

以美元为主体的多元化国际本位货币制，在一定程度上缓解了布雷顿森林体系黄金—美元本位下基础货币发行国与其他国家之间的相互牵连，解决了国际清偿手段不足的弊端，在某些方面促进了世界经济的发展。但是，与此同时，它并没有使黄金—美元本位制所存在的根本问题得到解决。相反，国际汇率的波动大为加剧，国际货币金融秩序更加混乱，各国间，特别是经济发达国家与发展中国家之间的矛盾冲突日趋尖锐，发展中国家经济政策的制定与执行效果很大程度上仍然受制于美元变动。要从根本上改变这一现状，就必须摆脱多数国家对少数国家国别信用货币的过度依赖，必须重新设计各国货币的共同定值标准——由若干国家货币所组成的多种货币的复合体——篮子货币，其他国家的货币均与篮子货币挂钩，与之保持某种形式的固定或可调整的法定比价。当然，这离不开一个由在世界经济中具有较大影响的、各个国家所共同认可的、组织较为健全的国际通货管理协调机构的存在。

货币制度的发展史告诉人们，货币制度是对货币运动的约束和规范，其核心内容是稳定币值，促进商品经济的发展。而稳定币值的办法，在金属本位制的条件下，以贵金属做保证。在纸币本位制条件下，以社会公众提供的资源或资产做保证。金属本位制中各种货币制度的更替，始终是以怎样稳定币值展开的。在纸币本位制下，虽然没有贵金属做保证，但中央银行发行纸币时也需有准备金，准备金或者以外汇形式存在，或者以基础货币的形式存在，无论是前者还是后者都是社会公众提供给中央银行的信用。社会公众对中央银行提供信用意味着自己持有的资源或资产供中央银行分配。可以说，社会公众提供给中央银行分配的资源或资产是稳定币值的基础，这个基础越扎实，纸币的价值越稳定。

三、人民币制度

1948 年 12 月 1 日，中国人民银行在石家庄正式宣告成立，并开始发行人民币，人民币成为我们国家的本位货币。中国人民银行的成立和人民币的发行，标志着新中国货币制度的开端。

中国的人民币制度是一种纸币本位制。它的发行不与任何贵金属挂钩，也不依附于任何一国的货币，它是一种独立的货币。

（一）人民币是信用货币

我国人民币的信用货币性质主要表现在以下几个方面。

（1）人民币产生的经济基础和信用关系。我国银行创造货币投入流通是以商品流通为基础的。银行在提供货币的同时伴生一种信用关系。商品购买者之所以能够购买是借助于银行提供货币，而银行之所以能够提供货币是因为它间接地掌握了商品即银行通过对商品购买者的贷款掌握了商品的支配权。银行一旦需要收回贷款，商品购买者便不得不出售商品。当商品购买者经出售商品收回货款并偿还银行的借款后，货币流回到它的出发点——银行，商品进入消费领域。这样便完成了一次货币资金的循环和商品流通。这时，流通中既无货币，也无商品。随着商品经济的进一步发展，政府信用、商业信用也已成为我国银行创造货币投入流通的基础。

（2）人民币产生的程序和信用关系。我国人民币产生的程序是，先由中央银行对商业银行提供基础货币，然后商业银行凭借中央银行提供的基础货币派生存款。中央银行通过它的资产业务对商业银行提供基础货币，其中主要是再贷款；商业银行通过它的资产业务对顾客派生存款，其中也主要是贷款。所以，从整个银行系统来说，是先有贷款，后有存款和现金。如果人民币以基础货币的形式存在，则是持有者的资产、中央银行的负债；如果人民币以派生存款的形式存在，则是持有者的资产、商业银行的负债。这就是说，人民币存在于资产持有者与负债承担者的信用关系之中。

(3) 人民币的运动过程和信用关系。人民币的运动过程，无论是存款变现金，还是现金变存款，对银行来说都是债务形式的转变，对持有者来说都是债权形式的转变。信用货币的流通只是债权债务关系在地区之间、单位和个人之间的转移，这种转移反映了银行与顾客之间信用关系的变化和消长。

(二) 我国人民币制度的主要内容

社会主义制度下，我国货币制度的基本内容包括以下几个方面：

(1) 人民币是我国的法定货币。人民币是由中国人民银行发行的信用货币，是我国的无限法偿货币，没有法定含金量，也不能自由兑换黄金。人民币的单位为“元”，元是本位币（即主币）。辅币的名称为“角”和“分”。一元为十角，一角为十分。人民币的票券、铸币种类由国务院决定。人民币以“¥”为符号，取“元”字汉语拼音的首位字母“Y”加两横而成。

(2) 人民币是一种不兑现的信用纸币，是代表一定价值的货币符号。没有含金量的规定，不能兑换金银。金、银及外汇储备等是国际支付的准备金，由中国人民银行集中掌管，统一调度。我国建立的黄金和外汇储备主要用于平衡国际收支，即进口需要的大量外汇需要用人民币购买，出口收入的外汇必须向外汇指定银行出售。银行在购买外汇的同时也就发行了人民币，同时对人民币的发行起着保证作用。

(3) 人民币发行坚持高度集中统一和经济发行（也称信用发行）的原则。人民币发行权掌握在国家手里，国家授权中国人民银行具体掌管货币发行工作。中国人民银行是人民币的唯一发行机关，并集中管理货币发行基金。中国人民银行根据经济发展的需要，在由国务院批准的额度内，组织年度的货币发行和货币回笼，由中国人民银行按照商品流通规模扩大和经济增长的客观合理需要发行货币。

(4) 人民币实行有管理的货币制度。目前，其正经历由直接调控向间接调控过渡的阶段，并逐步放弃信贷计划管理，而运用“三大政策工具”调节和控制货币流通。运用市场“无形的手”和计划“有形的手”来引导、组织货币运行，对内是国家宏观调控和管理的体制，对外是有管理的浮动汇率制。

(5) 人民币是独立自主的货币。人民币是我国唯一的合法通货，国家规定了人民币限制出入国境的制度，金银和外汇不得在国内商品市场计价结算和流通。人民币汇率实行以市场供求为基础的、单一的、有管理的浮动汇率制度。

(6) 人民币是经常项目下的可兑换货币。货币按能否兑换可分为以下几种类型：不可兑换货币，指在实行严格的汇兑限制下，不允许经常项目和资本项目的对外支付和转移；经常项目可兑换，指对国际收支中经常项目不实行汇兑限制，一般来说，一个国家实现了经常项目可兑换，即可称该国货币实现了可兑换；资本项目可兑换，即资本的流入、流出取消汇兑限制；完全自由兑换货币，在经常项目和资本项目均可兑换。人民币在经常项目下可兑换外汇，在国家统一规定下的国内外汇市场可买卖外汇。

20 世纪 90 年代，我国实行有管理的浮动汇率制度，又在经常项目下实行人民币自由兑换，为最终实现人民币自由兑换创造了条件。中国的人民币已于 1996 年实现了在国际收支经常项目下的可兑换。随着中国经济的进一步发展和实力的进一步增强，中国的人民币将成为可自由兑换的货币。

四、港澳台货币制度

我国现行的货币制度较为特殊。由于我国实行“一国两制”的方针，1997年和1999年香港和澳门相继回归后，原有的货币金融体制维持不变。国家规定，港元为香港特别行政区的法定货币，澳门元是澳门特别行政区的法定货币。人民币与港元、澳门元之间按以市场供求为基础决定的汇价进行兑换。由于这三种货币分别在不同的地区流通，所以不会产生劣币驱逐良币的“格雷欣法则”效应，但仍然不可避免地对国家货币的统一管理提出了挑战。

(一) 香港的货币制度

1. 港币的发行制度

根据《中华人民共和国香港特别行政区基本法》的规定，港元为香港的法定货币。港币的发行权属于香港特别行政区政府，中国银行、汇丰银行、渣打银行为港币发行的指定银行。港币的发行须有百分之百的准备金。发钞银行只有在交存足够美元并获取负债证明书以后，才能发行等值的港币。

2. 港币的货币单位

香港的货币单位为“元”，简称港元，用符号“HKD”表示。其纸币有10元、50元、100元、500元和1 000元等面额，硬币有5分、10分、20分、50分及1元、2元和5元等面额。

3. 港币的汇率制度

港元实行联系汇率制度。这一制度要求发钞银行按美元兑港元1∶7.8的固定汇率向外汇基金提交百分之百的美元作为发钞准备。其他商业银行也须以同样方式向发钞银行换取港币钞票。香港货币政策的核心目标是保证市场汇率不会过多地偏离1∶7.8的水平。政府通过掌握的外汇基金维持港元汇率的稳定。

4. 港币的可兑换性

香港特别行政区不实行外汇管制，港币可以自由兑换，外汇、黄金、证券、期货市场完全放开。

(二) 澳门的货币制度

1. 澳币的发行制度

根据《中华人民共和国澳门特别行政区基本法》的规定，澳门元为澳门的法定货币。澳门元的发行权属于澳门特别行政区政府，中国银行、大西洋银行为澳门元发行的指定银行。发行澳门元必须有100%的等值黄金、外汇资产做准备金，准备金缴纳给澳门金融管理局作为发行澳门元的担保和外汇储备。

2. 澳币的货币单位

澳门的货币单位为“澳门元”，简称澳元，用符号“MOP”表示。纸币面额有5元、10元、50元、100元、500元和1 000元6种，硬币有1角、2角、5角、1元、5元和10元6种。

3. 澳币的汇率制度

澳元实施的是与港元挂钩的联系汇率制，103澳元兑换100港元。由于香港实行与美元挂钩的联系汇率制，这样，澳元实质上也就与美元建立了间接的联系汇率制。

（三）台湾的货币制度

台湾的货币制度经历了几次大的变革：

（1）台湾银行券（1899 年 6 月 29 日至 1945 年 8 月）；

（2）旧台币（1946 年 5 月 20 日至 1949 年 6 月 15 日）；

（3）新台币（1949 年 6 月 15 日至今）。

1949 年 6 月 15 日，台湾实施币制改革，主要内容有：第一，新台币的发行机关为台湾银行；第二，实行与美元联系的汇率制度；第三，新台币以黄金、白银、外汇及可以换取外汇的物资做十足准备。1961 年 7 月 1 日，台湾银行当局仍然委托台湾银行发行新台币。台湾流通的硬币有 5 角、1 元、5 元、10 元、20 元、50 元 6 种，纸币有 50 元、100 元、500 元、1 000 元和 2 000 元 5 种。

［专栏］1-3

亚洲货币单位的讨论

2006 年 5 月，亚洲开发银行在印度的海德拉巴召开年会，中国、日本和韩国及东南亚国家联盟的财长齐聚一堂。会议的主题是研究促进亚洲地区的金融稳定，探讨创立区域性货币单位等问题。西方媒体和金融专家对此次年会十分关注，因为自 1997 年亚洲国家遭受金融风暴以来，有关实现区域性货币单位，即亚洲货币的提议一直存在，而如今首次进入决策阶段。

有专家认为，亚洲各国经历了 1997 年的金融危机之后，都渴望维持汇率的稳定。而且，区域内签署自由贸易协定的国家不断增加，区域经济一体化的势头迅速发展。现在区域内大部分国家重视货币与美元的联动，随着区域内贸易和投资的快速发展，有必要将亚洲国家的货币浮动幅度控制在小范围内。

早在 2005 年 10 月，亚洲开发银行地区经济一体化办公室官员曾向媒体透露，亚洲开发银行将在 2006 年开始编制和公布亚洲货币单位。亚洲货币单位有望成为亚洲共同货币（“亚元”）的原型。据披露，该货币单位将参照欧元的前身欧洲货币单位，采用“一篮子货币方式”，将按比例反映成员国的国内生产总值及贸易额。所以，亚洲货币单位将包括中国、日本、韩国以及东盟 10 国共 13 个国家的货币，将作为测试成员国货币稳定程度的主要指标。

有媒体指出，亚洲货币单位是一个指数，它通过若干亚洲国家货币的加权平均数来捕捉假设中的亚洲货币的价值。指数中各种货币的权重视经济规模和贸易总额而定。美国《国际先驱论坛报》曾刊发一篇题为《美元遭到唾弃，亚洲货币单位呼之欲出》的文章，该文章认为，亚洲并不是想用亚洲货币单位取代各国货币。亚洲货币单位是一个记账单位，不会用于现实交易。文章说，假如亚洲货币单位成为亚洲汇率管理中的支柱，那就会开始产生影响。有迹象表明，这正是亚洲国家的目的。据悉，包括中国、日本、韩国等国在内的与会国，在海德拉巴商定“立即着手讨论建立一套制度来协调外汇政策”。因为，亚洲货币单位大大有助于这种协调，它可以成为一种“一篮子”货币，各个亚洲国家可以让本国货币钉住它，从而把价值保持在一定范围内。

金融专家认为，假如亚洲国家不再认为美元具有可靠的保值功能，那么，亚洲货币单位很可能会成为一种切实可行的货币用于开具发票、银行贷款和债券发行。媒体注意到，日本一直在大力宣传亚洲货币单位的理念。在现任亚洲开发银行行长的日本前财务省官员黑田东彦积极努力下，亚洲开发银行打算开始计算并公布几份亚洲货币单位，其中一份将由13种货币组成，包括日元、人民币、韩元以及新加坡、马来西亚、泰国、印度尼西亚、文莱、越南、柬埔寨、老挝、缅甸和菲律宾的货币。《国际先驱论坛报》认为，如今中国已掌握了主动权。虽然研究工作将在日本展开，但亚洲货币单位的组成将由东盟来决定。而日本虽然是“东盟+3”的成员，影响力却日渐下降。美国著名投资银行JP摩根认为，亚洲应以中国为中心大胆创立“亚元”，而把日本排除在拟议中的亚洲汇率机制之外。它呼吁中国及其亚洲相邻经济体把货币结合在一起，创造一种亚洲货币单位，并逐渐允许它对其他外部货币自由浮动。该金融机构称，这一做法将减少全球失衡现象，允许亚洲国家在不失去竞争力的同时促进地区的稳定。

思考：你认为亚洲货币单位是否应该建立？它将在哪些方面带来深刻的变革？

资料来源：戴国强．货币金融学．3版．上海：上海财经大学出版社，2012.

本章小结

1. 货币的本质：货币是固定地充当一般等价物的特殊商品。

2. 货币的职能为：价值尺度、流通手段、支付手段、价值贮藏和世界货币。

3. 货币的形式：货币经历了实物货币、代用货币和信用货币等阶段，货币价值的稳定取决于对货币数量的控制。

4. 货币制度的构成要素为：本位货币以及货币的材料、货币单位、各种通货的铸造、发行和流通程序、货币发行准备制度。

5. 货币制度的类型包括银本位、金银复本位、金本位和纸币本位。在当今世界经济一体化、全球化的发展趋势下，一些区域性或世界性的本位货币也值得我们关注。

重要概念

货币　实物货币　代用货币　信用货币　有限法偿　无限法偿　货币购买力　货币流通量　狭义货币　广义货币　货币制度　本位货币　格雷欣法则

思考题

1. 货币的基本职能是什么？

2. 马克思是如何理解货币的本质的？

3. 如何划分货币层次？
4. 货币制度的主要内容有哪些？
5. 为什么金银双本位制不稳定？
6. 货币制度的演变过程是怎样的？

第二章

信用、利息与利率

学习目标

在这一章中，通过对信用产生和发展过程、信用形式、信用工具的分析，学生应明确信用的本质以及其在现代金融活动中的作用；本章通过对利息来源的分析明确其与经济运行的关系，进一步分析利率体系的构成和利率决定的相关理论。

第一节 信用概述

在现代市场经济中，信用是广泛存在的经济现象。对信用的研究不但具有理论价值，而且具有深刻的现实意义。信用是一种价值运动的特殊形式，所以，信用从属于商品货币经济的范畴。信用最初产生于商品交换之中，私有制的出现是借贷关系存在的前提条件。

一、信用的产生和发展

（一）信用的产生

人类最早的信用活动开始于原始社会末期。私有制和社会分工使得劳动者各自占有不同的劳动产品，剩余产品的出现则使交换行为成为可能。

人类的信用活动一直是以实物借贷和货币借贷两种形式存在的，最早的信用是实物借贷，是以信用方式进行的物物交换。随着经济的发展，货币产生，商品货币关系逐渐确立，以货币为媒介的商品交换克服了物物交换的困难，货币越来越成为借贷的主要对象，货币借贷逐渐取代了实物借贷而占据主导地位，随着货币支付手段职能的发展，信用开始广泛地发展起来。

随着商品生产和交换的发展，商品流通出现了矛盾——货币与商品的互换在时间和空间上产生了不一致，出现了货款的延期支付，即商品赊销。买卖双方除了商品交换关系之外，又形成了一种债权债务关系，即信用关系。后来，信用交易超出了商品买卖的范围。作为支付手段的货币本身也加入了交易过程，出现了借贷活动。从此，货币的运动和信用关系联结在一起，并由此形成了新的范畴——金融。总之，信用交易和信用制度是随着商品货币经济的不断发展而建立起来的；进而，信用交易的产生和信用制度的建立促进了商品交换和金融工具的发展；最终，现代市场经济发展成为建立在错综复杂的信用关系之上的信用经济。

（二）信用的发展

信用随着商品经济的发展而发展，经历了高利贷信用、资本主义信用和社会主义信用三种形态。

1. 高利贷信用

高利贷是指以取得高额利息为特征的一种信贷活动，是最原始的信用形态。高利贷在奴隶社会和封建社会中是占主导地位的基本信用形式。在前资本主义社会，高利贷不仅促进了自然经济的解冻和商品货币关系的发展，也促进了资本和雇用劳动大军的形成，为资本主义生产方式的形成创造了前提条件。新兴资产阶级反对高利贷，迫使高利贷服从于资本主义生产方式的需要，资本主义信用便产生了。

2. 资本主义信用

资本主义信用表现为借贷资本的运动。资本主义信用的实质是银行信用，它是信用的基本形式。资本主义生产关系确立以后，为了发展资本主义经济，以资本主义再生产为基础的资本主义信用便取代了高利贷信用，取得了垄断的地位。产业资本循环与周转是借贷资本形成的基础。

3. 社会主义信用

社会主义信用体现了社会主义生产关系。我国社会主义制度建立以后，自觉地利用信用为社会主义建设和发展服务，建立起新型的信用关系，使信用成为国家有计划地动员和分配货币资金的一种重要形式。

随着商品经济的发展，现代信用有了突飞猛进的发展。不仅信用形式多样化，信用工具多样化，而且信用关系已渗透到商品经济生活的方方面面。无论微观经济活动，还是宏观经济活动，都离不开货币信用形式，都需要借助于信用工具。

二、信用的定义及其本质

（一）信用的定义

信用是一个古老的经济范畴。“信用”一词，古已有之，原义多指相信、信任、声誉等，不同的人从不同的角度对信用有不同的理解。我们日常所说的信用的含义包含着信任、恪守诺言、实践承诺等内容。信用一词有许多不同的意义，经济学中的信用有其特定的含义，专指借贷行为，即信用是商品和货币的所有者把商品和货币让渡给需求者，并约定一定时间由借者还本付息的行为。

所以，信用是一个经济范畴，是以偿还和付息为条件的价值的单方面运动，是价值运动的一种特殊形式，与日常生活中的信用是有区别的。

（二）信用的本质

信用的本质就是一种债权债务关系。借贷行为发生后，借方是债务人，有付款的法定义务；贷方是债权人，有要求付款的权利。所以，借贷关系反映债权债务关系，信用关系是债权债务关系的统一。

1. 信用是以偿还和支付利息为条件的借贷行为

人们互相不计息的借贷行为和借贷关系不是信用和信用关系。只有有条件的借贷行为，即必须偿还和支付利息才是信用。

2. 信用是价值运动的特殊形式

价值运动是通过一系列的借贷、偿还、支付过程实现的。在发生信用借贷行为时，借者只有暂时使用货币或商品的权利，所有权仍属于贷者；贷出的货币或商品的所有权并没有转移，只是让渡使用权。借贷行为发生时，并没有进行对等的交换，而只是价值单方面的转移。借方一定时期后必须还本付息，贷方得到了价值增值。

3. 信用是一种特殊的经济关系

信用关系是从属于商品货币经济的经济范畴，是发生在不同人、不同团体或国家之间有条件让渡货币或商品的一种经济关系。信用体现一种社会关系。信用不仅是个体行为，而是发生在授信人和受信人之间的社会关系。可以说，现代市场经济实质上是由错综复杂的信用关系编织而成的巨大社会关系网络。

三、信用与现代经济的关系

（一）现代经济是信用经济

现代经济是信用经济，这个问题可以从三方面来分析。

1. 从现代经济运作的特点来分析

首先，现代经济是一种具有扩张性质的经济，需要借助于负债去扩大生产规模、更新设备，需要借助于各种信用形式去筹措资金、改进工艺、推销产品。其次，现代经济中债权债务关系是最基本、最普遍的经济关系。经济活动中的每一个部门、每一个环节都渗透着债权债务关系。经济越发展，债权债务关系越紧密，越成为经济正常运转的必要条件。另外，在现代经济中，信用货币是最基本的货币形式。各种经济活动形成各种各样的货币收支，而这些货币收支最终都是银行的资产和负债，都体现了银行与其他经济部门之间的信用关系。所以，信用就成为一个无所不在的最普遍的经济关系。

2. 从信用关系中的各部门来分析

信用关系中的个人、企业、政府、金融机构、国际收支这些部门的任何经济活动都离不开信用关系，具体表现在：个人通过在银行储蓄或取得消费贷款与银行形成了信用关系，个人购买国债、企业债券与政府、企业形成了债权债务关系；企业在信用关系中既是货币资金的主要供给者，又是货币资金的主要需求者；政府通过举债、放贷形成与居民、企业、金融机构或其他机构之间的信用关系；金融机构作为信用中介从社会各方面吸收和积聚资金，同时通过贷款等活动将其运用出去；国际收支的顺差、逆差的调节也离不开信用。这说明，信用关系已成为现代经济中最基本、最普遍的经济关系。

3. 从信用对现代经济的作用来分析

信用对现代经济发展的推动作用主要表现在：信用保证现代化大生产的顺利进行，即信用活动从资金上为现代化大生产提供条件；在利润率引导下，信用使资本在不同部门之间自由转移，导致各部门利润率趋向相同水平，从而自然调节各部门的发展比例；

在信用制度基础上产生的信用流通工具代替金属货币流通，节约流通费用，加速资本周转；信用为股份公司的建立和发展创造了条件，同时，信用聚集资本、扩大投资规模的作用通过股份公司的形式也得到了充分发挥。

综合以上三个方面，不难看出，现代经济是一种信用经济。

（二）信用对现代经济发展的作用

1. 积极作用

（1）信用促进了资金优化配置，提高了资金使用效率。通过借贷，资金可以流向投资收益更高的项目，可以使投资项目得到必要的资金，资金盈余单位又可以获得一定的收益；通过信用调剂，让资源及时转移到需要这些资源的地方，就可以使资源得到最大限度的运用。平均利润率规律在商品经济条件下是普遍适用的，即要求等量的资本要占有等量利润。但由于种种原因，分布在各部门的等量资本得到的利润却不尽相同，有些部门利润低，有些部门利润高。当产品供过于求时，价格下跌，从而利润率低，资本就会被其所有者从该部门抽出投向供不应求、价格上涨、利润率高的部门，信用通过存款和贷款可以随时转移货币资金的使用方向，实现不同部门之间、不同企业之间的自然转移，导致整个社会利润趋于平均化，从而自然调节各部门的发展比例。

（2）加速资金周转，节约流通费用。由于信用能使各种闲置资金集中起来并投放出去，使大量原本处于相对静止状态的资金运动起来，这对于加速整个社会的资金周转无疑是有巨大作用的，并且，利用各种信用形式还能节约大量的流通费用，增加资金生产投资。信用加速了商品价值的实现过程，可以减少商品储存量和与此有关的商品保管费用。在信用制度基础之上产生的信用工具（商业票据、银行债券）代替金属货币流通，甚至用电子计算机代替现金流通，节约了社会流通费用。现代银行信用发展使债权债务可以在银行基础上通过转账结算方式清算，不需要用现金结算。

（3）信用加速了资本积聚和集中。信用是集中资金的有力杠杆。信用制度使社会闲散资金集中到了少数企业中，使企业规模扩大。股份公司的产生和发展是与信用制度的发展紧密相连的。股份公司的出现极大促进了资本主义经济的发展。马克思说，股份公司的成立，使“生产规模惊人地扩大了，个别资本不可能建立的企业出现了”。“假如必须等待积累去使某些单个资本增长到能够修建铁路的程度，那么恐怕直到今天世界上还没有铁路。但是，集中通过股份公司转瞬之间就把这件事完成了”。随着现代经济发展和技术的进步，一个企业要取得成功，首先要有足够的资金。

（4）信用有效地调整着国民经济。现代信用可以推动经济的增长。一方面通过信用动员闲置资金，将消费资金转化为生产资金，直接投入生产领域，扩大社会投资规模，增加社会就业机会，增加社会产出，促进经济增长；另一方面，信用可以创造和扩大消费，通过消费的增长促使生产扩大和产出增加，也能起到促进经济增长的作用。国家利用货币和信用制度来制定各项金融政策和金融法规，利用各种信用杠杆来改变信用规模及其运动趋势，从而调整国民经济。

（5）信用促进了国际贸易的发展和世界市场的形成与扩大。在信用证出现之前，国际贸易凭的是商业信誉，即买家或卖家的信誉，如有一方违约，那么交易将无法继续。由于国际贸易的特殊性，违约频繁严重阻碍了国际贸易的发展。为了解决既能保证买家收到货物，又能保证卖家收到货款这个问题，商人们发明了“信用证”这种结算方式，即引入银行信用——由银行出面以银行自己的信誉做担保，只要卖方（受益人）按时交货，并提交符合信用证规定的单据，那么银行（开证行）将保证向受益人付款。买卖双方通过信用证结算这种手段，可以不用担心违约，从而促进了国际贸易的发展。

2. 消极作用

（1）信用制度加剧了资本主义社会的基本矛盾。信用制度加剧了资本主义社会固有的生产和消费之间的矛盾，使资本主义危机加深和更加频繁。信用制度加剧了资本主义社会生产的无政府状态和生产部门之间发展的不平衡性。

（2）产生信用风险。信用风险是指债务人无法按照承诺偿还债权人本息的风险。在现代社会，信用关系已经成为最普遍、最基本的经济关系，社会各个主体之间债权债务交错，形成了错综复杂的债权债务链条。这个链条上有一个环节断裂，就会引发连锁反应，对整个社会的信用联系造成很大的危害。

（3）信用还会引发危机。信用也使经济运转过程复杂化，并可能引致供求脱节。在简单商品生产条件下，生产的规模、市场的供给受生产者实际支付能力的限制。如果生产的产品卖不出去，生产者不能购买原材料，生产就无法继续进行。但在信用制度比较发达的条件下，信用可以创造需求。例如，某种产品的市场需求已经饱和，销售不出去，但企业仍然可以通过信用方式获取资金，继续进行生产，造成生产和需求脱节。如果继续发展下去，就会导致经济危机。

（4）信用刺激投机，产生泡沫。经济泡沫是指某种资产或商品的价格大大地偏离其基本价值，经济泡沫的开始是资产或商品的价格暴涨。价格暴涨是供求不均衡的结果，即人们对这些资产或商品的需求急剧膨胀，极大地超出了供给，而信用对膨胀的需求给予了现实的购买和支付能力的支撑，使经济泡沫的出现成为可能。当信用扩张到已无法再支撑经济虚假繁荣时，泡沫就会破灭，并由此引发金融市场的动荡，甚至导致金融危机或经济危机。

因此，在发挥信用各种作用的同时，必须把握一个适度问题。只要信用活动建立在真实的社会再生产基础之上，信用膨胀和过度投机就能够得到有效的监管和控制，就能够避免出现泡沫经济。

第二节　信用形式与信用工具

信用作为一种借贷关系和借贷行为，总是需要通过一定的形式表现出来，而信用形式就是信用关系和信用活动表现出来的具体形式。随着商品经济的发展，商品交换和货币流通范围不断扩大和延伸，信用关系和信用活动日益发展扩大和复杂化，信用形式也日趋多样化。

一、信用形式的分类

这里对几种常见的信用形式进行介绍。

（一）商业信用

商业信用是指企业之间提供的，与商品交易直接联系的一种信用，是古老的信用形式，是在商品交易中超前交易和滞后交易下产生的，其基本形式主要有赊销商品、委托代销、分期付款、预付定金、按工程进度付工程款、补偿贸易等。

1. 商业信用的特点

商业信用与其他信用形式相比较，最基本的特点就在于它是与特定的商品交易紧密地结合在一起的。

（1）商业信用具有二重性，授信企业与受信企业之间既是信贷关系，又是买卖关系。商业信用活动的完成，实际上是进行了两种不同性质经济行为的转换，即由商品买卖活动转换为货币借贷活动。

（2）商业信用是解决买方企业流通手段不足的最便利的购买方式。作为买方企业，如果缺乏货币或其他必要的流通手段，为了购买维持生产所必需的生产资料，在卖方企业可以接受买方企业的债务时，采用商业信用解决流通手段不足的困难是最便利、可行的。但是，如果买方企业信用不好，企业间的信用活动就需要银行加以保证。

（3）在产业周期的各阶段上，商业信用的动态是与产业资本的动态相平行的。在经济繁荣阶段，生产增长，流通范围扩大，需要以信用方式出售的商品增加，商业信用随之扩大；反之，在经济危机阶段，生产下降，流通呆滞，需要以信用出售的商品减少，商业信用随之缩减。

2. 商业信用的优点

（1）可以促进卖方商品销售和买方再生产的及时进行。

（2）加强企业之间经济联系，有利于生产和流通的发展。

（3）发挥企业之间相互监督的作用。

（4）有利于加速资金周转，提高资金使用效益。借者在资金没到位的情况下实现购买，增加资金的来源，扩大生产和流通；贷者出售商品，使闲置的资金投入了生产，增加了利息收入。

3. 商业信用的局限性

（1）商业信用的授信规模受工商企业现有资本量的限制。由于商业信用是工商企业之间相互提供的信用，贷出的资本是处于产业资本循环阶段上的商品资本，而且是个别商品资本，所以，这既受到个别资本量的限制，又受到整个工商企业现有资本量最充分利用的总量的限制，它不可能使工商企业现有资本量得到追加的增长。

（2）商业信用的范围和期限被严格限制。商业信用只适用于有商品交易关系的企业，这样就限制了商业信用的活动领域。而且，由于工商企业暂时闲置的资金时间很短，如果以商品形态贷出的资本不能很快地以货币资本形态收回，就会影响产业资本的正常循环周转，所以，商业信用只能是短期信用。

（3）商业信用受企业信用能力有限性的限制。受借贷双方了解程度和信任程度的局限使得商业信用带有一定盲目性、风险性。

（4）商业信用具有连锁效应。在整个社会经济环境中，各个企业在经济关系上是相互关联、互相依存、环环相扣的。如果社会经济中大量采用商业信用这种形式，就会把许多原本并不相关的债权债务关系联结起来，形成债权债务的链条。此时，如果其中某个环节出现了问题，就有可能影响到其他企业。

（二）银行信用

由于商业信用的局限性，其不能充分满足商品经济发展的需要，银行信用便应运而生了。银行信用是指银行及其他非银行金融机构以存款、贷款等业务形式向社会国民经济各部门提供信用的形式。银行信用是现代信用的主要形式。

银行信用的特点以及与商业信用的区别为以下几点。

（1）银行信用具有很大程度的灵活性。银行信用所贷出的货币资本是从产业资本中分离出的，是相对独立的借贷资本，它既不受个别企业所拥有的资本数量的限制，也不受个别资本循环周转在时间上的限制。同时，不同于商业信用的是，它是以货币形态提供的信用，适用于任何一个生产部门，可以提供给任何一个企业，所以在流通规模、范围、期限上有很大的灵活性，可以根据工商企业的不同需要，提供期限、数量不同的信用，而商业信用仅限于商家之间，且数量和时间受到限制。

（2）银行信用具有广泛的接受性和活动范围。银行信用借贷双方中，一方是银行或其他金融机构。相对于众多的工商企业，金融组织的信誉更好，它的债务凭证被视为货币而充当流通手段和支付手段，较之商业票据具有更大的流通空间，具有最广泛的接受性。银行信用不同于商业信用，其活动对象除了生产经营企业外，还涉及国家政府部门、各种经济单位以及居民个人等各个社会阶层，其影响极其广泛。

（3）银行信用可广泛动员社会各方面闲置资金，突破个别企业拥有资金限制，信用规模大大超过商业信用。其广泛集中再生产过程中游离出的过剩资本和社会各阶段的货币收入，可向任一家企业提供。商业信用在借贷数量、方向、期限上受到严格的限制，而银行信用以货币形态提供不受商品流通方向的限制，克服了商业信用在方向和对象上的局限性。

（4）银行信用具有自身创造信用的功能。任何经济实体只有在先获得货币的前提下才能提供信用，唯有现代银行才能够创造（存款）货币提供信用。由于创造货币的成本很小，通过创造货币提供的信用近似“无本经营”，所以银行信用在竞争中处于非常有利的地位。

（5）在产业周期的各阶段上，银行信用的动态和产业资本的动态不一致。因为银行信用贷出的货币资本是处于个别资本的循环周转以外的、独立的借贷资本。因此，无论是繁荣阶段，还是危机阶段，银行信用都与产业资本的动态不尽相同。

由于银行信用具有这些特点，银行信用成为了现代信用的基本形式。

（三）国家信用

国家信用是以国家政府作为债务人，以借债的方式向国内企事业单位、团体、居民个人等筹集资金的一种信用形式。国家信用的产生与政府财政收支有着直接的联系。政府财政预算有时会因支出大于收入而出现赤字，有时是由于先支后收而出现临时资金短缺。在这种情况下，政府就会采取国家信用形式来解决资金问题，使政府可以抵补额外的开支。国家信用可以用作调剂政府财政年度收支不平衡的手段，也可以用作弥补财政赤字，还可以当作通过金融市场调节经济和货币流通的工具（中央银行的公开市场业务），从而确保和促进国民经济的正常运行和发展。

1. 国家信用的特点

（1）由于国家的信誉度最高，可以在特殊条件下强制性地发行公债，并以一些优惠条件吸引人们减少自身的消费，从而动员使用其他信用形式动员不了的资源，扩大可融资金总量。

（2）由于国家信用的安全性强、风险小，因此其融资工具的期限一般较长，具有资金使用的稳定性，所以适用于财政部门。而且由于其较高的安全性，因此其在金融市场上也是广受欢迎的品种。因此国债虽然一般不能提前兑现，但在金融市场上流动性很强，人们也乐于持有。

（3）国家信用的利息由纳税人承担，而其他信用的利息由借款人承付，所以国债利息是财政支出，其他利息可能部分地成为财政收入。

2. 国家信用的形式

（1）发行国家公债，用于国家大型重点项目投资或较大规模的建设；

（2）发行国库券，用于弥补国库短期收支差额；

（3）发行专项债券，是一种指明用途的债券，用于特殊或专项用途的资金短缺；

（4）向中央银行透支或借款；

（5）向国外借款或在国外发行债券。

现代生活中，国家信用是促进社会主义经济发展的有效措施，它有利于弥补财政赤字，调节货币流通，稳定经济发展；有利于集中重点建设基金；有利于解决社会基础建设资金的需要。

（四）消费信用

消费信用是指对消费者个人提供的，用以满足其消费方面的货币需求的信用。现代经济生活中的消费信用是与消费性商品，特别是住房和耐用消费品的销售紧密联系在一起的。

消费信用与其他信用形式相比具有以下特点：（1）非生产性。与商业信用和银行信用不同，消费信用提供的贷款是用于消费的。（2）期限较长。消费信用多数通过分期付款支付，所需时间较长。（3）风险较大。消费信用是完全消费性的，还款是由借款人的收入做保证，因此具有较大的风险性。

消费信用主要有两种形式：一种是类似商业信用，由工商企业以赊销方式向消费者提供商品或劳务，或者是以分期付款方式向消费者提供耐用消费品，如汽车、房屋等；另一种属于银行信用，由银行直接向购买耐用消费品的个人发放贷款，或者是由银行向提供商品与劳务的工商企业发放贷款。

（五）其他信用

1. 国际信用

国际信用是国际间相互提供的信用。其债权人、债务人是不同国家的政府、机构或公民，其主要方式有国际银行信贷、出口信贷、项目贷款、政府贷款、国家租赁等商品形态的信用。

2. 合作信用

合作信用是集体合作性金融组织，以组织成员内部为主要对象，采用货币形式提供的信用。它是银行信用的一种补充形式，包括农村信用合作社、城市信用合作社、互助储金会，是金融组织提供的信用。农村信用合作社调剂农村信贷资金，城市信用合作社主要为参与入股或存款的小型集体经济单位和个体经济融通资金，互助储金会是国家职工和人民群众运用自己力量，发挥团结、互助精神，解决生活上一些临时急需的资金。

3. 民间信用

民间信用是居民个人之间以货币或实物形式所提供的有偿有息的借贷。民间信用是不通过银行或其他金融机构的直接信用，具有较强的自发性、分散性和非公开性，且借贷利率较高，风险亦较大。

二、信用形式的演进关系

在现代市场经济的运行中，每一种信用形式都有其存在的必然性和必要性，它们在各自的领域内有着不同的优势，对经济发展都起着不可替代的作用。因此，在现代经济发展过程中，不可能出现一种信用形式取代所有其他信用形式的局面，否则将会造成对经济发展的阻碍。

（一）商业信用存在的必然性和必要性

商业信用是较早产生的一种信用形式，它存在的基础是社会化大生产。在再生产过程中，商业信用有着其存在的必要性。在销售商品、实现商品的使用价值和价值时，商业信用是企业之间最直接、最便利、最优惠的信用形式，弥补了货币资金的短缺，加速了商品流通，保证了生产和流通的顺利进行。

（二）银行信用不能取代其他信用形式

信用集中，特别是集中于银行，是信用制度发展到一定阶段的必然趋势，但不能完全取代其他信用形式。非银行融资形式会在一定范围内取代银行信用，在适当的领域发挥积极的作用。

第一，从历史上看，商业信用先于银行信用而存在，银行信用正是在商业信用已经发展到一定水平的基础上产生和发展起来的，而且，因为商业信用是直接与商品生产和流通相联系，是直接为产业资本的循环周转服务的，它更直接、更方便。所以，银行信用是商业信用的必要补充和延伸。

第二，单一的银行信用会助长落后的资金供给制，是造成企业经济效益低下、社会资金周转缓慢的重要原因之一。单一的信用形式必然对应着单一的金融资产，而单一的金融资产难以满足储蓄者和投资者不同的资金需要，单一信用形式所能筹集的资金也是有限的。

（三）信用形式之间的关系

在复杂的市场经济及其社会再生产过程中，各种信用形式之间有其相互独立、自成一体的一面，同时也有相互联系、相互制约、相互作用的一面。通过银行购买国家债券以及办理国家债券的贴现，使得银行信用与国家信用联系起来；通过办理商业票据的贴现，使得银行信用与商业信用联系起来；由于工商企业及银行等金融机构都可以提供消费信用，所以又使得消费信用、银行信用、商业信用三者交织在一起。各种信用形式之间相互制约、此增彼减、此消彼长，这种状况反映了信用形式产生于商品经济基础，又服务于商品经济发展的同一性。这里要注意的是，在信用形式的相互关系中，中心是银行信用，银行信用的规模及利率影响和制约着其他形式的信用的规模和状况。信用形式之间的关系如图 2-1 所示。

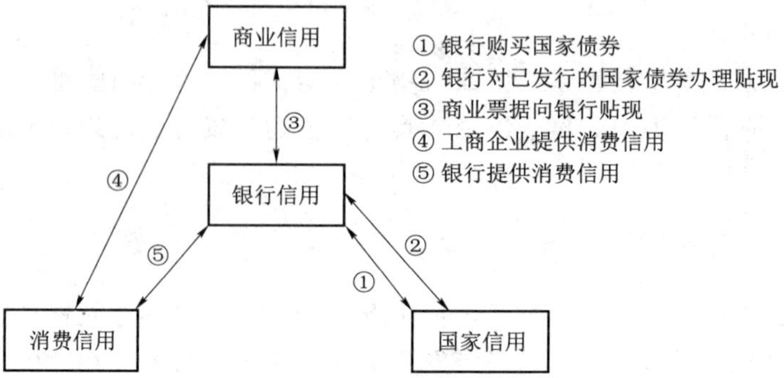

图 2-1　信用关系图

三、信用工具

信用工具是指以书面形式发行和流通、借以保证债权人或投资人权利的凭证，是资金供应者和需求者之前继续进行资金融通时用来证明债权的各种合法凭证。信用工具也叫金融工具，是重要的金融资产，是金融市场上重要的交易对象。

（一）信用工具的特征

1. 收益性

信用工具能定期或不定期带来收益，这是信用的目的。信用工具的收益有三种：一种为固定收益，是投资者按事先规定好的利息率获得的收益，固定收益在一定程度上就是名义收益，是信用工具票面收益与本金的比例；另一种是即期收益，又叫当期收益，就是按市场价格出卖时所获得的收益；还有一种是实际收益，指名义收益或当期收益扣除因物价变动而引起的货币购买力下降后的真实收益。

2. 风险性

为了获得收益提供信用，同时也必须承担风险。风险相对于安全而言，所以风险性从另一个角度讲就是安全性。信用工具的风险性是指投入的本金和利息收入遭到损失的可能性。任何信用工具都有风险，程度不同而已。其风险主要有违约风险、市场风险、政治风险及流动性风险。

3. 流动性

金融工具可以买卖和交易，可以换得货币，即具有变现能力或流通性。短期内，在不遭受损失的情况下，能够迅速出卖并换回货币，称为流动性强，反之则称为流动性差。

4. 偿还性

这是指信用工具的发行者或债务人按期归还全部本金和利息的特性。信用工具一般都注明期限，债务人到期必须偿还信用凭证上所记载的应偿付的债务。

(二) 信用工具分类

随着信用在现代经济生活中的不断深化和扩展，信用工具种类越来越多，信用工具从不同的角度可以进行不同的划分。

1. 按信用形式划分

按信用形式划分，信用工具可分为：商业信用工具，如各种商业票据等；银行信用工具，如银行券和银行票据等；国家信用工具，如国库券等各种政府债券；社会信用工具和股份信用工具，如债券、股票等。

(1) 商业信用工具

商业信用工具主要是商业票据，它是在商业信用中表明债务人有按照约定期限无条件向债权人偿付债务的合法凭证。商业票据有期票和汇票两种。期票是债务人对债权人发出的在一定时期内支付款项的债务证书，汇票是债权人签发给债务人，令其支付一定款项给第三人或持票人的支付命令书。商业票据可以经过背书等手续在一定范围内流通，一般由持票人提请银行贴现，以取得现款。

(2) 银行信用工具

银行信用工具有银行券和支票。在商业票据流通的基础上，为满足生产发展和信用要求，扩大对贴现业务的需要，首先产生了银行券。它是由银行发行、用来代替私人票据、具有不定期性质并随时保证兑现的债务凭证。随后，在银行存款业务的基础上产生了支票形式的债务凭证。支票是活期存款存户对银行发出的一种支付通知，有记名支票、不记名支票、现金支票（可支取现金）、转账支票（专用于转账）和保付支票（银行确认兑付）等多种形式。借助于支票，银行可以超越自有资本和吸收资本的总量扩大信用。支票流通在节省现金方面起着巨大作用，由此推动了非现金结算制度的形成和票据交换的出现。此外，本票作为由出票人本人付款的票据，也是银行信用的一种重要工具。

(3) 国家信用工具

国家信用工具主要是政府债券，其中，国库券是由政府发行的一种筹借短期性借款的证书，而公债券则是政府为取得长期借款向债权人开具的债权凭证。国家信用债券的持有者除定期向债券发行者取得利息外，到期还要收回本金。

(4) 社会信用工具和股份信用工具

社会信用和股份信用工具主要有股票和公司债券。股票是按股份制形式组织起来的企业用来筹集自有资金而发行的代表企业管理权力并给持有人带来收益的所有权证书。股票持有者可以将股票转让给他人，但是无权向企业要求退股。股票按照股东享有的权利可分为普通股和优先股，普通股票的股息随企业利润的变动而变化，优先股票的股息则是固定的。公司债券是股份制企业为了筹措资金而发行的一种债权证书，持券人每年可以依票面规定的利率从企业取得固定利息，到期时企业应向持券人偿还本金。

一般情况下，商业信用工具和银行信用工具都可以在市场上直接流通，而国家信用工具和社会股份信用工具作为有价证券不能作为流通手段和支付手段在市场上自由流通，但作为有价证券，其本身具有价格，可以在证券市场上进行买卖。

2. 按期限划分

按期限划分，信用工具可分为长期、短期和不定期信用工具。长期与短期的划分没有一个绝对的标准，一般以一年为界，一年以上的为长期，一年以下则为短期。

（1）短期信用工具

短期信用工具一般是指期限在一年期以内的各种票据，是具有一定格式、一定日期，到期由付款人对持票人无条件支付款项的书面凭证。短期信用工具主要包括以下内容：

① 本票。本票又称期票，是一种承诺式的信用凭证。即债务人（出票人）承诺在一定日期支付一定金额给债权人（持票人）的债务凭证。按签发人不同，本票可分为银行本票和商业本票。经持票人背书后，未到期的本票可以转让或向银行贴现。贴现是票据所有者在票据到期以前，为获得现款而向银行贴付一定利息的票据转让行为。贴现扣除利息的多少，主要取决于贴现率的高低和未到期的时间长短。

② 汇票。汇票是一种命令式信用凭证。即由债权人签发，要求债务人在一定期间向收款人支付一定金额的支付命令书。按出票人不同，汇票可分为商业汇票和银行汇票。由于汇票是由债权人开出的，必须经付款人承认并兑付后才能生效。经过承兑的汇票叫承兑汇票。凡由企业承兑的称商业承兑汇票；凡由银行承兑的称银行承兑汇票。商业汇票经持票人背书后，未到期的也可以转让或向银行贴现。

③ 支票。支票是活期存款的支付凭证。支票按其支付方式分为现金支票和转账支票。前者可用于支取现金，后者只能用来转账。在转账支票上往往画两条红色平行线来表示，故也称为画线支票、平行线支票或横线支票。支票按是否记名可分为记名支票和不记名支票。前者是银行只对票面上指定的人付款；后者是银行可以对支票的任何持有人付款，故又称“来人支票”。支票按支付期限可分为即期支票和远期支票。此外，还有保付支票、旅行支票等。

④ 国库券。国库券是政府为了解决急需的预算支出而发行的一种国家债券。我国于 1981 年恢复国库券发行。1995 年推出了记账式、凭证式和无记名式国库券。由于国库券安全性高、收益稳定、流动性强，因而又称为“金边债券”。

⑤ 信用卡。信用卡是银行或专业公司对具有一定信用的客户所发行的一种信用证书。它产生于 1915 年，开始是美国一些商店和百货公司发给顾客赊购商品的凭证。1950 年，纽约大来俱乐部发给会员信用卡，持卡人可在约定的饭店、餐馆、航空公司赊购商品和劳务。20 世纪 60 年代以来，西方国家大银行以及一些旅馆、旅行组织、饭店和其他机构，也普遍发行提供消费信用的信用卡。

（2）长期信用工具

长期信用工具一般是指期限在一年期以上的各种有价证券，主要有债券和股票。

① 债券。债务人发行的信用凭证。它是一种借款者向贷款者出具的、承担还本付息义务的书面凭证。一般可分为政府债券、企业债券和金融债券。政府债券主要包括国家公债和国库券。企业债券包括中央及地方企业债券、住宅建设债券、投资公司债券

等。金融债券主要有银行金融债券（包括累进利息债券和贴现债券）、政策性金融债券和信托受益债券。

② 股票。股票是股份公司为筹集资金而公开发行的证明股东持有公司股份的所有权凭证。股票一经发行，持有者即为发行股票公司的股东，有权参与公司的决策，分享公司的利益，同时分担公司的责任和经营风险。股票一经认购，持有者不能要求退还股本，只能通过证券市场转让和出售。作为交易对象，股票已成为资本市场上主要的、长期的信用工具。但实际上，股票只代表股份资本所有权的证书，其本身并没有价值，只是独立于实际资本之外的虚拟资本。

（3）不定期信用工具

不定期信用工具主要指银行券。银行券是由银行（尤指中央银行）发行的、用以代替商业票据的银行票据，是一种信用货币，产生于货币执行支付手段的职能，以商业票据流通为基础。在商业票据未到期时，票据持有人因某种原因需将商业票据变为现款，就到银行去贴现。而当银行没有现款支付给票据贴现人时，就用自己发行的票据（即银行券）代替私人商业票据。持票人凭银行券可以随时兑现。

（三）我国信用工具的发展

新中国建立以后，信用工具单一，并且禁止流通，不开展贴现。1979 年后，在金融体制改革过程中，信用工具逐步趋于多样化，贴现业务也有了一定的发展，政府开始有步骤地开放证券市场，开展证券转让业务。截至 1991 年，可上市转让的有价证券主要包括债券、股票两大类。上市债券主要是对个人公开发行的国库券、基本建设债券、重点企业债券、保值公债、企业债券、金融债券、企业短期融资债券、大额可转让存款单等，股票市场主要集中在上海和深圳。目前，金融工具创新的速度日益加快，将有更多的信用工具出现在我国金融市场中。

[专栏] 2-1

支付宝将推信用支付服务　最高允许透支 5 000 元

阿里微支付人员向新浪科技透露，阿里巴巴计划推出信用支付服务，即用户使用支付宝付款不再绑定信用卡或储蓄卡，直接透支消费。透支额度最高为 5 000 元，贷款资金全部由合作银行提供。

信用支付服务来自阿里巴巴根据积累的用户数据和挖掘用户信用状况后推出的产品。信用支付服务可以对用户授信，1~5 000 元的额度可以满足日常支付需求，还能解决体验问题。

信用支付所需的贷款资金由合作银行提供。阿里巴巴旗下的重庆商诚担保公司为信用支付提供全额担保，同时承担全部风险。支付手续费由客户自行承担，为总费用的 0.8%~1%。信用支付有 38 天的免息期，过期后实行 50% 的罚金。

用户逾期不还款，首先会收到短信通知，然后是语音催款，最后人工催款甚至上门催收。如果一年后仍不还款，阿里巴巴将自行注销用户支付宝账号。

阿里金融事业群总裁胡晓明在接受采访时解释为何推出信用支付——2012 年支

付宝通过手机银行完成支付的成功率是38%，62%的客户创建交易后支付不成功，其中还不包括担心支付失败而放弃交易的用户，而这个问题可以用小额信用支付来解决。

信用支付于2013年3月就已经在淘宝、天猫进行商户端招商，目前工作已经完成，只待消费者端的服务上线即可实施。

资料来源：新浪财经（http：//finance. sina. com. cn）。

第三节 利息与利率

一、利息及其本质

利息是指在借贷活动中债务人支付给债权人的超过借贷本金的那部分货币资金，是债务人为取得货币使用权所付出的代价。或者说，它是债权人让渡货币的使用权所获得的报酬。从债权人的角度看，利息是债权人因贷出货币资金而从债务人处获得的报酬，即多于本金的部分；从债务人的角度来看，利息是债务人为取得货币资金的使用权所花费的代价，即比本金多还的部分。所以，利息可以看作使用资金的“价格”，是债务人支付给债权人的使用其资金的代价。

对利息本质的论述，有很多观点，概括来讲，可以分为两大类，一类是西方经济学对利息本质的论述，一类是马克思对利息本质的论述。

（一）马克思主义的观点

马克思认为，在资本主义制度下，利息是借贷资本运动的产物。职能资本家用其借来的货币资本，通过生产获得利润，利润的一部分以利息的形式支付给借贷资本家。而利息是剩余价值的特殊转化形式，是利润的一部分，是货币资本家凭借他们对借贷资本的所有权，与职能资本家共同瓜分劳动者所创造的剩余价值。资本所有权与资本使用权的分离是利息产生的内在前提。而由于再生产过程的特点，导致资金盈余和资金短缺者共同存在是利息产生的外在条件。当货币被资本家占有，用来充当剥削雇用工人剩余价值的手段时，它就成为资本。货币成为资本后获得一种追加的使用价值，即生产平均利润的能力。所有资本家追求剩余价值的结果使利润又转化为平均利润。平均利润分割成利息和企业主收入，分别归不同的资本家所占有。因此，利息在本质上与利润一样，是剩余价值的转化形式，反映了借贷资本家和职能资本家共同剥削工人的关系。

社会主义利息也来源于利润，而社会主义利润是劳动者为社会创造的，是归社会所有的剩余劳动价值形式，因此，社会主义利息体现了社会主义积累在社会主义经济内部再分配的本质特征，不存在剥削关系。

（二）资本主义的观点

在资本主义社会前期，高利贷信用占据着主导地位。高利贷信用的利息是高利贷者通过高利贷活动无偿占有奴隶、农民、小生产者所创造的剩余劳动产品的价值，甚至包括必要劳动价值的一部分。

资本主义经济学家对于利息的本质有很多种说法，比如威廉·配第（英国古典政治经济学的创始人）认为，利息是因暂时放弃货币的使用权而获得的报酬。亚当·斯密（英国资产阶级古典政治经济学的主要代表）认为，借款人借钱以后，可用作资本，投入生产，也可用作消费。所以，利息的来源有两个：一是当借款用作资本时，利息来源于利润；二是当借款用于消费时，利息来源于别的收入，例如地租等。凯恩斯（当代西方经济学最有影响的经济学家）认为，利息是在一定时期以内，放弃资金周转灵活性的报酬。利息不是储蓄本身或等待本身的报酬，而是货币持有者的不愿意程度——不愿意放弃对货币的灵活性的控制权，利息即是对这种控制权放弃的补偿。

从这些论述中可以看出，有的内容回答了为什么需要支付利息的问题，实际上它是与资金的所有权分不开的。所以，在现实生活中，利息已经成为了一种普遍现象，贷放资金收取利息是很自然的事情，同时，利息也已经被看作是收益的一般形态，因为在借贷关系中，利息是资金所有者对其资金所有权的实现。即无论资金贷出与否，利息都被看作资金所有者理所当然的收入——可能取得的或将会取得的收入。

（三）利息转化为收益的一般形态

按照以上的分析可以看出，利息是资本所有者由于借出资本而取得的报酬，它来自于生产者使用该笔资金发挥生产职能而形成的利润的一部分。因此，应该说，没有借贷，便没有利息。但在现实经济生活中，利息已被看作是收益的一般形态，即资本使用者无论使用的是自有资本还是借入资本，总是把自己的利润分为利息和企业收入两部分，似乎只有扣除利息余下的利润才是“真正”的利润，而利息是资本本身“增值”带来的。在现代会计制度中，资本的利息支出也都是列入成本的，而利润也是扣除利息支出后所剩余的那部分利润。

二、利率及其种类

（一）利率的概念

利率又叫“利息率”，是衡量利息高低的指标，是一定时期内利息额同本金的比率。它用以表示利息水平的高低，也用以反映资金的价格和增值能力。

利率作为一种重要的经济杠杆，对宏观经济运行和微观经济运行都有着极其重要的调节作用。适当的利率可以促进消费基金转化为生产资金，把分散的社会资金集中起来，增加国家建设资金力量；可以促使企业为了减少利息支出，降低成本，进一步改善经营管理，节约资金使用；可以较好地调节储蓄和消费之间的关系，有利于投资以及经济的发展；可以通过提高或降低利率，强化宏观经济调控。

总之，通过利率的调节，可以积累资金，调节社会资金供求、经济结构和人们的收入分配，也可以激励和约束企业的行为。利率的变动对企业的借贷行为、老百姓的储蓄行为也会产生很大的影响。可见，利率是一个非常重要的经济变量。

（二）利率的种类

现实经济生活中的利息率都是以某种具体形式存在的。随着金融活动和金融创新的日益发展，利息率的种类也日益繁多。这些多种多样的利率共同构成一个经济社会的利率体系，它们往往相互作用、相互影响。实践中较为重要的利率分类有以下几种。

1. 年利率、月利率和日利率

年利率、月利率和日利率是按计算利息的时间长短来划分的。年利率是以年为时间单位计算利息，通常以百分之几表示，俗语叫“分”；月利率是以月为时间单位计算利息，通常以千分之几表示，俗语叫“厘”；日利率，习惯叫“拆息”，是以日为时间单位计算利息，通常以万分之几表示，俗语叫“毫”。它们之间的换算关系是：月利率乘12为年利率，日利率乘30为月利率；反过来，年利率除以12为月利率，月利率除以30为日利率。

2. 长期利率和短期利率

以信用行为的期限长短为标准，可以将利率分为长期利率和短期利率。长期利率指借贷时间在一年以上的利率，短期利率指借贷时间在一年以内的利率。利率的高低与期限长短、风险大小有着直接的联系。

3. 固定利率和浮动利率

以借贷期内利率是否调整为标准，利率可分为固定利率和浮动利率。固定利率是指在整个借贷期限内，利率不随借贷资金的供求状况而变动的利率，它适宜短期借贷，是传统的利率方式，不足之处是在通货膨胀比较严重的情况下，债权人的利益容易受到损失。浮动利率是指在借贷期限内随市场利率的变化而定期调整的利率。根据借贷双方的协定，由一方在规定的时间依据某种市场利率进行调整，一般被用于长期借贷和国际金融市场。

4. 市场利率、官定利率和公定利率

按是否由市场规律自发调节，可将利率分为市场利率、官定利率与公定利率。市场利率是指由借贷资金的供求关系决定，市场调节能自由变动的利率，供大于求，市场利率下跌；供小于求，市场利率上升。因此，市场利率高低由借贷资金供求的均衡点决定。官定利率是由政府金融管理部门或者中央银行确定的利率，它是当局出于政策推行上的考虑而确定的，它的升降变动更多地顺应政策意图，体现着国家对融资市场的控制。由非政府的金融民间组织所确定的利率称为公定利率。公定利率对会员银行具有约束力。官定利率对公定利率和市场利率有着较大的影响。当官定利率提高或降低时，公定利率和市场利率往往随之提高和降低。

5. 名义利率和实际利率

按是否考虑通货膨胀影响，可将利率分为名义利率和实际利率。名义利率是指金融市场上实际存在并发挥作用的利率，指借贷契约和有价证券上载明的利率，对债权人来说，是应按此利率向债务人收取的利息。对债权人来说，应按此利率向债权人支付利息。实际利率是指名义利率减去通货膨胀率。在经济活动中，区分名义利率和实际利率是很重要的，实际利率才是人们更应看重的。因为在借贷过程中，债权人不仅要承担债务人到期无法归还本金的信用风险，还要承担货币贬值的通货膨胀风险。

6. 平均利率、基准利率和到期收益率

平均利率指一定时期（通常指一个产业周期）不断波动的市场利率的平均水平。与不断变动的市场利率不同，平均利率会在较长时间内表现为不变的量。基准利率指在整个金融市场上和整个利率体系中处于关键地位、起决定性作用的利率。1984年，中央银行体制确立后，以中国人民银行对各专业银行（现称为商业银行）的再贷款利率为基准利率。基准利率变动时，其他各档次的利率也相应地跟着变动。到期收益率是衡量利率的最精确的指标，是指从债务工具上获得的回报的现值与其今天的价值相等的利率。

7. 一般利率和优惠利率

按利率是否带有优惠性质，利率可分为一般利率和优惠利率。优惠利率是指国家通过金融机构或金融机构本身对于认为需要扶植或照顾的借款提供的、低于一般贷款利率水平的利率。我国实行的贴息贷款就是优惠利率。贴息贷款就是借款者支付低于一般利率水平的利息，贷款者少收入的利息差额由批准贴息的部门支付。外汇贷款利率中以低于伦敦同业拆借市场的利率为优惠利率。

8. 存款利率和贷款利率

按商业银行的业务性质，利率可分为存款利率和贷款利率。存款利率是存款的利息与存放金额之比，存款利率比较统一，往往受当局的利率牵制，难以灵活反映资金供求关系。贷款利率是贷款的利息与贷款金额之比。存款利率和贷款利率存在着较大的差异，这是由银行的经营特性决定的。但差额的大小随银行垄断程度的不同而有所不同。银行众多而且同业竞争激烈的，存贷利差趋小；反之，存贷利差较大。当存贷利差过大时，企业会抛开银行直接融资。存贷利差过小，又使银行收益下降。因此，存贷利差的合理确定对银行、企业都有着不可忽视的影响。

（三）影响利率的因素

1. 社会平均的利润率水平

社会主义市场经济中，利息仍作为平均利润的一部分，因而利息率也是由平均利润率决定的。在一般情况下，社会平均利润率是利息率的最高界限，利息来源于生产经营利润，利润率水平的高低必然制约利率水平的高低。

2. 借贷资金的供求状况

在平均利润率既定时，利息率的变动则取决于借贷资本的供求关系。资金的供求关系是影响各个时期市场利率的决定性因素。一般来说，在资金市场上，当借贷资本供不应求时，借贷双方的竞争结果将促进利率上升；相反，当借贷资本供过于求时，竞争的结果必然导致利率下降。因此，市场利率主要取决于借贷资金的供求关系。

3. 物价变动的幅度

利率的最低界限不能低于同期的通货膨胀率。如果低于同期的通货膨胀率，表明货币所有者贷出的货币没有实际利息收入，从而他就不会把货币作为资本贷出。这样，预期通货膨胀率便成为市场利率的下限。名义利率水平与物价水平具有同步发展的趋势，物价变动的幅度制约着名义利率水平的高低。因此，合理的市场利率总是在预期的通胀率和平均利润率之间随着供求关系的变化而波动。

4. 国际利率水平

国际利率水平对国内利率的变化具有一定的影响作用，因为国内利率水平的高低直接影响本国资金在国际间的移动，进而对本国的国际收支状况产生影响。当国际利率水平较低而国内利率水平较高时，会使外国货币资本流入国内，从而有利于国际收支状况的改善；反之，当国际利率水平较高，而国内利率水平较低时，会使本国的资金外流，不利于本国的国际收支平衡。同时，国际利率水平与国内利率水平之间的悬殊太大，还会影响本国通货的对外价值，直接影响本国的对外贸易。所以，为了平衡国际的收支，往往参照国际利率水平来调整国内利率水平，以减少国际收支逆差或顺差。

5. 政策性因素

利率对社会再生产具有调节作用。因此，国家把利率作为调节经济的一种重要工具。利率不能完全随借贷资金的供应状况自由波动，而必须受到国家的调节，因此而产生的一些代表国家意向的经济政策就对利率产生直接的干预和影响。当经济处于萧条阶段，一国通常采用扩张的货币政策，中央银行供应的基础货币增加，经济运行中的货币数量增加，流动性效应使名义利率下降，经济扩张，产出和就业增加，居民收入增加，经济复苏；反之，则采取相反的紧缩的货币政策。

6. 借贷资金的风险

利率作为借贷资金的价格，必然要反映其风险的大小，借贷资金的风险表现为违约风险、流动性风险等。在其他条件不变时，违约风险越大，利率也就越高。一般来说，国库券违约风险为零，有违约风险的普通债券与无违约风险债券的国库券收益率之差反映了违约风险的大小，这种收益率之差被称为风险报酬。

7. 借贷的期限长短

金融工具期限的长短对其利率或收益率有重要影响。比如，其他因素不变时，债券的期限越长其利率越高。时间越长，不确定因素越多，要求的报酬水平越高。

三、利息的计算

（一）单利和复利

单利和复利是两种不同的计息方式。单利是指以本金为基数计算利息，所生利息不再加入本金计算下一期的利息。其特点是对利息不再付息。如我国发行的国库券和银行存款的利息多采用单利法。其计算公式是

$$F = P + I = P(1 + n * r)$$

其中，I 表示利息额，P 表示本金，r 表示利率，n 表示时间，F 表示本金与利息之和。

例如，存入银行 1 000 元，年利率为 3%，第一年末，账户上的钱应该是

$$F_1 = 1\ 000 * (1 + 3\%) = 1\ 030$$

第二年末，账户上的钱应该是

$$F_2 = 1\ 000 * (1 + 3\% * 2) = 1\ 060$$

依次类推，第 n 年末的存款账户总额为

$$F_n = 1\ 000 * (1 + 3\% * n)$$

但是，在现实生活中，更有意义的往往是复利。复利也称利滚利，计算时，要将每一期的利息加入本金一并计算下一期的利息。其特点是上一期的利息要作为下一期的本

金，也要计算利息。其计算公式为

$$F = P(1+r)^n$$
$$I = F - P$$

若将上述实例按复利计算，则第一年末，账户上的钱是

$$F_1 = 1\,000 \times (1+3\%)^1 = 1\,030$$

第二年末，账户上的钱是

$$F_2 = 1\,000 * (1+3\%)^2 = 1\,060.9$$

依次类推，第 n 年末，该账户上的钱是

$$F_n = 1\,000 \times (1+3\%)^n$$

（二）现值和终值

因为利息成为收益的一般形态，所以任何一笔货币资金，无论将做怎样的投资，甚至还没有考虑将做怎样的运用，都可根据利率计算出在未来的某一时点上的金额。这个金额就是前面说的本利和，也称为“终值”。如果年利率是6%，现有资金为10 000元，在5年后的终值将是13 382.256元。如果把这个过程倒过来，知道5年后的某一个时点上将有13 382.256元，在年利率为6%的情况下，折回为现在的同一时点上应为多少金额？假设现在的金额为 P，则5年后终值的计算式为

$$F_5 = 10\,000 \times (1+6\%)^5 = 13\,382.256$$

若知道终值为13 382.256元，要计算现值 P，则计算式为

$$P = \frac{13\,382.256}{(1+6\%)^5} = 10\,000$$

这个逆算出的本金称为“现值”。从计算现值的过程可以看出，现在的1元钱比将来的1元钱价值大。因为现在可以把1元钱存入银行，一年以后连本带利肯定大于1元钱。如果有通货膨胀，一年以后的1元钱就更不值钱了。现代银行收买票据的业务，其收买的价格就是根据票据金额和利率倒算出来的现值，这即是“贴现”业务，现值也称贴现值。

类似上面的推断，若贴现中采用的利率用 r 表示，则 r 被称为贴现率，n 年后1元钱的现值可以用下式表示：

$$P = \frac{1}{(1+r)^n}$$

当 $n=10$，$r=6\%$，即10年后1元钱的现值为

$$P = \frac{1}{(1+6\%)^{10}} = 0.558\,4$$

按贴现率为6%计算的话，10年以后的1元钱相当于现在的0.56元。通常称1元

的现值为贴现系数。一般来说，贴现率越高，贴现系数越小。如果未来某个时点有一笔货币资金，就用其金额乘上贴现系数，便可以求得它的现值。

现值的计算方法不仅可用于银行贴现票据等类似业务方面，而且还有很广泛的运用领域。

第四节 利率决定理论

因为利率对实际生活有很重要的影响，所以有必要研究利率水平的高低、利率水平的变化等。那么利率水平是怎样决定的，有哪些因素会使它发生变化，利率水平的高低为什么不一样，利率是如何决定的，即利率的水平受哪些因素影响，这是金融学理论和社会经济实践中的一个重要的课题。

一、马克思主义的利率决定理论

马克思的利率决定理论是以剩余价值在不同资本家之间的分割为出发点的。利息是贷出资本家从借入资本的资本家那里分割来的一部分剩余价值。剩余价值表现为利润，因此利息只是利润的一部分。利润本身就构成了利息的最高界限，社会平均利润率就构成了利息率的最高界限。因为如果利息率达到平均利润率的水平，借入资本的职能资本家将无利可图。但利息率也不可能低到零，否则借贷资本家不愿意贷出资本。因此，利息率应该在0和平均利润率之间波动。

利息率取决于平均利润率，这使得利息率具有以下的特点：

（1）平均利润率随着技术发展和资本有机构成的提高，有下降趋势，因而也影响平均利息率有同方向变化的趋势。由于还存在某种其他影响利息率的因素，如社会财富及收入相对于社会资金需求的增长程度、信用制度的发达程度等，它们可能会加速这种变化趋势或者抵消该趋势。

（2）平均利润率虽有下降趋势，但这是一个非常缓慢的过程。而就一个阶段来考察，每个国家的平均利润率则是一个相当稳定的量。相应地，平均利息率也具有相对的稳定性。

（3）由于利息率的高低取决于两类资本家对利润分割的结果，因而利息率的决定具有很大的偶然性。这就是说，平均利息率无法由任何规律决定；相反，传统习惯、法律规定、竞争等因素在利率的确定上都可直接起作用。

在现实生活中，人们面对的是市场利息率，而非平均利息率。平均利息率是一个理论概念，在一定阶段内具有相对稳定的特点，而市场利息率则是多变的，但不论它的变化如何频繁，在任一时点上都总表现为一个确定的量。

二、西方经济学的利率决定理论

（一）古典利率理论

在凯恩斯理论出现之前流行的利率决定理论被称为古典学派的利率理论，其主要倡导者有庞巴维克、马歇尔和费雪。

19 世纪八九十年代，奥地利经济学家庞巴维克、英国经济学家马歇尔、瑞典经济学家威克塞尔和美国经济学家费雪等人对决定资本供给、需求的因素进行了研究，认为资本供给来源于储蓄，资本的需求来源于投资，从而建立了利率由储蓄、投资共同决定的理论。因为该理论严格秉承古典学派重视实物因素的传统，从而被称为“古典利率理论”。

古典学派利率决定问题上的储蓄投资理论也称为“真实的利率理论”（Real Interest Rate Theory），其特点是从储蓄和投资等实物因素来讨论利率的决定，认为通过利率的变动，能够使储蓄和投资自动达到一致，从而使经济始终维持在充分就业水平。这种理论认为，社会存在一个单一的利率水平使经济体系处于充分就业的均衡状态，这种单一利率不受任何货币数量变动的影响。在充分就业的状态下，储蓄和投资的真实数量都为利率的函数，利率决定于储蓄和投资的交互作用。

古典的利率理论认为，利率取决于边际储蓄曲线与边际投资曲线的均衡点。储蓄流量随利率的提高而增加，即利率越高，储蓄额越大；利率越低，储蓄额越少。储蓄额与利率成正相关关系，是利率的递增函数，即

$$S = S(r)$$

式中的 S 代表意愿的储蓄，r 代表利率。

对于贷款的需求主要来自于投资，而投资量的大小则取决于投资预期报酬率和利率的比较，只有预期报酬率大于利率的投资才是有利可图的。当利率降低时，预期报酬率大于利率的机会将增多，从而投资需求将增大，所以投资是利率的减函数，投资流量随利率的提高而减少，利率提高，投资额下降；利率降低，投资额上升，即

$$I = I(r)$$

式中 I 代表意愿的投资，r 代表利率。

古典经济学家认为，储蓄代表资本的供给，投资代表对资本的需求，利率则是资本的使用价格。正如商品的供求决定均衡价格一样，资本的供求决定了均衡利率。当 $S=I$ 时，即当储蓄者所愿意提供的资金与投资者所愿意借入的资金相当时，利率便达到均衡水平，此时的利率为均衡利率；当 $S>I$ 时，利率下降；反之，当 $S<I$ 时，利率水平便上升。这种理论的核心是储蓄=投资，即 $S(r) = I(r)$ 。古典的利率理论可以用图 2-2 来表示。

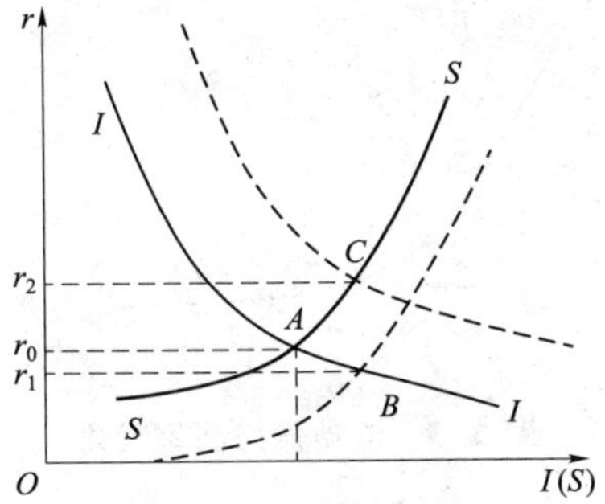

图 2-2 古典利率理论

图示 2-2 中，I 曲线是投资曲线，I 曲线向下倾斜，表示投资与利率负相关。S 是储蓄曲线，S 曲线向上倾斜，表示储蓄与利率正相关。I 曲线与 S 曲线的相交点 A 点对应的利率 r_0 表示均衡利率。若边际投资倾向不变，边际储蓄倾向提高，S 曲线向右平移，与 I 曲线形成新的均衡利率 r_1，$r_1<r_0$，说明在投资不变的前提下，储蓄提高导致利率下降。若边际储蓄倾向不变，边际投资倾向提高，I 曲线向右平移，与 S 曲线形成新的均衡利率 r_2，$r_2>r_0$，说明在储蓄不变的前提下，投资的增加导致利率上升。

按照这一理论，只要利率是灵活变动的，它就和商品的价格一样，具有自动的调节功能，使储蓄和投资趋于一致。因为当投资大于储蓄时，利率就会上升，从而使储蓄增加，投资下降，两者最终趋于一致，反之亦然。因此经济不会出现长期的供求失衡，它将自动趋于充分就业水平。

古典学派认为，伴随着经济的萧条（均衡的 Y 减少了），物价水平会下降，因此实际货币供给会增加，直到 Y 回复均衡点为止。这是自发的，政府无须干预。

（二）流动性偏好利率理论

所谓流动性偏好理论是通过货币市场的流动性分析来得出均衡利率的理论，最早提出该理论的是凯恩斯。

凯恩斯认为，利率取决于货币的供求状况，而货币的供给量取决于货币当局，货币的需求量主要取决于人们对现金的流动性偏好。凯恩斯假定人们可贮藏财富的资产主要有货币和债券两种。人们可以用其收入购买债券，从而获得利息；人们也可以持有货币，从而满足其交易的需求、谨慎的需求和投机的需求。凯恩斯认为，流动性偏好即手持现金量，是利率的递减函数，而利率则是放弃流动性偏好的报酬。

1. 利率决定理论

凯恩斯的利率理论十分重视货币需求，即流动性偏好。在凯恩斯的流动性偏好理论中，利率决定于两个因素：货币供给与货币需求。凯恩斯认为，均衡利率决定于货币需求供应的交互作用，如果人们对流动性的偏好强，愿意持有的货币数量就增加，货币需求量大于货币供给量，使得利率上升；反之，人们的流动性偏好转弱时，便对货币的需求下降，货币需求量小于货币供给量，使得利率下降。只有当为人们的流动性偏好所决定的货币需求量等于货币当局所决定的货币供给量时，利率水平才可达到均衡利率。因此，利率由流动性偏好曲线与货币供给曲线共同决定（见图 2-3）。

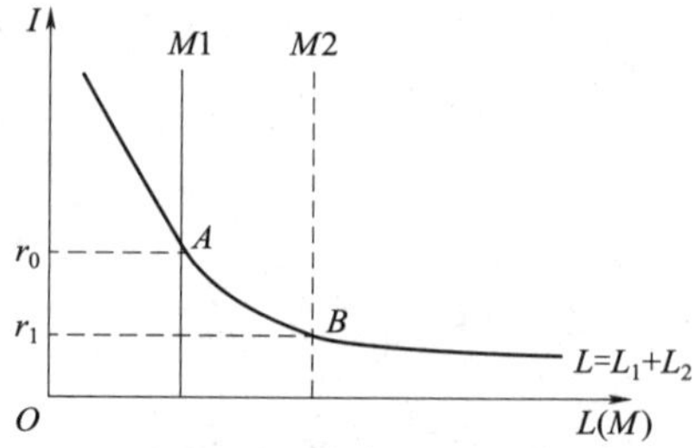

图 2-3　流动偏好利率理论

货币供给曲线 M 是由货币当局决定，货币需求曲线 $L=L_1+L_2$。L_1 表示交易和谨慎货币需求，L_2 表示投机货币需求，L 表示货币总需求。它是一条由上到下、由左到右的曲线，越向右，越与横轴平行。当 L 和 M 相交时，确定的均衡利率水平为 r_0。

2. 均衡利率的变动

在流动性偏好理论的分析框架中，均衡利率的变动源自于货币需求曲线的移动和货币供给曲线的移动。在供给曲线不变的条件下，货币需求曲线向右移动，均衡利率将上升；货币需求曲线向左移动，均衡利率将下降。在需求曲线不变的条件下，货币供给曲线向右移动，均衡利率将下降；货币供给曲线向左移动，均衡利率将上升。

（1）货币需求曲线的移动。流动性偏好理论认为，导致货币需求曲线发生移动的因素有两个，即收入和价格水平。

① 收入效应。凯恩斯认为，收入水平提高，货币需求增加，原因有两个：第一，贮藏动机，即收入增加，财富增加，人们希望持有更多的货币作为价值贮藏；第二，交易动机，即收入增加，人们希望使用货币完成更多的交易，结果人们也希望持有更多的货币。货币需求增加，需求曲线右移。

② 价格水平效应。凯恩斯认为，人们最关心的是实际货币数量而不是名义货币数量，因为实际货币数量能够真实反映所购买的商品和劳务的数量，而实际货币数量等于名义货币数量除以价格水平，因此，要保持实际货币数量不变，即保持商品和劳务的购买数量不变，则需要高的物价水平对应于多的名义货币量。故价格水平上升，导致货币需求增加，需求曲线右移。

（2）货币供给曲线的移动。我们假定货币供给完全受中央银行的控制（实际上，货币供给的决定过程十分复杂，涉及银行、存款人和银行的借款人）。中央银行实施扩张性货币政策将导致货币供给增加，货币供给曲线向右发生移动，均衡利率下降。值得指出的是，这一结论是在假设货币需求曲线不变的情况下得出的。事实上，从长期来看，这一假设并不成立。

首先，由于货币供给增加对经济产生扩张性影响，提高了国民收入和财富，导致货币需求曲线右移，利率上升。因此，货币供给增加的收入效应是利率上升。

其次，再来看价格水平效应，货币供给增加也能导致整体物价水平的上升。流动性偏好理论的分析认为，这将导致利率上升。因此，货币供给增加的价格水平效应是利率上升。

3. 流动性陷阱

凯恩斯在指出货币的投机需求是利率的递减函数的情况下，进一步说明利率下降到一定程度时，货币的投机需求将趋于无穷大，因为此时的债券价格几乎达到了最高点，只要利率小有回升，债券价格就会下跌，债券购买就会有亏损的极大风险。于是，不管中央银行的货币供给有多大，人们都将持有货币，而不买进债券，债券价格不会上升，利率也不会下降。这就是凯恩斯的“流动性陷阱”。在这种情况下，扩张性货币政策对投资、就业和产出都没有影响。

在图 2-3 中，当货币供给曲线与货币需求曲线的平行部分相交时，利率将不再变动，货币供给的增加将导致储蓄的增加，它不会对利率变动产生影响。

凯恩斯学派的利率决定理论纠正了古典学派忽视货币因素的偏颇，然而它又走上了另一个极端，将储蓄与投资等实际因素完全不予以考虑，这显然也是不合适的。

（三）可贷资金理论

新古典的利率理论，也被称为可贷资金学说，是对古典利率理论的补充，也是为了批判凯恩斯流动性偏好理论而提出的，其首倡者是剑桥学派的罗柏森（D. H. Robertson）。

可贷资金理论认为，在利率决定问题上，肯定储蓄和投资的交互作用是对的，但完全忽视货币因素是不当的，尤其在金融资产量相当庞大的今天。凯恩斯指出了货币因素对利率决定的影响是可取的，但完全否定实质性因素是错误的。可贷资金理论试图在古典利率理论的框架内，将货币供求变动等货币因素考虑进去，在利率决定问题上同时考虑货币因素和实质因素，以完善利率决定理论。

假定考察的是一个封闭经济体，并且在这个封闭经济体中不存在政府。在这样的假定下，可借贷资金的供给包括：（1）家庭、企业的实际储蓄，它随利率的上升而上升；（2）实际货币供给量的增加量。可借贷资金的需求包括：（1）购买实物资产的投资者的实际资金需求，它随着利率的上升而下降；（2）家庭和企业对货币需求量的增加，即为了增加其实际货币持有量而借款或少存款。需要注意的是，可贷资金理论中的可贷资金的供给和可贷资金的需求均是流量概念，而不是存量概念。

该理论认为，市场利率不是由投资与储蓄决定的，而是由可贷资金的供给和需求来决定的。可贷资金的需求包括投资需求和货币贮藏的需求。这里的货币贮藏需求不是货币贮藏的总额，而是当年货币贮藏的增加额。用公式来表示，即

$$DL = I + \Delta H$$

式中，DL——可贷资金的需求量

I——投资

ΔH——货币贮藏的增加额

可贷资金的供给也由两部分组成，一是储蓄，二是货币当局新增发的货币数量。用公式来表示，即

$$SL = S + \Delta M$$

式中，SL——可贷资金的供给

S——储蓄

ΔM——货币当局的货币增发额

可贷资金理论由图 2-4 表示。

可贷资金学说认为，ΔH 和 I 是利率的递减函数，而 ΔM 却是货币当局调节货币流通的工具，是个关于利率的外生变量。储蓄与投资决定自然利率 r_0，即当 $I=S$ 时的利率；而市场利率 r 则由可贷资金的供求关系来决定，即 r 取决于 $DL=SL$，即

$$I + \Delta H = S + \Delta M$$

可以看出，如果投资与储蓄这一对实际因素的力量对比不发生变化，按照该理论，

货币供需力量对比的变化即足以改变利率。因此，利率在一定程度上是货币现象。

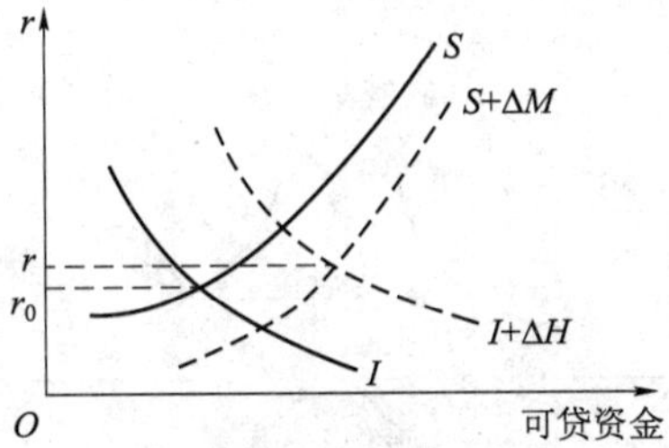

图 2-4 可贷资金理论

可贷资金理论从流量的角度研究借贷资金的供求和利率的决定，可以用于对金融市场的利率进行分析，认为利率是由可贷资金的供给和需求所共同决定的，可贷资金的供给包括储蓄和货币供应增量。可贷资金的需求包括投资和可贷资金的净窖藏。因此，该理论同时兼顾了利率决定的实际因素和货币因素，有一定的实际意义。其与古典利率理论的区别在于：可贷资金总量受到中央银行控制，因此政府的货币政策成为利率的决定因素之一。ΔM 包括了新发行的基础货币和新的货币创造，而这些都是政府可以控制的。

（四）*IS–LM* 模型

古典利率理论和凯恩斯“流动性偏好”利率理论分别从商品市场和货币市场的均衡来说明利率的决定，可贷资金利率理论则试图把两者结合起来。但是，英国著名经济学家希克斯（Hicks）等人则认为以上这三种利率理论都没有考虑收入的因素，因而无法确定利率水平，不能明确得出利率究竟是多少的结论。

按照希克斯的说法，古典利率理论并不能确定利率究竟是多少，因为储蓄是取决于收入的。因此，不知道收入，也就无法知道储蓄，从而利率也无法确定。利率不确定，投资也无法得知，结果收入也不能确定。凯恩斯的“流动性偏好”利率理论也不能说明利率到底是多少，因为按照“流动性偏好”利率理论，利率取决于货币需求与货币供应的均衡点，但货币需求却是取决于收入的，因此，要知道货币需求，也必须知道收入，否则，就不能够确定利率。可贷资金利率理论撇开了收入也同样不能够确定利率，因为可贷资金供应中的储蓄和可贷资金需求中的窖藏都与收入有关，并不仅仅是利率的函数。因此，希克斯认为，若不将收入考虑进去，任何理论都不能明确确定利率究竟是多少。

为弥补以上三种利率理论的缺陷，希克斯于 1937 年发表了一篇著名的论文《凯恩斯与古典学派》，提出著名的 *IS–LM* 模型，后经美国经济学家汉森加以说明和解释，从而建立了一种使利率与收入在储蓄和投资、货币供应和货币需求这四个因素的相互作用之下同时决定的利率理论，这就是由 *IS–LM* 分析所表述的利率理论。

希克斯认为，在现实社会中，收入水平和利率水平必然是同时决定的，这就意味着商品市场和货币市场必须同时达到均衡。

1. 商品市场的均衡

从商品市场来看，储蓄 S 与收入 Y 正相关，投资 I 与利率 r 负相关，储蓄等于投资是商品市场均衡的必要条件，因为只有在这一条件下，才能使商品市场的供给与需求相一致。商品市场的均衡可由图 2-5 四象限法加以表示。

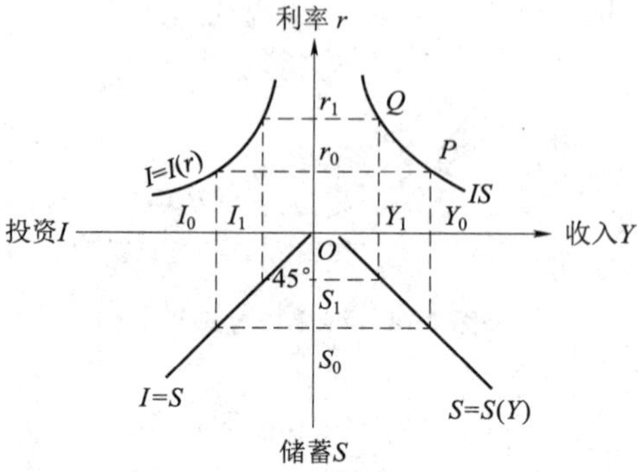

图 2-5　商品市场均衡图示

在图 2-5 中，第二象限表示投资函数 $I = I(r)$ ，$dI/dr < 0$，故投资 I 与利率 r 成反比关系。第三象限的 45°对角线表示商品市场的均衡条件 $I=S$，第四象限表示储蓄函数 $S = S(Y)$ ，$dS/dY > 0$，故储蓄 S 与收入 Y 成正比关系，第一象限表示收入 Y 与利率 r 之间的关系。在开始时，这一象限是空白的。

现在，若收入水平为 Y_0，则依据储蓄函数 $S = S(Y)$ ，可知道储蓄量为 S_0，通过第三象限商品市场的均衡条件 $I=S$，可得知投资量为 I_0，再根据第二象限的投资函数 $I = I(r)$ 得知，为了使投资量为 I_0，利率就必须为 r_0。于是可得知，当收入为 Y_0时，使储蓄与投资相等的利率必为 r_0，这样，便得到一个使储蓄和投资相等的收入和利率的组合 $P(Y_0, r_0)$ 。同理，若收入为 Y_1，则可得到使储蓄等于投资的另一利率水平 r_1，因而就又得出了使储蓄与投资相等的另一收入和利率的组合 $Q(Y_1, r_1)$ 。如此反复，就可在第一象限求出对应于各种收入水平的使储蓄等于投资的各种利率水平，从而得到使储蓄与投资相等的、所有收入和利率不同组合的点的轨迹，这条轨迹曲线就称为 *IS* 曲线。*IS* 曲线表示使储蓄等于投资的收入与利率之间的相互关系，即表示商品市场的均衡。*IS* 曲线向右下方倾斜，表示 *IS* 曲线的斜率为负，这是因为投资与利率负相关，当利率下降时，投资就会增加，于是就会得到较高的收入水平和与收入相对应的较多的储蓄。

2. 货币市场的均衡

从货币市场来看，由货币市场的供求均衡也可求出收入与利率之间的关系。按照凯恩斯的流动性偏好理论，利率决定于货币供应与货币需求相等的均衡点。货币需求 L 是收入 Y 和利率 r 的函数，其中又分为满足交易和预防动机的货币需求 L_1 以及满足投机动机的货币需求 L_2。货币供应是由中央银行所决定的外生变量，设为 M，故货币市场的均衡条件为 $M = L = L_1(Y) + L_2(r)$ 。货币市场的均衡也可用图 2-6 四象限图加以表示。

在图 2-6 中，第三象限的横轴代表满足投机动机的货币需求 L_2，纵轴则代表满足交易和预防动机的货币需求 L_1。第二象限描绘了满足投机动机货币需求的曲线 $L(r)$，因为 L_2 是利率的减函数，故 L_2 曲线向左下方倾斜。在第四象限，描绘了满足交易和预

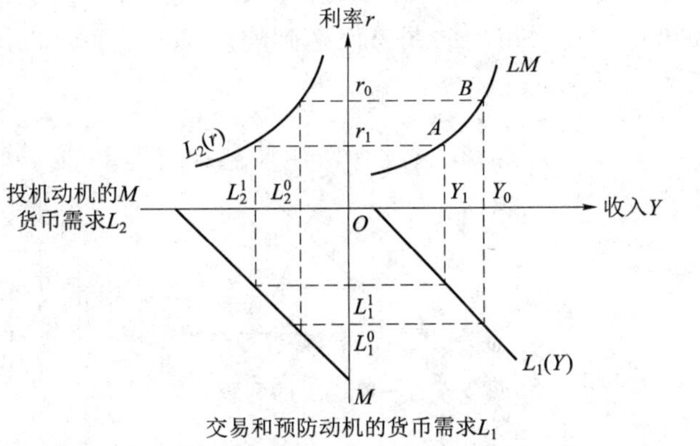

图 2-6 货币市场均衡图示

防动机货币需求的曲线 $L_1(Y)$，因为 L_1 是收入的增函数，故 L_1 曲线向右下方倾斜。第三象限表示货币市场的均衡，即货币供应等于货币需求。由于假定货币供应固定为 M，故用于满足投机动机货币需求的货币供应量至多只能为 M。同理，用于满足交易和预防动机货币需求的货币供应量也以 M 为限（即图中 OM 的数量），第三象限中 MM 直线上的各点就表示总货币供应 M 在投机动机的货币需求 L_2 和交易及预防动机的货币需求 L_1 之间加以分配的各种不同组合。第一象限同样也是表示收入 Y 与利率 r 之间的关系。假定收入为 Y_0，则由第四象限的 $L_1(Y)$ 可知，社会上为满足交易和预防动机的货币需求为 L_1^0。由于货币供应量固定为 M，故由第三象限的 MM 直线可知，为满足投机动机的货币需求则为 $M-L_1^0=L_2^0$。又根据第二象限的 $L_2(r)$ 可得出，当社会上为满足投机动机的货币需求为 L_2^0 时，利率水平就必然为 r_0。由此就得到一组使货币供给等于货币需求的收入和利率的组合 B（Y_0，r_0）。同理，可得到另一组使货币供求相等的收入与利率的组合 A（Y_1，r_1）。如此反复，就可求出所有满足货币供求相等的各种不同收入和利率组合点的轨迹，这条各种组合的轨迹曲线即称为 LM 曲线。LM 曲线表示货币市场的均衡，即表示使货币供给与货币需求相等时的收入与利率之间的关系。LM 曲线向右上方倾斜，这是因为当收入增加时，为满足交易和预防动机而持有的货币量也就增加，而在货币供应量一定的条件下，就必须相应地减少为满足投机动机而持有的货币量。这样，利率就必须相应提高，以使投机动机的货币需求降低。

3. 一般均衡状态下收入和利率的决定

以上所导出的 IS 曲线和 LM 曲线分别代表商品市场和货币市场的均衡，但是，无论是 IS 曲线还是 LM 曲线都不能单独决定全部均衡状态下的均衡收入和均衡利率。只有商品市场和货币市场同时达到均衡，即同时储蓄等于投资、货币供应等于货币需求时，均衡收入和均衡利率才能确定。因此，就应把 IS 曲线与 LM 曲线同时并入同一个直角坐标系内。

在图 2-7 中，IS 曲线和 LM 曲线的交点 E 所决定的收入 Y_0 和利率 r_0 就是使整个经济处于一般均衡状态的唯一的收入和利率水平。由于 E 同时是 IS 曲线和 LM 曲线上的点，因此该点所决定的收入 Y 和利率 r 能同时维持商品市场和货币市场的均衡，故为真正的均衡收入和均衡利率。E 则为一般均衡点，处于这点以外的任何收入和利率的组合，都会通过商品市场和货币市场的调整而达到均衡。

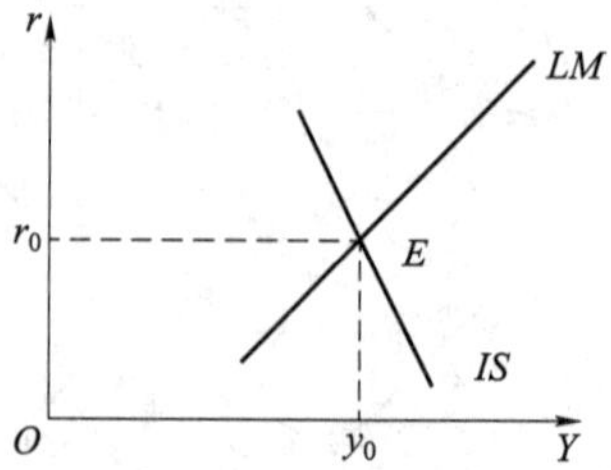

图 2-7　一般均衡的利率决定

综上所述，*IS-LM* 模型认为，只有在储蓄与投资、货币供应与货币需求同时相等，即在商品市场和货币市场同时达到均衡的条件下，收入与利率同时被决定时，才能得到完整的、能使利率得到明确决定的利率理论。

这种理论的特点是一般均衡分析，故该理论具有一定程度的确定性和稳定性。*IS-LM* 模型已成为宏观经济学中一个极为重要和基本的模型。

［专栏］2-2

我国的利率市场化改革

利率市场化，简单说来就是银行能够根据经济和市场变化调整银行不同期限、不同结构的贷款和存款利率。利率市场化有两个层面的含义，第一个层面，利率是可以自由浮动的，这是制度安排的问题。第二个层面是金融机构，特别是银行具备利用利率作为资金成本自主定价的能力，这是操作层面的问题，也是利率能否真正市场化的关键。

中国的利率体系，现在除了贷款下限和存款上限以外，其他各类利率是基本可以浮动的。即从制度上说，中国利率体系的市场化水平已经很高了。但是长期以来，“新兴加转轨”时期的经济体系中的非市场化成分较多，金融体系，特别是银行利率只是计算利息的指标，并没有被作为资金价格用来控制成本和风险，利率并没有发挥市场价格的功能，银行也没有根据经济形势和市场风险调整利率的能力，利率在操作层面上实现市场化的程度比较低。

具体来说，根据利率走势和利率改革内容，可将我国利率改革分为前期的调整利率水平和结构（1978—1993 年）、改革利率生成机制（1993—1996 年）和利率市场化快速推进（1996 年至今）等三个阶段。

1996 年以后，我国先后放开了银行间拆借市场利率、债券市场利率和银行间市场国债和政策性金融债的发行利率，放开了境内外币贷款和大额外币存款利率，试办人民币长期大额协议存款，逐步扩大人民币贷款利率的浮动区间。

2004 年 1 月 1 日，央行再次扩大了金融机构贷款利率浮动区间——3 月 25 日实行再贷款浮息制度；10 月 29 日放开了商业银行贷款利率上限，城乡信用社贷款利率浮动上限扩大到基准利率的 2.3 倍。实行人民币存款利率下浮制度，实现了“贷款利率管下限、存款利率管上限”的阶段性目标。2005 年 3 月 16 日，央行再次大幅度降低超额准备金存款利率，并完全放开了金融机构同业存款利率。2012 年 6 月和 7 月，央行将存款利率浮动区间的上限调整为基准利率的 1.1 倍，将贷款利率浮动区间下限调整为基准利率的 0.7 倍，加大了利率的波动幅度。

随着央行启用公开市场短期流动性调节工具和利率市场化改革的逐渐深入，存款保险条例择机推出等相关新举措、新进展值得期待。

资料来源：http：//bank. hexun. com/.

本章小结

1. 信用的本质是以偿还和付息为条件的价值单方面的运动，是价值运动的一种特殊形式。信用的本质就是一种债权债务关系的统一。

2. 信用形式就是信用关系和信用活动表现出来的具体形式，包括商业信用、银行信用、国家信用和消费信用。

3. 信用工具也叫金融工具，是指以书面形式发行和流通、借以保证债权人或投资人权利的凭证。

4. 利息是指在借贷活动中，债务人支付给债权人的、超过借贷本金的那部分货币资金。利息的本质取决于利息的来源，而利息的来源是由信用关系的性质决定的。利息来源于利润，是剩余价值的一部分，反映一定的社会阶级关系。

5. 利率又叫“利息率”，是衡量利息高低的指标，是一定时期内利息额同本金的比率。

6. 影响利率的因素为：社会平均的利润率水平、借贷资金的供求状况、物价变动的幅度、国际利率水平、政策性因素、借贷资金的风险、借贷的期限长短等。

7. 利率决定理论包括马克思的利率决定论、古典利率决定论、流动性偏好理论、可贷资金供求理论、*IS*-*LM* 理论等。

重要概念

信用　信用工具　商业信用　银行信用　国家信用　利息　利率　名义利率　基准利率　市场利率　单利　复利

思考题

1. 简述信用的本质和特点。
2. 简述信用对现代经济的作用。
3. 简述主要的信用形式及其关系。

4. 简述利息的本质和来源。
5. 简述利率体系的分类及构成。
6. 简述马克思利率决定理论的内容。
7. 简述古典的利率决定理论内容。
8. 简述流动性偏好理论的内容。
9. 影响利率的因素有哪些?

第三章

金融市场

学习目标

本章介绍了金融市场的基本理论及一系列重要子市场的概念、构成及其基本运作。通过本章的学习，学生应了解金融市场的分类及作用，掌握金融市场体系的构成及金融市场的风险与防范。

第一节　金融市场概述

经历了整个20世纪，世界上各个国家或地区的金融市场都发生了巨大变化，由第二次世界大战后的零乱到今天的繁荣，由相互分割到日益融合为一体化。特别是随着信息技术和经济全球化的加快发展，金融市场的变革必将对全球经济、贸易、居民福利乃至世界各个国家或地区的政治生活产生深刻影响。

一、金融市场的含义

金融市场（Financial Market）是以金融工具为交易对象而形成的资金供求关系的总和。金融市场是商品经济发展的产物。

金融市场体系是现代社会最重要的构成之一，其基本功能就是将稀缺的货币和资本从储蓄者手中转移到借款者手中，以满足借款者对商品和服务的购买、新机器设备购买的资金需要，以此实现全球经济的不断增长和人民生活水平与社会福利的不断提高和改善。通过金融市场体系，股票、债券和其他各种各样的金融工具得到交易，利率得到确定，金融产品和服务在世界范围被提供。如果没有金融市场及其资金的提供，现代社会经济生活的每一部分都不可能像现在这样正常运行。

综上所述，所谓金融市场，就是货币和资本的交易活动、交易技术、交易制度、交易产品和交易场所的集合。换言之，金融市场是以金融工具为交易对象而形成的资金供求关系的总和。

二、金融市场的运行机制

现代经济是货币经济和信用经济。在现代经济条件下，商品与服务的生产和交换都需要通过货币来进行。对某一经济单位来说，货币资金的取得有两个途径：一是通过自身积累来获得，即所谓内源融资；二是通过外部借贷利用各种信用方式获得，即所谓外源融资。无论就经济整体还是就经济个体来说，外源融资都是非常重要的，它已经成为经济发展不可或缺的因素。日益活跃的资金借贷活动形成了金融市场，在这个市场上，交易的对象是资金这种特殊商品，资金的价格则表现为借贷利率。

根据上述资金融通活动，可以将融资行为划分为两种方式，一种是直接融资，所谓直接融资，就是通过证券市场，直接发售股票、债券等方式，使资金从储蓄者流向需要资金的企业或部门；另一种是间接融资，所谓间接融资，就是储蓄资金通过银行等金融机构集中起来，再通过金融机构的贷款渠道，融通给需要资金的企业、单位或个人的方式。直接融资与间接融资的主要区别在于资金从储蓄部门流向投资部门时，是否有银行或其他金融机构参与并充当信用中介。

三、金融市场的构成要素

金融市场的构成要素主要包括交易主体、交易对象及交易工具、交易的组织形式和交易价格等。

（一）交易主体

金融市场的主体即金融市场的交易者。参与金融市场交易的机构或个人，或者是资金的供给者，或者是资金的需求者，或者是以双重身份出现。对于金融市场来说，市场主体具有非常重要的意义。一般说来，金融市场的主体主要包括政府部门、工商企业、居民个人与家庭、存款性金融机构、非存款性金融机构等。

如果从交易性质来看，金融市场的交易主体可分为以下五类：

1. 居民个人与家庭

主要是以非组织成员的身份参加金融市场活动的居民个人。个人在金融市场上主要是资金供应者，其目的多为调整货币收支结构或追求投资收益的最大化。

2. 工商企业

工商企业经常是金融市场上的资金需求者。无论是工业企业还是商业企业，在生产经营活动中，总会因各种原因而产生资金不足的问题，而弥补资金不足除向银行借款外，另一有效办法就是在金融市场上发行有价证券。作为市场上经常的资金需求者，并不影响工商企业成为市场上的资金供应者，当企业在经营活动中存在闲置资金时，可通过购买其他赤字单位发行的有价证券进行投资，以实现资产的多样化。

3. 政府机构

政府作为金融市场的交易主体，充当着双重角色。其一是作为资金的需求者和供应者，其二是作为市场活动的调节者。从世界各国来看，政府部门是金融市场上资金的主要需求者，如为了弥补临时性财政收支缺口或是为了筹措某些重点工程建设资金，政府可通过在金融市场上发行政府债券来筹集所需资金。政府部门也会向金融市场提供资金。其途径之一是对原有负债的偿还，而偿还债务的资金大部分会被重新投入金融市场，当财政收支出现结余时，政府还可能提前偿还债务。途径之二是通过银行等金融部门将资金投向市场。另外，许多国家政府部门不仅在国内金融市场上是重要的参与者，而且还积极介入国际金融市场的金融活动，它们或者是国际金融市场的资金提供者，或者是国际金融市场的资金需求者。政府可通过中央银行对金融市场进行干预和调节。

4. 金融机构

包括存款性金融机构和非存款性金融机构，存款性金融机构是指经营各种存款并提供信用中介服务以获取收益的金融机构。存款性金融机构是金融市场的重要参与者，也是套期保值和套利交易的重要交易主体，主要包括商业银行、储蓄机构、信用合作社等金融机构。非存款性金融机构在资金来源方面与存款性金融机构的显著不同是它们不直接吸收公众存款，而是通过发行证券或以契约的形式聚集社会闲散资金。这些机构包括保险公司、退休和养老基金、投资银行、投资基金等金融机构。各类金融机构是金融市场的重要参与者——作为资金供应者，它们可以在金融市场上大量购买赤字单位发行的直接证券；作为资金需求者，它们则可以通过向市场发行间接证券来获取资金。

5. 中央银行

作为金融市场的参加者之一，中央银行不同于其他四类交易主体，中央银行在一国金融体系中居于主导地位，是专门从事货币发行、办理对其他银行的业务，负责制定和执行国家的货币信用政策，进行金融管理和监督，控制和调节货币流通与信用活动，对中央政府负责的特殊金融机构。它不是单纯的资金需求者和资金供应者，而是信用调节者。中央银行参与金融市场的活动主要是为了实施货币政策，调节和控制货币供应量以实现稳定货币、稳定经济的目标。

（二）交易对象与交易工具

由于金融市场上的交易是一种信用交易，资金供应者让渡的只是货币资金的使用权，并没有转移货币资金的所有权，所以在交易活动达成之时，在资金供应者和资金需求者之间也就形成了一种债权债务关系。为了明确这种债权债务关系，就需要一定的凭证来作为依据，这就是金融工具。所谓金融工具，又称信用工具，是指金融市场上制度化、标准化的融资凭证。金融工具出现后，市场上的资金交易便可借助于金融工具来完成，融资凭证也就成了交易的工具。当赤字单位需要补充资金时，便可在金融市场上出售金融工具来融入资金，当盈余单位需要运用资金时，便可在金融市场上购买金融工具来贷出资金。通过这种金融工具的买卖，资金供求双方达到了资金交易的目的，金融工具实际上成为资金的载体，成为金融市场上交易的工具。

（三）交易的组织形式

有了交易主体和交易对象及交易工具就形成了市场交易的可能性，但要达成交易还需要有一定的组织形式，把交易双方和交易对象结合起来，使交易双方相互联系，实现转让交易对象的目的。纵观各国金融市场，所采用的交易组织形式一般有两种。

1. 交易所形式

证券交易所是证券市场交易的固定场所，是证券交易市场的最早形态。证券交易所只是为交易双方提供一个公开交易的场所，它本身并不参加交易。但能进入证券交易所的只是取得交易所会员资格的经纪人和交易商。会员资格的取得历来均有各种严格限制，并需缴纳巨额会费。

2. 场外交易形式

场外交易是指在证券交易所以外进行的证券交易，是一种分散在各个证券商柜台前进行交易的组织形式，所以，也称柜台交易形式或店头交易形式。

场外交易的特点是：（1）无集中交易场所，交易通过通信网络进行；（2）以买卖未在交易所登记上市的证券为主；（3）证券交易可以通过交易商或经纪人，也可以由客户直接进行；（4）证券交易由双方协商议定价格，不同于交易所采取的竞价制度。

（四）交易价格

以上所述要素仅构成金融市场的基本框架，金融市场的交易活动要能正常运行还必须要有一个健全的价格机制。利息是资金所有者由于借出资金而取得的报酬，利息率是借贷期内所形成的利息额与所贷金额的比率。在金融市场的交易中，由于利率即是资金商品的价格，所以健全的价格机制在这里实际上就是指健全的利率机制，即能够根据市场资金供求状况灵活调节的利率机制。当市场上资金供不应求时，市场利率则会趋于上升；当市场上资金供过于求时，市场利率又能自动下降。

四、金融市场的地位与功能

金融市场是总体经济运行中一个重要的组成部分，在经济发展和社会福利提高过程中扮演着非常重要的角色。金融市场是实现金融资产交易和服务交易的市场。

（一）金融市场在市场经济中的地位

1. 金融市场是整个市场体系的有机构成部分

市场经济是一个由诸多形形色色的分市场所构成的庞大的市场统一体。在社会生产过程中，每项生产要素在交换过程中都构成了自己的市场体系。这些市场，通过产品的互换实现社会生产和消费的正常进行。上述各种生产要素市场的交换在当代经济运行中不是以物物交换形式完成的，而是以货币媒介其间来实现的。出于种种目的，不同的金融商品之间也会相互交易。这样，纵横交错的金融商品流通就构成了一个相对独立的市场——金融市场，同样成为一个不可缺少的生产要素市场，成为市场经济下沟通诸要素市场必不可少的一环。通过这个市场的资金融通功能，把资金从所有者手中转向需求者手中，实现资金的重新配置和优化组合，充分发挥资金的流动性和效益性，从而推动商品市场的发展。可见，金融市场是整个市场体系的有机构成部分。

2. 金融市场同其他各种市场的关系

通过金融市场的交易活动，沟通资金供求双方的关系，实现资金融通。金融市场同其他各种商品市场既有联系又有区别。

（1）金融市场同其他市场之间的联系。一是金融市场是商品市场提供交易的媒介，使商品交换能得以顺利进行；二是金融市场可以有力地推动商品市场的发展，在外延的广度上促进商品市场的发展；三是通过金融市场的带动和调节，使商品市场进行流动和组合，从而对资源重新配置。

（2）金融市场同其他市场的区别。与其他市场相比，金融市场的特殊性主要表现在：

一是交易场所的区别。一般商品交易有其固定的场所，以有形市场为主，而金融市场既有有形市场，在更大的范围内也有通过电话、电报、电传、电脑等通信工具进行交易的无形市场，这种公开广泛的市场体系可以将供求双方最大限度地结合起来。

二是交易对象的特殊性。一般商品的交易是普通商品或劳务，其本身含有一定的价值和使用价值，一经交易就进入消费；金融市场的交易对象不是普通商品，而是特殊的金融商品——货币资金及其衍生物。作为金融商品，其使用价值是为其所有者带来收益的功能，价值具有不同的决定方式，较为复杂，影响因素很多并且波动巨大。

三是交易方式的特殊性。一般商品的交易遵循等价交换的原则，通过议价、成交付款、交货而使交易结束，双方不再发生任何关系；金融市场的交易是以信用为基础的资金的使用权和所有权的暂时分离或有条件的让渡，市场参与者之间的关系是借贷关系和委托代理关系。交易完成之后，信用双方、投融资双方的关系并未结束，还存在本息的偿付和收益分配等行为。可见，金融市场上的交易，作为金融商品的买卖关系虽然已经结束，但作为信用或者投资关系却没有结束。

四是交易动机的不同。一般商品交易的卖者为实现价值取得货币，买者则为取得使用价值满足消费的需求；金融市场上交易的目的表现为，卖者为取得筹资运用的权利，买者则取得投融资利息、控股等权利，此外，还派生出保值、投机等种种动机。

（二）金融市场的功能

金融市场的功能是多样化的，从微观层面看，金融市场的功能有价格发现、提供流动性、减少搜寻成本和信息成本等方面；从宏观层面看，主要有实现储蓄向投资转化、资源配置、宏观调控等方面。

1. 金融市场的微观功能

（1）价格发现。金融市场具有定价功能，金融市场价格的波动和变化是经济活动的晴雨表。金融资产均有票面金额。企业资产的内在价值——包括企业债务的价值和股东权益的价值——是多少，只有通过金融市场交易中买卖双方相互作用的过程才能“发现”。即必须以该企业有关的金融资产由市场交易所形成的价格作为依据来估价，而不是简单地以会计报表的账面数字作为依据来计算。金融市场的定价功能同样依存于市场的完善程度和市场的效率。

（2）提供流动性。金融市场可以引导众多分散的小额资金汇聚成为可以投入社会生产的资金。在这里，金融市场起着资金蓄水池的作用。金融市场为筹资人和投资人开辟了更广阔的融资途径。金融市场为各种期限、内容不同的金融工具互相转换提供了必需的条件。

（3）降低交易成本。金融市场可以降低交易的搜寻成本和信息成本。搜寻成本是指为寻找合适的交易对方所产生的成本，信息成本是在评价金融资产价值的过程中所发生的成本。金融市场帮助降低搜寻与信息成本的功能主要是通过专业金融机构和咨询机构发挥的。

（4）分散风险。金融市场帮助实现风险分散和风险转移。金融市场的发展促使居民金融资产多样化和金融风险分散化。发展金融市场就为居民投资多样化、金融资产多样化和银行风险分散化开辟了道路，为经济持续、稳定发展提供了条件。居民通过选择多种金融资产、灵活调整剩余货币的保存形式增强了投资意识和风险意识。

（5）促进金融创新。金融市场的发展可以促进金融工具的创新。金融工具是一组预期收益和风险相结合的标准化契约。多样化的金融工具通过对经济中的各种投资所固有的风险进行更精细的划分，使得对风险和收益具有不同偏好的投资者能够寻求到最符合其需要的投资。多样化的金融工具也可以使融资者的多样化需求得到尽可能大的满足。

2. 金融市场的宏观功能

（1）资源配置。金融市场实现着资源、社会财富和风险的再分配功能。金融市场能够迅速有效地引导资金合理流动，提高资金配置效率，扩大了资金供求双方接触的机会，便利了金融交易，降低了融资成本，提高了资金的使用效益。

（2）实现储蓄投资转化。金融市场的发展促进了储蓄向投资转化的规模和效率，为金融资产提供了充分的流动性。

（3）宏观调控。金融市场对宏观经济具有调节作用，金融市场为金融管理部门进行金融间接调控提供了条件。随着各类金融资产在金融机构储备头寸和流动性准备比率的提高，金融机构会更加广泛地介入金融市场的运行之中，中央银行间接调控的范围和力度将会伴随金融市场的发展而不断得到加强。

（4）信号反应。金融市场是国民经济的信号系统，是国民经济的“晴雨表”和“气象台”。股票市场的发展提供了有效评价企业经营状况的窗口，为企业实施资本运营战略提供了场所。

五、金融市场的分类

在金融市场的形成和发展进程中，金融市场根据资金融通与金融产品交易的需要，其内在结构也在持续地发生着变化。按不同的标准可以将其划分为若干类市场。

（一）货币市场和资本市场

金融市场根据期限可以分为货币市场和资本市场。货币市场又称为短期金融市场，是指短期资金的融通活动及其场所的总和。所谓短期，习惯上是指一年或一年以内。短期资金因偿还期限短、风险小以及流动性强而往往被作为货币的代用品，主要解决市场主体的短期性、临时性资金需求。货币市场主要包括银行间同业拆借市场、商业票据市场、大额可转让定期存单市场、短期债券市场和债券回购市场等。

资本市场又称长期金融市场，是指期限在一年以上的中长期资金融通活动及其场所的总和。长期资金大都参加社会再生产过程，在生产过程中发挥着资本的作用，主要是满足政府、企业等部门对长期资本的需求。资本市场的交易工具主要是各种有价证券，如政府公债、企业债券、股票等。这些金融工具偿还期长、流动性较差、风险较大。资本市场包括政府债券市场、公司债券市场、股票市场、银行中长期信贷市场等。

（二）现货市场、期货市场和期权市场

根据金融交易合约性质的不同，金融市场可分为现货市场、期货市场和期权市场。现货市场是指现货交易活动及其场所的总和。期货市场是指期货交易活动及其场所的总和。期权市场是各类期权交易活动及其场所的总和，它是期货交易市场的发展和延伸。期权交易是指买卖双方按成交协议签订合同，允许买方在交付一定的期权费用后取得在特定

时间内、按协议价格买进或卖出一定数量的证券的权利。

（三）一级市场和二级市场

金融市场还可分为一级市场和二级市场。一级市场也称初级市场或发行市场，是初次发行的有价证券的交易市场。二级市场是指已经发行证券的交易市场，又称次级市场或流通市场，其主要功能在于为证券投资者提供流动性，也就是给金融产品的投资者提供一个将投资转换为现金的渠道。

（四）公开市场与协议市场

金融市场根据金融产品成交与定价方式的不同可以分为公开市场和协议市场。所谓公开市场是指金融资产的交易价格通过众多的买主和卖主公开竞价而形成的市场。协议市场一般是指金融资产的定价与成交通过私下协商或面对面的讨价还价方式完成的市场。

（五）有形市场和无形市场

金融市场按有无固定场所划分有形市场和无形市场。有形市场是指有固定交易场所的市场，如证券交易所等。无形市场是指通过现代化的通信工具而形成的一种金融交易网络。它没有固定的集中场所，也没有固定的交易时间，而只是一种无形的网络，所以称之为无形市场。在现实世界中，大部分金融资产的交易都是在无形市场上进行的。

（六）国内金融市场与国际金融市场

金融市场按地域划分，还可以分为国内金融市场与国际金融市场。国内金融市场是指融资交易活动的范围仅限于一国国境之内，即只有本国居民参加交易的金融市场。国际金融市场则是指融资交易活动并不仅限于一国国境之内，即允许非居民参加交易的金融市场。

（七）其他分类

金融市场按交易的标的物划分还可以分为货币市场、资本市场、外汇市场和黄金市场。外汇市场是专门进行外汇交易的市场，即以外汇作为交易的标的物。黄金市场是专门集中进行黄金买卖的市场。由于黄金目前仍然是一种重要的国际储备资产，而且具有较强的保值功能，所以仍将黄金市场视作金融市场的组成部分。

第二节　金融市场体系

金融市场体系是指金融市场的构成形式。金融市场体系中几个主要的子市场都有其共性的东西：第一，风险性（不确定性），如股票市场的风险、外汇市场的风险等。第二，价格以价值为基础，受供求关系的影响。股票价格、债券价格的波动，最终都反映其价值，受供求关系的影响。第三，影响债券流通价格、股票价格及汇率波动等的基本面分析既要考虑宏观经济影响，又要考虑微观经济的影响等。

一、货币市场

（一）货币市场的概念与特点

货币市场是指融资期限在 1 年以内（包括 1 年）的资金交易市场，又称为短期资金市场。由于在该市场上流通的金融工具主要是一些短期信用工具，如国库券、商业票据、银行承兑票据、可转让定期存单等，交易的期限较短、可变现性强、流动性高，因此，短期金融工具又可称为准货币，所以将该市场称为货币市场。货币市场的基本功能在于实现资金的流动性。

相对于资本市场来说，货币市场有以下几个突出特点：一是融资期限短、流动性强、风险性小。二是批发的市场。其主要参与者大多数是机构投资者，他们深谙投资技巧，业务精通，因而能在巨额交易和瞬变的行情中获取利润。三是创新的市场。由于货币市场上的管制历来比其他市场要松，所以任何一种新的交易方式和方法，只要可行，就可能被采用和发展。

（二）货币市场的构成

根据货币市场上的融资活动及其流通的金融工具，可将货币市场划分为同业拆借市场、贴现市场、短期证券、回购市场、票据市场、大额可转让定期存单市场、短期政府债券市场和货币共同基金市场等。

1. 同业拆借市场

同业拆借市场是指银行及非银行金融机构之间进行短期性的、临时性的资金调剂所形成的市场。

相对于其他市场而言，同业拆借市场有以下几个主要特征：

一是同业拆借主要限于金融机构参加，首推商业银行。西方国家的许多大商业银行都把拆入资金作为一项经常性的资金来源，或者是通过循环拆借的方式（今日借明日还，明日再借次日再还），使其贷款能力超过存款规模；或者是减少流动性高的资产（如库存现金、各种短期证券等），以增加高盈利资产的规模，而在需要额外清偿能力时就进行拆借。与此同时，许多中小商业银行出于谨慎的原因会经常保存超额准备金，为使这部分准备金能带来收益并减少风险，他们往往是通过拆借市场向大银行拆出。于是，同业拆借又成为中小商业银行一项经常性的资金运用。

二是拆借期限短。同业拆借的期限一般都控制在1年以内。不过，由于拆借目的的不同，同业拆借在期限上存在着较大的差别，最短的只有1天（今日拆入、明日归还），最长的可达1年。根据拆借目的的不同，一般将同业拆借市场上的交易分为两种：一是同业头寸拆借，主要是指金融机构为了轧平头寸、补充存款准备金和票据清算资金而在拆借市场上融通短期资金的活动，一般拆借期限为1天；二是同业短期拆借或同业借贷，主要是指金融机构之间为满足临时性的、季节性的资金需要而进行的短期资金拆借，这一类的拆借期限相对较长。

三是拆借利率市场化。同业拆借利率一般由拆借双方协商决定，而拆借双方又都是经营货币资金的金融机构，所以同业拆借利率最能反映市场资金供求状况，并对货币市场上的其他金融工具的利率变动产生导向作用，这就使得同业拆借利率由此而成为货币市场上的核心利率。正是基于同业拆借利率在利率体系中的这种重要地位，在现代金融活动中，同业拆借利率已被视作观察市场利率走势的风向标。

拆借市场的存在，不仅为银行之间调剂资金提供了方便，更重要的是，它为社会资金的合理配置提供了有利条件。当外部资金注入银行体系后，通过银行同业拆借市场运行，这些资金能够较均衡地进入经济社会的各个部门和单位。

也正因为如此，大多数国家的中央银行已把同业拆借利率作为货币政策的操作目标，通过货币政策工具的运用，影响同业拆借利率，进而影响长期利率和货币供应量的变化，从而实现既定的货币政策目标。

2. 回购市场

回购市场是指通过回购协议进行短期资金融通的市场。所谓回购协议，是指证券持有人在出售证券的同时，与证券购买商约定在一定期限后再按约定价格购回所售证券的协议。在回购交易中，先出售证券、后购回证券称为正回购，先购入证券、后出售证券则为逆回购。回购交易实际上是一种以有价证券（大多为国债）为抵押品的短期融资活动。在回购交易中，证券持有者通过出售证券融入资金，而证券购买者通过买入证券融出资金。

3. 票据市场

这里的票据指商业票据。票据市场即是以商业票据作为交易对象的市场，其有狭义与广义之分，狭义的票据市场仅指交易性商业票据的交易市场，广义上的票据市场则包括融资性商业票据和交易性商业票据。

所谓商业票据，是指工商企业签发的以取得短期资金融通的信用工具，包括交易性商业票据和融资性商业票据。

以下从广义角度介绍票据市场的构成：

（1）票据承兑市场。所谓承兑，是指商业汇票签发后，经付款人在票面上签字盖章，承诺到期付款的一种票据行为。凡经过承兑的汇票统称为承兑汇票。如果是经付款人本人承兑则为商业承兑汇票，如果是由银行承兑为银行承兑汇票。由于银行的信誉要比一般付款人的信誉高，因而银行承兑汇票的安全性及流动性都要好于商业承兑汇票，所以在票据承兑市场上流通的大多为银行承兑汇票。

银行承兑汇票既可在国内贸易中由银行应购货人请求而签发，也可在国际贸易中由出口商出票、经进口商银行承兑而形成。由于汇票经银行承兑后，银行要承担最后付款责任，实际上是银行将其信用出借给了承兑申请人，所以承兑申请人要向银行交纳一定的手续费。可见，银行通过承兑汇票可以增加经营收入。

（2）票据贴现市场。贴现是指商业票据（大多为承兑汇票）持票人为获取流动性资金，向银行或其他金融机构贴付一定利息后，将未到期的票据转让给银行或其他金融机构的票据行为。具体而言，即持票人在票据未到期而又急需现款时，以经过背书的未到期票据向银行申请融通资金，银行审查同意后，扣除自贴现日起至票据到期日止的利息，将票面余额支付给贴现申请人。由此可见，通过贴现活动，持票人可将未到期的票据提前变现，从而满足融资的需要。

从表面上看，票据贴现是一种票据转让行为，但实质上它构成了贴现银行的授信行为，实际上是将商业信用转化成了银行信用。银行办理票据贴现后，如果遇到头寸不足，可持已贴现的但尚未到期的票据再向其他银行或中央银行办理贴现。贴现银行持票据向其他银行申请贴现，称为转贴现。贴现银行持票据向中央银行申请贴现称为再贴现。

票据贴现的计算公式为

贴现额=面额-未到期日的利息

未到期日的利息=面额×贴现率×未到期天数/360

贴现额=面额(1-贴现率×未到期天数/360)

【例 3-1】 票面金额为 1 000 元、期限为 60 天的商业票据，企业持有 40 天后贴现给银行，银行的年贴现率为 6%，则该企业可以获得的贴现额为

未到期天数=60-40=20(天)

贴现额=1 000×(1-6%×20/360)=996.67（元）

（3）商业票据市场。该市场的参与者主要是工商企业和金融机构。发行者一般为一些规模大、信誉高的金融性公司和非金融公司，发行目的是要筹措资金，前者主要是为了扩大消费信用，后者主要是解决短期资金需求及季节性开支，如支付工资、交纳税金等。商业票据的投资者主要是保险公司、投资公司、商业银行、养老基金及地方政府等。尽管该种商业票据没有抵押担保，但是由于发行者的声誉较高，风险还是比较低的，所以上述机构比较乐于投资商业票据。商业票据的发行一般采用贴现方式，其发行价格可用公式表示为

发行价格=面额-贴现息

贴现息=面额×贴现率×发行期限/360

即,发行价格=面额(1-贴现率×发行期限/360)

【例 3-2】 某公司拟发行票面金额为 1 000 元、年贴现率为 6%、期限为 60 天的商业票据，则该商业票据的发行价格为：

发行价格=1 000×(1-6%×60/360)=990（元）

4. 大额可转让定期存单市场

大额可转让定期存单（Negotiable Certificate of Deposit，CDs），是一种由商业银行发行的有固定面额、可转让流通的存款凭证。CDs 于 1961 年由美国花旗银行首次在世界上推出。最初是美国商业银行为逃避金融管理条例中对存款利率的限制、稳定银行存款来源而进行的一项金融业务创新，后由于 CDs 的实用性很强，既有益于银行，又有益于投资者，故很快发展为货币市场上颇受欢迎的金融工具。

在金融市场发达的国家，CDs 市场已成为货币市场的重要组成部分。对于银行来说，发行 CDs 无疑是一种极好的筹资办法，它可以使银行获得稳定的资金来源，同时也为银行提高流动性管理能力提供了一种有效手段。银行可以通过发行 CDs 来主动增加负债，以满足扩大资产业务的需要。对于投资者来说，由于 CDs 都是由银行发行的，信用较高，且到期前可以转让变现，并有较高的利息收入，故投资于 CDs 可使投资者获得一种流动性强、收益性高的金融资产。此外，CDs 市场的存在对于中央银行的信用调节也具有积极意义，中央银行可通过调整基准利率以影响市场利率水平，由此影响 CDs 的利率，并进而影响 CDs 的发行量，从而达到间接调控银行信用创造的目的。

5. 短期政府债券市场

短期政府债券是一国政府部门为满足短期资金需求而发行的一种期限在 1 年以内的债务凭证。

在政府遇有资金困难时，可通过发行政府债券来筹集社会闲散资金，以弥补资金缺口。广义上看，政府债券不仅包括国家财政部门发行的债券，还包括地方政府及政府代理机构发行的债券。但从狭义上说，政府债券仅指国家财政部所发行的债券。在西方，国家一般将财政部发行的期限在 1 年以内的短期债券称为国库券。所以，狭义地说，短期政府债券市场就是指国库券市场。

目前，中国的货币市场包括银行间同业拆借市场、银行间债券市场、商业票据市场等子市场。

二、资本市场

（一）资本市场的概念与特点

资本市场（Capital Market），是指以期限 1 年以上的金融工具为媒介，进行长期性资金交易活动的市场，又称长期资金市场，其主要参与者有个人、企业、金融机构和政府。近年来，像保险公司、养老基金等金融机构作为机构投资者也活跃在资本市场上。

资本市场主要有四个特点：

第一，资本市场所交易的金融工具期限长，至少 1 年以上，最长的可达数十年，而股票则没有偿还期限，可以长期交易。

第二，交易的目的主要是为解决长期投资性资金的供求需要。所筹措的长期资金主要是用于补充固定资本，扩大生产能力，如开办新企业、更新改造或扩充厂房设备、国家长期建设性项目的投资等。

第三，资金借贷量大，以满足长期投资项目的需要。

第四，作为交易工具的有价证券与短期金融工具相比，收益较高而流动性差，价格变动幅度大，有一定的风险性和投机性。

资本市场对经济最大的贡献就是提供了一条由储蓄向投资转化的有效途径——它通过价格机制合理地引导资金和分配资金。因此，资本市场的完善与否影响到一国投资水平、投资结构、资源的合理分配和有效利用，乃至国民经济的协调和持续增长。

（二）资本市场的工具

1. 债券

债券是政府、金融机构、工商企业等金融市场主体为筹集资金而向投资者发行的、承诺按一定的期限和利率水平支付利息并按约定期限偿还本金的债权、债务凭证。

债券具有收益性、安全性、偿还性、流动性的特征。

债券也可以划分为不同的类型包括以下方面：（1）按发债主体不同可分为政府债券、金融债券和公司债券；（2）按债券期限不同可将债券分为短期债券、中期债券和长期债券。短期债券的资金借贷期限为 1 年以内，中期债券的资金借贷期限为 3~5 年，长期债券的资金借贷期限为 5 年以上。其中，中期、长期债券为资本市场的金融工具；（3）按是否有抵押担保可将债券分为担保债券、信用债券和抵押债券；（4）按支付利息方式不同可将债券分为一般付息债券、分期付息债券、附息票债券、贴现债券和贴水债券；（5）按债券是否记名分为记名债券和无记名债券；（6）按发行区域和支付的货币不同分为国内债券、外国债券和欧洲债券；（7）按债权人享受权益的不同将债券划分为可转换公司债券、附新股认购权公司债券、参加公司债券和收入公司债券。此外，债券按利率是否变化分为固定利率债券、浮动利率债券、指数债券和零息债券等。

2. 股票

股票是资本市场重要的金融工具，是股份有限公司（发行主体）筹集资金时发行给股东、证明其所入股份，并据此享有股东权力和承担股东义务的书面法律凭证。股票所有者即是股份公司的股东，其占有对该公司所有权的一定比例，并享受相应的权利及承担相应的责任。股票可以作为买卖对象和抵押物品，是金融市场上主要的长期信用工具之一。

（1）股票是一种有价证券。一方面，股票是代表着一定价值量的资产；另一方面，股票持有者可以行使其所代表的权利，也可以以特定的价格在资本市场上流通转让。（2）股票是一种要式证券。股票必须经证券主管机关审核和批准后才能发行，股票票面上应全面、真实地记载法律规定的内容。如我国《公司法》对此有明确的规定，如果缺少法定要件，股票就无法律效力。（3）股票是一种证权证券。股票是以证券形式对先行存在的股东权利进行证明。因此，股票是证权证券。（4）股票是一种资本证券。股票是投入股份有限公司的资本金的证券化，属于资本证券。股票独立于真实资本之外，凭借其所代表的资本份额和股东权益在股票市场上进行独立的价值运动。因此，股票是一种虚拟资本证券。（5）股票是一种综合权利证券。证券按其性质可分为物权证券和债权债券。物权证券是指证券持有人对公司的财产有直接支配处理权的证券。债权证券是指证券持有人为公司债权人的证券。一方面，购买股票的股东是股份有限公司所有者之一，他们享有多种权利，但不能对公司的财产直接支配和处置，因此，股票不是物权证券；另一方面，股东是股份有限公司部分财产的所有者，不是与公司对立的债权人，一旦公司经营不善，股东只能承受亏损和破产的风险，不存在要求公司还本付息的权利，因此，股票也不属于债权证券。

股票具有收益性、风险性、流通性、价格与面值的不一致性、永久性、权责性等特征。

3. 投资基金

投资基金是资本市场的一种新形态，是基金发起人通过发行基金份额或受益凭证方式，将投资者分散的资金集中成一定规模并进行定向投资的周转资金，然后交由专业性投资机构管理，进行证券投资或产业投资，并将投资收益分配给基金持有者。投资基金公司实际上是一种金融中介机构。

投资基金具有化零为整与化整为零相结合、专家经营与专业管理、组合投资、分散风险、收益稳定、集合大量投资者的资金以基金名义管理、服务专业化等特征。

投资基金的分类包括以下方面：（1）按组织形式划分为集约型和公司型；（2）按能否赎回划分为封闭式和开放式；（3）按投资目标划分为收入型基金、积极成长型基金、成长和收入型基金、平衡型基金、新兴成长基金和指数基金；（4）按投资范围划分为股票基金、债券基金、货币基金、期货基金、期权基金、认股权证基金和专门基金。

此外，根据基金的发行范围和投资地域不同，可以分为国内基金和国外基金。国外基金可以分为国家基金（Country Fund）、区域基金（Regional Fund）和环球基金（Globe Fund）。环球基金又可分为环球股票基金（Globe Equity Fund）、环球债券基金（Globe Bond Fund）和环球商品基金（Globe Commodity Fund）等。

三、外汇市场

第二次世界大战以后，随着世界经济的迅速发展，外汇市场发生了巨大的变化，不仅形成了包括伦敦、巴黎、纽约、东京、新加坡、香港、苏黎世、阿姆斯特丹、卢森堡、马尼拉、开曼群岛和巴林等诸多国际金融中心，而且世界各地营业时间相互衔接，使得外汇交易可以在全球24小时不间断地进行。外汇市场及其交易活动的影响越来越大，受到人们的普遍关注。

（一）外汇市场的含义及功能

外汇市场是指从事外汇买卖或兑换的交易场所或是各种不同货币彼此进行交换的场所，是金融市场的重要组成部分。

外汇市场上从事的外汇买卖可分为两种类型：一是本币与外币之间的相互买卖，即外汇的持有者按一定的汇率卖出外汇换回本币，外汇的需求者按一定的汇率用本币购买外汇，也被称为国内外汇市场；二是不同币种的外汇之间的相互交易，也被称为国际外汇市场。

外汇市场的组织形态主要有两种：一是有固定场所和设施的有形市场，如外汇交易所；二是没有固定交易场所的无形的、抽象的市场。无形市场通常表现为电话、电报、电传和计算机终端等各种远程通信工具所构成的交易网络，使外汇信息的流通和交易成为可能。

外汇市场的主要功能包括：

1. 外汇买卖的中介

如同其他商品市场一样，外汇市场为外汇这一特殊商品提供了一个集中的交易场所。外汇市场为外汇交易的双方寻找交易对象和发现交易价格节约了交易成本，提高了外汇市场的交易效率。

2. 调节外汇的供求

外汇市场不仅充当了外汇买（需求方）、卖（供给方）双方的交易中介，而且外汇市场上汇率的变化对外汇的供求起着调节作用。任何外汇供求的失衡会引起价格（即汇率）的相应变动，而价格的变动又反过来影响外汇供求的变动，进而使外汇供求的失衡得以调节。

3. 宏观调控的渠道

外汇市场也是各国政府调节国际收支乃至整个国民经济的重要渠道，各国政府可通过一系列政策和措施影响外汇的供求和汇率的变动，进而达到调节国际收支乃至宏观经济的目的。

4. 保值与投机的场所

外汇市场是为试图避免外汇风险的交易者提供保值的场所。市场的交易者可在外汇市场上从事套期保值、掉期交易等外汇交易，以避免外汇风险。同样，外汇市场也为那些希望从汇率波动中获取收益的投机活动提供了可能。

（二）外汇市场的参与主体

1. 外汇银行

在外汇交易过程中，外汇银行充当着重要角色。许多外汇银行拥有遍布全球的机构网络，承担着绝大部分的跨国资金调拨、借贷以及国际收支结算等多种任务，因而它们在外汇交易中发挥着核心作用。在外汇市场上，外汇银行的主要交易包括两个方面：一是受客户委托从事外汇买卖，其目的是获取代理佣金或交易手续费；二是以自己的账户直接进行外汇交易，以调整自己的外汇头寸，其目的是减少外汇头寸可能遭受的风险以及获得买卖外汇的差价收入。

外汇银行是外汇市场上最重要的参与者。在美国，十几家设在纽约以及几十家设在别的主要城市的大型商业银行实际上充当着做市商（Market Maker）的角色。由于他们经常在外汇市场上大规模地进行各种货币的买卖，使得外汇市场得以形成并顺利运转，而且外汇银行所进行的外汇交易额占外汇交易总量的绝大部分，因此，以外汇银行为主体的外汇供求已成为决定外汇市场汇率的主要力量。

2. 中央银行

各国中央银行也是外汇市场的重要参加者，它代表政府对外汇市场进行干预。一是中央银行以外汇市场管理者的身份，通过制定法律、法规和政策措施，对外汇市场进行监督、控制和引导，保证外汇市场上的交易有序地进行，并使之符合本国经济政策的需要。二是中央银行直接参与外汇市场的交易，主要是依据国家货币政策的需要主动买进或卖出外汇，以影响外汇汇率走向。中央银行的外汇买卖活动实际上充当外汇市场的最后交易者或“清道夫”，即因汇率不能充分调整（即达不到均衡汇率的水平）而导致的外汇超额供给或需求都由中央银行购进或出售，进而维持外汇市场的稳定。

3. 外汇经纪人

外汇经纪人主要为从事外汇买卖的金融机构牵线搭桥，充当外汇交易的中间人。外汇市场的信息量大而且瞬息万变，交易者只有随时掌握最新信息，才能迅速达成交易并从中获取收益。对于业务繁重的外汇银行来说，有效地处理和利用这些信息较为困难，而外汇经纪人拥有庞大的信息网络和专业化的信息处理技术，并在世界许多外汇市场设有分支机构且彼此之间联系紧密，他们为外汇银行以更快的速度和更为有利的价格达成交易提供了可能。

外汇经纪人一般只是通过提供咨询、信息、买卖代理及其他服务而赚取一定比例的佣金，不直接为自己买卖外汇。由于外汇经纪人与外汇买卖活动无直接利害关系，从事外汇交易的银行才会对外汇经纪人的诚实与公正给予高度的信任。

4. 非银行客户及个人

非银行客户及个人主要指因从事国际贸易、投资及其他国际经济活动而出售或购买外汇的非银行机构及个人。非银行客户及个人有的为了实施某项经济交易而买卖外汇，如经营进出口业务的国际贸易商，到外国投资的跨国公司，发行国际债券或筹借外币贷款的国内企业等；有的为了调整资产结构或利用国际金融市场的不均衡进行外汇交易，如买卖外国证券的投资者，在不同国家货币市场上赚取利差、汇差收益的套利者和套期保值者，赚取风险利润的外汇投机者等。除此之外，还有其他零星的外汇供求者，如国际旅游者、留学生、汇出或收入侨汇者，提供或接受外汇捐赠的机构和个人等。在上述各种外汇供求者中，跨国公司较为重要，因为跨国公司的全球经营战略涉及许多种货币的收入和支出，所以他们进入外汇市场非常频繁。

四、衍生金融市场

衍生金融市场是由基础金融市场派生出来的，是以衍生品为交易对象的市场。所谓衍生品（Derivatives），也叫衍生证券，是一种金融工具，其价值依赖于其他基础性资产价值的变动。近年来，衍生品在金融领域中的地位越来越重要。衍生品种类主要包括期货、期权、互换、远期合约等衍生品。衍生品具有“双刃剑”的性质，它们在为投资者提供转移风险手段的同时，也为他们带来了巨大风险，从而给金融市场乃至整个经济埋下了不稳定的因素。

衍生品是基础金融工具的派生物，金融衍生品的产生和发展是经济发展到一定阶段的必然结果。近年来，国际金融市场最显著、最重要的特征之一就是衍生品的迅速发展。20 世纪 80 年代，各种衍生品异军突起，获得了长足发展；进入 20 世纪 90 年代，金融需求变得更为复杂，供给技术不断创新，衍生品市场由美洲、欧洲向亚太地区乃至全球不断拓展，竞争日趋激烈。当代的衍生工具已经对国际金融市场产生了深刻影响。常见的衍生金融市场主要有以下几种：

（一）利率衍生工具市场

利率衍生工具市场的主要业务是利率互换。自 20 世纪 80 年代该市场发展以来，美元利率互换市场就是世界衍生工具市场上交易量最大、交易最为活跃的市场。进入 20 世纪 80 年代中期，欧洲和亚太地区也纷纷出现此类市场，其交易量持续上升。

（二）外汇衍生工具市场

外汇衍生工具市场的主要活动涉及货币互换、货币期货、货币期权以及上述交易的混合交易。货币互换在程序、作用和使用上与利率互换基本相同。不过，除了金融交易以外，在商品交易中也广泛利用外汇衍生工具市场。

实际上，从金融角度看，货币期货交易和利率互换一样，都与世界资本市场紧密相连。对借方而言，掌握货币衍生工具，可以保证他们在世界上的任何一个市场以最小的代价筹措本币资本。对投资者而言，可以保证他们获得与其风险和资产分布相一致的最大化收益。

（三）股票衍生工具市场

现代衍生工具应用于股票开始于 1987 年。自此，欧洲、日本、美国的大机构投资者就占据了该市场的主导地位。个人投资者通过欧洲的公共债券市场（或者美国市场）进入到了该市场，其作用也不容忽视。虽然现代衍生工具市场中基于投资目的的股市操作与所讨论的市场活动相比有些不同，但都很好地体现了股票投资的风险/收益特点以及操作的时间性要求。

（四）商品衍生工具市场

现代商品衍生工具市场的发展源于世界上主要的贸易品，尤其是原油、石油制品和贵金属以及常用金属的价格剧烈波动而产生的价格风险。商品衍生工具市场的参与者与前述三类市场的参与者有一定区别，该市场的参与者主要包括生产者、加工者和消费者。由于参与各方存在不同的利益期望和不同的风险，很自然便形成了双向风险管理和衍生工具业务。

很多的商品风险管理者（尤其是运输业和石油业）都使用商品衍生工具市场管理风险。在某种程度上，这些公司的生存就依赖于风险管理的成功与否。因此，他们都争相谋求一种与自己确定的交易目标相适应的高度精确的套期保值手段。

（五）新生衍生工具市场

随着全球经济的发展，新的经济问题不断涌现，为此，新一代的衍生工具也不断被设计出来。现存的利率、股票和商品衍生工具已经逐步被用来处理新的市场风险问题。这些问题涉及信贷、通货膨胀和房地产等。虽然这些工具还不十分成熟，也没有被广泛使用，甚至有些还处于理论探讨阶段，但是，我们仍然需要扼要地考察一下这些工具，以期对当代国际金融衍生工具有一个更为全面的了解。新生衍生工具主要有房地产衍生工具、信贷衍生工具、通货膨胀衍生工具等。

五、黄金市场

黄金市场是集中进行黄金买卖的交易场所。黄金交易与证券交易一样，都有一个固定的交易场所，世界各地的黄金市场就是由存在于各地的黄金交易所构成。黄金交易所一般都在各个国际金融中心，是国际金融市场的重要组成部分。

在黄金市场上买卖的黄金形式多种多样，主要有各种成色和重量的金条、金币、金丝和金叶等，其中最重要的是金条。大金条量重价高，是专业金商和中央银行买卖的对象，小金条价低量轻，是私人和企业买卖、收藏的对象。金价按纯金的重量计算，即以金条的重量乘以金条的成色。

（一）黄金市场的主要参与者

黄金市场的主要参与者有以下几类：

（1）出售黄金的采金企业和进口黄金的各国工商企业。

（2）利用黄金作为对外结算、投资与保值手段的各国企业、个人、银行和其他金融机构。

（3）专门经营黄金买卖的各国金商和经纪人。

（4）通过买卖黄金调节储备资产与国际收支的各国中央银行。

（5）利用金价涨落牟取暴利的黄金投机商。

（6）某些国际性金融机构，如 IMF 等。

（二）黄金市场的构成

黄金市场是世界各地黄金买卖交易的中心。目前世界上共有 40 多个黄金市场，这些市场虽然分布在世界各地，但由于时差的因素，正好使几个主要黄金市场（如伦敦、纽约、香港等）的营业时间相衔接。近年来，现代化的远程通信技术和互联网已经将这些市场连为一体，形成了全球性的黄金市场。

（1）按市场交易有无固定地点划分为无形市场和有形市场。黄金市场大多通过经纪人成交，黄金市场对每个黄金经纪人的席位收取高额费用。

（2）按市场的作用大小划分为主导性黄金市场和地区性黄金市场。

（3）按市场管制程度划分为自由交易市场和有限制交易市场。

（4）按市场交易方式划分为现货市场和期货市场。

（三）黄金市场的交易方式

世界黄金市场的交易方式主要有两种，即现货交易和期货交易。

1. 现货交易

现货交易又分为定价交易和报价交易。

（1）定价交易。定价交易只有单一价格，没有买卖差价，只在规定的时间内有效，成交后经纪人或金商只收取少量佣金。定价交易是伦敦黄金市场特有的一种交易形式，时间规定在每个营业日的上午10:30和下午3:00，地点是英国最大的金商洛希尔父子公司的交易大厅内，该公司担任首席代表，其他金商委派代表参加；其交易时间短则1分钟，长则1个多小时，视市场客户的供求而定；交易结束时形成的价格即为黄金现货买卖的成交价格，同时其所定价格又是世界黄金市场行市的晴雨表，世界各黄金市场均依次调整各自的金价。

（2）报价交易。报价交易则有买卖差价之分，其价格由买卖双方自行达成，而且价格水平在很大程度上受定价交易制约；报价交易在定价交易时间外进行；一般报价交易成交的数量要多于定价交易。

2. 期货交易

期货交易是由交易双方先签订合同，交付押金，在预约的日期办理交割，一般为3个月、6个月或1年；其交易价格一般以现货价格为依据，再加上期货期限的利息而定。套期保值是最常用的期货交易形式，套期保值的目的是为了避免金价波动带来的损失。购买选择权（期权）也是一种期货交易形式，从事这种交易的双方在签订合同之后，买方即取得在规定的期限内按合同规定的远期价格买进规定数量的黄金的权力，买方为取得这一权利要向卖方支付一定的保证金，到了规定的期限，买方可以根据当时的金价决定是否要按合同购买黄金，买方认为价格不合适时可以不买，但预付的保证金归卖方所有。在期货市场上，投机交易十分盛行，这种交易是通过预测未来一段时间内金价的涨跌趋势，进行买空卖空以赚取投机利润。投机行为往往对黄金价格的升降起到推波助澜的作用，是导致世界黄金市场动荡不定的一个重要原因。

（四）世界主要黄金市场

目前世界上最著名的黄金市场有五个，即伦敦、苏黎世、纽约、芝加哥和香港，它们号称五大黄金市场。此外，还有巴黎、法兰克福、澳门、曼谷和新加坡等。

1. 伦敦黄金市场

伦敦一直是著名的国际金融中心，也是历史最悠久的黄金市场。这个市场的黄金供应者主要是世界上最大的产金国南非。由于伦敦具有国际金融中心的便利条件和充足的黄金供给，所以一直起着世界黄金产销、转运、调剂的枢纽作用，交易量曾经达到世界黄金交易总额的 80%，是世界上最大的黄金市场。伦敦黄金市场的主要特点有：(1) 以现货交易为主，直至 1982 年才有期货市场；(2) 交易量大，主要是批发业务；(3) 有独特的定价交易机制，其交易价格是世界各黄金市场调整金价的基础，伦敦金价是最具代表性的世界黄金行市；(4) 其交易方式和交易系统均为世界各黄金市场所遵循和采用。

2. 苏黎世黄金市场

该市场是第二次世界大战后发展起来的，主要以瑞士三大银行（瑞士银行、瑞士信贷银行和瑞士联合银行）为中心从事黄金交易。其主要特点是：(1) 以现货交易为主，无定价制度；(2) 市场组织者对市场所起的作用有别于伦敦黄金市场，其区别在于伦敦的大金商主要是在客户之间充当中间经纪人，而瑞士三大银行拥有大量黄金储备，其本身也从事黄金交易；(3) 以零售业务为主，其中绝大多数比重是进行金币、金条交易，是世界上最大的金币市场。20 世纪 60 年代末期，苏黎世通过给予南非储备银行优惠的信贷融通以保证黄金的供给，以及 20 世纪 70 年代的苏联通过苏黎世市场大量出售黄金，使苏黎世成为南非黄金和当时苏联黄金的销售地，这些因素促使该市场迅速发展，现已成为仅次于伦敦的世界黄金市场。

3. 美国黄金市场

美国黄金市场是黄金期货交易的中心。首先，纽约商品交易所（COMEX 分部）和芝加哥国际货币市场（International Monetary Market in Chicago，IMM）都是重要的世界黄金期货市场。COMEX 是世界上最大的黄金期货市场。COMEX 和 IMM 是在 20 世纪 70 年代中期才发展起来的，虽然历史较短，其市场的发展却相当迅速，并促使世界黄金市场的格局发生了重大变化。其特点首先表现在交易的数量和规模上，例如 COMEX 在开业初期，每月黄金期货的成交量仅为 4 万笔，但在短短的两年后，即 1976 年，每月期货成交量已经达到 50 万余笔，而到 1981 年攀升到 1 040 万笔，同年 COMEX 和 IMM 的黄金期货营业额有 4 万吨，而同期全世界黄金年产量也不过 1 700 吨。由此可见，这两个市场的发展速度和规模都是相当惊人的。其次，美国黄金期货市场黄金交易量巨大，使伦敦黄金市场每日定价制（伦敦黄金现货价格）的权威性受到一定影响。美国市场的期货价格有时还比伦敦和苏黎世市场的定价更具实用性。最后，投机交易充斥期货市场。尽管美国的黄金期货市场成交量大，但交易的水分也很大，诸如买空、卖空的投机活动十分盛行，实际上，黄金期货市场上的对冲买卖数量非常之大，到期真正交割的交易量仅占市场总交易量的极小比重（约 2%）。

4. 香港黄金市场

香港黄金市场至今已有 80 多年的历史，其黄金大多来自欧洲等地，主要的买主则是东南亚国家。香港黄金市场由三部分组成，一是传统的香港金银贸易市场，二是 20 世纪 70 年代中期才逐步形成的当地伦敦黄金市场，三是 20 世纪 80 年代才开业的黄金期货市场。香港黄金市场的发展也十分迅速，其特点主要有：(1) 香港是个自由港，有大量经验丰富的贸易商人，信誉可靠；(2) 香港具有转运、贮藏、调拨黄金的便利，既可做现货交易，又可做期货交易，因此对客户很有吸引力；(3) 在世界各大黄金市场中只有香港市场在星期六不停业，照常开市，这也是能够吸引从事黄金买卖的客户到香港来进行交易的一个重要原因；（4）香港市场一直与伦敦市场保持密切的联系，同时在20世纪80年代后又与美国黄金期货市场形成纽约（芝加哥）—香港黄金集团，地理位置、时差因素以及与伦敦、美国市场密切的业务合作将有助于香港黄金市场得到更大的发展。

第三节 国际金融市场

一、国际金融市场的概念及特征

（一）国际金融市场的概念

国际金融市场，简单来说，是指进行国际资金借贷、货币相互买卖及其他国际金融业务活动的场所。从国际金融市场发展的进程来看，它有两种概念：一是狭义的概念，仅指不同主体进行国际资金借贷与资本交易的场所，因此亦称国际资金市场，包括短期资金市场（货币市场）和长期资金市场（资本市场）；二是广义的概念，指从事各种国际金融业务活动的场所，既包括国际资金市场，也包括外汇市场、黄金市场以及其他种种衍生金融市场，同时还包括在金融市场从事交易的各类参与者、中间人和交易机构。也就是说，广义的国际金融市场，实际上是由各国的交易人、中间人和交易机构组成的进行各种金融资产交易的场所，体现着国际金融商品的买卖供求关系。

一个国家的国内金融市场在条件具备时可以逐步发展或上升为国际金融市场，并以所在地城市名字命名，如伦敦国际金融市场、纽约国际金融市场、东京国际金融市场等。由于这些国际金融市场都是各种国际金融业务集中的场所，因此，习惯上又把它们叫做国际金融中心（International Finance Centre）。我国香港地区的国际金融市场也是一个举世瞩目的国际金融中心。

（二）国际金融市场与国内金融市场的区别与联系

为了进一步理解国际金融市场的概念，有必要分析一下国际金融市场与国内金融市场的区别与联系。

1. 国际金融市场与国内金融市场的区别

（1）市场运作境界不同。国内金融市场的活动领域局限于一国领土内，市场的参与者限于本国居民，而国际金融市场的活动领域则超越国界，其参与者涉及境外居民或多国居民。

（2）市场业务活动不同。国内金融市场的业务活动一般不用外汇，也不必通过外汇市场进行，而国际金融市场的业务活动必然涉及外汇交易活动，而且要通过外汇市场进行，外汇市场是国际金融市场的中心市场之一。

（3）市场管制程度不同。国内金融市场必须受到货币当局的直接干预（含暗地干预），市场运行在很大程度上受到行政力量的左右，而发达的国际金融市场则基本不受所在国金融当局的管制，市场运行一般很少受到干预，甚至完全不受干预。

2. 国际金融市场与国内金融市场的联系

（1）国内金融市场是国际金融市场得以发展的基础。世界上一些主要的国际金融市场都是在原先国内金融市场的基础上发展而成的，这些国际金融市场中的金融机构、银行制度以及涉外业务与国内金融市场都有着密切的联系。

（2）国内金融市场的货币资金运动与国际金融市场的货币资金运动互相影响。国内金融市场的利率发生变动，会通过各种方式影响到国际金融市场上利率的变化，国内金融市场上货币流通发生变化也同样会影响国际金融市场上汇率的变动。

（3）国内金融市场上的某些大型金融机构同样也是国际金融市场运作的主要参与者。

二、国际货币市场

国际货币市场（International Monetary Market）是指资金期限在1年以内（含1年）的短期金融工具进行交易的场所，也称为短期资金市场。该市场的参与者主要是商业银行、票据承兑公司、贴现公司、证券交易商和证券经纪商等。

根据市场不同的借贷或交易方式和业务，国际货币市场可分为以下几种：

（一）银行短期信贷市场

银行短期信贷市场是指国际银行同业间的拆借以及银行对工商企业提供短期信贷资金的场所。该市场是在资本国际化的过程中发展起来的，其功能在于解决临时性的短期流动资金的不足。

短期信贷市场的拆借期是长短不一的。最短为日拆，一般多为1周、1个月、3个月和6个月，最长不超过1年。拆借利率以伦敦同业拆借利率（LIBOR）为基础。该市场交易方式较为简便，存贷款都是每天通过电话联系来进行的，贷款不必担保。

（二）短期证券市场

短期证券市场是指进行短期证券发行与买卖的场所。短期证券是指信用良好的工商企业为筹集短期资金而开出的票据。它可通过银行发行，票面金额不限，期限一般为4至6个月，交易按票面金额贴现的方式进行，其期限一般不到1年。这里的短期证券包括国库券，可转让定期存款单、商业票据，银行承兑票据等，它们的最大特点是具有较大的流动性和安全性。各国的短期信用工具种类繁多，名称也不一样，但实质上都属于信用票据。

（三）贴现市场

贴现市场是指对未到期票据通过贴现方式进行资金融通而形成的交易市场。贴现市场的主要经营者是贴现公司。贴现交易的信用票据主要有政府国库券、短期债券、银行承兑票据和部分商业票据等。贴现利率一般高于银行贷款利率。目前，世界上最大的贴现市场是伦敦贴现市场，其历史悠久，在英国的金融市场中占有十分重要的地位。

三、国际资本市场

国际资本市场（International Capital Market）是指期限在1年以上的资金借贷和证券交易的场所，也称中长期资金市场。

按融通资金方式的不同，国际资本市场又可分为银行中长期信贷市场和国际证券市场。

（一）银行中长期信贷市场

银行中长期信贷市场是一种国际银行提供中长期信贷资金的场所，为需要中长期资金的政府和企业提供资金便利。这个市场的需求者多为各国政府和工商企业。一般贷款期限1年至5年的称为中期信贷，5年以上的称为长期信贷。资金利率由诸如经济形势、资金供求量、通货膨胀和金融政策等因素多方面决定，一般是在伦敦同业拆借利率的基础上加一定的幅度。该市场的贷款方式有双边贷款和多边贷款之分。

双边贷款是两国银行之间签订信贷协定。多边贷款是对金额较大的项目由几家银行组成银团提供贷款，即辛迪加贷款，贷款需要政府担保。由于该市场资金周期较长，风险也较大，因此在贷款时还需着重分析借款人偿还债务的能力。

（二）国际证券市场

国际证券市场是指国际证券发行与流通的场所。发行证券的目的在于筹措长期资本，是长期资本借贷的一种方式。国际证券市场是国际金融市场的重要组成部分。

国际证券市场的种类主要有以下几种：

1. 国际债券市场

国际债券是指长期资金的筹措者在国外发行上市的、以外国货币定值并销售的债券。从事国际债券交易而形成的市场称为国际债券市场，其参与者由借款人和投资人（包括参与者所在国政府、金融机构、企业或个人）以及中介人所构成，借款人即国际债券的发行人，投资人是国际债券市场债券的购买者，而中介人是承销国际债券的金融机构。

国际债券市场由在岸债券市场（包括国内债券市场和外国债券市场）和离岸债券市场（欧洲债券市场）组成。在岸债券市场中的国内债券是本国政府和企业面向本国居民（也可能有少量的非居民）发行的以本币为面值的债券。

主要交易债券类型有国际债券、外国债券、欧洲债券和全球债券等。

（1）外国债券（Foreign Bonds）是外国借款人到某一国家的债券市场上发行的、以市场所在国货币标明面值的债券，由市场所在国组织的辛迪加承销，债券的经营受到所在国政府有关法律的管辖。外国债券与国内债券的不同之处在于各国对于本国居民发行的债券和对外国人发行的债券做了法律上的区分。

（2）欧洲债券（Euro Bonds）是外国借款人到债券面值货币发行国以外国家的债券市场上发行的债券。欧洲债券与外国债券的区别在于欧洲债券是以欧洲货币（Euro Currencies）表示，并同时在数个国家的资本市场上发行，由国际辛迪加承销，而且全部或绝大部分在该货币国以外市场销售的债券。比如，在欧洲货币市场上发行的欧洲美元债券或欧洲英镑债券。欧洲债券的历史比外国债券短得多，直到20世纪60年代才出现，但欧洲债券问世后发展极为迅速，在短暂的时间里其发行量就大大超过了外国债券。

（3）全球债券（Global Bonds）是在全世界各主要资本市场上同时大量发行，并且可以在这些市场内部和市场之间自由交易的国际债券。全球债券具有三个特征：① 全球发行。外国债券仅局限在某个国家发行，欧洲债券在几个主要资本市场发行，而全球债券强调在全球发行，其发行范围往往能覆盖全球的主要资本市场。② 能在全球交易，具有很高的流动性。③ 发行全球债券的借款人信用级别很高，一般多为政府机构或在全球金融市场资信很高的、声誉卓著的金融机构。

2. 国际股票市场

每个承认私人产权的国家一般都有股票市场，早在 17 世纪，欧洲证券交易所就已经存在，而另一个著名的纽约证券交易所是 1792 年建立的。但在国际资本市场的发展进程中，从全球整体上看，在较长的时间内，占有较大比重的是国际信贷市场、外国债券市场和欧洲债券市场，国际股票市场的发展一直比较滞后。20 世纪 80 年代以后，国际股票市场发展非常迅速，1984 年，国际股票市场的规模约 3.4 万亿美元，到 1995 年已经上升到 17.1 万亿美元，2004 年飙升到历史的最高点，近 37.2 万亿美元。整个 20 世纪 90 年代是国际股票市场稳步高速扩张时期，而且这样的高速发展与美国股票市场的高速扩张和带动密切相关，美国股票市场份额占国际股票市场的比重一直很高，1995 年到 2004 年 10 年间平均占比在 47%左右，（2001 年高达 52%），且一直在这个区间内波动，这从一个侧面凸显了美国经济对世界经济的影响力。

在国际股票市场中，近年来规模位居前三位的是纽约证券交易所、东京证券交易所和纳斯达克，其中规模最大和最有影响的交易所是纽约证券交易所，其规模持续多年在全球股票市场中排名第一。2002 年后，东京证券交易所超过了纳斯达克，成为仅次于纽约证券交易所的全球第二大股票市场。纳斯达克是美国第二大股票市场，又是一个场外交易市场，采用屏幕交易技术和做市商拍卖相混合的运作方式，也是世界上第一个洲际间的股票市场。在 20 世纪 90 年代中后期，纳斯达克曾一度连续几年排名全球第二，1999 年达到顶峰，市值达 5.2 万亿美元，后因美国经济衰退以及高科技公司股票的暴跌，造成其市场大幅萎缩，名次退居第三。英国伦敦股票市场是全球第四大股票市场，其规模占国际股票市场的比重一直维持在 7%~9%。

除美国、日本、英国以外，其他国家（地区）的股票市场在 20 世纪 90 年代也有长足的发展。值得一提的是泛欧证券交易所，它是由巴黎、阿姆斯特丹和布鲁塞尔三个证券交易所于 1998 年合并后组成的，是仅次于伦敦的全球第五大股票市场。

四、国际衍生产品市场

金融衍生产品市场的兴起是近 20 多年来国际金融市场出现的最为突出的变化之一。金融衍生产品的迅速扩散和广泛应用，一方面大大提高了国际金融市场的流动性和市场效率，增强了风险分配和风险管理的能力；另一方面又放大了国际金融市场的风险，危及金融安全。因此，研究衍生产品、发展和管理国际衍生产品市场具有非常重大的现实意义。

（一）产生与发展

当远期合约问世时，就预示着衍生产品市场将形成和发展起来。远期合约和有组织的期货市场（商品期货市场）已经存在 100 多年，美国芝加哥期货交易所于 1865 年开始进行期货交易，有些国家甚至更早。而金融期货的兴起是在布雷顿森林体系行将崩溃之时，主要货币不再维持固定汇率，汇率浮动成为一种常态。这种变化促使美国芝加哥商品交易所国际货币市场的建立，并于1972年5月16日首次推出美元对7种主要货币的期货交易，从而标志着金融期货的诞生。20世纪90年代中期以前，全球衍生产品交易的主要货币是美元。欧元区形成以后，长期利率衍生交易从伦敦转到了德国的法兰克福，这使欧洲市场的利率风险对冲越来越依赖德国的证券市场。

进入21世纪以后，国际衍生金融产品市场急剧扩张，衍生金融产品具有降低交易成本、增强流动性和风险再分配的三大功能，同时又具有高风险性、高杠杆性和虚拟性的特点，既能提升国际金融市场的流动性和效率，又容易积聚、引发和放大金融风险。

（二）衍生金融产品种类

国际衍生金融产品名目繁多，高达两万余种。如将这些产品进行归类，大体上可分为四种基本类型，即金融远期、金融期货、金融期权、金融互换。

五、离岸金融市场

离岸金融市场是国际金融市场最重要的金融创新之一，其类型有内外混合型、内外分离型和避税港型，而欧洲美元市场和欧洲货币市场是离岸金融市场的核心。由于美国国内市场（在岸市场）与欧洲美元市场（离岸市场）吸收存款和办理贷款费用的差异，形成了独特的欧洲美元利率和利率结构，LIBOR（伦敦同业拆借利率）是欧洲美元市场和欧洲货币市场最重要的利率，也是国际金融市场的关键利率，它是欧洲银行向客户发放贷款的计息基础。

离岸金融市场是指主要为非居民提供境外货币借贷或投资、贸易结算、外汇黄金买卖、保险服务及证券交易等金融业务和服务的一种国际金融市场，亦称境外金融市场，其特点可简单概括为市场交易以非居民为主，基本不受所在国法规和税制限制。离岸金融市场在20世纪60年代的兴起使国际金融市场的发展进入了一个全新的发展阶段。

［专栏］3-1

对冲基金

对冲基金，这是一个在国际衍生产品市场中最活跃的金融机构。对冲基金的资金来源主要是养老基金、保险公司和主要银行机构。1990年，对冲基金管理的资产只有150亿美元，到2000年时已达到5 000多亿美元，规模扩大了35倍之多，而对冲基金的品种超过6 000多种。美国在2000年时至少有4 200家对冲基金，资本总额超过4 000亿美元，比较有名的对冲基金有索罗斯的量子基金，资产210亿美元；罗勃逊领导的老虎基金（Tiger），资产总值184亿美元等。对冲基金在1992年英镑危机、1994年墨西哥金融危机、1997年东亚金融危机中扮演了重要角色，被一些国家视为国际金融市场大幅震荡和引发金融危机的“罪魁祸首”。但到了1998年东亚金融危机以后，国际上一些大的对冲基金投资频频失误，蒙受惨重损失，由此使得对冲基金的平均规模缩小了。有数据表明，2000年以后对冲基金又开始出现强劲的增长。

21世纪的前十年，对冲基金再次风靡全球，2008年，全球对冲基金持有的资产总额已达 1.93 万亿美元。然而，2008 年的次贷危机使对冲基金受到重创，价值缩水，加上其在某些市场上的流动性受阻，不少对冲基金开始限制投资者赎回。

2011 年 4 月，对冲基金管理的总资产规模触底反弹，估计有望达 2 万亿美元。2011 年 1 月，美国最大的 225 家对冲基金公司旗下就有 1.3 万亿美元，其中最大的是 Bridgewater Associates，其资产为 589 亿美元。2011 年的五大对冲基金公司为 Bridgewater Associates（589 亿美元）、Man Group（392 亿美元）、Paulson & Co.（351 亿美元）、Brevan Howard（310 亿美元）和 Och-Ziff（294 亿美元）。2011 年 2 月，全球对冲基金 61% 的投资额来自于机构。

资料来源：http://finance.sina.com.cn/.

本章小结

1. 金融市场是买卖金融工具以融通资金的场所或机制，是一个国家市场体系的重要构成部分。

2. 金融市场的分类：按照最常用的标准，可以把金融市场分为货币市场和资本市场。

3. 金融市场的功能：金融市场是实现金融资产交易和服务交易的市场。从微观层面看，金融市场的功能有价格发现、提供流动性、减少搜寻成本和信息成本；从宏观层面看，金融市场的功能主要有实现储蓄向投资转化、资源配置、宏观调控等。

4. 货币市场是指融资期限在 1 年以内（包括 1 年）的资金交易市场，又称为短期资金市场，主要包括银行间同业拆借市场、商业票据市场、大额可转让定期存单市场、短期债券市场和债券回购市场。

5. 资本市场是指以期限 1 年以上的金融工具为媒介，进行长期性资金交易活动的市场，又称长期资金市场，包括股票市场和债券市场。

6. 国际金融市场是指进行资金国际借贷、货币相互买卖及其他国际金融业务活动的场所。

重要概念

金融市场　货币市场　资本市场　同业拆借　票据贴现　回购协议　债券　股票　基金　离岸金融

思考题

1. 金融市场的作用与特点有哪些？
2. 金融市场的分类有哪些？
3. 货币市场的构成是什么？
4. 资本市场的结构是什么？
5. 其他金融市场还有哪些？

第四章

金 融 机 构

学习目标

本章主要讲述金融机构的基本知识。通过学习，学生应了解金融机构的定义和分类，并在此基础上，掌握金融机构体系的一般构成以及我国金融机构体系的构成，同时了解一些常见的国际金融机构。

金融机构是指专门从事货币信用活动的各种法人组织，在日常经济活动中处于重要地位。一般而言，金融机构体系主要由中央银行、商业银行、专业银行以及非银行金融机构构成。我国的金融机构体系则包含中国人民银行、商业银行、三大政策性银行以及保险公司、证券公司等非银行金融机构。国际金融机构则主要有国际货币基金组织、世界银行集团等。

第一节　金融机构概述

一、金融机构的定义

金融机构是指专门从事货币信用活动的各种法人组织，包括从事金融业务、协调金融关系、维护金融体系正常运行的机构。金融机构不仅是金融活动最重要的参与者，也是金融活动的组织者，广义的金融机构不仅包括所有从事金融活动的组织，还包括金融市场的监管者，如中央银行以及国际金融机构。

对金融机构的认识是随着现代市场经济体系中金融机构的发展而逐步深化的。早期从铸币兑换业演变而来的金融机构（即银行）主要从事货币的汇兑和存、贷款业务，之后，随着金融市场的迅速发展，产生了直接融资领域中的金融机构。20 世纪 50 年代，由于金融业的激烈竞争，产生了各种从事金融服务性业务的金融机构。因此，金融机构的含义也逐步拓宽，并由简单的金融中介机构演变为广泛从事各种金融活动的机构。

金融市场的间接融资和直接融资都离不开金融机构。间接融资中的金融机构作为资金盈余者与资金短缺者双方融通资金的中介，通过各种负债业务活动聚集资金，然后通过各种资产业务活动来分配这些资金，因而被称为中介性金融机构，如银行、保险公司等。直接融资中的金融机构作为融资双方牵线搭桥的中介，促成借贷双方交易，如证券公司等，被称为非中介性金融机构。从发展趋势看，目前我国金融市场的资金融通虽然以间接融资为主，大部分通过商业银行来进行，但是随着金融改革的深化，资本市场的发展，直接融资方式和证券公司等非银行金融机构对资金支配的作用在日益加强。

二、金融机构存在的必要性

（一）降低金融的交易成本

融资的交易成本是指借款人和贷款人之间融通资金花费的时间和费用。在市场经济制度下，任何一种经济交易都需要进行合约的议定、讨价还价、对合约的监督和执行以及取得交易双方的信息。金融机构的存在可以使得融资的交易成本趋于最小。比如，假设有一个公司希望借入资金 1 000 万元。由于没有多少资金盈余单位有能力一下子贷出 1 000 万元资金，该公司不得不做大量广告逐个借款，然后还必须使每一个贷款人相信该公司是一个可靠的借款人。完成这一切不仅需要专门的知识，而且要花费大量的费用。与此相反，如果建立一个筹集众多存款人小额资金的金融机构，该公司通过这个金融机构来筹集自己所需要的 1 000 万元资金，那么，它就不必由于将要使用存款人的存款而逐个地通知他们，因为存款人在存款时就已经统一把该项资金的使用权交给金融机构，而且，由于金融机构具有很高的信誉，人们不必对它做资信调查，这就大大减少了融资的交易费用。当然，金融机构本身必须去调查借款人的信用状况，但是由一位专家进行一次性调查，其耗费要远远低于非专业人员进行数次调查。金融机构在筹集资金、发放贷款时也要耗费一定的交易费用，但由于金融机构是聚集众多储蓄者的盈余资金，进行大规模的融资活动，因而可以在融资费用方面享受大规模交易的利益，使得融资费用趋于最小。这就说明，金融机构降低交易成本的专业性以及融资的规模经济性能够大大降低融资的交易成本。

（二）防范金融交易中的逆向选择和道德风险

金融交易过程中，交易一方对交易的另一方往往不充分了解，存在着信息不对称。例如，对于贷款项目的潜在收益和风险，借款人通常比贷款人更了解。这种信息不对称影响着金融交易的决策，成为资金融通过程中的一个重要问题。信息不对称对金融交易造成的问题可能发生在金融交易前，也可能发生在金融交易后。在金融交易之前，信息不对称造成的问题导致了逆向选择。金融交易中的逆向选择指的是那些最有可能造成不利结果，即造成借贷风险的借款人往往是最积极寻找贷款的人。大的冒险者往往最急切地希望获得贷款，因为如果他的项目成功，他就能赚到很多钱。这种积极的贷款争取者往往是最有可能得到贷款的人。这种贷款因为风险大，往往最容易造成信贷风险，成为不良贷款。由于逆向选择使得贷款可能招致信贷风险，贷款人可能决定不发放任何贷款，即使市场上有风险最低的贷款机会。道德风险是金融交易发生之后出现的，即贷款人发放贷款后，由于贷款人很难了解借款人使用贷款的准确信息，存在着信息不对称，借款人往往用贷款从事那些高收益、高风险的活动，使贷款难以归还。道德风险的存在使贷款归还的可能性下降，贷款人可能决定不发放贷款，从而使金融交易无法发生。由此可见，逆向选择和道德风险是金融交易正常运行的重要障碍。金融机构有可能防范这些问题的发生。这是因为，金融机构在甄别贷款风险、防范由逆向选择造成的损失方面，其经验和办法比一般贷款要丰富很多，在监督贷款人从而减少道德风险造成的损失方面也具有专长，这就使得金融机构成为一种可信赖的中介，从而促使金融交易的运行。

（三）提供长期贷款

金融机构的一个作用是，即使最终存款人只提供短期贷款，借款人仍能通过金融机构获得长期贷款。许多借款人都希望获得长期贷款以购买房屋和大型机械设备等固定资产，而贷款人一般不愿意提供长期贷款，因为他们都希望在发生紧急情况时或发现有新的投资机会时能利用这些资金。供需之间的这种矛盾是金融机构产生的重要原因。金融机构可以把存款人的资金用于发放长期贷款，但仍然能满足存款人在任何时候提取他们存款的要求。这是因为，金融机构拥有众多的小额存款人，在正常情况下，他们是否提取存款主要取决于他们个人的情况，各个存款人的取款决定是相互独立的，金融机构可以运用大数定律，相当准确地预测在任一特定日期被提取金额的概率分布，金融机构只需掌握少量的存款作为准备金就可以应付存款人的提款要求，而把大量的存款人的存款转用于长期贷款，从而满足了存款人和贷款人的不同要求。

（四）减少融资风险

在市场经济中，资金融通具有一定的风险。资金盈余单位把资金借给资金短缺单位要承担违约风险、市场风险和购买力风险。投资者减少风险的重要方法在于分散投资，实行资产组合。资产组合之所以能减少风险，在于影响各种金融工具收益的因素不同。某种因素使金融工具 A 的价格下跌，却不一定使金融工具 B 的价格也下跌。假如某人同时持有由于通货膨胀而可能获利的某公司的股票和因通货膨胀而可能亏损的另一公司的股票，这两种股票的资产组合风险可能小于各自的风险。所以，投资于不同的金融工具，实行金融资产多样化，其资产组合风险小于其中每一种资产所具有的个别风险，从而可以减少总投资风险。但对个别资金盈余单位而言，由于其多余资金有限，通过金融市场所能购买的直接金融工具的种类很少，分散投资、减少风险的可能性也就很小。而金融机构由于汇集了千家万户的盈余资金，形成了巨额经营资金，因而能买进并持有许多种不同性质乃至不同国家的金融工具，减少投资的风险。金融机构还可以通过专门的管理来选择一定的金融资产组合方式，使风险得以最大限度地相互抵消。

三、金融机构的功能

金融机构通常提供以下一种或多种金融服务：

第一，在市场上筹资从而获得货币资金，将其改变并构建成不同种类的、更易接受的金融资产，这类业务形成金融机构的负债和资产。这是金融机构的基本功能，行使这一功能的金融机构是最重要的金融机构类型。

第二，代表客户交易金融资产，提供金融交易的结算服务。

第三，自营交易金融资产，满足客户对不同金融资产的需求。

第四，帮助客户创造金融资产，并把这些金融资产出售给其他市场参与者。

第五，为客户提供投资建议，保管金融资产，管理客户的投资组合。

上述第一种服务涉及金融机构接受存款的功能，第二和第三种服务是金融机构的经纪和交易功能，第四种服务被称为承销功能，提供承销的金融机构一般也提供经纪或交易服务，第五种服务则属于咨询和信托功能。

四、金融机构的分类

按照不同的标准，金融机构可以划分为不同的类型。

（一）金融管理机构和金融运行机构

按照金融机构的管理地位，可以划分为金融管理机构和金融运行机构。金融管理机构是指以金融宏观调控、金融监管为主要任务，不以盈利为目的的金融机构，如中央银行、银行监督管理委员会、证券监督管理委员会、保险监督管理委员会等。金融运行机构是指以盈利为目的，向社会公众提供多种金融产品和服务的金融机构，如商业银行、证券公司、保险公司等。

（二）直接金融机构和间接金融机构

按照融资方式的不同，可以划分为直接金融机构和间接金融机构。直接金融机构是指在直接融资领域、为资金盈余者和资金短缺者提供中介服务的金融机构，如证券公司、投资银行等，其主要业务包括证券的发行、经纪、清算、资信评估等。间接金融机构是指在间接融资领域，一方面以债务人的身份从资金盈余者手中筹集资金，一方面又以债权人的身份为资金短缺者提供资金的金融机构，如商业银行、保险公司等。其中，商业银行是最典型的间接金融机构。

（三）政策性金融机构和非政策性金融机构

根据是否承担政策性业务，可以划分为政策性金融机构和非政策性金融机构。政策性金融机构通常是为实现政府的产业政策而设立的，不以盈利为目的，但可以获得资金或税收方面的政策支持。非政策性金融机构是金融业务的经营机构，以获得更多的利润为主要经营目的。

（四）存款性金融机构和非存款性金融机构

存款性金融机构主要是以吸收存款的方式筹集资金，以贷款方式运用资金，如商业银行、储蓄银行、信用合作社等。非存款性金融机构是在契约基础上按期取得资金或者以出售股权的方式来获得资金，主要是把资金投入长期证券，如企业债券、股票及抵押贷款等，如保险公司、投资基金、养老或退休基金等。

（五）银行金融机构和非银行金融机构

按照金融机构的业务特征，可以划分为银行和非银行金融机构。银行一般以经营存款、放款、汇兑、结算为主要业务，如中央银行、商业银行、开发银行等。银行以外的其他各种金融机构则为非银行金融机构，包括保险公司、投资银行、财务公司、信用合作社、退休与养老基金等。这种划分方法是金融机构传统的分类方式，也是国际上通用的分类方法。

第二节 金融机构体系

一、金融机构体系的含义

金融机构体系是指金融机构形成的不同层次的系统及其相互联系的统一整体。各种类型的金融机构相互协作、相互联系，构成具有整体功能的金融机构体系。金融机构体系不同于金融体系。金融体系是指各种金融活动和金融关系构成的一个系统框架，它是由货币体系、信用体系、利率体系、金融机构体系、金融市场体系等相互关联的环节组成的有机整体，而金融机构体系则是金融体系的一个组成部分。

一般而言，金融机构大致分为三类。第一类是存款机构。它是接受个人和机构存款，并发放贷款的金融中介机构，其中以商业银行为典型。第二类是投资性中介机构，他们以出售商业票据、发行证券取得资金，通过向个人、企业提供贷款或证券投资来运用资产、取得收益。第三类是契约性储蓄机构。他们通过长期契约方式取得资金，而其资金主要投向资本市场，如保险公司。

发达的市场经济国家都有一个规模庞大、分工精细的金融机构体系，其中的金融机构种类繁多，形态与名称各异，但是大多有共同的特点，即呈现众多银行和非银行金融机构并存的格局。从整个金融机构的关系看，是一种以中央银行为核心、商业银行为主体、各类银行和非银行金融机构并存的格局。

二、金融机构的一般体系

各个国家由于其经济发展水平、经济体制、信用发达程度等存在差异，金融机构体系的组成也不完全相同，但一般都由银行机构和非银行金融机构组成，包括中央银行、商业银行、专业银行、非银行金融机构、外资（合资）金融机构等。

（一）中央银行

中央银行是在近代银行发展过程中从商业银行中独立出来的一种银行。19世纪，全世界只有18个中央银行，其中16个在欧洲，另外2个分别在日本和印度尼西亚。现在全世界共有172个中央银行，几乎所有的国家或地区都有中央银行或类似中央银行的金融机构。

中央银行是各国金融体系的中心和主导环节，居于特殊地位。对内，它代表国家对金融机构实行监管，管理金融市场，维护金融体系的安全运行，同时根据国民经济运行和国家经济政策要求，制定与实施国家金融政策，对宏观金融活动进行控制与调节；对外，则是一国货币主权的象征。

（二）商业银行

商业银行是最早出现的现代金融机构，具有机构数量多、业务范围广、资本雄厚、体系庞大等特点，是金融体系的骨干和中坚力量，起着其他金融机构所不能代替的重要作用。商业银行的主要业务是经营个人储蓄和工商企业的存贷款，并为顾客办理汇兑结算和提供多种金融服务。通过办理支付结算，商业银行实现了国民经济中的绝大部分货币周转，同时起着创造存款货币的作用。

随着现代金融业的发展，世界上大多数国家的商业银行已经成为全能式银行，从事多种综合性银行服务，被称为“金融百货公司”。

（三）专业银行

专业银行是指专门经营指定范围和提供专门性金融服务的银行。其特点是：第一，专门性。专业银行是社会分工发展在金融业的表现，其业务具有专门性，服务对象往往是某一特定地区、部门或专业领域。第二，政策性。专业银行往往是政策支持和鼓励某一地区、部门或领域发展的政策导向，尤其是开发银行和进出口银行等专业银行的贷款具有明显的优惠性，如借款和还款期限都较长，含有政府贴息和保险等。第三，行政性。专业银行的建立往往有官方背景，有的本身就是国家银行或代理国家银行。

现代金融机构体系中专业银行种类甚多、名称各异，其中，开发银行、投资银行、储蓄银行、进出口银行最为重要。

1. 开发银行

开发银行是专门为满足经济建设长期投资需要而设立的银行，如新产业的开发、新经济区的基础建设、公共设施和水电站建设等，这类投资具有投资量大、时间长、见效慢、风险大等特点，属于开发性投资，一般商业银行不愿承担，也无力承担。因此，通常由政府创办不以营利为目的的开发银行来满足其需要。

开发银行可分为国际性、区域性和本国性三种。国际性开发银行，以联合国的国际复兴开发银行（也称世界银行）为代表，它主要为成员国提供长期贷款，解决成员国经济复兴和开发对资金的需求。其贷款主要用于各种基础设施，如农业、工业、电信、铁路、公路、港口及动力设备、公共事业、文化教育等工程项目。贷款需要成员国政府出面担保，期限最长可达 30 年，利息率较低，贷款要专款专用，审查较严格。

区域性开发银行的宗旨、业务与世界银行基本相同，只是服务对象仅限于某一区域的会员国，如亚洲开发银行，仅对亚洲地区参加该组织的会员国提供服务。

本国性开发银行主要为国内企业和建设项目提供长期贷款，如我国 1994 年建立的国家开发银行就属于本国性开发银行。

2. 投资银行

投资银行是主要利用资本市场为资金所有者和资金需求者提供金融服务的中介机构。投资银行虽称为银行，但并不能办理商业银行的传统业务，也不同于信托公司或投资公司。投资银行是美国和欧洲大陆的通用名称，在英国称为商人银行，在法国称为实业银行，在日本称为证券公司。

投资银行的资金来源主要依靠发行自己的股票和债券，而不是吸收存款，在一些国家虽准许投资银行吸收存款，但也主要是吸收定期存款，此外投资银行也可从其他金融机构或其他融资渠道获取借款，但这并不构成其主要的资金来源。

投资银行的业务范围主要在资本市场领域，具体包括证券发行与承销、证券交易与经纪、衍生金融工具设计与交易、企业经营咨询与资产重组、项目融资、风险资本投资等。除上述主营业务外，投资银行的业务还有投资基金的发起和管理、其他各类资金的管理、参与资产证券化活动、提供各类咨询服务等。可见，投资银行的基本特征是它的综合性，其业务几乎包括了全部资本市场业务。在现代金融体系中，投资银行是资本市场的中坚力量，是推动资本市场运转的杠杆和连接资本市场各方参与者的纽带。

3. 储蓄银行

储蓄银行是专门吸收居民储蓄存款并为居民提供金融服务的金融机构。储蓄银行以吸收储蓄存款为其主要资金来源，将分散在居民手中的待用和结余的货币收入汇集起来，转化为巨额货币资本，用于购买政府债券、企业股票和公司债券，以获得投资收益，或转存于商业银行，以赚取利息差额，也有一些储蓄银行对居民发放消费信贷和住房抵押贷款等。

储蓄银行在各国名称各异，如在美国称之为互助储蓄银行、储蓄贷款协会等，英国称之为信托储蓄银行，日本称之为储蓄银行。其经济性质有公营的、私营的，也有政府和私人共同出资设立的。由于储蓄银行直接服务于广大居民，因而其数量在各国都比较多。

4. 进出口银行

进出口银行是专门从事对外贸易及非贸易结算和信贷的银行。创建进出口银行的目的是为了推动本国的进出口贸易，特别是大型机电设备的出口，加强国际间金融合作，广泛吸引国际资本和搜集国际市场信息。这类银行一般是官方或半官方的金融机构，如美国的进出口银行，日本的输出入银行，法国的对外贸易银行等。

（四）非银行金融机构

除了上述银行金融机构外，凡从事融资业务活动又不称为银行的机构，国际惯例均称为非银行金融机构，主要包括保险公司、投资基金、养老或退休基金、信用合作社等。

1. 保险公司

保险公司是各国最重要的非银行金融机构。保险公司以收取保费的形式建立起保险基金，并将集中起来的保险基金用于补偿因自然灾害或意外事故所造成的经济损失，或对个人的死亡、伤残及其他原因丧失工作能力者给付保险金。保险公司筹集的资金，除保留一部分以应付赔偿所需外，其余部分主要是投向长期证券，如政府债券、企业债券和股票，以及发放不动产抵押贷款、保单贷款等。

保险公司的业务范围分为两类：一是财产保险，包括财产损失保险、责任保险、信用保证保险等业务；二是人身保险，包括人寿保险、健康保险、意外伤害保险等业务。

2. 投资基金

投资基金是指通过向投资者发行股份或收益凭证募集资金，根据与投资者协议的收益目标和风险控制原则，将资金投资于各种证券或其他金融资产组合的一种金融机构。投资基金本质上是一种以证券为主体的投资信托，其优点主要有投资组合、分散风险、专家理财、规模经济。

投资基金在不同的国家名称各异，在美国一般被称为“共同基金”，在英国和中国香港地区被称为“单位信托基金”，在日本、韩国和中国台湾地区则被称为“证券投资信托”。

根据组织形式不同，投资基金可分为契约型和公司型两种。前者以信托契约为依据组成及管理，由委托人、受托人和受益人三方面组成；公司型则依据公司法令或相关法令成立，投资人即基金的股东。

根据交易方式不同，投资基金还可以分为开放型和封闭型两种。开放型投资基金的股权是开放的，投资者可以随时增加购买基金份额，也可以随时退股，基金股份总数是不固定的。而封闭型投资基金是指一次发行一定数量基金份额，在规定的封闭期限内，基金份额保持不变。

3. 养老或退休基金

养老或退休基金是一种由雇主或雇员按期缴付工资的一定比例，受益人退休后可一次性取得或按月支取退休养老金的金融组织。这类基金的资金主要来源于政府部门、雇主缴纳及从雇员工资中扣除或雇员的自愿缴纳以及运用积聚资金的收益。养老基金的运作类似人寿保险，支付可以预测，因此多投资于股票、债券及不动产等期限长、收益高的资产项目。随着人口老龄化问题越来越突出，养老或退休基金的发展也令人瞩目。

4. 信用合作社

信用合作社简称信用社，是城乡居民集资合股而组成的合作金融组织。信用合作社是为合作社社员办理存放款业务的金融机构，其资金主要来源于社员缴纳的股金和存入的存款，贷款则用于解决社员的资金需要，如修建房屋贷款、对购买耐用消费品发放贷款等。最初，信用社主要发放短期生产贷款和消费贷款，目前一些较大的信用社也为解决生产设备更新、技术改造等提供中长期贷款，并逐步采取了以不动产或有价证券为担保的抵押贷款方式。信用社的主要经营目标是以简便的手续和较低的利率向社员提供信贷服务，帮助经济力量薄弱的个人和中小企业解决资金困难，以免受高利贷的盘剥。信用社通常可以按地域划分为农村信用社和城市信用社，目前我国城市信用社已转化为城市商业银行。

除此之外，非银行金融机构还有消费信贷机构、信托投资公司、租赁公司、企业集团财务公司等。

（五）外资（合资）金融机构

外资金融机构是指在一国境内由外国投资者开设的银行和非银行金融机构。合资金融机构则是指外国资本与本国资本联合投资开设的银行和非银行金融机构。各国一般都将这类金融机构纳入本国金融机构体系内，并受本国金融当局的管理和监督。随着国际经济交往的发展，一个国家出现了越来越多的外资或合资金融机构。各国根据自身经济发展的需要，对外资或合资金融机构普遍采取了放宽限制和管理措施，以便更多地吸引外资，加强国际金融交往，促进本国经济的对外开放。

［专栏］4-1

金融脱媒：中国金融市场在变化

在持续负利率以及银行银根收紧的影响下，中国金融市场金融脱媒现象日益显露。中小企业成为金融脱媒的先行军，也势必将推动整个中国金融市场多层次的发展。

源于美国的金融脱媒

“脱媒”一词在英文中表述为“Disintermediation”，一般是指在进行交易时跳过所有中间人而直接在供需双方间进行。

“金融脱媒”这一概念最早于20世纪60年代出现在美国。狭义地讲，当时是在定期存款利率上限管制条件下，当货币市场利率水平高于存款机构可支付的存款利率水平时，存款机构的存款资金就会大量流向货币市场工具的现象。

美国当时出现这一现象的直接原因是因为美国有关条例对存款利率的管制。条例的实行一方面使商业银行获得了低成本资金，但另一方面使人们感到将存款存到商业银行是不合算的。因此，就有一些机构提供类似于存款的工具，以逃避有关条例的限制。

广义地讲，金融脱媒不仅是指存款资金直接流向高息资产，而且是指资金需求方抛开金融中介，直接在货币市场发行短期债务工具。在这种情况下，一些企业需要资金，可能不再向商业银行借款，而是直接在市场发债、发股票或者短期商业票据。对银行来说，就面临存款的转移和贷款需求的减少。

实际上，从监管层使用的概念也可以侧面了解金融脱媒的发展现状。

2011年，一个与金融调控相关的新词汇——“社会融资总量”频繁出现。这实际上就是因为金融脱媒程度在提高，过去的信贷、存款等统计指标已经无法准确反映整个市场中的投融资规模。

中小企业成脱媒先行军

在当下整体银根收紧、通胀高位运行、存款实际负利率、贷款额度受到限制的情况下，企业融资难度越来越大。而中小企业则成为脱离银行体系、采用其他方式进行投融资的主力军，客观上也成为金融脱媒的先行军。

在民间借贷盛行的温州，金融脱媒更是发展惊人。人民银行温州中心支行此前进行的一次民间借贷问卷调查显示，有89%的家庭（或个人）和59.67%的企业参与了民间借贷。

央行此前的一项针对中小企业融资的调查显示：中小企业的规模扩张普遍伴随着资金紧张的局面，并且受到国家宏观经济金融政策的直接影响。65.7%样本企业有过资金紧张的情况。银行贷款较为困难，使中小企业融资难问题极为突出和集中，民间借款成为一种解决资金缺口的补充机制。

复旦大学经济学院副院长孙立坚表示，为中国经济持续快速发展做出突出贡献的中小企业难以获得银行中介的信贷资金，通向证券市场的融资通道更是门扉紧闭，这是典型的金融脱媒。

多层次金融市场的必经之路

国际经验表明，在经济市场化、经济发展水平提高、金融管制放松等因素的综合作用下，将不可避免地出现金融脱媒的长期趋势。

20世纪在美国的各类主要金融机构中，存款金融机构（包括商业银行和储蓄机构）资产所占的比重呈长期下降之势。而包括养老金、共同基金、货币市场基金在内的基金和投资公司资产所占的比重则迅速提高，至20世纪90年代末已经超过商业银行。

而在亚洲新兴市场国家，虽然金融体系传统上是以银行为主导，但在其经济起飞的过程中，股票市场市值的增长速度都显著高于银行资产的增长速度。

中国社科院中国经济评价中心主任刘煜辉表示，中国的金融结构到了该发生变迁的时候了。目前中国的金融供给中大概有一半的规模是传统的银行信贷以外在做，比如现在大家都在讨论的“影子银行”，还有银行通过表外做的业务，包括委托贷款、银信合作等，还有一部分是金融市场通过灰色金融渠道做的，也就是所谓的“民间融资”。

实际上，针对新的金融市场发展状况，一些统计指标也在不断更新。中国人民银行近期表示，正在研究覆盖范围更广的货币统计口径M2+。

交通银行金融研究中心研究员鄂永健认为，考虑到目前有很多类别的资金来源没有计入货币供应量的统计范围，比如银行理财产品，甚至是银行间的同业负债等，M2+更能反映出整个金融体系的流动性，概念更广一些。（《半月谈》2011年第20期，记者沈而默）

资料来源：新华网。

第三节 中国金融机构体系

一、中国金融机构体系的建立与演变

（一）新中国成立前夕中国的金融机构体系

新中国成立以前，在我国存在着两个并行对立的金融机构体系：国民党统治区的金融机构体系和共产党领导下的解放区的金融机构体系。

国民党统治区的金融机构体系主要有官僚资本银行、中国民族资本银行、帝国主义在华银行和在广大农村存在的高利贷性质的金融机构所组成。其中，官僚资本的“四行二局一库”占据垄断地位。“四行”指1928年由国民党政府建立的中央银行，它是在国民党统治区起到核心作用的金融机构；清朝末年成立的中国银行和交通银行，这两家银行由官方参股而为国民政府所控制；1935年成立的中国农业银行。“二局”指1930年和1935年分别成立的邮政储金汇业局和中央信托局。“一库”则指1946年成立的中央信用合作金库。中国民族资本银行由于先天不足，再加上官僚资本银行的排挤，到新中国成立前夕，其力量相当薄弱，主要依靠投机活动维持。帝国主义的在华银行除经营中国的对外结算、进出口信贷以外，甚至还发行银行券，特别是在第二次世界大战后，美国的金融势力逐渐对中国的金融体系取得了控制地位。此外，由于当时中国广大农村商品货币关系很落后，在那里，高利贷非常猖獗。

与此同时，在解放区，共产党也开始建立自己的金融机构体系。由于在农村建立了革命根据地并且在经济上要加以巩固，所以必须发行自己的货币，相应地就要建立起发行货币的银行。当时，革命根据地银行除发行货币外，还对根据地的农民发放贷款，以支持恢复和发展农业生产及抵制高利贷。这是新中国金融机构体系的雏形。

（二）新中国金融机构体系的建立

新中国的社会主义金融机构体系是在统一合并各解放区银行、没收官僚资本银行、

取消帝国主义银行在华特权、对私营银行和钱庄进行社会主义改造、建立独立统一的货币市场的基础上建立起来的。

1. 统一合并根据地银行，建立中国人民银行

新中国成立前夕，为配合新中国的成立，经过充分准备，在合并解放区华北银行、北海银行和西北农民银行的基础上，于 1948 年 12 月 1 日在河北省石家庄市建立了中国人民银行，并同时发行全国统一的人民币。中国人民银行的成立是新中国金融机构体系建立的开端。新中国成立后，原来各根据地、解放区的银行先后改组为中国人民银行的分支机构，自此，中国人民银行成为了我国统一的社会主义国家银行。

2. 没收官僚资本银行，改造民族资本银行

新中国成立后，中国共产党率领大批银行干部带着人民币进入了大中城市，之后迅速接管官僚资本银行，将其分支机构并入到国家银行——人民银行的各机构中。对民族资本银行则实行赎买、利用、限制、改造的政策，一方面允许其继续正当经营，另一方面对其进行严格的管理。同时，逐步通过公私合营等方式，于 1952 年年底成立了统一的公私合营银行，完成了对民族资本银行的社会主义改造。这样，在新中国成立后，党和政府仅用了三年时间就没收了官僚资本银行，完成了对私营银行和钱庄的国有化，初步建立了社会主义国家的金融体系。

3. 取消帝国主义在华银行的特权

这是一项不仅关系到国家经济独立自主，也关系到国家政治主权的措施。外国在华银行的特权被取消后，仍被允许在遵纪守法的范围内在华继续营业。

4. 建立农业银行等其他金融机构

我国农村信用合作社的普遍建立和发展是在 1950 年全国物价稳定以后。农村信用合作社是在国家银行的领导下，农民自愿联合起来的、社会主义劳动群众集体所有制的金融组织，是我国金融体系的有机组成部分。为了加强农村金融工作，强化对农村信用合作社的领导，更好地促进农业的发展，我国于 1955 年 3 月成立了中国农业银行。中国人民保险公司是我国专门经营国内外保险业务的非银行金融机构，成立于 1949 年 10 月。以上这些金融机构构成了以中国人民银行为领导的、新中国成立初期的我国社会主义金融机构体系。

（三）我国金融机构体系的发展演变

我国金融机构体系的演变可以分为两个阶段。

1. 1953—1978 年，金融机构由分分合合走向大一统

1953 年中国开始实施经济建设第一个五年计划，逐步建立高度集中统一的计划经济体制。之后这种体制不断强化，一直持续到 20 世纪 70 年代末。金融体系作为整个经济体制的一个重要组成部分，在这期间也随之走向高度集中统一，发展为中国人民银行一家包揽全部金融业务的格局。

在农业合作化中，1957 年中国农业银行与中国人民银行合并，1963 年 10 月再次成立，1965 年又合并于中国人民银行。这一阶段中国农业银行在农村虽然建立了大量的信用合作社，但后来演变成为中国人民银行在农村的基层机构，在许多地方甚至直接与农村的营业所合二为一。1954 年 9 月，交通银行改建为中国人民建设银行，其任务是

在财政部领导下专门对基本建设的财政拨款进行监管，实际上并不经营存贷款业务，因而成为财政部下属机构。1949年接管的中国银行，虽然一直保持独立存在的形式，但它只经办中国人民银行所划定的对外业务，有一段时间则直接成为中国人民银行办理国际金融业务的一个部门。

在对私人金融业改造的基础上建立的一批公私合营银行于1955年与中国人民银行有关机构合并。1949年成立的中国人民保险公司最初隶属于中国人民银行，1952年划归财政部，1959年又转交中国人民银行国外局，全面停办国内业务，专营少量国外业务。

这样，从1953年至20世纪70年代末，中国人民银行实际上成为我国唯一的银行，垄断了几乎所有的金融业务。

2. 1979年以来金融机构恢复、发展与完善的阶段

1979年2月，中国农业银行再次恢复建立；3月，中国银行从中国人民银行中分设出来，实行完全独立经营。1979年上半年，中国人民建设银行从财政部分设出来，下半年开始实行基本建设投资拨款改贷款试点，1983年明确该行为全国性金融实体，除执行拨款任务外，大量开展一般银行业务，并于1996年改名为中国建设银行。1983年9月，中国人民银行转变为专司中央银行职能，另设中国工商银行（1984年1月）办理中国人民银行原来办理的全部工商信贷业务和城镇储蓄业务。20世纪90年代初，为了有效地推进中国工商银行、中国农业银行、中国银行、中国建设银行四大国有专业银行的商业化改革，相继建立了多家政策性银行，办理原来由四大专业银行办理的政策性业务。1986年7月交通银行重建，这是我国按照商业银行要求建立的第一家商业银行，以后陆续建立了10多家商业银行。1979年河南省驻马店市成立第一家城市信用社，1984年以后，大中城市相继成立了许多城市信用社，1995年城市信用社改建为城市合作银行，1998年以后又相继改建为城市商业银行。

改革开放以来，中国的非银行金融机构发展迅猛，以农村信用社为代表的合作金融机构获得了恢复和发展。1997年以后，农村信用社从中国农业银行独立出来，朝农村商业银行和农业合作银行方向发展。1980年，中国人民保险公司恢复国内保险业务；1988年3月和1991年4月，中国平安保险公司和中国太平洋保险公司先后建立。1979年10月中国国际信托投资公司成立，1981年12月专营世界银行等国际金融机构转贷款业务的中国投资银行成立。自1983年成立上海市投资信托公司开始，各省市相继成立了一大批地方性的信托投资公司和国际信托投资公司。1990年12月和1991年7月，上海和深圳证券交易所相继建立，之后经营证券业的证券机构和基金公司不断增加。1992年10月，国务院证券委员会和中国证券监督管理委员会（简称证监会）成立，1998年前者撤销，其职能并入证监会。1998年11月，中国保险监督管理委员会（简称保监会）成立。2003年3月，中国银行业监督管理委员会（简称银监会）成立。证券业、保险业和银行业的监管职能相继从中国人民银行的职能中分离出来。

从1994年开始，我国进一步发展以保险业为代表的非银行金融机构，同时从1996年起对外资银行有限地开放人民币业务，1996年12月和1998年8月，中国先后允许符合条件的外资银行在上海浦东和深圳特区试办人民币业务。2001年12月，中国加入

WTO 后，逐步兑现承诺并不断扩大开放银行业。外资银行开始成为我国金融机构体系的组成部分。

我国在 2004 年和 2005 年对金融机构体系中的主导机构——国有独资商业银行进行了全面的股份制改革，到 2007 年，完成了中国建设银行、中国银行和中国工商银行三家国有银行的股份制改造和上市工作，到 2009 年完成了中国农业银行的股份制改造，并于 2010 年完成了 A+H 两地上市。这都标志着我国金融机构体系不仅从形式上，而且从实质内容上向现代金融机构体系迈出了一大步。

二、我国金融机构体系

我国的金融机构体系经过 30 多年的建设已经形成了相对完整的框架，基本特征是以中国人民银行为核心，以国有商业银行和股份制商业银行为主体，政策性金融与商业性金融相分离，多种金融机构并存，分业经营（银行业、证券业、保险业、信托业），相互协作。

（一）中国人民银行和其他金融监管机构

中国人民银行是我国的中央银行，也叫货币当局，在全国金融体系中居于核心地位。中国人民银行是 1948 年 12 月 1 日在华北银行、北海银行、西北农民银行的基础上合并组成的。1983 年 9 月，国务院决定中国人民银行专门行使国家中央银行职能。1995 年 3 月 18 日，第八届全国人民代表大会第三次会议通过了《中华人民共和国中国人民银行法》。至此，中国人民银行作为我国的中央银行以法律形式被确定下来。

中国人民银行是在国务院领导下制定和实施货币政策、对金融业实施监督管理的国家机关。其具体职责包括：发布与履行其职责有关的命令和规章；依法制定和执行货币政策；发行人民币，管理人民币流通；监督管理银行间同业拆借市场和银行间债券市场；实施外汇管理，监督管理银行间外汇市场；监督管理黄金市场；持有、管理、经营国家外汇储备、黄金储备；经理国库；维护支付、清算系统的正常运行；指导、部署金融业反洗钱工作，负责反洗钱的资金监测；负责金融业的统计、调查、分析和预测；作为国家的中央银行，从事有关的国际金融活动；国务院规定的其他职责。

中国银行业监督管理委员会（简称银监会）、中国证券业监督管理委员会（简称证监会）和中国保险业监督管理委员会（简称保监会）分别是对银行业和信托业、证券业、保险业的经营业务进行监督的政府机构。

（二）商业银行

我国目前的商业银行体系由国有控股的大型商业银行、股份制商业银行、城市商业银行、农村商业银行等构成。

1. 国有控股的大型商业银行

国有或国有控股的大型商业银行包括中国工商银行、中国农业银行、中国建设银行、中国银行、交通银行五家，在我国金融机构体系中居于主体地位。

2. 股份制商业银行

现行的股份制商业银行主要有招商银行、兴业银行、深圳发展银行、广东发展银行、中信银行、中国光大银行、华夏银行、中国民生银行、上海浦东发展银行、浙商银行等，虽然它们在资产规模、机构网点等方面无法同国有或国有控股的大型商业银行相比，但其资本、资产及利润的增速明显较快，呈现出较强的经营活力和强劲的增长态势。

3. 城市商业银行

1998年，从北京开始陆续出现了以城市命名的商业银行，由各城市原来的信用合作社合并组建而成，如北京银行、天津银行、杭州银行等。其主要功能是为本地区的经济发展融通资金，重点为城市中小企业的发展提供金融服务。近几年，我国城市商业银行发展较快，有的地区组建了省级城市商业银行，如微商银行等；有的城市商业银行已在沪深证券交易所挂牌上市，如北京银行、宁波银行等。

4. 农村商业银行

农村商业银行是农村信用社经过股份制改革而成的，坚持商业化经营原则。但与其他商业银行相比，农村商业银行的服务区域、对象以及其发展基础仍有较大差异，特别是它们主要还是以服务农民为主。改制为商业银行的农村信用社仅限于大中城市和其他经济比较发达、商业化程度较高、对支农服务要求较少的少数地区。农村信用社改制为农村商业银行的具体条件包括：有较强的管理能力；全辖农村信用社资产总规模10亿元以上；不良贷款比例15%以下；组建后资本金不低于5 000万元，资本充足率达到8%。另外，即使是实行了股份制改造的机构，也要根据当地农村产业结构状况，确定一定比例的资金用于支农。

按照《中华人民共和国商业银行法》（以下简称《商业银行法》）的规定，我国商业银行可经营下列部分或者全部业务：吸收公众存款；发放短期、中期、长期贷款；办理国内结算；办理票据承兑与贴现；发行金融债券；代理发行、代理兑付、承销政府债券；买卖政府债券、金融债券；从事同业拆借；买卖、代理买卖外汇；从事银行卡业务；提供信用证服务及担保；代理收付款项及代理保险业务；提供保险箱服务；经国务院银行业务监管委员会批准的其他业务。

（三）政策性银行

政策性银行指那些多由政府创立、参股或保证的，不以营利为目的，专门为贯彻、配合政府社会经济政策或意图，在特定的业务领域内，直接或间接地从事政策性融资活动，充当政府发展经济、促进社会进步、进行宏观经济管理工具的金融机构。其基本特征具体表现在：第一，融资渠道特定，主要包括财政拨付和发行金融债券。第二，坚持自主经营、企业化管理、保本微利的原则。第三，有特定的服务领域和服务对象，与商业银行不存在业务竞争。

1994年，本着政策性金融与商业性金融相分离的原则，我国组建了三家政策性银行，即国家开发银行、中国进出口银行、中国农业发展银行。

国家开发银行于2008年整体改制为国家开发银行股份有限公司，改制后的主要任务是贯彻国家宏观经济政策，筹集和引导社会资金，缓解经济社会发展的瓶颈制约，致力于以融资推动市场建设和规划先行，支持国家基础设施、基础产业、支柱产业和高新技术等领域的发展和国家重点项目建设；向城镇化、中小企业、“三农”、教育、医疗卫生和环境保护等社会发展瓶颈领域提供资金支持，促进科学发展与和谐社会的建设；

配合国家“走出去”战略，积极拓展国际合作业务。

中国进出口银行的主要职责是贯彻执行国家产业政策、外经贸政策、金融政策和外交政策，为扩大我国机电产品、成套设备和高新技术产品出口，推动有比较优势的企业开展对外承包工程和境外投资，促进对外关系发展和国际经贸合作，提供政策性金融支持，以办理出口买方和卖方信贷业务为主，同时开办信用保险及信贷担保业务。

中国农业发展银行的主要任务是按照国家的法律、法规和方针、政策，以国家信用为基础，筹集农业政策性信贷资金，承担国家规定的农业政策性和经批准开办的涉农商业性金融业务，代理财政性支农资金的拨付，为农业和农村经济发展服务。

（四）非银行金融机构

1. 保险公司

我国境内的保险公司按出资人划分大致有三类：（1）中资保险公司，如中国人民保险公司、中国人寿保险公司、中国平安保险公司、中国太平洋保险公司、中国再保险公司、新华人寿保险公司、泰康人寿保险公司、华泰财产保险公司、永安财产保险公司等。（2）外资保险公司，如美国友邦保险公司上海分公司及广州分公司、日本东京海上火灾保险公司上海分公司、瑞士丰泰人寿保险公司上海分公司等。（3）中外合资保险公司，如中宏人寿保险公司等。

按照承保业务范围可划分为三类：（1）财产保险公司，如人保股份、平安财险、大地财产等。截至2013年年底，共有64家中资、外资财产保险公司经营财产险业务，其中人保股份在2013的保费收入占总保费收入的比重超过1/3。（2）人身保险公司，如中国人寿、新华保险、泰康保险等。2013年，共有70家中资、外资人身保险公司经营人身险业务，原保费总收入超过1万亿元人民币。（3）养老保险公司。目前我国共有包括太平养老、平安养老在内的5家养老保险公司。2013年，企业年金缴费接近600亿元人民币。

2. 证券公司

证券公司的业务范围主要有：证券的经纪、投资与咨询、承销与保荐、自营，与证券交易、证券投资活动有关的财务顾问等，其在企业改制上市中的主要职责是设计筹划改制企业的股票上市。主要工作包括：参与企业改制方案设计和制定，对拟发股票的改制企业进行上市辅导，草拟、汇总和报送发行上市的所有申报材料，组织承销上市企业的股票，承担发行上市的组织协调工作。

截至2011年，我国总资产排名前十的证券公司包括中信证券、海通证券、国泰君安、华泰证券、广发证券、招商证券、银河证券、国信证券、申银万国、中信建投。

3. 信托投资公司

信托与银行、证券、保险称为现代金融业的四大支柱。信托投资公司是一种以受托人的身份代人理财的非银行金融机构，如我国的中国国际信托投资公司、中国光大国际信托投资公司等。

4. 企业集团财务公司

我国的财务公司都是由企业集团内部集资组建的，是为本企业集团内部各企业技术改造、新产品开发及产品销售筹资和融通资金，促进其技术改造和技术进步，以中长期金融业务为主的非银行金融机构。财务公司经营的金融业务大体上可以分为融资、投资和中介这三大块。

1987 年，我国成立了第一家企业集团财务公司，即东风汽车工业集团财务公司。此后，一些大型企业集团也相继建立了财务公司。

5. 融资租赁公司

融资租赁公司是指以经营融资租赁业务为主的非银行融资机构。目前，我国的融资租赁公司既有中资金融租赁公司，又有中外合资的融资租赁公司，另外还有兼营租赁业务的金融机构，如国银金融租赁公司、天津渤海租赁有限公司、昆仑金融租赁公司等。

6. 金融资产管理公司

金融资产管理公司指由国家出面专门设立的以处理银行不良资产为使命的金融机构。1999 年，我国相继成立信达、东方、长城、华融四家金融资产管理公司，从 2005 年信达资产管理公司开展第一次商业化收购业务开始，2007 年四家资产管理公司都已开始纯商业化资产运作。2010 年 12 月，国新资产管理公司成立，其更偏重政策性国有资产的有关处置，而原有的四家资产管理公司将更趋向商业化运作。

7. 农村信用社

农村信用社是 20 世纪 50 年代中期在全国广大农村建立起来的，在经营方面贯彻自主经营、独立核算、自负盈亏、自担风险的原则。目前，一些经济发达地区的农村信用社已发展改组成为农村商业银行或农村合作银行，改组后的农村商业银行或农村合作银行一般属于商业银行。

（五）外资银行

外资银行是指在本国境内由外国独资创办的银行。外资银行的经营范围根据各国银行法律和管理制度的不同而有所不同。有的国家为稳定本国货币，对外资银行的经营范围加以限制，也有些国家对外资银行的业务管理与本国银行一视同仁。它主要凭借其对国际金融市场的了解和广泛的国际网点等有利条件，为在其他国家的本国企业和跨国公司提供贷款，支持其向外扩张和直接投资。外资银行有的是由一个国家的银行创办的，也有的是由几个国家的银行共同投资创办的。

自 1979 年第一家海外银行在北京开设办事机构以来，中国的境外金融机构数量不断增多，设立地点从特区和沿海大中城市向中西部大中城市扩散。1996 年 12 月和 1998 年 8 月，中国先后允许符合条件的外资银行在上海浦东和深圳特区试办人民币业务。2001 年 12 月中国加入世界贸易组织后，逐步兑现承诺不断扩大开放银行业。目前中国的外资银行主要有花旗银行、东亚银行、恒生银行、东京银行、渣打银行、美国银行、汇丰银行、华侨银行、满地可银行等。

中国金融机构体系如图 4-1 所示。

三、我国港、澳、台地区金融机构体系

（一）香港金融中介机构体系

香港依靠其优越的地理位置以及特殊的历史条件和经济环境成长为国际性的贸易、金融、航运和通信中心。

- 中国的金融机构
  - 中国人民银行
  - 金融监管机构
    - 中国银行业监督管理委员会
    - 中国证券业监督管理委员会
    - 中国保险业监督管理委员会
  - 商业银行
    - 国有控股的大型商业银行
    - 股份制商业银行
    - 城市商业银行
    - 农村商业银行
  - 政策性银行
    - 国家开发银行
    - 中国农业发展银行
    - 中国进出口银行
  - 非银行金融机构
    - 保险公司
    - 证券公司
    - 信托投资公司
    - 企业集团财务公司
    - 融资租赁公司
    - 金融资产管理公司
    - 农村信用社
  - 外资银行

图 4-1 中国金融机构体系构成

香港的金融中介机构主要包括银行和保险公司。香港银行业实行三级制，即牌照银行、有限制牌照银行和接受存款公司，三者统称为认可机构。截至 2011 年年底，香港共有 154 家牌照银行、20 家有限制牌照银行、25 家接受存款公司。2011 年年底，香港所有被认可机构及零售银行的资产总额为 137 410 亿港币。

香港的保险业也一直受到世界各国保险业的关注，据香港保险业监理处统计，截至 2012 年年底，获准在香港经营保险业务的公司共有 163 家，香港保险业高度国际化，是亚太区主要保险业中心之一。

（二）澳门金融中介机构

澳门的金融机构主要包括银行、保险公司、金融公司等。截至 2010 年年底，获准在澳门经营的商业银行共有 28 家，其中有 17 家离岸银行，银行总资产 5 402 亿澳门元；23 家保险公司，全年保费总收入 26.9 亿澳门元。另外，其他类型的金融机构还包括 11 家兑换店、6 家兑换柜台、2 家现金速递公司、2 家金融中介公司及 1 家其他金融机构的代表办事处。邮政储金局是澳门特区政府邮电司属下的一个信用机构，成立于

1917 年，是唯一可以办理存放款业务而由官方经营的非银行金融机构，属于非营利性质。

（三）台湾金融中介机构体系

台湾金融业包括银行、基层合作金融机构、保险公司和票券、证券金融公司以及海外银行在台湾设立的分支机构几大类。对各类金融机构，由台湾财政管理部门及台湾银行管理部门共同管理。台湾财政管理部门主要负责金融行政的监督管理，但必要时还可以从事金融业务的监督管理。台湾银行管理部门则负责金融业务的监管。

（1）商业银行。2000 年年底，中国台湾共有 53 家本地银行，其中包括 5 家中小企业银行。美国花旗银行、英国标准渣打银行等 39 家银行在中国台湾设立了分行，26 家外资银行设立了办事处。

（2）基层合作金融机构。由台湾合作金库、信用合作社、农会信用部以及渔会信用部组成。台湾合作金库是基层金融机构的中枢机构，收受基层金融机构的余裕资金，并调节其资金余缺。截至 2000 年年底，台湾共有信用合作社 48 家、农会信用部 287 家、渔会信用部 27 家。

（3）邮政储金汇业局。该局只能经办储蓄、汇兑等业务，不能从事贷款、保证、信托等其他一般金融机构的业务。到 2000 年年底，该局共有 1 500 多家分支机构。

（4）信托投资公司。台湾经营信托投资业务的中介机构包括：① 各银行附设的信托部。各银行视信托部为独立单位，其资本、营运及会计必须要独立。② 独立的信托投资公司。截至 2000 年年底，台湾共有中联信托投资有限公司等 3 家，资产总额为新台币 2 137 万亿元。

（5）保险公司。截至 2000 年年底，台湾共有 32 家人寿保险公司、25 家财产保险公司。

（6）票券金融公司。票券金融公司业务包括买卖“国库券”，可转让银行定期存单、银行承兑汇票、本票以及其他短期债务凭证，担任商业票据的承销人或经纪人、保证人、背书人以及签证人。到 2000 年年底，台湾共有中兴、“中华”等 16 家票券金融公司。

（7）证券金融公司。证券金融公司的主要业务包括证券融资、融券等。到 2000 年年底，台湾共有复华、环华、安邦及安泰 4 家证券金融公司。

［专栏］4-2

什么是“影子银行”？

所谓“影子银行”，一般是指那些有着部分银行功能，却不受监管或少受监管的非银行金融机构。简单理解，“影子银行”就是那些可以提供信贷，但是不属于银行的金融机构。因为难以监管，那它对货币造成的影响，包括流通速度和规模，就没办法准确估算，所以在 2008 年的全球金融危机后，“影子银行”受到人们的重视。

“影子银行”可以分为三类：

首先，“影子银行”的主要玩家有投资银行、对冲基金、私募股权基金、SIV 和货币市场基金等。第二类是应用“影子银行”方法的传统银行。这些银行仍在监督管理下运行，同时可获得中央银行的支持，但它们也将“影子银行”的操作方法运用到了部分业务中。第三类则是涵盖了“影子银行”的工具，主要是一些能够让机构转移风险、提高杠杆率，并能逃脱监管的金融衍生品。

“影子银行”是信贷市场、资本市场、金融衍生品和大宗商品交易、杠杆收购领域的主要参与者。

主宰资本市场的投资银行

投资银行是“影子银行”中最重量级成员之一，人们提及华尔街，往往指的就是投行。尽管人们习惯上称之为投资银行（Investment Bank），实际上所有投行机构的英文名称都叫“×××公司”，比如，Goldman Sachs & Co. 和 Morgan Stanley & Co.。这种公司注册的主要原因就是为了绕开监管。但是金融风暴发生后，情况发生了改变。除了倒闭的投资银行，像高盛这样已更名为银行控股公司 Goldman Sachs Group Inc 也因为得到了政府的有力救助，同时被列入监管范畴。实际上，金融风暴后原来意义上的投资银行并不是不复存在，只是改头换面。

在过去 20 多年的时间里，投资银行业务随着市场的变化，发生了战略性调整。其中最重要的，一是从代客交易向自营交易的业务重点转移，二是从股票市场交易向金融衍生品交易的业务重点转移。而这两项给其带来丰厚回报的战略性转移也将投资银行推向了金融市场的风口浪尖。

根据 Tully 投资公司的统计数字，2006 年华尔街五大投行自营交易收入达到了 610 亿美元，占其全部收入的一半。其中，高盛的自营交易业务 2006 年达到了 130 多亿美元，而 2004 年只有 62 亿美元。

从玩别人的钱到玩自己的钱使投资银行的收入出现前所未有的暴涨。同时，投资银行通过向对冲基金提供一揽子服务牟取暴利，不仅抓住了对冲基金这样的大客户，也加大了“影子银行”成员之间的相互联系。

投行向对冲基金提供的一揽子服务英文名称是 Prime Brokerage，翻译为“机构经纪业务”，具体来说就是投行向对冲基金提供股票贷款、融资、集中清算、结算和托管等服务。投行每年从对冲基金赚取的费用预计在 260 亿美元。一般来说，投行除了向对冲基金提供股票贷款、交易清算和托管业务外，也签衍生品合约。这样一来，投资银行也由此成为对冲基金的交易对手，形成上下家关系。投资银行的服务不仅让对冲基金得以介入更广泛的市场和产品，联姻对冲基金也使投资银行本身如虎添翼，机构经纪业务平台已成为投行营销其他业务和服务的重要渠道。

追求绝对回报的对冲基金

“影子银行”中的另一重要成员是对冲基金。所谓对冲指的是通过使用套利、做空和衍生品等不同的交易手段规避投资中的相关风险。

最典型的对冲操作是基金经理在买入一只股票后，同时买入这只股票的看跌期权，当股票价位跌破期权设定的价格时，卖方期权持有者可将手中持有的股票以期权限定的价格卖出，从而使股票跌价的风险得到对冲。

经过几十年的演变，对冲基金已成为一种新的投资模式的代名词，对冲基金已不局限于对冲，而是根据最新的投资理论和复杂的操作技巧，充分利用做空、衍生工具、套利、杠杆、程序交易等手段在市场上进行投机，有意承担风险，以博取更大的绝对回报。

根据 Greenwich Associates 发表的研究报告，2007 年，对冲基金股票交易额超过共同基金，日交易量位居市场榜首。纽约股票交易所大约 15%~20%的交易都是对冲基金所为。美国财长在公开场合宣称 2007 年对冲基金在管资产已达到 1.8 万亿美元。过去十几年间，对冲基金从规模到操作手段都是金融市场中的佼佼者，势头甚至盖过投资银行。

对冲基金最大特点就是暗箱操作。每只基金的投资策略、类型和方式都属于商业机密，其风险敞口也不需要向监管当局报告，就是对自己的客户也只提供基金在规模和回报方面的笼统信息。在经营理念上，可以说没有暗箱操作就没有对冲基金。一旦对冲基金交易策略的细节公开，也就丧失了暴利甚至盈利的可能或机会。

同其他投资工具相比，对冲基金采取的具体交易策略在市场上一直独领风骚。虽然不同的对冲基金都有不同的投资策略，但大部分对冲基金都会使用杠杆手段来放大回报。例如，一只 5 000 万美元的基金回报是 5%，如果杠杆率是 2∶1，回报就被放大为 500 万美元；如果是 3∶1，回报就被放大为 1 500 万美元。对冲基金的杠杆率曾被放大到 50 倍以上，落入其囊中的回报可想而知。

而对冲基金经理之所以对杠杆工具如此痴迷则主要在于激励机制。基金经理的表现与提成直接挂钩，上不封顶，回报越高，拿到的奖金就越多。杠杆是对冲基金实现高回报的最佳工具。

对冲基金在收费方面最通用的就是 2/20 架构，即管理费是基金盘子的 2%，表现费是按基金盈利的 20%提取。尽管是按年度计算，但支付是按月或季度。特别优秀的基金经理表现费收取的比例还要高些。如 Steven Cohen’s SAC Capital Partners 收取 35%~50%，而 Jim Simons’Medallion Fund 则收取高达 45%的表现费。高额表现费是对冲基金的奖励机制，也是对冲基金的最大亮点。因为表现费一般是以基金的利润（包括实现和未实现利润）比例提取，上不封顶，是导致基金经理收入可观的主要原因。

操纵杠杆收购的私募股权基金

私募股权基金的英文名称为 Private Equity Fund，简称为 PE。它指直接投资非上市公司股权或杠杆收购已上市公司股权的基金。在金融投资分类上，属另类投资。私募股权基金的收购案几乎涵盖了从零售、食品、家居、科技、药业、酒店、赌场、电力等各个行业。

私募股权基金的投资者主要是由那些具备承受高风险能力的机构和个人组成，如养老基金、大学募捐基金、保险公司、高净值富人等。其主要组织形式是有限合伙人制（Limited Partnership），有限合伙人也就是基金的发起人。管理和运营私募股权基金的是私募股权公司，其组织形式为普通合伙人制（General Partnership）。普通合伙人也就是基金经理。为了赢得投资者的充分信任以及防止过度的冒险投资行为，基金经理须将自己的一部分钱投到私募股权基金里，通常占基金总额的 1%。

在私募股权基金业务中利润最丰厚、最令世人瞩目的要数杠杆收购。杠杆收购英文全称是 Leveraged Buyout，简称 LBO。这里的杠杆指的是融资杠杆，即负债与股本的比率，也就是以较少的股本举大规模债务，去收购处于财务困境的上市企业。

由于私募股权基金的丰厚利润，投资银行和商业银行都将私募股权基金视为自己最重要的客户。

2005 年年初，银行为了争夺客户，纷纷推出低门槛贷款。这类贷款的特点就是降低对借款人的约束，一旦借款人仅仅由于财务困难而不能还息，可以不算违约，并且还可以选择不偿还现金而是增加借款金额的方式。实际上，银行这种做法更为私募股权基金融资大开方便之门，使银行在资金方面充当了私募股权基金的坚强后盾。

为所欲为的“行中行”SIV

SIV 是英文 Structured Investment Vehicle（结构投资载体）的简称，是商业银行发起的表外工具，也可以理解为“影子银行”体系中的一种“共同基金”。

SIV 的功能同商业银行相似，不过这里所说的存款不是来自储蓄，而是通过发行短期商业票据获得的短期资金，而所指的贷款就是将从金融市场筹集来的资金投资长期、高收益证券，赚取的就是其中的高利差，这就是 SIV 的赢利模式。

花旗银行是创建 SIV 的鼻祖。1988 年，花旗银行的斯蒂芬·希克斯（Stephen Partridge-Hicks）和尼可拉斯·索西迪斯（Nicholars Sossidis）从市场上充裕的资金和活跃的高收益证券中看到商机，设计出全球最早的两只 SIV。当时，这两位银行家将 SIV 作为向花旗客户推介的一种新颖的赚钱方式。

这两只 SIV 就是两位银行家在花旗集团成立的取名为 Alpha 和 Beta 的财务子公司，它们的注册地都在避税天堂——开曼群岛，资金来自第三方投资者。公司结构非常简单，股本金由闻名的机构投资者私下认购，名字保密，期限在 7~10 年，并且每半年向投资者支付一次回报。这两家公司的赢利模式是通过发行短期和中期 AAA 级债，并用发债所得购买高质量、高收益的长期资产获取收益。

SIV 模式一问世就为花旗集团带来新的赚钱生机。两位银行家再接再厉，于 1993 年成立 GordianKnot 投资公司，将 SIV 的概念应用于旗下的 Sigma Finance。这种形式在 20 世纪 90 年代后期成为银行、对冲基金和其他基金经理效仿的对象。

“稳中求稳”的货币市场基金

货币市场基金（Money Market Fund）是一种共同基金，在经济中的功能是接收存款、提供贷款，主要投资各类短期、低风险证券，如政府债券、存款凭证、企业发行的商业票据等。其功能相当于银行，只不过是不受美联储监管的银行。

尽管 20 世纪 70 年代初货币市场基金创立时，其像其他共同基金一样是浮动资产净值。70 年代末，货币市场基金行业敦促 SEC（美国证券交易委员会）允许其保持稳定的资产净值，其成为同银行存款一样的品种。为了实现这一点，SEC 又制定了一些有利于货币市场基金发展的新规定，一个是不需要 Mark To Market（按市值计价），还有就是为持有短期证券种类设限。但长期以来，由于货币市场基金很少跌破面值，投资货币市场基金等同于储蓄存款的印象已深入人心，20 多年美国经济的长期繁荣更让投资者忘记了货币市场基金存在着潜在风险。

金融风暴前，货币市场基金一直保持稳定的每股一美元的资产净值，因此成为

“影子银行”临时存放巨额资金的安全避风港。截至2008年9月，美国共有2 000多只货币市场基金，总资产将近3.8万亿美元，其中零售基金1.282万亿美元、机构基金2.5万亿美元。货币市场基金成为“影子银行”和大型企业获取流动性的重要来源。

资料来源：http：//www.trust-one.com/.

第四节　国际金融机构

一、国际金融机构概述

（一）国际金融机构的含义

国际金融机构又称国际金融组织，是指世界多数国家的政府之间通过签订国际条约或协定而建立的、从事国际金融管理和国际金融活动的、超国家性质的组织机构。国际金融机构能够在重大的国际经济金融事件中协调各国的行动，提供短期资金缓解国际收支逆差稳定汇率，提供长期资金促进各国经济发展。按范围可分为全球性国际金融机构和区域性国际金融机构。

（二）国际金融机构的产生与发展

为适应国际经济发展的需要，曾先后出现各种进行国际金融业务的政府间国际金融机构。其发端可以追溯到1930年5月在瑞士巴塞尔成立的国际清算银行，第二次世界大战后建立了布雷顿森林国际货币体系，世界银行、国际货币基金组织等国际金融机构先后成立，作为实施这一国际货币体系的组织机构。1957年到20世纪70年代，欧洲、亚洲、非洲、拉丁美洲、中东地区的国家为发展本地区经济的需要，通过互助合作方式，先后建立起区域性国际金融机构，如泛美开发银行、亚洲开发银行、非洲开发银行等。

二、国际货币基金组织

国际货币基金组织（International Monetary Fund，IMF）是根据1944年7月在布雷顿森林会议签订的《国际货币基金协定》建立的。1945年12月27日在华盛顿正式成立，1947年成为联合国的一个专门机构。其宗旨是：通过会员国共同探讨和协商国际货币问题，促进国际货币合作；促进国际贸易的扩大和平衡发展，开发会员国的生产资源；促进汇率稳定和会员国汇率有条不紊的安排，避免竞争性的货币贬值；协助会员国建立多边支付制度，消除妨碍世界贸易增长的外汇管制；协助会员国克服国际收支困难。IMF的会员国最初为39个，截至2012年，已增至188个。

1969年，国际货币基金组织创设特别提款权（Special Drawing Right，SDR），这是一种储备资产和记账单位，亦称“纸黄金（Paper Gold）”。它是基金组织分配给会员国的一种使用资金的权利。会员国在发生国际收支逆差时，可用它向基金组织指定的其他会员国换取外汇，以偿付国际收支逆差或偿还基金组织的贷款，还可与黄金、自由兑换货币一样充当国际储备。但由于其只是一种记账单位，不是真正的货币，使用时必须先换成其他货币，不能直接用于贸易或非贸易的支付。

IMF 的基金主要来源于会员国缴纳的份额。会员国家在国际收支困难时，可以向基金申请贷给外汇资金。但其用途限于短期性经济收支的不均衡，各会员国可利用基金的资金，其最高限额为该国摊额的 2 倍，而在此限额内 1 年仅能利用摊额的 25%。后来，基金已慢慢放宽会员国对于资金利用的限制，以配合实际的需要。

三、世界银行集团

世界银行是世界银行集团（World Bank Group，WBG）的俗称，这个名称一直是用于指国际复兴开发银行（International Bank for Reconstruction and Development，IBRD）和国际开发协会（International Development Association，IDA）。除此之外，世界银行集团还包括 1956 年成立的国际金融公司（International Finance Corporation，IFC）、1988 年成立的多边投资担保机构（Multinational Investment Guarantee Agency，MIGA），以及 1966 年成立的国际投资争端解决中心（International Centre for Settlement of Investment Disputes，ICSID）。作为一个国际组织，其一开始的使命是帮助在第二次世界大战中被破坏的国家的重建，今天，它的任务是通过向发展中国家提供低息贷款、无息信贷和赠款，帮助发展中国家减轻贫困，实现长期、稳定的经济发展。

世界银行的资金来源主要有各成员国缴纳的股金、向国际金融市场借款以及发行债券和收取贷款利息。贷款对象包括会员国官方、国营企业、私营企业。若借款人不是政府，则要政府担保。贷款多为项目贷款，用于工业、农业、能源、运输、教育等诸多领域。银行只提供项目建设总投资的 20%~50%，其余部分由借款国自己筹措，即通常所说的国内配套资金。银行借款必须专款专用，借款国必须接受银行监督。世界银行主要提供中长期贷款，期限通常为 20~30 年，宽限期 5~10 年。贷款利率根据世界银行从资金市场筹资的利率来确定。每三个月或半年调整一次。贷款利率比市场利率要低一些，对贷款收取的杂费也较少，只对签约后未支付的贷款收取 0.75% 的承诺费。贷款额度根据借款国人均国民生产总值、债务信用强弱、借款国发展目标和需要、投资项目的可行性及在世界经济发展中的次序而定。

四、国际清算银行与巴塞尔银行监管委员会

国际清算银行（BIS）于 1930 年成立于瑞士巴塞尔。其最初创办的目的是处理第一次世界大战后德国赔款的支付和解决德国国际清算问题。此后，其宗旨改为促进各国中央银行间的合作，为国际金融往来提供额外便利以及接受委托或作为代理人办理国际清算业务等。该行建立时只有 7 个成员，现已发展到 45 个国家和地区。

国际清算银行的资金主要来源于三个方面：成员国缴纳的股金、向各成员国中央银行借款以及吸收存款。服务对象为各国中央银行和世界卫生组织等各种国际组织，不办理私人业务。

巴塞尔银行监管委员会，简称巴塞尔委员会，由十国集团国家的中央银行行长于 1974 年年底共同建立，是国际清算银行的一个正式机构。1988 年 7 月，巴塞尔银行监管委员会通过《巴塞尔协议》，全称是《关于统一国际银行的资本计算和资本标准的协

议》，成为国际银行监管方面代表性的文件。

五、区域性国际金融机构

（一）亚洲开发银行

亚洲开发银行（Asian Development Bank，ADB）简称“亚行”，是亚洲和太平洋地区的区域性金融机构。1966 年 11 月在东京召开首届理事会，宣告正式成立，行址设在菲律宾首都马尼拉。我国在亚洲开发银行的合法席位于 1986 年恢复，为亚行的第三大认股国。

亚行的宗旨是通过发放贷款和进行投资、技术援助，帮助亚太地区发展中成员消除贫困，促进亚太地区的经济和社会发展。亚行对发展中成员的援助主要采取四种形式：贷款、股本投资、技术援助、联合融资和担保。

（二）非洲开发银行

非洲开发银行（African Development Bank，ADB）简称“非行”，于 1964 年成立，行址设在科特迪瓦经济中心阿比让，是非洲最大的地区性政府间开发金融机构，其会员共有 53 个非洲国家及 24 个非非洲区国家。我国于 1985 年加入该行，成为正式成员国。非行的宗旨是为各成员国经济和社会发展服务，提供资金支持；协助非洲大陆制定发展规划，协调各国的发展计划，以期达到非洲经济一体化的目标。

（三）欧洲投资银行

欧洲投资银行是欧洲经济共同体成员国合资经营的金融机构。根据 1957 年《建立欧洲经济共同体条约》（《罗马条约》）的规定，于 1958 年 1 月 1 日成立，1959 年正式开业。总行设在卢森堡。该行的宗旨是利用国际资本市场和共同体内部资金，促进共同体的平衡和稳定发展。为此，该行的主要贷款对象是成员国不发达地区的经济开发项目。从 1964 年起，贷款对象扩大到与欧共体有较密切联系或有合作协定的共同体外的国家。

（四）泛美开发银行集团

泛美开发银行集团（Inter-American Development Bank Group）成立于 1959 年，包括泛美开发银行（IDB）、泛美投资公司（IIC）和多边投资基金（MIF）三个机构，总部设在美国首都华盛顿，是世界上历史最久、规模最大的地区性政府间开发金融机构，其宗旨是促进拉美及加勒比地区经济和社会发展，现有 48 个成员。

泛美开发银行（Inter-American Development Bank，IDB）分为三类：一是区内出资国，包括美国和加拿大。二是区内借款成员国，共 26 个。其中，阿根廷、巴西、墨西哥和委内瑞拉是主要股东。三是区外成员国，共 20 个。

泛美投资公司（Inter-American Investment Corporation，IIC）成立于 1989 年，为泛美开发银行的全资附属公司，其宗旨是通过向中小型企业提供融资以促进该地区的经济发展。泛美投资公司以直接贷款、股本投资或向当地金融中介机构提供信贷额度的方式为项目提供融资。该公司现有 44 个成员，其中 26 个国家来自拉美和加勒比地区。

多边投资基金（Multilateral Investment Fund，MIF）成立于 1993 年。其职责是促进私人部门的长期可持续发展和改善拉美和加勒比地区的投资环境，尤其关注影响微观经济及小企业的问题。

本章小结

1. 金融机构是指专门从事货币信用活动的各种法人组织，其功能涉及接受存款、提供经纪和交易服务、信息咨询服务、承销等各个领域，它们既是金融活动最重要的参与者，也是金融活动的组织者。

2. 金融机构体系构成：金融机构体系一般由银行机构（如中央银行、商业银行、各种专业银行）和非银行金融机构（如保险公司、证券公司、投资基金、信用合作社等）构成。

3. 我国金融机构体系：我国逐步形成了以中央银行为核心、以商业银行为主体、多种金融机构并存的格局。

4. 国际金融机构主要有国际货币基金组织、世界银行集团、国际清算银行和区域性国际金融机构。

重要概念

中央银行　商业银行　专业银行　开发银行　投资银行　证券公司　保险公司　投资基金　国际货币基金组织　世界银行

思考题

1. 金融机构的职能有哪些？
2. 试述金融机构体系的一般构成。
3. 西方国家专业银行的特点是什么？
4. 试述我国金融机构体系的构成情况。

第五章

商业银行

学习目标

商业银行在经济中扮演着许多重要的角色，是现代经济活动中最重要的金融机构之一。通过本章的学习，学生应重点掌握商业银行的主要业务，理解商业银行的经营管理原则及商业银行贷款业务的种类，掌握商业银行中间业务及国际业务。

商业银行自产生到现在，已经经历了数百年的历史，是各国金融体系最主要的组成部分，是为了适应市场经济发展的客观需要而形成的。几百年来，商业银行在资本主义经济的成长和发展过程中发挥了重大的作用。随着我国社会主义市场经济体制的建立与发展，商业银行在我国国民经济中的重要地位日渐确立。本章通过介绍商业银行的职能、特征以及我国商业银行所开办的各项业务来预测我国商业银行未来的发展趋势。

第一节　商业银行概述

一、商业银行及其产生

商业银行是各国金融体系的主体和基础，适应于市场经济所要求的资金商品化、利率市场化以及银行与客户可以相互选择的竞争机制。它在美国称为商业银行（Commercial Bank），在英国称为清算银行（Clearing Bank），在德国称为信贷银行（Credit Bank），在日本称为普通银行（General Bank）或存款银行（Deposit Bank）。

关于商业银行的概念，经济、金融学界都有不同的表述，比如我国的大百科全书将其概述为："以利润为主要经营目的，以经营各种存款贷款为主要业务并向客户提供多种服务的银行。"而我国的商业银行法将其定义为："指依照本法和《中华人民共和国公司法》设立的吸收公众存款、发放贷款、办理结算等业务的企业法人。"有的还将其表述为："指有能力贷款，至少部分贷款最终成为新的活期存款的银行。"尽管以上表述不同，但所包含内容基本是一致的，即商业银行是一个金融中介机构，商业银行以盈利为目的，商业银行以存贷款为经营对象，商业银行能够利用负债进行信用创造，商业银行为客户提供多种金融服务。

基于上述概括和近年来我国商业银行的不断发展，人们对商业银行逐步有了一个统一的认识，即商业银行是以追求最大利润为经营目标，以多种金融资产和金融负债为经营对象，能利用负债进行信用创造，并能为客户提供综合性、多功能服务的金融企业。

那么，商业银行是如何产生的呢？要回答这个问题，首先要认识早期商业银行的产生过程。

在前资本主义社会，封建割据，铸币的重量、成色不统一。为了适应贸易发展的需要，必须进行货币兑换，于是逐渐从商业社会中分离出一种专门从事货币兑换的商人，即货币兑换商，后来人们把他们所从事的行业称为货币兑换行业。他们最初只是单纯的办理货币兑换业务，从中收取手续费。随着商品交换的扩大，经常往来于各地的商人，为了避免长途携带货币和保存货币的风险，把货币交给兑换商人保管，并委托他们办理支付、结算和汇款。如此一来，货币兑换商手中聚集了大量的货币资金，他们利用这些资金办理贷款业务。这样，货币兑换行业就发展成了既办理兑换，又经营货币存款、贷款和汇款等业务的早期银行。

早期银行大都利息很高，规模不大，不能满足资本主义工商业的需要，因此，客观上迫切需要建立起既能汇集闲置的货币资本，又能按适度的利率向资本家提供贷款的现代资本主义商业银行。

二、商业银行的性质和职能

（一）商业银行的性质

根据商业银行的概念，我们可以从三个方面概括其特征。

1. 商业银行是企业

商业银行具有一般工商企业的基本特征，即拥有业务所需要的自有资金，依法合规经营，自负盈亏，照章纳税，以利润为最终目标，按商品经济的经营原则从事经营活动。

2. 商业银行是特殊的企业

商业银行是特殊的企业，主要表现为四点：（1）经营对象和内容特殊。一般工商企业所经营的是物质产品和劳务，从事商品的生产和流通，而商业银行是以金融资产和金融负债为经营对象，经营的内容包括货币收付、借贷以及各种与货币资金运动有关的金融服务。（2）经营方式特殊。一般工商企业采取生产或买卖的方式经营，而商业银行采取的是信用方式经营，不改变货币的所有权，只将货币的使用权做有条件的让渡。（3）经营效果特殊。一般企业创造的是使用价值，而商业银行创造的是能充当一般等价物的存款货币。（4）商业银行责任特殊。一般工商企业只以盈利为目标，只对股东和使用自己产品的客户负责，而商业银行除了对股东和客户负责外，还必须对整个社会负责。

3. 商业银行是一种金融机构，但又不同于其他金融机构

与中央银行相比，商业银行是面向工商企业、公众及政府的金融机构，而中央银行是只向政府和金融机构提供服务的具有银行特征的政府机关，它不以盈利为目的，不吸收公众存款，也不对客户办理具体的信贷业务。与其他金融机构相比，商业银行能够提

供更多、更完整的金融服务，能够吸收活期存款，而且业务范围越来越广泛，正向“金融百货公司”方向发展，而其他金融机构不能吸收活期存款，只能提供某些方面的金融服务，业务经营具有明显的局限性。

（二）商业银行的职能

1. 信用中介职能

信用中介职能是指通过银行负债业务，把社会上的闲散资金集中到银行里来，再通过银行的资产业务，把它投向社会经济各部门。商业银行通过发挥信用中介职能，在资金盈余者与缺乏者之间架起一座桥梁，使闲置的资金资源得到最大程度的利用。商业银行通过信用中介职能，实现了资本盈余和短缺之间的融通，且不改变货币资本的所有权，改变的只是货币资本的使用权。这种使用权的改变，对经济活动起到多层面的调剂转化作用：一是可以把暂时从再生产过程中游离出来的闲置资金转化为可用资金，从而在不改变社会资本总量的条件下通过改变资本的使用量，为实现扩大再生产提供了可能性；二是可将用于消费的资金转化为能带来货币收入的投资，扩大社会资本总量，加速经济增长；三是可以把短期货币资本转化为长期货币资本，在盈利原则的支配下，还可以把货币资本从效益低的部门或行业引向效益高的部门或行业，形成对经济结构的调节。

2. 支付中介职能

这一职能的实质是商业银行在办理负债业务的基础上，通过代理客户支付货款和费用、兑付现金等，逐渐成为工商企业、社会团体和个人的货币保管人、出纳和支付代理人。商业银行支付职能的发挥是以活期存款账户为基础的，只有在客户保存一定存款余额的基础上才能办理支付。商业银行支付中介职能的发挥，大大减少了现金的使用，节约了社会流通费用，加速了结算过程和货币资金周转，促进了社会再生产的扩大。

3. 信用创造职能

商业银行在信用中介和支付中介的基础上产生了信用创造功能。商业银行能够吸收各种存款，用其吸收的各种存款发放贷款，在支票流通和转账的基础上，贷款又转化为存款，在存款不提取现金或不完全提现的基础上，商业银行就增加了资金的来源，最后在整个银行体系形成数倍于原始存款的派生存款。商业银行通过自己的信贷活动创造和收缩活期存款，而活期存款是构成货币供给量的主要部分，因此，商业银行就可以把自己的负债作为货币来流通，从而具有了信用创造职能。当然，商业银行不能无限制地创造信用，更不能凭空创造信用，它至少要受以下因素制约：第一，商业银行创造信用要以存款为基础；第二，商业银行的信用创造要受中央银行存款准备金率、自身现金及贷款付现率的制约；第三，商业银行创造信用的前提是要有贷款的需求。商业银行在发挥信用创造功能过程中产生的主要作用在于可以节约现金使用，节约流通费用，而且还能满足社会经济发展对流通和支付手段的需要。

4. 金融服务职能

商业银行金融服务职能是指商业银行利用其在国民经济活动中的特殊地位及其在提供信用中介和支付中介业务过程中所获得的大量信息，运用计算机等先进手段和工具，为客户提供的其他服务。工商企业生产和流通专业化的发展，又要求把许多原来属于企业自身的货币业务转化给银行代为办理，如发放工资、代理支付其他费用等。个人消费也由原来单纯的钱物交易发展成转账结算。现代化的社会生活从多方面对商业银行提出了金融服务要求，在强烈的业务竞争驱动下，各家商业银行不断开拓服务领域，通过金融服务的发展，开拓新的业务领域。

三、商业银行的组织形式

商业银行的组织形式是指商业银行在社会经济生活中的存在形式。由于各国的政治、经济情况不同，商业银行的组织形式也有所不同。但不论采取何种组织形式，都必须以效率至上、稳健经营、规模适度为原则。一般来说，世界各国的商业银行组织形式主要有三种形式。

（一）按组织形式划分为总分行制和单一银行制

1. 总分行制

它是由一家总行和下设的若干家分行形成的以总行为中心的庞大的银行网络。实行总分行制的商业银行利用其分布在不同地区的国内外分支行的优势，为客户提供便捷方便的银行服务，同时聚集起巨额的社会资金。

总分行制的优点：一是总分制银行经营规模较大，易于采用现代化的管理设备，有能力为客户提供全面、优质的金融服务；二是此类银行分支机构众多，易于吸收存款以及在全系统内调剂和使用资金，使资金能够得到有效、合理的使用；三是此类银行内部可以实行高度分工，提高效率，降低成本，便于金融当局的监管。总分行制的不足之处在于：一是容易形成垄断，不利于竞争；二是要求总行对分支机构具有较强的控制力并具有完善的信息系统和严密的成本控制手段。

2. 单一银行制

单一银行制是指银行业务完全由一个营业机构来办理，不设立或不被允许设立分支机构。美国是实行这种制度的主要国家。单一银行制的优势在于：一是在单一银行制下，数量众多的银行存在可以维持竞争局面，不易产生金融垄断；二是有利于银行与当地政府的协调，促进本地区的经济发展；三是单一银行制在经营决策上自主性强、灵活性大，能够根据市场环境的变化及时改变经营策略。单一银行制的不足之处在于：一是限制了银行在全国范围内的竞争，不利于银行的发展；二是银行规模比较小，经营成本较高，难以取得规模效益；三是不利于资金的调剂，资金不易得到最优化的配置。

（二）按业务结构划分为全能银行制和分业银行制

1. 全能银行制

全能银行制也是通常所说的混业经营，是指商业银行在业务领域内没有什么限制，它可以经营所有的金融业务，即不仅可以经营普通的存放款业务，而且可以经营证券、保险、信托、租赁等业务。

全能银行制的优点在于其能向客户提供全面、综合性的服务，提供广泛的金融产品、金融服务以及各种各样的信息，从而最大限度地满足客户的需要，同时使自己的业务多元化，达到分散风险的目的。其缺点在于容易导致金融业的垄断，容易引起银行的倒闭。

2. 分业银行制

分业银行制也就是通常所说的分业经营，是指商业银行业务与证券业务、保险业务、信托租赁业务截然分离，不同的业务由不同的金融机构经营，彼此之间存在明显的分业界限。

分业经营的优点在于：由于各种业务由不同的金融机构经营，从而可以避免金融业的垄断；由于业务分开经营，即使某一种业务发生问题，也不至于引发整个金融机构的倒闭。其缺点在于不能最大限度地满足客户的实际需求，由于业务单一，竞争能力相对较低。

20 世纪 90 年代以前，我国由于没有金融立法，因而对各金融机构来说不存在规定上的分业经营，还是混业经营之说，但从实际来看，当时我国的金融机构都是所谓的混业经营。20 世纪 90 年代以后，我国颁布了几部重要的金融法规，如《中华人民共和国商业银行法》《中华人民共和国证券法》等，都明确规定金融业采取分业经营的原则。

（三）按资本所有权划分为股份制银行和独资银行

1. 股份制银行

股份制银行是指按照国家有关公司法律条文的规定，向主管部门注册，取得法人资格而建立起来的银行。其特点是银行资本来自不同的股东。股东是银行所有者，它们根据所持有股票的数量来拥有相应的投票权；股东大会是商业银行的最高权力机构，定期召开会议，对商业银行的财务报告、重大决定、红利分配方案等予以审查和批准；股东大会选举董事会和监事会；总经理（行长）是商业银行的行政首脑，执行董事会的决定，负责组织、施行、管理、协调银行业务的经营活动。

2. 独资银行

一般有两种情况：一种是私人银行，大多是由西欧大陆 16~17 世纪家族银行特别是德国家族银行演变而来，银行业主承担无限责任；另一种是国有商业银行，一般是由国家出资建设，银行的规模较大，其数量在现代商业银行中不算多，但其影响很大。

四、《巴塞尔协议》与商业银行资本

《巴塞尔协议》是 1975 年 2 月成立的国际性常设跨国银行监督管理机构——巴塞尔委员会颁布的一系列国际统一银行监督管理的重要文件的统称。自从巴塞尔委员会成立以来，颁布了一系列有关商业银行资本金标准和风险管理的指导性文件。随着经济情况的变化，《巴塞尔协议》也不断地发展。

（一）《巴塞尔协议》的发展

1. 第一个《巴塞尔协议》

1975 年 9 月，巴塞尔委员会发表了一项文件，全称是《对国外银行监督的原则》。国际上称为《巴塞尔协议》，又称其为第一个《巴塞尔协议》。协议的宗旨是制定国际合作监督的准则，按股权原则确定分行、多数股附属银行、少数股附属银行的定义，监督银行的流动性、清偿性、外汇活动和头寸。

2. 第二个《巴塞尔协议》

1978 年巴塞尔委员会又发表了一项文件，即《综合资产负债表原则》。1983 年 5 月，在吸收了《综合资产负债表原则》基础上，出台了《巴塞尔协议（修订本）》，又称第二个《巴塞尔协议》。该协议的主要内容是国外分行的清偿力监督由母国当局负责，国外附属银行的清偿力监督责任由母国和东道国共同分担，合资银行的清偿力监督则分属于合资的各国。整个银行集团的资产流动性监督由东道国监管当局负责。整个银行集团的外汇头寸由母国监管当局监督，国外分行的外汇、敞口头寸由东道国监管当局负责。

3. 第三个《巴塞尔协议》

1988 年 7 月正式通过了《关于统一国际银行资本衡量和资本标准的协议》，它就是人们常提到的《巴塞尔协议》。其内容由四个部分构成：资本的组成、风险加权的计算、标准化比率的目标、过渡期及实施的安排。

（1）资本的组成。《巴塞尔协议》把商业银行的资本划分为两个部分：一级资本，又称核心资本；二级资本，又称附属资本。

一级资本的内容包括：第一，普通股股权；第二，公开储备。具体包括股票发行溢价、普通准备金和法定准备金的增加值。二级资本包括以下内容：第一，非公开储备。它是指虽然不反映在资产负债表表内的储备，但反映在银行损益表上，可及时用于弥补不可预料的损失，并为银行监督机构所认可的储备。第二，重估储备。指银行固定资产和所持证券价值的市值，即这些资产现实的市场价值相对其在资产负债表中历史成本的增值部分。第三，法定准备金和可弥补特定资产项目损失的普通呆账损失准备金。第四，混合资本工具。指具有产权资本和债务资本综合特征的工具。第五，次级长期债务资本。指银行通过发行长期债券所筹得的资本。

《巴塞尔协议》关于二级资本对一级资本的比例规定最高可达 1∶1，并明确指出，一级资本不得低于 50%，也就是说二级资本不得高于 50%。

（2）风险加权的计算。巴塞尔委员会认为，根据其相对风险程度，对资产负债表上各类资产以及表外项目制定用来计算资本的风险加权比率是评估银行资本是否充足的一个好办法。对于资产负债表外项目的资产，《巴塞尔协议》认为应运用信用转换系数来分析不同的业务项目和交易风险，并通过下列公式将资产负债表外项目的资产与资产负债表内项目的资产联系在一起。

表外风险资产=表外资产×信用转换系数×表内相同性质资产风险权数

资产负债表内项目风险权重见表 5-1，资产负债表外项目风险权重见表 5-2。

表 5-1　　资产负债表内项目风险权重表

序数	项　目	风险权重
1	现金、以本国货币定值并以此通货对中央政府和中央银行融通资金的债权、对经济合作与发展组织（OECD）国家的中央政府和中央银行的其他债权	0
2	对 OECD 组织内的外国公共部门实体的贷款、对 OECD 国家内的注册银行的债权以及由 OECD 国家内注册银行提供担保的贷款、托收中的现金款项	20%
3	完全以居住用途的房产做抵押的贷款，这些房产为贷款人所占有使用或由他们出租	50%
4	对私人机构的债权、对公共部门所属的商业公司的债权、对 OECD 以外的国家的法人银行余期在一年以上的债券	100%

表 5-2 资产负债表外项目风险权重表

序数	工 具	信用转换系数
1	直接信贷工具、销售和回购协议以及有追索权的资产销售	100%
2	票据发行融通和循环包销便利	50%
3	短期的有自行清偿能力的、与贸易相关的或有项目	20%
4	类似初始期限为一年以内或者是可以在任何时候取消的承诺	0

（3）标准化比率的目标。《巴塞尔协议》规定，商业银行资本标准化比率的目标是指资本与加权风险资产的比率，也称“资本充足率”。该协议规定，到 1992 年年底，签约国中较具规模的商业银行全部资本与加权风险资产的比率，即全部资本充足率达到 8%，核心资本与加权风险资产的比率，即核心资本充足率达到 4%。

资本充足率＝资本总额/加权风险资产总额

＝(核心资本+附属资本)/Σ(资产×风险权数)

（4）过渡期及实施的安排。巴塞尔委员会也做出一些过渡的安排，以保证个别银行在过渡期内提高资本比率并努力达到最终目标标准。在过渡期初衡量银行的资本状况时，核心资本的比例可包括附属资本成分，但最多不能超过核心资本成分的 25%，至 1990 年年底减少到 10%，到 1992 年年底过渡期结束时一并消除。

4. 第四个巴塞尔协议

巴塞尔委员会于 1995 年 4 月通过了关于《市场风险的资本要求》的建议，随后又在广泛征求意见的基础上，于 1996 年 1 月公布了正式的修订稿，题为《包括市场风险后资本协议（修订稿）》，我们称之为第四个巴塞尔协议。

（二）《新巴塞尔协议》对商业银行资本构成的规定

1990 年以后，金融全球化的趋势日益增强，国际银行业经营方式日新月异，金融创新层出不穷。同时，近年来国际大银行在信用风险管理的方法和模型方面也取得了巨大进展。这都为新的银行业监管准则的出台提供了可能性，并最终使得《新巴塞尔协议》于 2004 年 6 月正式出台。

《新巴塞尔协议》指出，商业银行的资本应该与资本的风险相联系，银行资本的主要作用就是吸收和消化银行损失，使银行免于倒闭的危机，所以《新巴塞尔协议》对商业银行资本构成重新进行了规定。在新协议中，资本主要包括三类：一级资本（核心资本）、二级资本（附属资本）和三级资本。

1. 一级资本

核心资本又称一级资本，它具有资本金价值相对稳定的特点，包括以下两项内容：第一，永久的股东权益，它包括已经发行并完全缴足了普通股股本和永久性非累积优先股；第二，公开储备，它是指以留存盈余或其他盈余的形式反映在资产负债表中的储备。

2. 二级资本

附属资本又称二级资本，包括以下五项内容。

（1）未公开储备是指不在银行的资产负债表上公开表明的储备。

（2）重估储备是指一些国家按照本国的监管会计条例允许对某些资产进行重估，以便反映它们的市场价值或使其相对于历史成本更接近市值。

（3）普通准备金/普通呆账准备金。普通准备金及普通呆账准备金是银行为了防备未来可能出现的亏损而设立的，以便一旦出现亏损而进行弥补的准备金，它们可以列入银行的附属资本中。

（4）混合资本工具。它是指带有一定股本的性质，又有一定的债务性质的一些资本工具。它能够在不必清偿的情况下承担损失、维持经营。

（5）次级长期债务，又称长期附属债务，是信用债券与资本债券的合称。这类资本包括普通的、无担保的、初次所定期限最少在5年以上的次级债务资本工具和不许购回的优先股。

3. 三级资本

《新巴塞尔协议》还对抵御市场风险的三级资本做了规定。三级资本主要是指短期次级债务，这类债务必须成为银行永久资本的一部分，并在出现清偿危机时可用以弥补损失。同时，这类短期次级债务还必须满足以下几个最低要求：第一，次级债务无担保并已全额支付给银行；第二，最初的到期期限不得少于两年；第三，未经监管当局许可，不得提前偿付；第四，一旦支付利息或本金会导致银行总资本比率下降至最低要求以下时，便可不支付利息或本金。

同时，为了使资本的计算趋于准确，《新巴塞尔协议》还对资本中有些模糊的成分应予以扣除做了规定。一是商誉，通常它能增加商业银行的价值，但它是一种虚拟的资本，价值大小比较模糊；二是从总资本中扣除对从事银行业务和金融活动的附属机构的投资。这一规定的目的是力图避免商业银行体系相互交叉控股，使得商业银行资本空虚并给银行体系带来风险，同时也可避免跨国商业银行利用自己的全球网络巧妙调拨资金，规避管制或进行投机活动。

第二节　商业银行存款货币的信用创造

商业银行的一大特色是，在众多不同的金融机构中，只有商业银行才能接受活期存款。不仅如此，商业银行还有创造和收缩货币的能力。下面将对商业银行存款扩张和收缩的原理和过程进行详尽分析。

银行存款信用的创造过程是根据以下基本方式进行的：客户将资金存入银行，通常不会同时收回其存款，但对于银行来说，每一天都会有若干客户到银行来提取现金，这样银行里客户的存款额将会因为这些客户的提款而减少，同时，也会有其他的客户往银行存入现金，这样客户的存款会使银行的存款额增加。这个现象，在几世纪以前被英国金匠发现了，他们会保留一部分黄金来满足客户提取黄金的需求，其余的可以借出去赚取利息，而保留的部分，就成为后来的银行准备金。

目前，各国一般都以法律形式规定商业银行必须保留的最低数额的准备金，即法定准备金。准备金超过法定准备金的部分为超额准备金。

法定准备金（Rd）是法定准备金率（r）与活期存款（D）之乘积，用公式表示为

$Rd=D*r$

超额准备金（E）则是银行实有准备金（R）与法定准备金（Rd）之差。

$E=R-D*r$

法定准备金率的高低直接影响银行创造存款货币的能力。法定准备金率越高，银行吸收的存款中可用于放款的资金越少，创造存款货币的数量也越少；反之，法定准备金率越低，创造存款货币的数额越大。

一、银行存款增加的两种方式

（1）客户往银行存入现金使得银行活期存款增加。所谓现金，包括纸币、铸币、票据、在其他银行的存款。从整个银行体系看，这四项现金等于中央银行创造的各种现金总额减去市面上流通的现金的差额。因此，某个银行存款的增加是以流通中现金减少或其他银行存款减少为前提的，社会上现金总额并没有变化。客户往银行存入的这部分现金称为“原始存款”。

（2）银行获得原始存款后，会将原始存款再贷给客户或用于投资，此时获得现金的客户或原债权持有人在商业银行的活期存款是由银行系统创造出来的，我们称之为“派生存款”。派生存款增加时，流通中现金和其他银行的活期存款并没有减少，因此货币总量增加了。这就是银行通过信用创造增加了存款货币的供给。

二、银行存款减少的两种方式

银行活期存款的减少，与上述创造或扩张的过程恰恰相反。

（1）由储户提取现金造成的流通中现金增加，使银行活期存款减少，但货币供给总量没有变化。如果从商业银行活期存款中提出的现金流入中央银行，等于退出流通，则相当于货币供给量减少。

（2）商业银行收回贷款或出售债券时，借款人或债券购买者需要用活期存款偿付银行，银行活期存款减少，除非银行获得一个新的等额存款人，否则货币供应量将相应减少。

三、存款货币的多倍扩张

假设整个银行体系由中央银行和商业银行所构成，中央银行规定的法定存款准备金比率为 20%，商业银行只有活期存款而没有定期存款，商业银行并不保留超额准备金，银行的客户并不持有现金。

甲银行接受客户存入的 10 000 元现金，其资产负债表变化如下：

甲银行资产负债表

资产		负债	
准备金	+2 000	存款	+10 000
贷款	+8 000		
总额	+10 000	总额	+10 000

甲银行贷出8 000元，借款者将这笔款项支付乙银行客户，并全部存入乙行。乙银行的资产负债表变化如下：

乙银行资产负债表

资产		负债	
准备金	+1 600	存款	+8 000
贷款	+6 400		
总额	+8 000	总额	+8 000

乙银行贷款6 400元，借款人用于支付给丙银行的客户，从而使丙银行也取得存款6 400元。丙银行也同样按照央行规定的法定存款准备金比率提取准备金1 280元，并将余下的5 120元用于贷款。这样，丙银行的资产负债表变化如下：

丙银行资产负债表

资产		负债	
准备金	+1 280	存款	+6 400
贷款	+5 120		
总额	+6 400	总额	+6 400

按照上述存款创造过程和T式账户变化类推，丁行的存款额将增加5 120元，以后各家银行的存款增加额分别是4 096元、3 276.8元、2 621.4元。那么究竟最后各家银行存款创造的总和是多少呢？我们将各家银行T式账最终变化的结果用表5-3来进行统计计算。

表5-3　各家银行T式账变化情况

银行名称	存款增加额	法定存款准备金	贷款增加额
甲行	10 000	2 000	8 000
乙行	8 000	1 600	6 400
丙行	6 400	1 280	5 120
丁行	4 096	819.2	3 276.8
……	……	……	……
合计	50 000	10 000	50 000

由表5-3可见，商业银行吸收10 000元活期存款，经商业银行体系运用后，最终创造出50 000元存款。以此类推，得到存款货币多倍扩张的公式为

$$D = R/r = R * 1/r$$

其中，D表示存款扩张总额，R表示原始存款，r表示中央银行所规定的法定存款准备金

比率。

在上例中，在20%的法定准备金率条件下，存款创造总额为（1/0.2%）×10 000元，即50 000元。所以，这里的存款乘数是1/0.2%。

银行存款货币创造机制所决定的存款货币的最大扩张倍数，称为派生倍数，即存款乘数。它是法定准备金率的倒数。若以 K 表示存款扩张总额对原始存款的倍数，则可得

$$K = 1/r$$

由上可知，派生倍数即是法定存款准备金率的倒数，法定存款准备金率越高，存款扩张的倍数值越小；法定存款准备金率越低，扩张倍数值则越大。商业银行如果出现超额准备金，可用于发放贷款，同时创造出派生存款来。但是如果法定准备金不足，则会通过紧缩贷款和投资，使存款的变动出现负数，从而收缩了存款。

第三节 商业银行的主要业务

一、商业银行负债的构成

商业银行的负债是指由商业银行过去的交易、事项形成的现实义务，履行该义务预期会导致经济利益流出商业银行，因此，负债是商业银行在经营过程中形成的尚未清偿的经济义务。

商业银行的负债主要是由存款负债、借入款负债和结算性负债三方面内容组成。其中，存款始终是其主要的负债和经常性资金来源，借入款负债的比重会随着金融市场的发展而不断提升，结算性负债一直是商业银行资金来源有益的补充。

（一）商业银行存款负债

存款是指商业银行以信用的形式吸收国民经济中的暂时闲置和待用的货币资金。这是商业银行无法自主决定负债规模的一种负债，称为被动型负债。没有存款，也就不能成为银行，这是商业银行作为企业与其他企业的区别。

（1）按存款的稳定性和支取方式划分，可以分为活期存款和定期存款。

活期存款是指客户不需要预先通知，可随时提取或支付的存款。它没有确切期限的规定，银行也无权要求客户取款时做出事先的书面通知，持有活期存款的客户可以用各种方式提取存款，如开具支票、本票、汇票等。

活期存款有两大特点：第一，活期存款可作为货币支付手段和流通手段，当客户用支票取款时，它只作为普通的信用凭证，但当客户用支票向第三者付款时，它就作为信用流通工具。第二，活期存款具有很强的派生能力，能有效提高商业银行的盈利水平。由于银行对活期存款支付的利息很少，活期存款利息成本在银行负债业务中最低。尽管活期存款平均期限很短，但在大量的此存彼取的流动过程中银行总能获得一个较稳定的存款余额用于高盈利的资产。通过活期存款，银行不但可以获得一个较大利差来提高盈

利水平，而且可以充分利用活期存款账户信用扩张和派生存款的特点争取客户，扩大银行规模。

定期存款是由客户与商业银行预先约定好期限的存款，是货币所有者获得利息收入的重要金融资产。在我国，定期存单一般不能流通转让，但可以作为动产抵押品向银行申请贷款。定期存款对客户来说是收入稳定、风险性小的投资方式，并且可以质押贷款。对银行来说，定期存款虽然在灵活性、方便性、利息成本低和创造派生存款的能力等方面不如活期存款，但它由于时间固定，所以是商业银行稳定的资金来源。而且，在存款期间几乎不需要商业银行提供其他任何服务，银行为定期存款所支付的各项管理费用是很低的，显然有利于提高银行的盈利水平。

（2）按存款人身份划分，有企事业单位存款、同业存款、财政性存款、城乡居民储蓄存款。企事业单位存款包括基本户存款、一般户存款、临时户存款和专用户存款，是指企事业单位存入银行的暂时闲置的货币资金，同业存款是指商业银行在代理其他金融机构办理业务时由其他金融机构存入的款项，储蓄存款是指城乡居民存入银行的节余和待用的货币资金。财政性存款是国家财政集中起来，聚集在银行里待分配、使用的国民收入。

（3）按存款人的动机和目的分类，可以分为保本增值型存款、计划消费型存款、安全保密型存款、方便存取型存款。保本增值型存款是指人们在银行存款的动机主要是为了获取较高的收益，计划消费型存款是指人们在银行存款是为了某种特定需要而积攒货币，这种存款多少与利率高低关系不大，安全保密型存款是指人们在银行存款目的是为了安全保密的需要，方便存取型存款是指利用银行在结算方面的优势而存入银行的款项。

（4）吸收存款对商业银行具有重要的意义。第一，存款是商业银行发挥其职能的基础。商业银行作为信用中介，必须通过存款业务集中社会上的闲置资金，先使自己成为全社会最大的债务人，然后才能成为全社会最大的债权人。作为支付中介，商业银行以客户存款账户为前提才能办理货币资金的收付，发挥货币的流通手段和支付手段职能。第二，存款是决定商业银行盈利水平的基础。银行获得存款资金后一般不直接投资于生产经营过程以获得利润，而是贷给企业，银行通过贷方资金所获得的收益只能是借款人运用贷款所获得收益的一部分。因此，存款规模的大小决定了银行盈利水平的高低，是银行生存发展的基础。第三，存款的数量规模和种类结构制约着银行的资产规模和结构。商业银行要实现预定的贷款规模，就必须大力组织存款，扩大资金实力。同时，存款期限、利率结构也影响着银行的资产结构。商业银行必须根据存款的期限、利率结构安排相应的资产结构，并使之保持动态平衡，避免不适当的短借长用。

（二）商业银行借入款负债

商业银行借入款负债是指商业银行主动通过金融市场或直接向中央银行融通资金，又被称为主动负债业务。

（1）商业银行短期借款。短期借款是指商业银行主动通过金融市场或向中央银行借入的期限在 1 年以内的非存款负债，主要包括同业拆借、向中央银行借款两种形式。

同业拆借是指银行之间利用资金融通过程中的时间差、空间差、行际差来调剂资金而进行的短期借款。参加拆借的银行主要是商业银行，除此之外，国外中央银行、储蓄机构、保险公司、国外金融机构等也都参加资金拆借市场。通常情况下，小银行是资金的主要供给者，大银行则是资金的主要需求者，同业拆借临时调剂借贷行为。在同业拆借中，拆借对象主要以银行为主，银行间拆借又以系统内和地区内为主；拆借活动以借贷市场为主，拆借方式以无抵押和无担保的信用拆借为主；拆借利率以协商为主；拆借市场以无形市场为主，且有形市场与无形市场相结合，以中心城市为依托。

1994 年出台的《中国人民银行关于商业银行实行资产负债比例管理暂行监管指标》中规定："拆借资金余额与各项存款相比不得超过 4%，拆出资金与各项存款相比不得超过 8%。" 1995 年颁布的《商业银行法》中规定："禁止利用拆入资金发放固定资产贷款或者用于投资，拆入资金用于弥补票据结算、联行汇差头寸不足和解决临时性周转资金的需要；拆出资金限于交足存款准备金、留足备付金和归还中国人民银行到期贷款之后的闲置资金；同业拆借应当遵守中国人民银行规定的期限，拆借期限最长不超过 4 个月"。

商业银行在头寸出现不足时可以向中央银行申请贷款。中央银行作为商业银行的最后贷款人，在商业银行发生流动性危机时，为了有效地调节社会货币供应和保持银行体系的稳定，有责任向商业银行提供货币资金贷款。在一般情况下，商业银行向中央银行的借款只能用于弥补临时性或季节性的流动不足、储备不足或资产的应急调整，而不能用于发放长期贷款和进行证券投资。商业银行向中央银行借款的主要形式有两种：再贷款和再贴现。

再贷款是指商业银行向中央银行的直接贷款，以解决其季节性或临时性的资金需求，具有临时融通、短期周转的性质。再贷款可以是信用贷款，也可以是抵押贷款。再贷款这种资金融通的方式比较灵活、简单，但中央银行对再贷款的限制比再贴现更严。商业银行向中央银行申请再贷款要向中央银行说明借款用途，提供财务报表以及其他反映银行经营状况的材料，经中央银行审查认为合乎有关条件后才能取得贷款。

再贴现是指商业银行在资金紧缺、周转发生困难时可以将贴现所得的未到期的商业票据，如商业票据、国库券等，转卖给中央银行再进行贴现，票据债权由商业银行转给中央银行，这样，商业银行可提前取得资金融通。中央银行经审查同意予以贴现的票据只限于那些确有商品作为交易对象的短期商业票据。我国由于商业票据信用尚未真正发展，并且国有四大商业银行与中央银行分离不久，在资金上对中央银行有着很强的依赖性，我国商业银行通过再贴现向中央银行借款的比重微乎其微，基本采用再贷款的形式。

（2）商业银行长期借款。长期借款是指商业银行借入的、需要在一年以后偿还的负债。它是 20 世纪 70 年代伴随西方国家金融创新的发展而兴起的，它的主要形式是发行金融债券。发行金融债券是商业银行以发行人的身份，通过承担支付债券利息的方式，直接向货币所有者举借债务的融资方式。金融债券是商业银行业务综合化、多样化发展和金融业务证券化的产物，它意味着商业银行负债的多样化发展。

按照不同的标准，商业银行发行金融债券的种类不同，可以分为在国内发行的金融债券和在国际金融市场上发行的债券。

① 在国内发行的金融债券。在我国，商业银行发行过三种类型的金融债券：普通金融债券、累进利息金融债券和贴息金融债券。普通金融债券是指定期存单式的到期一次还本付息的债券，期限通常在3年以上，利率固定，平行发行，不计复利；累进利息金融债券是指浮动期限式、利率和期限挂钩的金融债券，期限通常在1~5年，债券持有者可以在最短和最长期限内随时到发行银行兑付，但不满1年不兑付，且利率按债券持有期限不同有不同的等级；贴息金融债券是指银行在一定时间和期限内按一定的贴现率以低于债券面额的价格发行的债券，债券的券面不附有票息，到期按面额还本，不再计利息，债券发行价格与票面价格的差额就构成了债券的利息。

② 在国际金融市场上发行的债券。国际金融债券指的是商业银行在国际金融市场上发行的、面额以外币表示的金融债券，主要有外国金融债券、欧洲金融债券和平行金融债券。外国金融债券是指发行银行通过国外金融市场所在国的银行或金融机构发行的以该国货币为面值的金融债券。如我国的银行通过日本的银行或金融机构在日本东京市场发行日元债券。欧洲金融债券是指发行银行通过其他银行或金融机构，在债券面值货币以外的国家发行并推销债券，如我国银行在伦敦市场发行美元债券。平行金融债券，是指发行银行为筹措资金在几个国家同时发行债券，债券分别以各投资国的货币标价，各债券的筹资条件和利息基本相同。

（三）商业银行结算性负债

商业银行结算性负债是指商业银行在结算业务活动中形成的负债，包括结算保证金、支票结算和联行汇差占用。结算保证金是指企业单位在办理转账结算前，须先把备付款项存入银行。如信用证结算，必须先交存保证金，这些保证金在尚未正式支付的情况下被银行占用，成为银行的短期负债。支票结算是指企业单位用支票对外付款时，本单位在开户银行的存款数额减少，但存款行要等到收款人的开户行在票据交换所提取时才结清这笔资金，在票据未交换前，存款行可一直将其视为短期负债加以运用。对于联行汇差占用来说，我国国有商业银行都自成体系，对跨系统的资金汇划的规定有一定的合理时间间隔，形成相互间的汇差占用，在同一系统内不同地区的资金汇划也形成了一个系统内的汇差占用。这种由联行汇差而形成的结算性负债是商业银行正常的短期负债。

二、商业银行资产业务概述

商业银行资产业务是指银行运用其吸收的资金从事各种信用活动，以获取利润的行为。商业银行通过各种负债业务获得资金来源后，通过把所吸收的资金加以运用来获得收益，一家银行只有当它从资产运用中取得的收入大于吸收资金的成本，才可能获得盈利。

银行资产业务是其获得经营收益的重要来源，资产管理的水平直接影响银行的经营业绩。银行资产可以分为盈利性资产与非盈利性资产。现金资产是银行的非营利性资产，而盈利性资产主要是贷款、投资等。

（一）现金资产及其构成

现金资产是银行持有的库存现金以及等同现金的可以随时用于支付的银行资产，是商业银行所有资产中最具有流动性的资产。商业银行要维持资产的流动性，满足中央银行存款准备制度的要求，保持清偿能力和获得更有利的投资机会，就必须保持一定比例的现金资产，并对其进行科学的管理。

现金资产一般包括库存现金、在中央银行存款、存放同业存款和在途资金四个部分。

（1）库存现金。它是指商业银行保存在金库中的现钞和硬币。库存现金的主要作用是银行用来应付客户提现和银行本身的日常零星开支。任何一家营业性的银行机构，为了保证对客户的支付，都必须保存一定数量的现金。对于商业银行而言，确定一个适度的库存现金额度是非常重要的，因为库存现金是一种非盈利性资产，不能获得利息收入，而且还需要花费大量的保管费用。通常情况下，商业银行依据自己的经营和具体情况确定一个适当的库存现金数额。

（2）在中央银行存款，也称存款准备金，是商业银行为保证客户提取存款和资金清算需要而准备的、存放在中央银行的资金。它由法定存款准备金和超额准备金构成。

（3）存放同业存款。它是指商业银行存放在代理行和相关银行的存款。在其他银行保持存款的目的是为了便于银行在同业之间开展代理业务和结算收付。由于存放同业的存款属于活期存款的性质，可以随时支用，因而可以视同银行的现金资产。

（4）在途资金。它是指商业银行在办理结算业务过程中形成的资金占用，如本行开户单位的委托收款在对方商业银行划回款项之前对本行而言是一笔在途资金。因为在途资金时间较短，收回的可能性很高，因此将其视同现金资产。

（二）商业银行贷款业务

贷款是商业银行的传统核心业务，也是商业银行最主要的盈利资产，是商业银行实现利润最大化目标的主要手段。商业银行贷款是商业银行作为贷款人，按照一定的贷款原则和政策，以还本付息为条件，将一定数量的货币资金提供给借款人使用的一种借贷行为。

商业银行的贷款业务按照不同的标准，可以划分为不同的类型。

1. 按照贷款的偿还方式分类

商业银行贷款按贷款的偿还方式可以分为一次性偿还贷款和分期偿还贷款。

一次性偿还贷款是指借款人在贷款到期时一次性还清贷款的本息，这种贷款一般适用于借款金额小、借款期限较短的贷款。

分期偿还贷款是指借款人按规定的期限分次偿还本金和支付利息的贷款。这种贷款的期限通常按月、季、年确定。适用于借款金额大、借款期限长的贷款项目。

2. 按贷款的质量分类

商业银行贷款按照贷款的质量和风险程度可以分为正常贷款、关注贷款、次级贷款、可疑贷款和损失贷款五类。

正常贷款是指借款人能够履行借款合同，有充分把握按时足额偿还贷款本息的贷款。这类贷款的借款人的财务状况非常好，没有任何理由怀疑贷款的本息偿还会发生问题。

关注贷款是指贷款本息的偿还仍然正常，但是存在可能会影响贷款偿还的不利因素。如果这些因素继续存在，有可能影响贷款的偿还，对这种贷款必须进行关注或监控。

次级贷款是指借款人的还款能力出现明显问题，完全依靠其正常经营收入无法足额偿还贷款本息，即使执行担保，也可能会造成一定的损失。

可疑贷款是指借款人无法足额偿还贷款本息，即使执行担保，也肯定要造成较大的损失。

损失贷款是指商业银行在采取所有可能的措施或一切必要的法律程序后，本息仍然无法收回，或只能收回极少部分。

其中，正常贷款、关注贷款通常称为正常贷款，次级贷款、可以贷款、损失贷款通常称为不良贷款。

3. 按贷款的保障程度分类

商业银行贷款按贷款的保障程度可分为信用贷款、担保贷款和票据贴现。

信用贷款是银行完全凭客户的信用而无须提供任何担保品的贷款。这类贷款从理论上说风险较大，因此银行要收取较高的利息，而且对借款人的条件要求较高，一般情况下只向信誉较高的借款人发放。

担保贷款是指以一定的财产或信用做还款保证的贷款。根据还款保证的不同，可以分为抵押贷款、质押贷款、保证贷款。抵押贷款是指按规定的抵押方式以借款人或第三者的财产作为抵押发放的贷款。质押贷款是指按规定的质押方式以借款人或第三者的动产或权利作为质物发放的贷款。保证贷款是指按规定的保证方式以第三人承诺，在借款人不能偿还贷款时，按约定承担保证责任而发放的贷款。

票据贴现是一种特殊的贷款方式，是指商业银行应客户的要求，以现金或活期存款买进客户持有的未到期商业票据的方式发放的贷款。票据贴现实行的是预扣利息，票据到期后，银行向票据载明的付款人收取票款。

（三）商业银行证券投资业务

商业银行证券投资业务是指商业银行买卖有价证券的经营活动。商业银行进行证券投资不仅可以分散风险，而且还可以保持银行资产的流动性，更为重要的是能带来投资报酬，是收入的重要来源之一。随着金融深化、竞争加剧和监控能力的提高，各国监管部门对商业银行从事证券投资的限制日趋减少，证券投资业务在商业银行资产业务中所占的地位也日益重要。

［专栏］5-1

我国首个不良资产证券化成功案例

案例陈述：2004 年 4 月，中国工商银行宁波分行推出了首个不良贷款证券化项目，成为我国市场上第一单具有完全证券化意义的产品。该产品的资产的账面价值为 33.09 亿元，贷款本金 26.03 亿元，设计 20 个行业、232 家贷款单位、贷款笔数 864 笔。该受益权产品的收益来源为资产池的处置收入。

该项目涉及工商银行宁波分行账面价值约 26 亿元人民币的不良资产贷款，根据第三方调查报告和资产管理与处置方案测算结果，确定预计可收回此金额，在此基础上，经评级，设立价值约8亿元的特殊项目的信托。该信托结构分为A、B、C三级：A级受益权产品2亿元，1年期，优先受偿权；B级受益权产品4亿元，3年期，工行回购承诺；C级受益权产品2亿元，3年期，工行保留。因工行宁波分行对B级产品提供回购承诺，其信用级别也达到A级，产品可信度的增加无疑支持了不良资产证券化的运作，而购买这一信托产品的全部为境内的机构投资者。

案例分析：宁波银行不良资产证券化项目成功的根本原因

该项目之所以发行成功，主要源于采用了信托制度的结构设计，使得不良资产证券化在运作过程中有效地控制了风险。

项目主要通过设立财产信托，向投资者转让信托受益权，以此实现处置风险的隔离和转移。在此过程中，工行宁波分行获得投资者转让的对价现金，投资者获得未来几年的信托受益权。由此，一方面，信托财产的设立隔离了工商行宁波分行和信托公司的破产风险，保证了不良贷款的独立性；另一方面，信托公司作为资产的受托人，代理行使资产的处置权，保障了未来资产处置的安全性、合规性，从而确保投资者收益的安全性。

工行宁波分行此次利用信托模式，突破法律障碍，解决了资产证券化运用中的核心问题，成功实现了资产证券化的运作，由此可见，信托模式能够成为我国未来发展不良资产证券化的主要模式。

资料来源：中国工商银行宁波分行网。

商业银行进行证券投资的金融工具很多，大致可分为货币市场工具、资本市场工具和金融创新工具三大类。

1. 货币市场工具

它是指到期期限在一年以内的金融工具。主要包括国库券、商业票据、银行承兑汇票、回购协议、证券投资基金等。这些金融工具往往具有很高的流动性，同时又具有一定的收益性，是商业银行管理流动性风险的有效工具。

2. 资本市场工具

它是指期限在一年以上的各种票据，主要包括中长期政府债券、公司债券、股票等。需要说明的是，目前实行银行分业经营的国家，监管当局通常严格限制银行直接投资股票。

3. 金融创新工具

现代商业银行证券投资的金融创新工具主要包括金融期货、金融期权、证券化资产、共同基金等。基于贷款整合的证券化是商业银行金融创新的一大亮点。证券化资产是由经筛选过的、类型与质量一致的贷款支持进行资产证券化所产生的资产。最普遍的证券化资产是住房抵押贷款支持的证券化资产。

三、商业银行中间业务概述

商业银行在经营存款、贷款和投资等业务的同时，还利用其在机构、技术、资金、信誉等方面的优势，开办结算、代理、银行卡、理财等其他业务，这些业务统称为中间业务。商业银行发展中间业务是适应金融全球化的需要，是向现代化商业银行转轨的重要标志，同时，也是商业银行竞争的热点和焦点。

（一）商业银行中间业务的定义及特点

（1）中间业务是指商业银行不运用或不直接运用自己的资金，而是以中间人的身份接受客户委托，替客户办理相关事宜，凭借自身专业优势提供相关金融服务并收取手续费的业务。中间业务最基本的性质是商业银行在办理中间业务时不直接作为信用活动的一方出现，即不直接以债权人或债务人的身份参与，这也是中间业务与资产业务和负债业务最根本的区别。

（2）商业银行中间业务的特点有：第一，代理性强。商业银行办理中间业务通常是以接受客户委托的方式开展业务，尤其是在办理代理、担保、承担、承诺等中间业务时，其代理性的特点特别突出。第二，资产性少。商业银行在办理中间业务时，不运用或不直接运用银行自身的资金，只是利用其信用、信誉等方面的优势，通过付出一定的人力、物力和承担一定的经济责任，为客户提供服务。第三，低风险性。在办理中间业务时，商业银行不直接以债权人或债务人的身份参与这项业务，而是接受客户委托，以中介人或代理人的身份开展业务，其经营风险主要由委托人来承担。有些中间业务，银行在办理时也会直接承担一定的风险，但风险相对较低。第四，收益稳定性。在办理中间业务时，商业银行通常以收取佣金或手续费的方式获利，它的开展为商业银行带来了大量的佣金收入和手续费收入，西方商业银行的中间业务收入占比一般为40%～50%。

（二）商业银行中间业务的分类

2001年6月21日，我国颁布的《商业银行中间业务暂行规定》中规定，中间业务不构成商业银行表内资产、表内负债，形成银行非利息收入的业务包括两大类，一是金融服务类业务，二是表外业务。

1. 金融服务类业务

它是指商业银行以代理人的身份为客户办理的各种业务，目的是为了收取手续费收入，主要包括支付结算类业务、代理类中间业务、银行卡业务和咨询顾问类业务。

（1）支付结算类业务。它是指商业银行为客户办理债权债务关系引起的与货币支付、资金划拨有关的收费业务。结算业务借助的主要结算工具包括银行汇票、商业汇票、银行本票和支票。银行汇票是出票银行签发的、由其在见票时按照实际结算金额无条件支付给收款人或持票人的票据。商业汇票是出票人签发的、委托付款人在指定日期无条件支付确定金额给收款人或持票人的票据。银行本票是指申请人将款项交存银行，由银行签发的承诺自己在见票时无条件支付确定的金额给收款人或者持票人的票据。支票是出票人签发的、委托办理支票存款业务的银行在见票时无条件支付确定金额给收款人或持票人的票据。

（2）代理类中间业务。代理类中间业务是指商业银行接受客户委托、代为办理客户指定的经济事务、提供金融服务并收取一定费用的业务，包括代理政策性银行业务、代理中国人民银行业务、代理商业银行业务、代收代付业务、代理证券业务、代理保险业务等。

(3) 银行卡业务。银行卡是由经授权的商业银行向社会发行的具有消费信用、转账结算、存取现金等全部或部分功能的信用支付工具。按银行卡的功能不同，可以分为借记卡、贷记卡、准贷记卡。借记卡是指先存款、后消费（或取现）、没有透支功能的银行卡。贷记卡是指发卡银行给予持卡人一定的信用额度，持卡人可在信用额度内先消费、后还款的信用卡。准贷记卡是指持卡人须先按发卡银行要求交存一定金额的备用金，当备用金账户余额不足以支付时可在发卡银行规定的信用额度内透支的信用卡。

(4) 咨询顾问类业务。它是指商业银行依靠自身在信息、人才、信誉等方面的优势，收集和整理有关信息，并通过对这些信息以及银行和客户资金运动的记录和分析形成系统的资料和方案，提供给客户，以满足其业务经营管理或发展需要的服务活动。包括企业信息咨询业务、资产管理顾问业务、财务顾问业务和现金管理业务等。

[专栏] 5-2

中国银联的诞生

2002 年 3 月 26 日，经国务院同意、中国人民银行批准，注册资本为 16.5 亿元的“中国银联股份有限公司”在上海成立。中国银联是在合并全国银行卡信息交换总中心和 17 个城市银行卡信息交换中心的基础上，由中国工商银行、中国农业银行、中国银行、中国建设银行、交通银行等 80 多家金融机构出资共同发起设立的一家股份制金融机构。作为我国第一家银行卡组织，中国银联的主要职责是致力于中国银行卡统一支付网络建设，在 3~5 年内实现全国所有 POS 机和 ATM 的联网通用，并与国际银行卡组织接轨，为银行卡跨行支付提供统一、高效、安全的支付清算服务和其他专业化金融服务。

中国银联成立之前，各家商业银行作为银行卡市场上的竞争者，仍然按照自己的业务规范和技术标准自行发卡、自行建设一套封闭的商户收单网络，甚至在一家商业银行内部也不同程度地存在着数据不集中、分行系统不统一、业务和技术标准不统一的情况。由于技术标准不统一，网络资源不能共享，集约经营和规范发展受限，在国务院和中国人民银行的大力推荐下，中国银联股份有限公司于 2002 年成立。中国银联的成立标志着我国银行卡产业进入了一个新的发展阶段。

中国银联作为中国唯一一家银行卡联合组织，自成立之日起就承担着推进联网通用、改善银行卡受理环境、推动民族银行卡产业发展的重任。经过多年的运作，中国银联在推动银行卡产业发展方面发挥了重要的作用。

资料来源：金融时报网。

2. 表外业务

它是指那些未列入资产负债表，但同表内资产业务和负债业务关系密切，并在一定条件下会转化为表内资产业务和负债业务的经营活动，主要包括担保或类似的或有负债、承诺类业务和金融衍生业务。

(1) 担保或类似的或有负债。它是指由银行向交易活动的第三者的现行债务提供担保，并且承担相应的风险，主要包括票据承兑、备用信用证、投标保函、还款保函和履约保函等。

（2）承诺类业务。它是指商业银行在未来某一日按照事前约定的条件向客户提供约定信用的业务，主要是指贷款承诺与票据发行便利。

（3）金融衍生业务。它是指商业银行为满足客户保值或自身风险管理等方面的需要，利用各种金融工具进行的资金交易活动，主要包括远期利率协议、互换、金融期货。

（三）商业银行中间业务的作用

中间业务在商业银行经营中的地位越来越重要，作用也越来越明显，其主要作用可以表现在以下几个方面。

1. 规避资本限制，增加盈利来源

商业银行作为一个金融企业，有着扩充资产规模的内在要求，这是因为银行的资产规模越大，盈利就越多。但资产规模的扩张也会增大银行经营的风险，而规避风险的有效途径就是通过增加银行资本金来提高资本对资产的支撑能力。为了维持银行的盈利水平，银行将发展重点放在了中间业务上。中间业务的特点就是对资本没有要求或要求很低，银行完全可以在不增加资本或增加极少量资本的情况下，通过发展中间业务扩大经营规模，获得利润。

2. 转移和分散风险

20 世纪 80 年代后发生的拉美国家的债务危机严重影响了国际商业银行的资产质量和资信，银行存款来源进一步减少，银行面临资金缺口扩大、流动性风险增大的问题，这些问题迫使银行寻求新的经营方式和策略来分散风险。中间业务给银行提供了控制资金成本、套期保值的投资手段。同时，中间业务的许多金融工具具有现金性、流动性和可转让性，从而促进了金融资产的流动性。

3. 更好地为客户提供多样化的服务

银行经营规模的扩大、盈利能力的增加在很大程度上取决于银行拥有的客户数量。商业银行为了巩固和客户的关系，必须通过不断增加服务品种、改进服务手段、提高服务质量来满足客户的各种需求。中间业务种类繁多、经营灵活，它使银行的业务范围拓宽，在满足客户需要的同时保住了市场占有率，并使银行在社会上的知名度大大提高。

四、商业银行国际业务概述

（一）商业银行国际业务的含义

随着现代信息技术的不断发展，国际经济一体化的潮流日益凸显，商业银行已经不满足于传统的国内负债和资产业务，纷纷将触角伸向国外，国际业务也成为银行业务中不可分割的一部分。

商业银行所有涉及非本国货币或外国客户的业务活动都是其国际业务。从广义上说，银行国际业务不仅仅是商业银行在国外设立分支机构，还包括一切有关跨国界的资金融通业务活动。这包括两层含义，一是跨国银行在国外的业务活动，二是本国银行在国内所从事的有关国际业务。

（二）国际业务的经营目标

商业银行的经营目标是流动性、安全性、盈利性。国际业务的经营目标应与商业银行的经营目标一致。从盈利性而言，银行国际业务是银行追逐高利润的重要手段。近年来，许多跨国银行的国际业务收入已经超过了国内收入，甚至有些银行靠国际业务的收入来填补国内业务的亏损。从安全性和流动性来说，国际业务经营环境的复杂性及不可预见性远远高于国内业务。银行因经营国际业务而面临额外风险，这些风险主要包括信用风险、外汇风险和国家政治风险。商业银行需要将国际业务的风险控制在适当的范围内，实现分散风险的目的。

（三）商业银行国际业务的种类

1. 国际结算业务

国际间进行贸易和非贸易往来而发生的债权债务，要用货币收付，在一定的形式和条件下结清，这样就产生了国际结算业务。国际结算方式是从简单的现金结算方式发展到比较完善的银行信用证方式，货币的收付形成资金流动，而资金的流动又通过各种结算工具的传送来实现。

2. 贸易融资

它是指在出口贸易中，银行对进口商或出口商提供的与进出口贸易结算相关的短期融资或信用便利。贸易融资既为国际业务的顺利开展和进一步发展提供了资金支持，又为银行自身扩展了业务范围，增加了利息和手续费等相关收入。

3. 国际贷款与投资

国际信贷与投资是商业银行国际业务中的资产业务，二者与国内资产业务有所不同，这种业务的对象绝大部分是国外借款者。

4. 国际筹资

它是指银行在国际范围内筹集资金的业务，主要围绕吸收存款、发行国际债券、向国外银行借款以及其他借款等进行。

5. 外汇买卖

外汇买卖是国际贸易和国际资本流动进行的必要条件。商业银行在外汇买卖过程中发挥着重要的作用。作为外汇市场上的主体之一，银行主要进行两方面的活动，一是代客户进行外汇买卖来赚取手续费，二是银行自身进行外汇买卖以获得利润。

第四节 商业银行的经营管理

资产负债管理，也称资产负债综合管理，是现代商业银行在经营实践中总结出来的一种比较安全、高效的资金经营管理模式。它是指商业银行在业务经营过程中，将资产和负债综合起来，通过对各类资产和负债进行预测、组织、调节和监督，以协调各种不同资产和负债在总量、结构、利率、期限、风险和流动性等方面的搭配，实现资产负债总量上平衡和结构上合理，达到经营总目标的要求。

一、商业银行经营管理原则

依据《商业银行法》，商业银行经营管理必须遵循安全性、流动性、盈利性的“三性”原则。

（一）安全性原则

安全性原则是指商业银行的资产、收入、信誉以及所有经营、生存、发展条件免遭损失的可靠程度。商业银行之所以必须坚持安全性原则，是因为商业银行作为信用资金的中介机构，在经营过程中存在多种因素所形成的风险。一是商业银行作为社会信用中介，既是借入者的集中，又是贷出者的集中，是社会上最大的债务人和债权人，因而它必须保持足够的资金流动清偿能力，以履行其债务。二是商业银行的安全性包括资产业务和负债业务的安全性。在负债业务中，主要面临客户随时提存的可能；在资产业务中，可能面临贷款和投资的规模超过资金来源的问题。为了保证商业银行经营的安全性，就要把风险发生的可能性降到最低，在一定限度内避免风险。

（二）流动性原则

流动性原则是指商业银行能随时应付客户提存、满足必要贷款的能力。之所以要坚持流动性这一原则，是由商业银行资金来源的性质和商业银行业务经营的特点来决定的。首先，从商业银行资金来源的性质看，商业银行的资金来源，大多是客户的存款和借入款，资金来源的流动性就决定了其资金运用必须保持与此相适应的流动性。其次，从商业银行经营的特点来看，资金运用带有很强的不规则性。要保持流动性，就要使商业银行能够应付支取大于收入所需要的净额支出，就需要有相应的资金来源实现商业银行资金收付的动态平衡。

（三）盈利性原则

盈利性即效益性，就是银行获得利润的能力。盈利性越高，获得利润的能力越强；反之，则获得利润的能力越弱。所以，坚持盈利性这一原则，是由商业银行的本质要求所决定的。由于商业银行的本质要求其必须以盈利为目标，而商业银行的盈利取决于收入和经营成本，因此，要保持盈利性，就必须从增加收入和降低经营成本入手。

（四）“三性”原则之间的关系

“三性”原则是辩证统一的。“三性”原则是统一的，它们共同保证了商业银行正常有效的经营活动。其中，安全性是前提，只有保证了资金安全无损，才能获得正常盈利。同时，流动性是条件，只有保证了资金正常流动，才能确立信用中介的地位，银行各项活动才能顺利进行。最后，盈利性是目的。之所以要保持安全性和流动性，目的就是为了盈利。

然而，安全性和流动性与盈利性往往存在矛盾。要提高资金安全性和流动性，往往会削弱盈利性；要提高资金盈利性，安全性和流动性往往受到影响。

从某种意义上说，商业银行经营的核心或者着力点就是协调这三者之间的关系，或者说是使安全性、流动性和盈利性达到最佳组合。

二、商业银行经营管理理论

商业银行在多年的发展过程中，其经营管理的理论也不断发展变化。迄今为止，大致经历了资产管理理论、负债管理理论和资产负债综合管理理论三个阶段。

（一）资产管理理论

资产管理理论产生于资本主义自由竞争阶段，是注重银行资产安全性和流动性的经营管理理论。随着经济的发展和商业银行经营环境的变化，资产管理理论又经历了商业贷款理论、资产转移理论、预期收入理论三个不同的发展阶段。

1. 商业贷款理论

商业贷款理论是基于对银行的资金来源主要是吸收存款的认识，从保持资金的流动性考虑，认为商业银行只应发放与商品周转相联系或与生产物资储备相适应的自偿性贷款，而禁止发放不动产贷款、消费贷款或长期性的设备贷款，更不能发放购买证券的贷款。

商业贷款理论奠定了现代商业银行经营理论的一些基本原则。首先，该理论强调了资金运用受限于资金来源的性质和结构，这一原则已经成为商业银行进行资金运用所遵循的基本原则。其次，该理论强调应保持资产的高度流动性以确保商业银行的安全经营，这为银行降低经营风险提供了理论依据。商业贷款理论为银行保持流动性和安全性提供了理论依据，一定程度上促进了银行经营水平的提高和市场经济的发展。

然而，随着资本主义市场经济的发展，商业贷款理论的局限性也逐渐显现出来。首先，该理论没有认识到贷款需求的多样性，经济的发展使得企业对借入长期资金的需求越来越大，银行如果固守短期自偿的原则，会使银行的发展受限。其次，该理论没有认识到活期存款余额具有相对的稳定性，从而不能使银行资产运用到盈利性较高的长期贷款。尽管活期存款随存随取，但总会形成一个相对稳定的余额，这部分资金可以用于长期贷款而不影响其流动性，还可以增加银行的盈利。最后，该理论忽视了贷款清偿的外部条件。贷款能否清偿不仅受限于贷款的期限和用途，而且也与外部市场状况有关，在经济萧条时期，贷款就难以自动清偿。

2. 资产转移理论

资产转移理论认为，银行能否保持其资产的流动性，关键在于资产的变现能力。只要银行所掌握的证券具备信誉好、期限短、易于出售的条件，在需要资金时，可以迅速而且不受损失地通过市场出售或转让出去，这样银行就能保持流动性。资产转换理论为商业银行保持流动性提供了全面积极的方法，该理论提倡商业银行购买短期证券来保持流动性，以便使所吸收的存款能够投资于中长期贷款等资产项目。资产转换理论使商业银行资产业务的范围迅速扩大，贷款对象也更加广泛，丰富了银行的资产结构，突破了商业贷款理论拘泥于短期自偿贷款的资金运用限制，是商业银行经营管理理念的一大进步。资产转换理论的缺点在于：一是过分强调通过运用可转换资产来保持流动性，限制了银行投资高盈利性的资产；二是它能否发挥作用依赖于存在一个发达的证券市场和充足的短期证券；三是可转换资产的变现能力受到市场环境的制约，比如经济危机时或证券市场需求不旺盛时就会受到损害，从而影响银行对流动性和盈利性目标的实现。

3. 预期收入理论

预期收入理论认为，银行资产的流动性取决于借款人的预期收入，而不是贷款期限的长短。借款人的预计收入有保障，期限较长的贷款也可以安全的收回；借款人的预期收入不稳定，期限短的贷款也会丧失流动性。因此，预期收入理论强调的是贷款偿还与借款人未来预期收入之间的关系，而不是贷款的期限与贷款流动性之间的关系。预期收入理论为银行拓展业务提供了理论依据，使银行资产运用的范围更加广泛，盈利能力也有较大提升，从而巩固了商业银行在金融业中的地位。预期收入理论的主要缺陷在于银行对借款人未来收入的预期是自身主观判断的结果，随着客观经济条件及客户经营状况的变化，借款人的实际未来收入与银行的主管预测之间会存在偏差，从而使银行经营面临较大的风险。

以上三种资产管理理论，反映了商业银行在不同发展阶段经营管理的特点，在保证银行资产流动性方面各有侧重。各理论之间并不是相互排斥的，而是一种相互补充的关系，体现了一种不断完善和发展的演进过程。

（二）负债管理理论

负债管理理论产生于20世纪60年代初期。它认为商业银行在保持流动性方面没有必要完全依赖建立分层次的流动性储备资产，银行一旦需要周转资金，可以向外举债，只要能进入市场并且通过竞价获得资金，就可以大胆放款争取高盈利。换句话说，银行可以通过创造新的负债来满足其流动性需要。

负债管理利率使银行业传统的流动性为先的经营理念转为流动性、安全性、盈利性并重，使盈利性和流动性的矛盾得以协调，使银行在管理手段上有了质的变化，将管理的视角由单纯资产管理拓展到负债管理，使银行能够根据资产的需要来调整负债的规模和结构，增强了银行的主动性和灵活性，提高了银行资产盈利水平。同时也应看到，负债管理依赖外部市场借入资金来维持流动性，这必然会受货币市场供求状况的影响，而外部的不可预测因素限制了银行可借入资金的可能性以及资金的数量和结构，增大了银行的经营风险。因此，单纯的负债管理也不利于银行的稳健经营。于是，资产负债综合理论应运而生。

（三）资产负债综合管理理论

资产负债综合管理理论产生于20世纪70年代中后期。该理论不是对资产管理理论、负债管理理论的否定，而是吸收了这两种管理理论的合理内容，并对其进行了发展和深化。该利率认为，商业银行单靠资产管理理论或单靠负债管理理论都很难真正实现安全性、流动性和盈利性的均衡，只有从资产和负债两方面入手，共同调整，协调安排，全方位、多层次进行管理，才能达到经营总目标的要求，真正实现“三性”的均衡。

第五节　中国商业银行的改革历程

我国商业银行的发展是随着我国经济体制改革和开放而逐步发展起来的。经济体制的改革和开放彻底改变了银行业的经营环境，因此，在内部因素的推动下，我国商业银行的发展史也就是不断改革与创新的历史。通过不断的改革与创新，我国已初步形成了体系比较完整、功能比较齐全、具有一定竞争力的现代商业银行体系。

一、我国商业银行业的改革回顾

（一）高度集中体制阶段（1979年以前）

新中国成立以后，在计划经济体制下形成了由中国人民银行“大一统”的银行体系，即银行不划分专业系统，各个银行都作为中国人民银行内部的一个组成部分。全国只有一家银行，即中国人民银行，所有的金融业务，主要是银行信贷业务都由人民银行来办理，银行的资金配置实行供给制，而借贷制要受银行综合信贷计划的严格约束。基层吸收的存款全部上交人民银行总行，贷款由人民银行总行统一核定计划指标，逐级下达，资金运用实行统收统支。存贷款利率由人民银行总行统一规定，且多年不变。这时的中国人民银行既是国家管理机关，行使金融管理的职能，又是办理各项银行业务的金融组织，发挥现金中心、结算中心和信贷中心的职能作用。在这种特定的经济管理体制下，尽管银行业在我国的经济建设中发挥了重要的作用，但从严格意义上讲，我国这时的银行还不是真正的银行，它忽视了市场经济和价值规律的作用，忽视了银行的企业性质，缺乏生机和活力，银行业的发展受到严重制约。

（二）体系重建阶段（1979—1986年）

我国银行业的改革始于20世纪的改革开放式时期。1978年12月召开的党的十一届三中全会做出了实行改革开放的决策。

尽管1978年3月中国人民银行总行恢复了其独立的部级单位的地位，但其所担负的商业银行与中央银行的双重职能并未改变。从1979年年初开始，在改革开放方针的指引下，相继恢复了主管农村金融机构业务的中国农业银行，从中国人民银行中分设出了主管外贸信贷和外汇业务的中国银行，从财政部中分设出了主管长期投资和信贷业务的中国人民建设银行，1981年年底又成立了负债结构国际金融机构贷款及其他资金转贷给国内企业的中国投资银行。1983年9月17日，国务院规定中国人民银行专门行使中央银行职能的同时决定成立中国工商银行，后者接办中国人民银行原有的信贷和储蓄等商业银行业务。至此，我国基本形成了以中央银行为领导、以四大国家专业银行为骨干所组成的银行体系。

1984年10月，中国共产党第十二届三中全会做出了《中共中央关于经济体制改革的决定》。为了发展“有计划的商品经济”，银行体系迅速扩张。1985年，中国人民银行出台了专业银行业务可以适当交叉和“银行可以选择企业，企业可以选择银行”的政策措施，鼓励四家专业银行之间开展适度竞争，从而打破了银行资金“统收统支”的“供给制”，四家专业银行还开始将其触角伸向农村，为当时正在蓬勃发展的乡镇企业提供贷款。

（三）扩大发展阶段（1987—1996年）

改革开放的进展为银行业的发展提供了动力。1986年12月，邓小平要求“金融改革的步子要迈大一些，要把银行真正办成银行”，这成为了当时银行改革的指导方针。1987年中国人民银行提出要建立以中央银行为领导、各类银行为主体、多种金融机构并存和分工协作的社会主义金融体系。在1987年中国共产党“十三大”和1992年中国共产党“十四大”精神的指引下，我国银行业在改革中不断扩大发展。

尽管在改革开放初期就已经提出国家专业银行要进行企业化改革，实行商业化经营，但由于这些专业银行既从事政策性信贷业务，又从事商业性信贷业务，既难以办成真正的商业银行，又不利于进行金融宏观调控。1993 年 11 月，中国共产党十四届三中全会提出要“建立政策性银行，实行政策性业务与商业性业务分离”之后，在 1994 年内相继成立了专门办理政策性信贷业务的国家开发银行、中国进出口银行及中国农业发展银行，从而为国家专业银行向国有独资银行的转变创造了有利的条件。

为了把银行办成真正的银行，国有商业银行实行统一法人体制，按现代商业银行的要求建立市场化的经营机制，强化内部管理和风险控制，改善金融服务，提高管理水平，在总结我国商业银行的实践经验和借鉴各国商业银行立法的成功经验和做法的基础上，《中华人民共和国商业银行法》正式颁布，该法明确了商业银行的性质和职责，确立了“国有独资商业银行”的法律地位，规范了商业银行的权利和义务。商业银行开始成为“自助经营、自担风险、自负盈亏、自求平衡”的金融企业，其经营步入了法制化的轨道。

（四）深化改革阶段（1997—2002 年）

经过近 20 年的改革和发展，到 1996 年年底，我国已经形成了一个以四大国有商业银行为骨干的庞大的商业银行体系，它们在支持我国经济和社会发展方面起到了重要的作用。

1997 年 11 月，根据中共中央、国务院全国金融工作会议精神，国有（独资）商业银行的分支机构开始精简合并，商业银行的改革和发展进入了一个新的阶段。1999 年，国家通过组建信达、东方、长城、华融四家资产管理公司解决国有商业银行的不良资产问题，使国有商业银行的不良资产比率大幅度降低，同时也部分解决了长期政策性因素形成的包袱，极大地降低了我国银行的风险，为国有商业银行的商业化发展和下一步改革打下了良好基础。

1999 年下半年以来，我国出现了一波股份制银行上市的小高潮。通过发行股票向社会募集资本金开始成为一种有效的募集资本金的方式，这更是促进股份制银行规范发展的重要改革措施，这也标志着我国股份制银行已成为真正的现代商业银行。

（五）改革攻坚阶段（2003—2007 年）

我国于 2001 年加入世界贸易组织（WTO），并承诺加入后 5 年取消所有地域限制。从 2003 年开始，我国商业银行的改革不断向深层次发展，进入了攻坚阶段。改革的重点已经转移到制度的变革，向建立现代化金融企业的方向迈进。简单地说，国有独资商业银行的改革和重组是我国金融改革的核心问题，建立股份制银行和发展民营银行是我国金融改革和金融服务的客观需要。

根据 2003 年 3 月 10 日十届全国人大一次会议通过的《关于国务院机构改革方案的决定》，中国银行业监督管理委员会于 2003 年 4 月 28 日正式挂牌成立，行使原由中国人民银行行使的银行监督管理职权。也就是从这一年开始，我国大型国有银行开始股份制改造，这是大型国有银行现代化改造的关键步骤，是大型国有银行上市的前奏，目标是建立现代化的银行体系。

2005 年交通银行和中国建设银行在香港成功上市，2006 年，中国银行、招商银行和中国工商银行相继在国内外资本市场上市。

（六）加快改革转型阶段（2008 至今）

2008 年，受国际金融危机影响，部分银行业金融机构的境外投资遭受了一定损失。但总体上看，中国银行业境外投资总量不大，占银行业全部资产的比例较小，投资损失金额有限，整体风险可控。

2008 年，中国银监会发布了《商业银行账户信用风险暴露分类指引》《商业银行信用风险评估内部体系监管指引》等一系列监管指引，推进商业银行新资本协议额实施进程，基本建立了涵盖银行业主要风险领域的审慎监管法规体系。

在经历了严峻的危机考验后，2008 年以来，我国商业银行面临着复杂多变的经济金融环境，中国经济增长高位减速、通胀压力冲高回稳、货币政策开始转向、股票市场显著回调、金融加速脱媒、自然灾害频发、国际金融危机加剧等。这些因素对于我国商业银行来说无疑是一种巨大的挑战，也促进我国商业银行加快了改革的步伐，积极调整发展战略，实现稳定、健康、可持续发展。

二、我国商业银行改革的成效

作为我国现代化事业的重要组成部分，改革开放 30 多年来，我国银行业发生了翻天覆地的变化，取得了举世瞩目的成就。

（一）现代银行体系基本确立

成功实现了由“大一统”银行体系向现代银行体系的历史性转变。从原来只有中国人民银行一家，发展到近万家法人性质的银行业金融机构，形成了政策性银行、国有银行、股份制商业银行、城市信用社、城市商业银行、农村信用社、农村商业银行和合作银行的格局。既有银行业金融机构，又有金融资产管理公司、信托投资公司、金融租赁公司、货币经纪公司、汽车金融公司等非银行金融机构。银行业机构提供的金融服务也不断推陈出新，金融超市功能开始逐步显现。

（二）整体实力明显增强

从资产规模上来看，改革开放初期的 1978 年，我国金融业资产总量为 3 048 亿元人民币；截至 2013 年年末，我国银行业金融机构境内本外币资产总额为 151.4 万亿元。资产质量，我国银行业不良贷款率已从原先的 30% 左右下降到目前的 8%，其中，已股改国有商业银行平均不良贷款率仅为 1.5% 左右，已经达到或接近国际先进银行的平均水平。而且资本充足，具体表现为我国银行业从原来的资本严重不足，甚至为负值，发展到目前 12% 的资本充足率平均水平。

（三）国有银行公开发行上市

2003 年年底，国家批准了中国银行和中国建设银行为国有银行实施股份制改造试点银行，2004 年 8 月和 9 月，两家银行先后改制成为股份有限公司，标志着国有独资银行改革进程迈出了重要的新的一步。随后，中国工商银行、中国农业银行顺利完成股改。2005 年 10 月 27 日，中国建设银行作为我国四大国有商业银行中首先实现海外上市的银行，在香港联交所成功上市。2006 年，中国银行、中国工商银行成功挂牌上市。2010 年，农业银行在香港联合交易所和上海证券交易所挂牌上市。至此，我国四家国有商业银行全部完成了向公众持股银行的跨越。

（四）体制机制发生重大转变

通过引进各类资本对银行实行股份制改造，实现了银行业产权的多元化；现代公司治理机制逐步建立健全，管理与决策的科学化水平不断提升；流程银行建设得到有力推进，业务流程全面优化；内部控制机制建设迈出重大步伐，全面风险管理能力显著提高；科学激励约束和绩效考核机制逐步完善，广大员工的积极性得到极大的激发。

（五）金融监管体制不断完善

《商业银行法》等一系列法律法规相继颁布实施，为我国银行业稳健运营提供了坚实的法律保障。2009，我国金融管理机构代表中国正式加入了巴塞尔银行监管委员会标志着我国开始全面参与国际银行业监管标准与准则的研究制定工作。总体来看，经过改革我国初步建立了较为全面、系统的金融法规体系，全面推行了贷款质量五级分类等一系列审慎监管制度，加强法人监管改进监管手段，实施国际标准的资本充足率管理办法，强化对信用风险、市场风险和操作风险的监管，加强对创新业务的监管和指导，基本形成了审慎监管的法规框架。

（六）服务功能全面提升

银行业服务国民经济的功能进一步提升，作用进一步突出。我国银行业提供的贷款量始终占到全部社会资金需求的 80% 以上，信贷结构和质量不断提升，为经济社会发展提供了有力的金融支持；主动适应经济发展和金融需求的变化，努力提供便利化、多样化、个性化的金融产品，金融创新步伐加快，服务充分性不断提高；充分发挥银行业在宏观调控中的独特功能，在历次宏观调控中有效发挥了金融杠杆作用，推动了经济结构调整和经济发展方式的转变。

［专栏］5-3

兴业信托入股杉立期货 兴业银行综合化经营再提速

近日，兴业信托入股宁波杉立期货经纪有限公司获得宁波证监局批准同意，兴业信托将持有杉立期货 29.7% 股权。杉立期货成立于 1994 年，注册资本为 1 亿元，注册地为宁波市，目前设有 7 家营业部。

目前，兴业信托已投资参股重庆机电控股集团财务公司、紫金矿业集团财务公司、华福证券，并设立了全资私募股权投资子公司——兴业国信资产管理公司。兴业信托表示，此次入股杉立期货，旨在谋求通过综合经营寻找新的业务增长点，实现公司业务多元化发展，不断增强公司经营的可持续发展。兴业信托还将充分利用商品期货、金融期货交易平台，推进其在证券投资类信托业务领域的长足发展。

兴业信托入股杉立期货，也使得兴业银行集团综合化经营又向前迈进了一步。兴业银行集团目前已经拥有信托、金融租赁、基金、私募股权投资基金等专业化金融机构。

资料来源：证券时报，腾讯财经。

本章小结

1. 商业银行是以追求最大利润为经营目标，以多种金融资产和金融负债为经营对象，能利用负债进行信用创造，并能为客户提供综合性、多功能服务的金融企业。

2. 商业银行的职能：商业银行具有信用中介、支付中介、信用创造、金融服务的职能。

3. 商业银行的组织结构：从组织形式上看，有总分行制和单一银行制；从业务结构上看，有全能银行制和银行分业制；从所有权结构上看，有股份制银行和独资银行。

4. 商业银行经营管理的原则：要坚持安全性、流动性与盈利性三个原则。

5. 商业银行的负债业务：商业银行的负债主要是由存款负债、借入款负债和结算性负债三部分构成。商业银行的借入款负债包括短期借款和长期借款，短期借款有同业拆借和向中央银行借款这两种形式，长期借款主要是发行各种金融债券。

6. 商业银行的资产业务：商业银行的资产主要包括现金资产、贷款和证券投资。现金资产一般包括库存现金、在中央银行存款、存放同业存款和在途资金四个部分。贷款可分为正常贷款、关注贷款、次级贷款、可疑贷款和损失贷款五类。证券投资可分为货币市场工具、资本市场工具和金融创新工具三大类。

7. 商业银行中间业务：商业银行中间业务不构成商业银行表内资产、表内负债；形成银行非利息收入的业务包括两大类，一是金融服务类业务，二是表外业务。

8. 商业银行国际业务：商业银行国际业务的种类有国际结算业务、贸易融资、国际贷款、国际融资、外汇买卖。

重要概念

商业银行　商业银行的负债业务　商业银行的资产业务　商业银行贷款　商业银行中间业务　商业银行国际业务

思考题

1. 商业银行的特征和职能分别是什么？
2. 如何理解商业银行经营管理的目标？
3. 商业银行资产业务的种类有哪些？
4. 商业银行负债业务的种类有哪些？
5. 什么是中间业务？中间业务的种类有哪些？
6. 简述商业银行国际业务的种类。

第六章

中央银行

学习目标

通过本章的学习，学生应了解中央银行的产生、制度类型和组织结构等基本知识，理解中央银行的性质及其在金融体系中的特殊地位、中央银行的业务经营原则和中央银行的独立性问题，掌握中央银行的资产负债业务及中间业务，重点掌握中央银行的职能。

中央银行是国家赋予其制定和执行货币政策，对国民经济进行宏观调控，对金融机构乃至金融业进行监督管理的特殊的金融机构。中央银行最初是由商业银行发展而来的，其产生的必要性包括统一银行券发行、统一全国票据清算、充当商业银行最后贷款人和进行国家宏观调控。中央银行制度可以分为单一中央银行制、复合中央银行制、跨国中央银行制和准中央银行制。中央银行是特殊的金融机构，不以盈利为目的，它是发行的银行、银行的银行、政府的银行和宏观调控的银行。中央银行的业务包括资产业务、负债业务和中间业务。中央银行的独立性是指在中央银行履行其自身职责时由法律赋予的或其自身实际拥有的决策与行动的自主权。

第一节　中央银行的产生

一、中央银行产生的历史过程

中央银行最早出现于欧洲，这是因为当时欧洲大陆的生产力和生产关系最为发达。13~17世纪，欧洲商品经济快速发展，商业银行普遍设立，货币信用规模逐渐扩大，客观上为中央银行的产生创造了条件。

世界上最早出现的中央银行是瑞典国家银行。瑞典国家银行成立于1668年，最初并不具备货币发行的能力。到了1701年，瑞典国家银行开始发行一种转账票据，该票据的功能与货币基本相同。1789年，瑞典国会建立了一个国家债务办公室，正式发行瑞典货币。1897年，瑞典通过了瑞典国家银行法案，瑞典国家银行成为瑞典货币的唯一法定发行者，从法律上确立了中央银行的存在。

第二家出现的中央银行是英格兰银行。虽然其出现的时间晚于瑞典国家银行，但它是世界上最早的真正全面执行中央银行职能的银行，被视为现代中央银行的鼻祖。

在19世纪之前，各国成立的国家银行与近代的中央银行相比，只能算是中央银行的萌芽或者前身。19世纪中期，世界经济蓬勃发展，相应带来了金融机构的繁荣兴旺，中央银行的数量也开始增长，但是这一时期中央银行的发展较为缓慢，数量不多，经济职能也很有限。这一时期对中央银行的讨论主要集中于以下两个方面：一是是否应当集中发行钞票和进行国家黄金储备；二是如果集中发钞和储备，中央银行又应如何对此进行控制。中央银行的数量大量增长是在19世纪晚期和20世纪初这段时间，几乎所有的欧洲国家以及日本、埃及等国均设立了中央银行。1913年，美国联邦储备体系建立，这标志着中央银行制度基本确立。1920年，国际布鲁塞尔会议建议“未设立中央银行的国家，应该尽快设立中央银行”，这之后世界各国无不积极地进行中央银行的设立。1921—1939年成立的中央银行有31家之多。第二次世界大战结束后，新兴的发展中国家也开始普遍设立中央银行。时至今日，中央银行的存在已被视为国家独立的象征之一。

我们可以把中央银行产生发展的历史过程大致分为三个阶段：初创时期（1694年到第一次世界大战前），主要代表是瑞典银行（1668）、英格兰银行（1844）、美国联邦储备局（1913）；扩展时期（第一次世界大战结束到第二次世界大战结束），主要代表是德国国家银行、苏联国家银行、加拿大银行、澳洲联邦银行等；强化时期（第二次世界大战以后），中央银行在全球普遍建立。

纵观世界各国中央银行的形成，大致可以分为两种主要方式：一是由私人或国有商业银行逐渐演变而来，比如英格兰银行，一些老牌资本主义国家的中央银行多以这种方式形成；二是直接按照中央银行制度设立的，成立之初就履行中央银行的职责，20世纪以后建立的中央银行多是采用这种方式。

二、中央银行产生的必要性

18世纪，西方国家发生了工业革命，落后的手工业迅速地被机器大工业所取代，社会生产力飞速发展，商品经济逐渐扩大，货币经营业务也越来越多，银行越来越普遍。随着银行信用的普遍化和集中化，经济危机的发生也越来越频繁，影响也越来越大，这就使中央银行的产生出现了必要性。

（一）统一银行券发行的需要

在中央银行产生之前，众多商业银行都有发行银行券的权利，并且这些银行都只负责保证自己发行的银行券与贵金属之间的兑换。但是随着经济的发展、市场的扩大、银行机构和信用业务的增多，这种分散发行的弊端越来越明显：首先，市场上存在着诸多中小银行，它们规模不大，资金实力薄弱，经营管理能力有限，在竞争加剧或者经济危机时期很难保证自己发行的银行券可以随时兑换，这就会给整个银行券体系的信誉以及流通带来危害，甚至会引发银行挤兑风潮和社会动乱；其次，各家银行所发行的银行券之间存在兑换的问题，不同银行所发行的银行券之间的兑换比例只能依据各自所代表的贵金属数量来确定，这给日常交易和交往带来了很多麻烦；再次，大量的、不同类别的银行券同时在市场上流通，使得交易双方不得不花费大量的时间和精力去辨别它们的真伪，社会流通成本大大上升，也为许多不法之徒提供了欺诈的机会；最后，一些银行由于资金实力、管理能力、分支机构等问题，信用活动领域受到限制，其所发行的银行券只能在有限的地区流通，从而给社会生产和交易带来了很大的困难。由上可以看出，多家银行分散发行银行券的做法已经成为商品经济深入发展的障碍，由一家大银行统一发行银行券势在必行。事实上，这一过程在最开始时是自发的，某些大银行依托自身的优势，在银行券的发行中不断排挤其他的中小银行，并最终在政府的扶植下成为独占银行券发行权的中央银行。早期的中央银行大都经历了这样一个过程，如英国的英格兰银行就是一个典型例子。

（二）统一全国票据清算的需要

银行制度的建立和银行业务的发展带来了银行票据的广泛流通，依托于银行的转账结算方式也成为资金流通的主要渠道。随着经济的发展，银行每天的业务规模逐渐扩大，收售的票据也越来越多，各家银行之间的债权债务关系越来越复杂，由各个银行之间自行进行结算就变得十分困难。不断增长的票据交换和清算业务与原有的票据交换和清算方式产生了较大矛盾，不仅异地结算的时间延长，速度减缓，即使同城结算也遇到很大困难。虽然当时在一些城市已由若干银行联合起来建立了票据交换所，但不能为更多的银行所利用。如在 1773 年成立于英国伦敦的票据交换所只允许成员银行参与交换，直到 1854 年才允许同城的其他银行参与其中。可见，在银行数量增加、银行业务扩大的情况下，由单个或少数银行自行处理结算和清算业务已不能满足商品经济活动和银行业务发展的要求，这在客观上要求建立一个全国性的、统一的、权威的清算中心。中央银行建立之后，这一职能就自然而然地由中央银行承担起来。

（三）商业银行最后贷款人的需要

在社会化大生产和商品经济快速发展的情况下，工商企业对银行贷款的需求不断增长，不仅要求贷款数量扩大，而且要求贷款期限延长。银行为了满足借款人的资金需要，同时更是为了自己经营获利的需要，贷款业务不断扩大。虽然银行在从事放款业务时也会留出一定的支付准备金用于对存款人的随时支付，但这个支付准备金不可能留得过多，而是根据自己的经验使其保持在一个尽可能低的水平上，否则不利于银行经营目标的实现。但当银行遇到贷款不能按时收回或因其他原因发生存款人挤兑时，银行的支付往往发生困难。应付这种情况的一般做法是向其他银行拆借，但拆借的数量不可能很大，因为其他银行也不可能保留很多的支付准备金。加之银行竞争的加剧，当一家银行遇到支付困难时，也不是其他所有银行都能伸出援助之手的。因此，当困难严重时，银行的破产倒闭在所难免。事实上，随着银行业务规模的扩大和业务活动的复杂化，银行的经营风险也是不断增加的，单个银行资金调度困难和支付能力不足的情况经常出现，因一家银行支付困难而波及数家银行甚至整个金融业发生支付危机的现象也时有发生。为了保护存款人的利益和银行以至整个金融业的稳定，客观上需要有一家权威性机构，适当集中各银行的一部分现金准备作为后盾，在银行出现难以克服的支付困难时，集中给予必要的贷款支持，充当银行的“最后贷款人”。

（四）金融业监督管理的需要

随着商品货币经济关系的发展，银行和金融业在整个社会经济关系中的地位和作用日益突出，金融运行的稳定成为经济稳定发展的重要条件。金融的稳定运行需要有一个公平、健全的规则和机制。各个银行的运作一般是依据各自的经营原则进行的，尽管在运作过程中各银行之间也形成了某些约束，但这些约束的效力是有限的，这使金融活动经常出现无序甚至混乱状况。为了保证银行和金融业的公平有序竞争，保证各类金融业务和金融市场的健康发展，减少金融运行的风险，政府对金融业进行监督管理是极其必要的。而政府对金融业进行监督管理，必须依靠专门的机构来实现。由于金融业监督管理的技术性很强，这个专门从事金融业管理、监督及协调的职能机构要有一定的技术能力和操作手段，还要在业务上与银行建立密切联系，以便于制定的各项政策和规定能够通过业务活动得到贯彻实施。这便是中央银行产生的又一个必要性。

（五）宏观调控的需要

现代经济是市场经济，依靠货币流通进行运作，货币信用的状况对国民经济的稳定和发展极为重要，因此，对货币信用的调控也成为政府宏观调控的主要内容。中央银行制定并实施货币政策，调节宏观经济，同时，中央银行依据政府的政策意图制定金融规章制度和管理条例，建立并维持公平、有效、稳定的金融经营环境，促进全国货币金融活动的顺利展开。

三、中央银行制度的类型

根据中央银行组织形式和组织结构的不同，可以将中央银行制度大致分为四种类型。

（一）单一中央银行制度

单一中央银行制度是最主要也是最典型的中央银行制度形式。它是指国家设立专门的中央银行，其业务与一般商业银行的业务相分离，纯粹地行使各项中央银行职能。单一中央银行制度又可以分成两种类型。

1. 一元制

一元制是指一国由独家中央银行及其众多的分支机构来行使中央银行职能。这种由总分行构成的中央银行的特点是权利集中、职能齐全、分支机构众多。世界上大多数国家，如英国、日本、法国等国的中央银行都采用这种模式。中国自 1984 年明确由中国人民银行承担中央银行职能后也实行这种中央银行制度。

2. 二元制

二元制是指在一国内部建立中央和地方两级中央银行机构，中央级机构是最高权力或管理机构，地方级机构受中央级机构的监督管理，但它们在各自的辖区内有较大的独立性。实行联邦制的国家多采用这种中央银行制度，如美国、德国等。

（二）复合中央银行制度

复合中央银行制度是指在一国之内，不设立专门的中央银行，而是由一家大银行来行使中央银行和商业银行两类银行的职能，即“一身两任”。复合中央银行制度主要存在于过去的苏联和东欧国家，我国在 1983 年以前也实行这种中央银行制度。

（三）跨国中央银行制度

跨国中央银行制度是指两个或两个以上的国家设立共同的中央银行，通常是由参加某一货币联盟的国家共同设立。第二次世界大战后，许多地域相邻、经济上与某一发达国家联系密切的欠发达国家为促进共同的经济发展，组建了货币联盟，并在联盟内成立参加国共同拥有的统一的中央银行。这种跨国的中央银行发行共同的货币，执行一致的货币政策。如西非货币联盟、中非货币联盟、东加勒比货币联盟等设立的跨国中央银行以及欧盟成员国设立的欧洲中央银行。

（四）准中央银行制度

准中央银行制度是指某些国家或地区没有建立通常意义的中央银行，而只设立类似中央银行的机构，或由政府授权某个或某几个商业银行行使部分中央银行职能的制度，如新加坡、马尔代夫、斐济等国家。实行这种制度的国家和地区通常地域较小，同时又有一家或几家银行在本国处于垄断地位。

四、中央银行的组织结构

中央银行的组织结构包括三个方面的内容，即中央银行的权力分配结构、中央银行的内部组织结构和中央银行的分支机构设置。

首先，从中央银行的权力分配结构来看，它包括决策、执行和监督三个方面。由于世界各国历史传统、文化背景、经济发展水平不同，中央银行在社会经济生活中所处的地位不同，决定了中央银行在行使这些权力的方式上存在一定差异。比如英国的英格兰银行理事会、美国的联邦储备委员会分别是这两国中央银行的最高权力机构，同时行使着决策、执行和监督的权利。而日本银行政策委员会、日本银行理事会和监事会则作为日本中央银行的权力机构分别行使着决策、执行和监督的权利。

其次，从中央银行内部组织结构来看，为了适应中央银行所负担的任务、职能、业务经营的需要，各国中央银行内部都设置了一些具体的职能部门。这些职能部门的名称、分工在各国不尽相同，一般应主要包括行政管理机构、业务经营机构、统计分析和经济金融调研机构等。

最后，中央银行为了适应业务经营的需要，要设置一定的分支机构。原则上，中央银行根据业务需要，按照经济区划设置分支机构。这些分支机构是中央银行总行的派出机构，必须按规定执行和完成中央银行总行制定的政策和任务。例如，根据《中华人民共和国中国人民银行法》（以下简称《中国人民银行法》）第十三条规定，“中国人民银行根据履行职责的需要设立分支机构，作为中国人民银行的派出机构。中国人民银行对分支机构实行统一领导和管理”。

第二节　中央银行的性质和职能

一、中央银行的性质

中央银行是一个特殊的金融机构，国家赋予其制定和执行货币政策，对国民经济进行宏观调控和监督管理的权力。中央银行性质的核心在于它是一个“特殊的金融机构”，这种特殊性主要体现在三个方面。

（一）地位的特殊性

当前，几乎世界上所有的国家都设有中央银行，这些中央银行都有着特殊的地位，处于一国金融体系的中心。这主要表现在，它是全国货币金融政策的最高决策机构，也是全国信用制度的枢纽和金融管理的最高当局。中央银行贯彻执行国家的金融政策，合理运用货币供应量调控机制，实现国家对整个货币量的控制，以调控整个国民经济发展的冷热程度；中央银行代表国家对资金流通和金融机构进行监督和管理，促使金融机构规范经营，实现国内金融业稳定，并加强国与国之间的金融合作。可见，中央银行的地位不同于一般金融机构，它是国家货币政策的制定和实施机构，是国家干预经济的代理机关，是政府意图在金融领域的体现，是国家的一个重要职能部门。它的目标是维持一国货币和价格的稳定，促进经济增长，保障充分就业和维持国际收支平衡。

（二）业务的特殊性

中央银行承担的是一系列特殊的业务，如发行货币、代理国库、保管存款准备金、制定执行货币政策等。拥有货币发行的权力是中央银行区别于商业银行和一般的行政管理部门的最重要的特征。中央银行的资金主要源自于其发行的货币，同时也接受商业银行和其他金融机构的存款。其业务对象仅限于政府和金融机构，不与一般的工商企业以及居民个人发生业务往来，这与一般的商业银行大为不同。

（三）管理的特殊性

中央银行虽然拥有各种金融管理权，但它与一般的政府管理机构也有着很大的区别：一方面，中央银行履行其职责主要是通过特定的金融业务进行的，它以银行的身份出现，对政府及其他金融机构办理存贷、发行业务，在金融市场上买卖有价证券，这种管理是经济的管理而不是行政的管理；另一方面，中央银行对宏观经济的调控是分层次进行的，利用货币政策工具调节金融机构的行为和金融市场运作，引导微观经济主体行动，进而达到调控的目的。这与一般政府管理机构所采用的直接作用于微观主体的行政手段大不相同。

二、中央银行的职能

从中央银行业务活动的特点分析，中央银行的职能可以概括为发行的银行、银行的银行、政府的银行和宏观调控的银行四大职能。

（一）中央银行是发行的银行

中央银行是发行的银行，这指的是中央银行垄断货币发行权，是全国唯一的现钞发行机构。目前，世界上几乎所有国家的现钞都由中央银行发行，而硬辅币的铸造、发行，有的由中央银行进行，有的则由财政部负责，发行收入归财政。

发行货币是中央银行的首要职责。由中央银行发行的货币，一部分形成商业银行等金融机构的库存现金，另外的大部分形成了流通中的现金，它们与存款机构在中央银行的准备金存款一起共同构成了基础货币。基础货币是当代金融体系货币创造的基础，也是中央银行控制货币供给的重要手段。

中央银行拥有货币发行权，其在资金来源上具有任何机构都无法比拟的优势，但这并不意味着央行可以无条件的滥发货币。滥发货币的结果会导致通货膨胀、货币贬值，严重的话可能会导致央行所发行的纸币无法行使货币的基本职能，成为废纸。因此，必须对中央银行的货币发行进行适当的控制。在金属本位制度下，银行券的发行必须有充足的贵金属准备，因此，中央银行集中的贵金属成为支持庞大的货币流通的基础，是币值稳定的关键。贵金属准备增多，银行券及整个货币流通才可能扩大；贵金属准备减少，则必须紧缩货币发行。当货币发展到不兑现的信用货币阶段之后，确保货币价值稳定的不再是贵金属，货币若想稳定地流通必须依靠政府的强制力，但是仅靠政府的强制力是无法保证货币购买力的稳定的，所以，必须控制货币供给量以确保货币购买力的稳定，这也是中央银行在行使货币发行权时必须遵守的。

（二）中央银行是银行的银行

所谓银行的银行是指中央银行的地位处于商业银行和其他金融机构之上，对其他金融机构开展存贷业务，并为其提供金融服务。具体表现为：

1. 保管一般金融机构的存款准备金

按照法律规定，商业银行和其他存款性金融机构都要按法定比例向中央银行缴存存款准备金。中央银行集中保管存款准备金最初的目的是为了保证商业银行的清偿能力，维持整个金融体系的稳定。法定存款准备金的要求能够在一定程度上促使商业银行稳健经营，控制全社会的信用扩张比例，防范银行发生挤兑现象，保障存款人的利益。随着中央银行作用的增强，存款准备金变成了一项货币政策工具，中央银行通过变动法定存款准备金率控制商业银行的信贷规模，进而控制经济中的货币供应量。

2. 作为金融机构的最后贷款人

当某一金融机构面临资金困难，而别的金融机构又无力或不愿对其提供援助时，中央银行将扮演最后贷款人的角色，对其进行资金支持。当一般金融机构资金周转困难时，通过中央银行加以调剂，既能保障存款人的安全，又能防止银行发生挤兑而倒闭。传统上，中央银行对商业银行贷款主要以再贴现的方式进行，此外，在某些情况下，再抵押或直接取得贷款也是商业银行从中央银行融资的形式。

3. 充当整个金融体系的清算中心

企业与企业之间的债权债务、往来清算由银行完成，因为每家企业都在银行开立账户，而银行与银行、其他金融机构之间存在往来就需要中央银行进行清算，因此，中央银行是整个金融体系的清算中心。这项作用的发挥是在中央银行保管准备金这一业务的基础上发展起来的。由于中央银行集中保管商业银行及各存款性金融机构的准备金，所以各银行和金融机构都在中央银行开立账户，这为中央银行主持银行间的票据交换和差额清算提供了条件。中央银行将结算差额直接增减各银行在央行账户上的准备金，手续简便，有利于加速资金周转，从而成为全国的清算中心。

（三）中央银行是政府的银行

所谓政府的银行是指中央银行能够执行国库出纳的职能，是能够为国家提供信用的部门，并代表国家管理全国的金融事务，是非常重要的国家机关。

1. 代理国库

代理国库是指中央银行经办政府的财政预算收支，执行国库出纳职能，管理政府资金，为政府服务。具体包括：（1）收受国库的存款。一国政府通常把暂时闲置的资金存入中央银行的活期账户，于是中央银行便成为政府的现款中心。（2）为国库办理支付和结算。中央银行根据政府签发的支票，进行付款或转账，成为国库的出纳员。（3）代理国库办理代收税款以及公债的认购、推销、还本、付息等。（4）保管经营国家的黄金外汇储备。

2. 为政府提供信用

为政府提供信用是指在政府出现财政赤字的时候，需要中央银行对其进行资金支持。在某些情况下，因财政支出的急剧变动会出现短期财政收入不足以抵补财政支出的状况，政府为了弥补这种财政失衡，就需要向中央银行进行借款。通常，中央银行对财政的直接贷款或透支在期限和数额上都受法律的严格限制，以避免中央银行沦为政府弥补财政赤字的工具，对货币稳定造成不利影响。因此，中央银行向政府提供信用，一般都采用国库券贴现或以政府有价证券做抵押的形式。

3. 代表政府管理国内外金融事务

代表政府管理国内外金融事务是指中央银行充当政府的金融代理人，对内制定执行金融政策，优化金融管理，对外参与国际金融交往。在具体实施中，中央银行在国内通过货币政策对经济进行干预，达成预定经济目标；代表政府监督检查各金融机构的业务活动，对各金融机构的业务范围和信贷规模进行指导；在国际交往中，代表政府参加国际金融组织，出席国际会议，从事国际金融活动。

（四）中央银行是宏观调控的银行

1. 制定和执行货币政策

由于中央银行垄断了货币发行，其必然就成为货币政策的制定和执行机构。中央银行通过调整法定存款准备金率、再贴现和公开市场操作等工具，影响利率及货币供应量，引导微观经济主体行为，进而干预经济，实现宏观调控的目的。

2. 监督和管理金融业

中央银行除了担负起调控货币供应量的职责外，作为一国的金融管理当局，还应当担负起对金融市场进行监督和管理的职责。不仅对不同层次的市场及交易进行监督和管理，还会直接参与到金融市场的交易中，以实现其政策目标。有些国家的中央银行还会对本国辖区内的金融机构，包括本国及外国银行、内外合资银行等进行监督和管理。

三、中国中央银行的性质和职能

《中国人民银行法》第一章“总则”明确规定：“中国人民银行在国务院领导下，制定和执行货币政策，防范和化解金融风险，维护金融稳定。”我们知道，中国人民银行作为国家机关，其服务对象不是企业单位和个人，而是各商业银行和其他金融机构。它的主要功能是制定执行货币政策，对全国经济进行宏观调控，加强金融监管，保持币值稳定，并以此促进经济增长。

《中国人民银行法》规定，中国人民银行履行下列职责：（1）发布与履行其职责有关的命令和规章；（2）依法制定和执行货币政策；（3）发行人民币，管理人民币流通；（4）监督管理银行间同业拆借市场和银行间债券市场；（5）实施外汇管理，监督管理银行间外汇市场；（6）监督管理黄金市场；（7）持有、管理、经营国家外汇储备、黄金储备；（8）经理国库；（9）维护支付、清算系统的正常运行；（10）指导、部署金融业反洗钱工作，负责反洗钱的资金监测；（11）负责金融业的统计、调查、分析和预测；（12）作为国家的中央银行，从事有关的国际金融活动；（13）国务院规定的其他职责。此外，中国人民银行为执行货币政策，还可以依照有关规定从事金融业务活动。

中国人民银行在各地的分支机构，按经济区划设置。在银行业务和干部管理上实行垂直领导，统一管理。在中国人民银行总行的领导下，各人民银行分支机构根据国家规定的金融方针政策和国家信贷计划，在本辖区内调节信贷资金和货币流通，协调、指导、监督、检查商业银行和其他金融机构的业务活动。国家外汇管理局作为国务院直属局和人民银行总行的一个职能部门，统一管理全国的外汇工作。

上述这些职能都围绕一个中心，即作为国家最重要的宏观经济调节机构之一，中央银行主要是通过一系列直接的或间接的手段的运用，实现对货币供求和社会经济生活的调节，使得社会总需求和社会总供给达到宏观平衡，保证国民经济稳定、协调、高效和健康地向前发展。

第三节　中央银行的业务

一、中央银行的资产负债业务

中央银行的资产负债表是其银行性业务中资产负债业务的综合会计记录。中央银行资产负债业务的种类、规模和结构都综合地反映在一定时期的资产负债表上。因此，要了解中央银行的业务活动和资产负债情况，必须首先了解中央银行的资产负债表及其构成。

（一）中央银行资产负债表的一般构成

根据国际货币基金组织编制的《国际金融统计》统一的口径，各国中央银行资产负债表的主要内容可以概括为以下方面。

1. 资产

（1）国外资产，主要包括黄金储备、中央银行持有的可自由兑换外汇、地区货币合作基金、不可自由兑换的外汇、国库中的国外资产、其他官方的国外资产、对外国政府和国外金融机构贷款、未在别处列出的其他官方国外资产、在国际货币基金组织中的储备头寸、特别提款权持有额等。

（2）国内资产，主要由中央银行对政府、金融机构和其他部门的债权构成。

① 对中央政府的债权亦是指中央政府对货币当局的债务，它包括中央银行持有的国库券、政府债券、财政短期贷款、对国库的贷款和垫款或法律允许的透支额；② 对各级地方政府的债权在本表中是指地方政府对中央银行的债务，包括中央银行持有的地方政府债券和其他证券、贷款和垫款等；③ 对存款货币银行的债权是指存款货币银行对中央银行的债务，包括再贴现、担保信贷、贷款和回购协议、中央银行存款货币银行的其他债权和在一些银行的存款等；④ 对非货币金融机构的债权，其内容与对存款货

币银行的债权基本相同，差别在于债权对象是两类不同的金融机构；⑤ 对非金融政府企业的债权；⑥ 对特定机构和私人的债权。

2. 负债

（1）储备货币，这是货币当局负债中的主要项目，主要包括公众手中的现金、存款货币银行的现金、存款货币银行在中央银行的存款。

（2）定期储备和外币存款，包括各级地方政府、非金融政府企业、非货币金融机构等 1 个月以上的定期存款和外币存款，还包括反周期波动的特别存款、特别基金以及其他外币债务等。

（3）发行债券，包括自有债务，向存款货币银行和非货币金融机构发行的债券以及向公众销售的货币市场证券等。

（4）进口抵押和限制存款，包括本国货币、外币、双边信用证的进口抵押金以及反周期波动的特别存款等。

（5）对外负债，包括对非居民的所有本国货币和外币的负债，如从国外银行的借款、对外国货币当局的负债、使用基金组织的信贷额和国外发行的债券等。

（6）中央政府存款，包括国库持有的货币、活期存款、定期以及外币存款等。

（7）对等基金，是在外国援助者要求受援国政府存放一笔与外国援助资金相等的本国货币的情况下建立的基金。

（8）政府贷款基金，指中央政府通过中央银行渠道从事贷款活动的基金。

（9）资本项目，包括中央银行的资本金、准备金、未分配利润等。

（10）其他项目，这是一个净额，等于负债方减去资产方的净额。

（二）中央银行资产负债简表及各项目关系

现代各国中央银行的任务和职能基本相同，其业务活动大同小异，资产负债表的内容也基本相近。我们可以将中央银行主要的资产负债项目简化为表 6-1 的内容。

表 6-1　　中央银行的资产负债表

资产（资金运用）	负债（资金来源）
再贴现和再贷款	现金发行
政府债券和财政借款	金融机构存款
金银外汇储备	财政和公共机构存款
其他资产	其他负债
	资本

从上述资产负债表的构成可见，中央银行资产项目的增减变化会导致负债项目的增减变化，即在自有资本不变的情况下，中央银行的资产业务对货币供给有决定性作用。具体来说，中央银行通过再贴现和再贷款控制对金融机构的债权，进而影响货币发行量；中央银行对政府债权过大或为政府赤字融资，有通货膨胀的隐患；黄金外汇占款过多，容易导致货币供给量净增。现实中，各项目之间相互抵消或强化。

中央银行的资产负债表与其三大职能的对应关系是：作为发行的银行反映在负债方

“现金发行”科目中；作为银行的银行，反映在负债方“金融机构存款”和资产方“再贴现和再贷款”科目中；作为政府的银行，反映在负债方“财政和公共机构存款”和资产方“政府债券和财政借款”“金银外汇储备”科目中。

（三）中央银行的资产业务

1. 贷款业务

中央银行的贷款业务是其运用资金的重要途径之一。由于中央银行的特殊性质与特殊地位，能够取得中央银行贷款的借款人只有两种类型，一是商业银行和其他经过特殊批准的金融机构，二是国家政府。中央银行的贷款业务充分体现了其作为“最后贷款人”的职能，其意义在于中央银行通过向商业银行、国家财政以及其他金融机构发放应急贷款，起到维护金融体系稳定与安全、抑制通货膨胀、执行货币政策，从而促进经济发展的作用。

中央银行作为特殊的金融机构，其贷款也体现出独有的特征：（1）以短期贷款为主，一般不经营长期贷款业务；（2）不以盈利为目的；（3）应控制对财政的放款，以保持中央银行的相对独立性；（4）一般不直接对工商企业和个人发放贷款。

中央银行对商业银行的贷款也被称为“再贷款”，目的在于解决商业银行短期资金不足的问题，补充其流动性。通常，为了宏观金融调控与管理的需要，中央银行都不能对商业银行无限制地提供贷款。一般而言，商业银行向中央银行借款，不能以盈利为目的，即不能用中央银行的低利贷款转手进行高利放款，而只能用于解决其短期资金周转不灵的需要。为达到这一目的，有些中央银行采取行政手段，规定商业银行向中央银行的最高借款限额。如法国的法兰西银行对商业银行的借款就实行过最高限额管理，而另一些中央银行则采取类似美国的“道义劝告”和日本的“窗口指导”等软硬兼施的手段限制商业银行借款。还有些中央银行则通过提高贷款利率的办法来约束。当然，这种约束和限制要以货币政策在总量上是紧缩还是扩张为条件。

中央银行对政府的贷款是政府弥补资金亏空的应急措施之一，但如果对这种贷款不加限制，则会从总量上削弱中央银行宏观金融控制的有效性。因此，各国中央银行法对此都有明确的规定。在美国，财政筹款只能通过公开市场进行，即用发行公债的办法解决。如果财政筹款确实遇到困难，也只能向联邦储备银行作短期借款，并且要以财政部发行的特别国库券作为担保。英格兰银行除少量的政府隔夜需要可以融通外，一般情况下不对政府垫款，政府需要的资金通过发行国库券的方式解决。联邦德国的《德意志联邦银行法》规定，联邦银行向政府部门贷款的最高限额不得超过联邦银行向商业银行贷款总额的8%。实际上，政府及各部门向联邦银行借款的数额都大大低于规定的数额。

2. 再贴现业务

所谓再贴现是指商业银行在急需资金周转时，将其由贴现而取得的未到期的商业票据向中央银行申请转让，请求中央银行以一定的贴现率对该商业票据进行二次买进的经济行为。该业务之所以称为“再贴现”，是为了区别于企业或公司向商业银行申请的“贴现”和商业银行与商业银行之间的“转贴现”。在商业票据流通盛行、贴现市场发达的国家，再贴现是中央银行向商业银行融通资金的重要方式。

中央银行通过再贴现方式向商业银行进行资金融通，通常要在贴现窗口予以必要的约束，再贴现数量的限制类似于中央银行对商业银行提供的一般贷款。更为主要的，中央银行一般通过调整再贴现率的方式来影响再贴现额度，从而调节信用规模。再贴现率是商业银行获得中央银行资金的成本，中央银行通过对再贴现率的调节刺激或抑制商业银行的资金需求，从而实现对货币供应量的调控。

从广义上来讲，再贴现属于中央银行贷款的范畴，但二者之间还是存在一定的区别，具体体现在两个方面：（1）利息支付时间不同。再贴现是商业银行预先向中央银行支付利息，而贷款业务是在归还本金时支付利息。（2）本质和范围不同。再贴现本质上是中央银行向商业银行发放的抵押贷款，而中央银行贷款的范畴比再贴现广得多，不仅包括抵押贷款，还包括信用贷款。

3. 有价证券买卖业务

中央银行在公开市场上买卖的证券主要是政府债券、国库券以及其他市场流动性非常高的有价证券。中央银行通过公开市场业务买卖证券，对调节货币流通、维护金融市场稳定具有重要意义。具体表现在：（1）调节货币供应量，进而调控宏观经济；（2）配合准备金政策和再贴现政策，削弱和抵消过激的政策调整给金融系统和整个经济带来的震动；（3）缓解财政赤字造成的不利影响；（4）协助政府公债的发行与管理。

一般而言，中央银行在公开市场上买卖证券时，应注意以下几点：（1）中央银行买卖证券只能在二级市场上进行，这是保持中央银行相对独立性的需要；（2）中央银行只能购买市场属性好、流动性强的证券，以保证其资产的高度流动性；（3）中央银行一般不能购买外国的有价证券。

由于中央银行在公开市场上买卖有价证券既可以主动出击，也可以被动防御，买卖数量可以灵活控制，并且易于逆转，执行迅速，没有行政性延误等特点，所以有些国家的中央银行（如美国）把公开市场业务视为最有效和最常用的政策工具，从而有价证券买卖也就成了其主要的资产业务。

4. 金银外汇储备业务

各国中央银行保管金银外汇储备的主要目的在于稳定币值、汇率，调节国际收支，应付对外紧急支付需要等方面。中央银行最初储备金银外汇，是为了应付银行券兑换贵金属的需要，银行券停止兑换贵金属之后，中央银行的黄金外汇储备并没有废除，只是储备的目的发生了变化，由作为银行券兑换的准备金过渡到作为国际支付手段的准备金和一国对外经济交往实力的象征。中央银行可根据经济发展的需要，随时增加或减少金银外汇储备。

金银、外汇作为国际储备各有利弊：（1）从安全性考虑，黄金无疑是实现保值的最好手段，但金银变现需要时间，保管成本也很高，因此，在各国的国际储备中金银所占比例呈逐年下降的趋势；（2）外汇具有直接支付的能力，并且保管成本低廉，但由于汇率波动频繁，使得持有外汇面临的风险较大。

因此，各国中央银行在保管金银、外汇储备过程中，必须从本国国际收支状况和经济政策出发，确定合理的金银、外汇储备比例和数量。

(四) 中央银行的负债业务

中央银行的负债业务主要包括货币发行、准备金存款、政府存款以及其他负债业务。

1. 货币发行

货币发行有两重含义，一是指货币从中央银行的发行库通过各商业银行的业务库流入到社会上，二是指货币从中央银行流出的数量大于从流通领域回笼的数量。

中央银行发行货币，主要是通过对商业银行及其他金融机构提供贷款，接受商业票据再贴现，在金融市场上购买有价证券，收兑黄金、白银、外汇等方式投入流通领域的。货币是一种债务凭证，它是货币发行人即中央银行对货币持有者的一种负债，当中央银行是接受国家政府委托、代替国家政府发行货币时，那么，货币发行便是国家(通过中央银行作代表）对货币持有者的一种负债。因此，货币发行便成为中央银行的负债业务之一。

中央银行的货币发行必须满足也只应满足国民经济正常发展对货币的客观需求。这就要求中央银行做到以下两点：第一，货币发行不能过多，否则，就会引起货币贬值和通货膨胀，并导致一系列社会经济问题的产生；第二，货币发行也不能过少，否则，就会妨碍国民经济的正常发展，使一部分商品的价值不能顺利实现，因缺少货币使国民经济增长达不到应有的速度。

为达到上述两方面的要求，各国中央银行在发行货币时都具有规范的货币发行制度。在贵金属货币制度时期，银行券的发行都具有黄金或白银准备；在不兑现的信用货币制度时期，则有多种方式，有规定金银准备的，也有规定有价证券或外汇准备的，还有规定最高发行限额的等。

不同国家在不同时期都实行过不同的货币发行制度，同一国家的货币发行制度也时有变化，但从中可以看出一个基本的演化轨迹：金银准备阶段—保证准备阶段—通货管理阶段。这些阶段的演化与交替的经济根源是经济发展的客观需要。

归纳起来，中央银行的货币发行业务要遵循以下原则：（1）要有可靠的信用保证的原则，即货币发行要有一定的黄金或有价证券做保证，或者建立规范的货币发行准备制度，以保证货币价值稳定，避免出现通货膨胀；（2）垄断发行的原则，这是指货币的发行权必须高度集中于中央银行，避免多头发行造成的货币流通混乱，保证中央银行能灵活有效地调节流通中的货币量；（3）弹性供应原则，指货币发行要具有一定的伸缩性和灵活性，以满足社会商品流通扩大和商品经济发展的需要。

2. 准备金存款

所谓存款准备金是指商业银行等存款货币银行按吸收存款的一定比例提取的准备金，它包括法定准备金和超额准备金两个部分。

商业银行在业务经营过程中，为了保证流动性和安全性的需要，不能将吸收的存款全部用于贷放，而必须留存一部分，以应付存款日常支取的需要，这种库存即为“存款准备金”。最初，这部分准备金是由商业银行自己依据经营需要按比例留存的，各家商业银行均不相同。后来，为了尽量有效地运用这部分资金，将其闲置额度压缩到最必要的低限，又为了集中力量，对发生支付困难的商业银行提供资金帮助，各家商业银行将自己的准备金集中起来，交由中央银行进行保管。

商业银行起初将存款准备金存入中央银行时都是自愿的，但当中央银行担负起稳定全国金融局势、保持货币正常流通的责任时，这种自愿就变成强制性的了，原来的存款准备金也就变成了“法定存款准备金”，成了商业银行必须履行的义务。商业银行超出法定比例缴存的准备金，即为超额存款准备金。

法定存款准备金制度建立初期，它的作用还只是为了保证存款安全和防止银行倒闭，集中存款准备金是中央银行作为银行的银行发挥作用的客观要求，是其最后贷款人职能的具体体现。但在实施过程中，中央银行发现，这种业务在客观上起到了约束商业银行贷款规模、控制货币供应量的作用。于是，中央银行开始使用法定存款准备金这一手段来进行宏观金融调控，使其成为一项重要的货币政策工具。

存款准备金是中央银行资金来源的重要组成部分，在大多数国家，中央银行对这部分存款是不支付利息的，这为中央银行调控经济和金融、在资产业务中不以盈利为目的提供了客观基础和现实保障。同时，集中商业银行的存款准备金也为中央银行在全国进行资金清算提供了条件。

3. 政府存款

中央银行作为政府的银行，需要执行代理国库的职责。通常情况下，财政的收入和支出，都由中央银行代理（在某些情况下，中央银行会委托其他商业银行进行再代理）。同时，有些国家依靠国家财政拨款的行政事业单位、机关团体、部队、学校的存款也是由中央银行代理的。在中央银行的存款业务中，财政金库存款、政府和公共部门经费存款的数额仅次于准备金存款。

中央银行吸收政府存款，积累了大量的资金，而且这种存款通常都是无息的，降低了中央银行的筹资成本。对于国家政府而言，由中央银行代理国库，既可以减少（甚至是完全免去）收税的成本，又可以安全地保管资金，为其妥善使用提供方便。同时，在资金短缺时还可以借助中央银行作短期资金融通。

4. 其他负债业务

中央银行的负债业务除了货币发行、准备金存款和政府存款等主要业务以外，还有一些业务也可以成为中央银行的资金来源，并引起中央银行资产负债表负债方的变化，如非银行金融机构存款、对国际金融机构负债、发行中央银行票据和资本业务等。

二、中央银行的中间业务

中央银行的中间业务主要是指中央银行为商业银行和其他金融机构办理资金的支付清算和转移的业务。这一业务与中央银行集中商业银行存款准备金密切相连。因为中央银行既然接受了各商业银行的存款准备金，那么商业银行彼此由于交换各种支付凭证所产生的应收应付款项就可通过中央银行的存款账户划拨，从而使中央银行成为全国的清算中心。

中央银行支付清算服务的主要内容包括组织票据交换清算、办理异地跨行清算、为私营清算机构提供差额清算服务、提供证券和金融衍生工具交易清算服务、提供跨国支付服务。

由中央银行进行支付清算服务可以保障经济和社会生活正常运转，有利于中央银行货币政策的实施，保证金融体系的稳定与安全。

第四节 中央银行的独立性

一、中央银行独立性的内涵

中央银行的独立性是指在中央银行履行其自身职责时，由法律赋予的或其自身实际拥有的决策与行动的自主权。独立性问题集中反映在中央银行与政府的关系上，这种关系具有两层含义，一是中央银行应当对政府保持一定的独立性，二是中央银行对政府的独立性是相对的。

二、中央银行独立性的主要内容

中央银行的独立性主要包括以下几个方面。

（一）组织独立

组织独立是指中央银行的组织形式、分支机构的设置、人事任免等不受政府的影响，这是中央银行独立性的核心部分。之所以这样说，是因为作为制定和执行国家货币政策的机关的中央银行，其组织机构、人事制度安排会直接左右中央银行的职能发挥，进而影响一国宏观经济调控的全过程。

（二）目标独立

目标独立是指中央银行能够自主选择政策目标的自由程度以及中央银行是否以保持币值稳定作为其主要目标。如果中央银行能够自由地确定其货币政策目标，则其目标独立性程度就高，反之就低。中央银行货币政策目标的选择主要集中在币值稳定和促进经济增长两个方面。在市场经济体制下，政府在宏观经济目标，即币值稳定、充分就业、经济增长和国际收支平衡的选择上存在着多重目标选择和目标冲突。从世界各国中央银行发展的实际和经验来看，以稳定币值为主要目标的占大多数。但中央银行稳定币值的货币政策目标与政府的经济目标是存在一定偏差的，因为每届政府从其政绩出发，往往把经济增长作为其首要目标。

（三）职能独立

职能独立是指中央银行能否独立地制定货币政策，并独立地运用一定的工具来保证货币政策的有效执行和货币政策目标的实现。中央银行的主要职能包括依法制定和执行货币政策，发行法定货币，维护金融稳定，维持支付、清算系统的正常运行，制定金融业的有关规章等。职能的实现是通过工具来保证的。中央银行可以运用的工具如存款准备金率、再贴现、再贷款、公开市场操作以及窗口指导等，其运用的目的都是为了保证货币政策的有效执行。因而中央银行独立自主地、依据经济金融发展变化的现实情况来履行中央银行职能、行使相应的工具是构成中央银行独立性的又一主要内容。

（四）财务独立

财务独立是指中央银行的运营是依赖于财政的拨款，还是有可供其独立支配的财源。如果中央银行不依赖于政府的财政拨款，有独立支配的财源，则其财务独立性就高，否则其财务独立性程度就低。就当前各国中央银行而言，大多数中央银行不以追求利润为目标。其资本金由国家出资，业务运营的亏损由国家承担，利润属国家所有。国家每年按预算拨付运营资金。国际货币基金组织副总裁理查德·D·厄伯认为，在强大的中央银行所具备的特性中，独立性是至关重要的，中央银行应当独立，不屈从于任何来自其他政府机构的指令。中央银行不应依靠财政拨款，而应自己解决资金来源。

三、中央银行与政府关系的三种类型

从中央银行对政府独立性的强弱来看，中央银行与政府的关系目前大致有三种类型。

（一）独立性较强的中央银行

独立性较强的中央银行包括德国联邦银行、美国联邦储备体系、瑞典银行等，其主要特点是中央银行直接对国会负责，中央银行运行在较大程度上独立于政府。德国联邦银行是独立性最强的中央银行，它的地位写入了宪法。1957 年通过、1992 年修改的德国联邦银行法明确规定其基本职责是保持货币稳定，在行使授予的权力时不受政府指令的干涉；联邦银行虽然也有义务在保证其完成自身任务的前提下支持政府总的经济政策，但当二者出现矛盾时，联邦银行则以完成自己的职责为主。联邦银行严格限制用货币发行弥补财政赤字，只允许以非现金贷款和购买国库券的方式向联邦政府、联邦特别基金和州政府提供短期融资，且对融资限额做了严格规定。联邦银行的行长由总统任命，任期 8 年，一般不得中途罢免。联邦政府的成员虽有权参加联邦银行理事会的会议并可提出建议，但没有表决权，对联邦银行理事会的决定，政府有要求推延两周执行的权力，但一般也很少使用这种权力。美国 1913 年通过的联邦储备法案规定，联邦储备委员会有权独立地制定和执行货币政策，总统未经国会批准，不能对联邦储备委员会发布指令。联邦储备体系没有向政府提供长期融资的义务，财政融资只能通过公开市场发行债券。只有在特殊情况下才可提供规定限额内的短期融资，实际上，美国财政部只向联邦储备银行借过少数几次期限只有几天的款项，且是以财政部发行的特别库券做担保。瑞典银行法规定，瑞典银行直属国会，银行理事会只接受来自国会的指示，而不受政府的干预。

（二）独立性较弱的中央银行

独立性较弱的中央银行包括意大利银行、法兰西银行等，一些处于经济体制转轨时期的国家的中央银行其独立性也较弱。这类中央银行的特点是，中央银行隶属于政府，不论在名义上还是在实际上，中央银行在制定和执行政策履行其职责时，都比较多地服从政府或财政部的指令。意大利银行在发达国家中属于独立性较弱的中央银行，在体制上，意大利银行受财政部统辖，财政部代表可以出席意大利银行的理事会会议，并且在认为会议做出的决议与政府意图不符时，可以提出暂停决议执行的意见。意大利银行提出的货币政策措施一般也要经过信用与储蓄部委员会的批准，当意大利银行的意见与政府不一致时，一般也是以政府的指令为准。法兰西银行的独立性也相对较弱，其理事会的成员大都是由财政部提名，内阁会议通过后由总统任命。应当指出，独立性较弱的中央银行在货币政策的具体操作和决策的执行方面基本上也是自己进行的，差异在于最高决策权的配置上。

（三）独立性居中的中央银行

独立性居中的中央银行包括英格兰银行、日本银行等，一些新兴的工业化国家的中央银行也大致属于这种类型。这类中央银行的特点是中央银行隶属于政府，在名义上独立性较弱，但在实际上中央银行拥有较大的决策与管理权和独立性。英格兰银行的理事会是最高决策机构，理事会成员均是由政府推荐、国王任命。按照法律规定，财政部在认为必要时，可在与英格兰银行总裁磋商后直接向英格兰银行发布命令，但实际上财政部从未使用过这个权力，政府一贯尊重英格兰银行有关货币政策的意见，一般不过问货币政策的制定，也不参与理事会的评议，因此，英格兰银行的实际独立性并不弱。在与政府的资金融通关系方面，英格兰银行一般不给政府垫款，只提供少量的隔夜资金融通。在货币政策工具的运用方面，英格兰银行也有直接决定的权力，如调整利率等。日本银行隶属于大藏省即财政部，日本银行法规定，日本银行的总裁、副总裁由内阁任命，日本银行开展国际金融交易，为保障与扶植信用制度而提供必要的业务时，须经大藏省主管大臣批准。但在货币政策制定与执行方面，日本银行具有独立行使权，1997年4月修订的《日本银行法》规定日本银行的根本职责是通过调节货币及金融，追求物价稳定，以利国民经济的健全发展，并赋予日本银行独立地制定货币政策及自行决定采取措施、运用政策工具去实现货币政策目标的权力。在与政府的资金关系方面，日本银行原则上不承担向政府提供长期贷款和认购长期政府债券的义务，但政府发行的短期债券则大部分由日本银行认购。日本银行的利润扣除规定的比例后，全部上缴财政，如果发生亏损，由国库款弥补。

中央银行与政府的关系或中央银行的独立性，虽然从法律地位上看，各国有较大差异，但在现实运作中，其差异并没有法律体现出来的那样大。这是因为政府一般并不经常使用对中央银行的干预权，同时，中央银行在政策制定和政策工具运用上与政府发生矛盾的情况并不是很多。另外，各国中央银行独立性的强弱除了取决于中央银行的法律地位之外，也与各国中央银行自身的组织机制、信息渠道、决策效率、管理能力和公众信誉程度等综合因素密切相关。

四、中国中央银行独立性的问题

按照通常意义上的标准衡量，中国人民银行属于独立性较弱的中央银行，但其实际上的独立性呈不断增强的趋势。

1995年通过的《中国人民银行法》规定，“中国人民银行在国务院领导下，制定和实施货币政策，防范和化解金融风险，维护金融稳定”，这就明确了中国人民银行隶属于国务院，是国务院领导下的宏观调控部门。该法第5条第1款规定，“中国人民银行就年度货币供应量、利率、汇率和国务院规定的其他重要事项作出的决定，报国务院批准后执行”。该法第12条规定，“中国人民银行设立货币政策委员会。货币政策委员会的职责、组成和工作程序由国务院规定，报全国人民代表大会常务委员会备案”。1997 年 4 月 15 日国务院颁布了《中国人民银行货币政策委员会条例》，规定货币政策委员会为“中国人民银行制定货币政策的咨询议事机构”。法律在规定中国人民银行必须接受国务院领导的同时，也对中国人民银行的独立性给予了一定范围的授权。《中国人民银行法》第 7 条规定，“中国人民银行在国务院领导下依法独立执行货币政策，履行职责，开展业务，不受地方政府、各级政府部门、社会团体和个人的干涉”；第 13 条第 1 款规定，“中国人民银行根据履行职责的需要设立分支机构，作为中国人民银行的派出机构。中国人民银行对分支机构实行统一领导和管理”；第 5 条第 2 款规定，中国人民银行就前款规定以外的其他有关货币政策事项作出决定后，即予执行，并报国务院备案。另外，法律还对中国人民银行的业务、金融监督管理做了更大程度的授权。

从上述法律规定看，中国人民银行在重要事项的决策方面对政府的独立性是较弱的，但这只是对中央政府而言，对地方政府和各级政府部门等，法律赋予中央银行完全的独立性。同时，在货币政策操作、业务活动、金融监督管理等方面，中央银行的独立性就更强一些。如果从历史发展看，中国人民银行的独立性明显地呈逐步增强的趋势。首先，从中国人民银行的行政地位看，1962 年之前，中国人民银行是国务院的直属机构。1962 年，虽然中共中央、国务院决定将中国人民银行升格为与国务院所属部委同等的地位，但在 1969 年 7 月又决定中国人民银行系统与财政部系统合并，一套机构两个牌子，业务分别管理。1977 年年底国务院决定，自 1978 年 1 月 1 日起，中国人民银行总行作为国务院部委一级单位与财政部分设。之后，虽然国务院的部委机构多次变化，但中国人民银行都一直保持了国务院部委机构的地位。1998 年第九届全国人民代表大会批准国务院机构改革方案，国务院的机构设置大幅精简，但中国人民银行仍然成为国务院 29 个组成部门之一，并且作为四个国家宏观经济调控部门之一，其地位进一步增强。其次，从实际运作看，中国人民银行虽然在国务院领导下履行其职责，但中国人民银行在货币政策制定和实施方面提出的方案一般都能得到国务院的顺利批准，并在执行中还能得到国务院的有力支持，特别是在中央银行的具体运作上，国务院越来越重视其自主操作。因此，中国人民银行实际上的独立性呈不断增强的趋势。

总之，我们应当辩证地来看我国中央银行独立性的问题，加强中央银行独立性本身并不是目的，而是为了适应我国经济发展的要求，提高中央银行维持经济稳定发展的工作效率，从而更好地实现保持币值稳定，促进经济增长的目标。在这方面，中央政府与中央银行的总体目标是一致的，具体问题是可以通过沟通和协调解决的。

［专栏］6-1

美　联　储

1. 美联储的发展历史

美联储全称美国联邦储备局，是美国的中央银行。它成立于 1912 年 12 月，总部设在华盛顿，在纽约、波士顿、旧金山等 12 个城市设有地区分行。

2. 美联储的组成、任务

美联储内部由四部分组成：联邦储备管理委员会、公开市场委员会、储备银行系统、秘书处。

美联储的主要任务是管理及规范银行业、通过买入及售出美国国债来执行货币政策、维持一个坚挺的支付系统。其他任务包括经济教育、社会超越、经济研究。

3. 美联储的独立性

作为美国的中央银行，美联储从美国国会获得权利。它被看作是独立的中央银行，因其决议无需获得美国总统或者立法机关的任何高层的批准，它不接受美国国会的拨款，其成员任期也跨越多届总统及国会任期。其财政独立是由其巨大的盈利保证的，主要归功于其对政府公债的所有权。它每年向政府返还几十亿元。当然，美联储服从于美国国会的监督，后者定期观察其活动并通过法令来改变其职能。同时，美联储必须在政府建立的经济和金融政策的总体框架下工作。

4. 美联储的监管

根据银行的性质不同，美国的金融监管实行的是联邦和州两级管理体制。目前，美国共有 8 500 多家商业银行，其中的 2 300 多家是依美国联邦法注册成立的银行，其余的都是依据各州法律成立的银行。依联邦法成立的银行都归美联储管理，而依据州法律成立的银行中有 1 000 多家申请成了联储成员，也归美联储监管，其余的归各州金融监管部门管理。

和其他国家的中央银行一样，美联储的监管内容主要也是执照的核发、资本金的按比例存储、提交结算报告等。不过，因为业务量过于庞大，在实际操作中，美联储的监管重点主要是大的商业银行和金融机构，如花旗集团每两周就要和美联储的调查官员召开一次例行会议。对于众多的小银行，美联储主要监督其清算和资金循环，对其具体业务活动的监管则一般以抽查为主。另外，美联储采取法人监管原则，即只对银行法人一级的机构进行监管。如花旗银行的总部在纽约，则花旗银行及其分行的直接监管者是联储纽约分行，而花旗银行设在其他地区的分行就不再单独接受联储及地区分行的监管。

美国的联邦储备系统已经运作近百年了，它在保持美国的经济平稳发展方面发挥了许多重要的作用，联邦储备系统对经济的调控方式已日臻成熟。

资料来源：作者根据新浪教育网资料整理。

[专栏] 6-2

欧洲中央银行

1. 基本信息

欧洲中央银行前身是设在法兰克福的欧洲货币局。根据 1992 年《马斯特里赫特条约》的规定，欧洲中央银行于 1998 年 7 月 1 日正式成立，它是为了适应欧元的发行流通而设立的金融机构，同时也是欧洲经济一体化的产物。欧洲央行的职能是维护货币的稳定、管理主导利率、货币的储备和发行以及制定欧洲货币政策，其职责和结构以德国联邦银行为模式，是独立于欧盟机构和各国政府之外的欧洲中央银行，简称欧洲央行。

欧洲中央银行的资本为50亿欧元，各成员国中央银行是唯一的认购和持有者。

2. 欧洲中央银行总部

欧洲中央银行的总部设在德国金融中心法兰克福。

3. 欧洲中央银行的决策机构

欧洲中央银行的决策机构是管理委员会和执行委员会，管理委员会由执行委员会所有成员和参加欧元区的成员国中央银行行长组成。成员国中央银行行长的任期最少不低于5年。管理委员会实行一人一票制，一般实行简单多数。当表决时赞成和反对票数相等时，管理委员会主席可投出决定的一票，管理委员会每年至少开会10次。管理委员会进行表决时至少应达到2/3的规定人数，如不满足这一最低要求时，可由欧洲中央银行行长召集特别会议来做出决定。

执行委员会由欧洲中央银行行长、副行长和其他四个成员组成。执行委员会的表决采取一人一票制，在没有特别规定的情况下，实行简单多数。

4. 欧洲中央银行的独立性

欧洲中央银行是一个管理超国家货币的中央银行，独立性是它的一个显著特点。货币政策的权力虽然集中了，但是具体执行仍由各欧元国央行负责。各欧元国央行仍保留自己的外汇储备。

资料来源：http：//news. xinhuanet. com.

［专栏］6-3

跨国中央银行简介

西非货币联盟（West African Monetary Union）最初建立于1962年5月12日，当时由非洲西部的塞内加尔、尼日尔、贝宁、科特迪瓦、布基纳法索、马里、毛里塔尼亚7个成员国组成。1962年7月1日，马里退出该联盟，设立了自己的中央银行，发行了自己的货币马里法郎。1963年11月多哥加入了该联盟，成员国仍为7个。1973年6月毛里塔尼亚又退出该联盟。同年11月，塞内加尔、尼日尔、贝宁、科特迪瓦、布基纳法索、多哥6国政府于巴黎签署了一项新协议，成为新的西非货币联盟成员国。西非货币联盟成员国原系法国的领地或殖民地，是法郎区的一部分，这些国家在独立前后的一段时期使用的货币为“法属非洲法郎”。1962年11月1日，西非货币联盟成立了“西非国家中央银行”，作为成员国共同的中央银行，总行设在塞内加尔首都达喀尔，在各成员国设有代理机构，总行负责制定货币政策，管理外汇储备，发行共同的货币“非洲金融共同体法郎”，统一规定各国商业银行的再贴现总量和统一的准备金率，规定对政府贷款的数量。西非国家中央银行在制定货币政策方面对其成员国政府保持很大的独立性，对各国政府的贷款不超过该国上年财政收入的20%。1984年马里又重新回到西非货币联盟，重新使用非洲金融共同体法郎，但仍然拥有自己的中央银行。

中非货币联盟（Central African Monetary Area）由喀麦隆、乍得、刚果、加蓬和中非共和国5个成员国组成，这些成员国原来亦系法国殖民地，也是法郎区的一部分，与西非货币联盟成员国一样，独立前后使用的货币也是法属非洲法郎。1973年4月1日，中非货币联盟成立了共同的中央银行，称为“中非国家银行”，总行设在喀麦隆首都雅温得，发行共同的货币“中非金融合作法郎”。中非国家银行的组织结构基本上类似于西非货币联盟，但中非国家银行在制定货币政策等方面更多地听取各成员国的意见，成员国有较大的自主权。西非和中非两个货币联盟虽然各自发行不同名称的货币，但都采取钉住法国法郎的货币发行机制，两种货币是等值的。

东加勒比货币区也属于跨国的货币联盟，该货币区由安提瓜、多米尼加、格林纳达、蒙特塞拉特、圣卢西亚、圣文森特等国组成。1965 年，东加勒比货币区各国成立了共同的货币管理局，废止了原来的货币——“英属西印度元”，开始发行“东加勒比元”，实行与英镑挂钩的联系汇率。1976 年 7 月 7 日，东加勒比元与英镑脱钩，改为钉住美元，汇率一直固定在 2.70 元兑 1 美元的水平上。该货币管理局统一发行区内各国共同使用的货币——“东加勒比元”，但不负责对各国银行的监督，不规定上缴存款准备金，也不承担“最后贷款人”的义务，对各国政府贷款规定一般不超过该国政府年收入的 10%。1983 年 10 月 1 日，东加勒比货币区成立的东加勒比中央银行（Eastern Caribbean Central Bank）取代了原来的货币管理局。

资料来源：王广谦．中央银行学．3 版．北京：高等教育出版社，2011.

本章小结

1. 中央银行是国家赋予其制定和执行货币政策，对国民经济进行宏观调控，对金融机构乃至金融业进行监督管理的、特殊的金融机构。

2. 单一中央银行制度：单一中央银行制度是指国家设立专门的中央银行，其业务与一般商业银行的业务相分离，纯粹地行使各项中央银行职能。单一中央银行制度又可以分成一元制和二元制两种类型。

3. 复合中央银行制：复合中央银行制度是指在一国之内不设立专门的中央银行，而是由一家大银行来行使中央银行和商业银行两类银行的职能。

4. 发行的银行：中央银行是发行的银行，这指的是中央银行垄断货币发行权，是全国唯一的现钞发行机构。

5. 银行的银行是指中央银行的地位处于商业银行和其他金融机构之上，对其开展存贷业务，并为其提供金融服务。

6. 政府的银行是指中央银行能够执行国库出纳的职能，是能够为国家提供信用的部门，并代表国家管理全国的金融事务，是非常重要的国家机关。

7. 中央银行的资产业务：中央银行的资产业务包括贷款业务、再贴现业务、有价证券买卖业务和金银外汇储备业务。

8. 中央银行的负债业务：中央银行的负债业务主要包括货币发行、准备金存款、政府存款以及其他负债业务。

9. 中央银行的独立性：中央银行的独立性是指在中央银行履行其自身职责时，由法律赋予的或其自身实际拥有的决策与行动的自主权。

重要概念

中央银行　一元制　二元制　单一中央银行制　复合中央银行制　准中央银行制　跨国中央银行制　中央银行独立性

思考题

1. 简述中央银行制度的类型。
2. 中央银行的职能有哪些？
3. 中央银行的业务有哪些？
4. 什么是中央银行的独立性？如何看待中央银行的独立性问题？

第七章

货币需求

学习目标

本章主要讲述货币需求的相关知识及货币需求理论。通过学习，学生应了解货币需求的含义及分类，在理解货币需求理论的基础上掌握货币需求的决定和影响因素。

货币供求问题是货币金融理论的核心内容，也是一国货币政策选择的出发点。货币需求理论是货币供求规律理论之一，也是经济学中最富争论的理论之一。货币需求是指在一定时期内社会各经济主体（包括个人、企业、政府）为满足正常的生产、经营和各种经济活动需要而应该保留或占有一定货币的动机或行为。货币需求理论的主流，包括马克思的货币需求理论、古典学派的货币需求理论、凯恩斯学派的货币需求理论以及新古典学派的货币需求理论。

第一节　货币需求概述

一、货币需求的含义

经济学中所指的需求是一种有支付能力的需求，即有效的需求，是能力与愿望的统一体。因此，这里研究的货币需求亦指有效的货币需求，它包含两个基本因素，一是必须有持有货币的愿望，二是必须有持有货币的能力。可见，货币需求是指在一定时期内社会各经济主体（包括个人、企业、政府）为满足正常的生产、经营和各种经济活动需要而愿意并且能够保留或占有一定货币的动机或行为。如果把所有社会公众的货币需求加总起来，就形成全社会的货币需求。

在理解货币需求的含义时，还需把握以下几点：

第一，货币需求是一个存量概念。货币需求主要考察在特定的时间和空间范围内（如某年、某国等），社会各部门（个人、企业、政府）在其拥有的全部资产中愿意以货币形式持有的数量或份额，而不是在某一段时间内，各部门所持有的货币数额的变化量。因此，货币需求是个存量概念，而非流量概念。

第二，货币需求不仅包括对现金的需求，还包括对存款货币的需求。存款货币和现金一样，也能满足对所有商品、劳务的流通以及一切有关货币支付所提出的要求。因此，如果把货币需求仅仅局限于现金，显然是片面的。

第三，货币需求不仅源于流通手段和支付手段的要求，也源于价值储藏功能的需要。二者的差别只在于持有货币的动机不同或货币发挥的职能不同，但都在货币需求的范畴内。

二、货币需求的分类

（一）名义货币需求与实际货币需求

名义货币需求是指不考虑通货膨胀因素，按现行价格计算的各经济主体对货币的需求量，亦即用货币单位来表示的货币数量，如 8 万元人民币、1 万美元等，通常用 M 表示。实际货币需求是指扣除了通货膨胀因素后各经济主体对货币的真实需求量，它等于名义货币需求除以物价水平，即 M/P。

名义货币需求与实际货币需求的根本区别在于，是否剔除了通货膨胀或通货紧缩所引起的物价变动的影响。

（二）主观货币需求与客观货币需求

根据货币需求的动机，货币需求可以分为主观货币需求和客观货币需求。前者是指个人、家庭或单位等各种经济主体在主观上希望拥有多少货币，是一种占有货币的愿望。后者是一种有支付能力的有效需求，是指个人、单位或国家在一定时期内能满足其正常生产和交换及正常经济发展客观需要的货币需求。依据货币作为一般等价物具有质上无限、量上有限的特征，主观货币需求在量上是无限制的，是一种无约束性的无效货币需求，这显然不是我们研究的对象。就客观货币需求而言，又可分为微观货币需求和宏观货币需求。

（三）微观货币需求与宏观货币需求

微观货币需求是指个人、家庭、企业等微观经济主体在既定的收入水平、利率水平和其他经济条件下，因生活或生产经营活动的需要而应该保有的货币量。对微观货币需求的分析，主要在于研究每一个经济单位持有多少货币最为合算，并剖析货币需求变化的原因。宏观货币需求是指一个国家在一定时期内因经济发展和商品流通的需要而保有的货币量。对宏观货币需求的分析，主要在于根据影响货币需求的变量，探讨一国经济发展客观上所需的货币量，从而为货币供给决策提供依据。

二者的区别在于：前者是从一个经济单位着眼，探讨每一个经济单位持有多少货币最为合算，即持有多少货币的机会成本最低和所得效用最大，而后者则是从国民经济总体出发，去探讨一国经济发展客观上所需的货币量。二者的联系在于：前者是后者的构成和基础，后者是前者的总括，但前者的总和并不等于后者。微观货币需求总和往往大于宏观货币需求。

三、货币需求的决定和影响因素

（一）收入水平

收入状况是决定货币需求的主要因素之一，这一因素又可以分解为收入水平和收入间隔两个方面。在一般情况下，货币需求量与收入水平成正比，当居民、企业等经济主体的收入增加时，他们对货币的需求也会增加；当其收入减少时，他们对货币的需求也会减少。如果人们取得收入的时间间隔延长，则整个社会的货币需求量就会增大；相反，如果人们取得收入的时间间隔缩短，则整个社会的货币需求量就会减少。

（二）消费倾向

消费倾向是指消费支出在收入中所占的比重。在一般情况下，消费倾向与货币需求呈同方向变动关系，即消费倾向越大，货币需求就越大；消费倾向越小，货币需求越小。

（三）利率水平

在正常情况下，市场利率与货币需求成反比。原因在于：第一，市场利率提高，意味着人们持有非货币金融资产的收益率就会上升，货币的机会成本增加，因此，货币需求趋于减少；相反，市场利率下降，持有货币的机会成本减少，货币需求趋于增加。第二，市场利率与有价证券的价格成反向变动，利率上升，有价证券的价格下跌，吸引投资者购买证券，货币需求减少，反之亦然。

（四）信用的发达程度

一般情况下，信用发达程度与货币需求呈反方向变动的关系。信用程度越发达，金融市场越完善，可供选择的金融工具就越多，人们对货币的需求就越小；反之，对货币的需求就越大。

（五）货币流通速度、社会商品可供量、物价水平

这三个因素对货币需求的影响可用货币流通规律说明。若以 M 代表货币需求量，P 代表物价水平，Q 代表社会商品可供量，V 代表货币流通速度，则根据货币流通规律有 $M=PQ/V$。可见，物价水平和社会商品可供量同货币需求成正比，货币流通速度同货币需求成反比。

（六）公众的预期和偏好

货币需求在相当程度上受到人们的主观意志和心理活动的影响。一般地说，人们的心理活动与货币需求有如下关系：一是当利率上升幅度较大时，人们往往预期利率将下降，而有价证券价格将上升，于是人们将减少手持现金，增加有价证券的持有量，以期日后取得资本溢价收益，反之亦然。二是预期物价水平上升，则货币需求减少；预期物价水平下降，则货币需求增加。三是人们偏好货币，则货币需求增加；人们偏好其他金融资产，则货币需求减少。

［专栏］7-1

陈思进：比特币与三个钱坑的故事

这是三个钱坑的故事，也是货币退化的故事——很多人都有这种奇怪的决心，想把

时钟往回拨几个世纪，回到很多进步发生之前。

第一个钱坑是真正的矿坑——巴布亚新几内亚的波尔盖拉（Porgera）露天金矿——世界最大的黄金出产地之一。这座金矿在侵犯人权和环境损害方面臭名昭著——保安人员犯下强奸、殴打和杀人罪行，大量可能有毒的尾矿被倾入附近的河流。但是，黄金价格虽然近期已经从高位回落，却仍然是10年前的三倍，所以他们还是得继续开采。

第二个钱坑要古怪得多——冰岛雷恰内斯拜尔的比特币矿。比特币是一种数字货币，它之所以有价值是因为……哎呀，确切的原因其实很难说，但是目前有人愿意买，因为这些人相信别人会愿意买。

从设计上说，它是一种虚拟黄金。所以和黄金一样，比特币可以开采——你可以挖掘出新的比特币，不过只有通过解决非常复杂的数学运算才能做到，这就需要耗费大量的计算能力，也需要大量的电力为电脑供电。

在冰岛的雷恰内斯拜尔，有水力发电提供的廉价电力，也有充足的冷空气来冷却飞快运转的电脑。即便如此，仍然有很多真实的资源，被用来创造这种没有明确用处的虚拟物品。

第三个钱坑是假设的。1936年，经济学家约翰·梅纳德·凯恩斯（John Maynard Keynes）提出，实现充分就业需要增加政府开支。但是和现在一样，此类建议在当时也遭遇了强烈的政治阻力。

所以，凯恩斯就异想天开地提出了一个替代方案——政府把装满现金的瓶子埋在废弃的矿洞里，让私营部门自己花钱去把那些现金挖出来。他表示，更好的办法是让政府修建道路、港口和其他有用的东西——但即便是毫无用途的开支，也会带来经济急需的提振作用。

真是聪明——但凯恩斯还没说完，他接着又指出，现实中的黄金开采活动很像是他的思想实验。毕竟，黄金矿工们做的事情就是不遗余力地把钱从土里挖出来，虽然用印刷机印钞票可以制造无限量的现金，而且基本上也没有什么成本。然后，挖出来的金子被迅速埋藏，地点包括纽约联邦储备银行（Federal Reserve Bank of NewYork，FRBNY）的金库。在那些地方，成千上万根金条在闲置着，没有什么特别的用处。

我想，如果凯恩斯知道过去六七十年里的变化如此之少，可能会觉得既嘲讽又有趣。用公共支出对抗失业的理念仍然遭到敌视；矿工们仍然在破坏地理景观，以便增加闲置黄金的囤积量（凯恩斯把金本位制度称作“野蛮的遗物”，巴菲特更把黄金称为“上帝的大便”……）。

比特币更加突显了这件事的玩笑性质。毕竟黄金还有一些真正的用途，比如说填补蛀牙，而现在，我们却在耗费大量资源去创建“虚拟黄金”，它只不过是一些数字串。

我觉得，亚当·斯密（Adam Smith）会感到沮丧。

斯密常常被视为保守派的守护神，确实也是他最早论断了自由市场的必要性。但现在较少被提及的是，斯密也极力主张对银行进行监管，而且他还为纸币的优点谱写了一曲经典赞歌。

他明白，钱是促进贸易的一种方式，而不是国家繁荣的源泉。有了纸币，一个国家无须把很多财富变成白银和黄金这样的死库存，就可以开展商业贸易。

那么，我们为什么要为了增加黄金的死库存而开采巴布亚新几内亚高地，甚至更古怪地，无时无刻不运行着强大的计算机，只是为了增加一个数字的死库存？

如果你跟那些看涨黄金的人聊一聊，他们会告诉你，纸币是政府发行的，不能指望政府不会令货币贬值。

但奇怪的是，尽管如此，货币贬值的情况却越来越少见。在对通胀失控的警告持续了多年之后，发达国家的通胀水平如今明显不是太高，而是太低。

即使从全球来看，真正高通胀的情形也非常罕见。尽管如此，有关极度通货膨胀的骇人言论仍然不绝于耳。

比特币的吸引力似乎或多或少也来源于此，再加上它的高科技和算法属性，所以人们认为，比特币必定是未来的趋势所在。

但是不要被华丽的表象所愚弄，事实是，我们正在毅然决然地走向这样一个时代——钱意味着可以在钱包里叮当作响的东西。无论是热带还是苔原地带，在挖矿的同时，我们也在挖着一条回到17世纪的路。

资料来源：http：//info. cmbchina. com/Finance/.

第二节　货币需求理论

经济界存在多种货币需求说，它们从不同的角度研究了货币需求量和其影响因素之间的数量关系，形成了许多不同的货币需求理论，如马克思的货币流通规律、古典货币数量论、凯恩斯的流动性偏好理论、弗里德曼的现代货币数量论等。

一、马克思的货币流通规律

马克思的货币需求理论又称为货币流通规律，集中表现在其货币流通规律公式中，即

执行流通手段职能的货币量=商品价格总额（即流通中商品数量×商品价格）/同名货币的流通速度

这一规律也可以表述为：执行流通手段的货币量决定于流通商品的价格总额和货币流通的平均速度。如果以 M 表示执行流通手段职能的货币量，以 P 表示商品价格水平，以 Q 表示流通中商品数量，以 V 表示货币流通速度，则货币流通规律可以表示为

$$M=P\times Q/V \tag{7.1}$$

上式既表达了货币需要量的决定因素，即流通的商品量、价格水平和货币流通速度，同时也表达了这三个因素的变动与货币需要量变动的关系。这些关系体现为以下方面。

第一，货币需要量与商品数量、价格水平，进而与商品价格总额呈正比。商品价格总额越大，需要的货币量越多，反之就越少；当价格水平一定时，商品价格总额取决于

商品数量，商品数量越多，商品价格总额越大，需要的货币量越多，反之就越少。

第二，货币需要量与货币流通速度呈反比。货币流通速度是单位货币一定时期内在商品交易者之间的转手次数。在商品交易过程中，商品被卖出后就退出流通领域，进入消费领域，而货币则不会退出流通领域，仍在买者与卖者之间不停地转手运动，为实现商品的价值服务。这样，在一定时期内，单位货币可以实现多倍的商品价值。在商品价值总额一定的条件下，货币的流通次数增加，需要的货币量就会减少；货币的流通次数减少，需要的货币量就会增加。

需要指出的是，马克思的分析是以 19 世纪金属货币流通为前提的。针对纸币和不兑现的信用货币流通下货币量对价格的影响，马克思在货币流通规律的基础上提出了纸币流通规律，其内容和要求包括三个层次的含义：

第一，纸币无论发行多少，都能被商品流通所吸收。这是由纸币的性质所决定的。纸币是由国家发行并强制流通的，不具有内在价值。纸币如果在流通界执行流通手段职能，它就能够代表相应的价值，具有与一切商品相交换的能力；若纸币处于流通之外，就因失去交换价值而成为一文不值的废纸。因此，纸币只要一投入流通，必然被商品流通所吸收，不会轻易退出流通界。

第二，纸币所代表的价值决定于流通中的纸币数量。一方面，纸币无论投入多少，都会被商品流通所吸收；另一方面，商品流通又只能吸收一定量的金属货币，而纸币又代表这一定量的金属货币流通。于是就产生了矛盾，这一矛盾是通过单位纸币所代表的价值量的自发调节来解决的。用公式表示为

$$\text{投入流通的全部纸币所能代表的价值量}=\text{商品流通所能吸收的金属货币量} \tag{7.2}$$

$$\text{单位纸币所代表的价值量}=\text{流通中必要的金属货币量}/\text{流通中的纸币总额} \tag{7.3}$$

即在纸币流通的条件下，单位纸币所代表的价值量就等于流通中所需的金属货币量除以流通中的纸币总额。

第三，纸币的发行限于它代表的金或银的实际流通的数量。这是纸币流通规律的基本要求。纸币无论发行多少，在流通中总是被压缩为它所代表的那种金属货币在实际流通中能够吸收的数量。因此，当纸币发行量超过了流通中所能吸收的同名金属货币量时，就会导致纸币贬值、物价上涨的现象。例如，假定国家投入的纸币数量是 1 000 亿元，而当时流通中吸收的同名金属货币量为 800 亿元，则这 1 000 亿元的纸币只能代表 800 亿元的金属货币流通，此时，

$$\text{单位纸币所能代表的价值量}=800/1\,000=0.80\ (\text{元})$$

可见由于纸币多发行了 20%，单位纸币就贬值了 20%。因此，这就要求国家发行的纸币量仅限于流通中吸收的同名金属货币的流通数量。

二、古典货币数量论

古典货币理论认为，货币本身并不存在内在的价值，其价值纯粹源于其交换价值，即货币的价值是对商品和劳务的实际购买力。古典货币数量论有两种成熟形态，其一是

费雪的现金交易方程式，其二是剑桥学派的现金余额方程式，或称为剑桥方程式。

（一）现金交易方程式

美国经济学家欧文·费雪（I·Fisher）在其代表作《货币购买力：其决定因素及其与信贷、利息和危机的关系》（1911）中，对古典货币数量论观点做了最清晰的表述。费雪十分注重货币的交易媒介功能，认为人们需要货币是因为货币可以用来交换商品和劳务，以满足人们的欲望。人们手中的货币最终都将用于购买。因此，在一定时期内，社会的货币支出量与商品、劳务的交易量的货币总值一定相等。据此，费雪提出了著名的现金交易方程式

$$MV = PT \tag{7.4}$$

式中，M 代表一国中经常流通的货币数量，V 代表这些货币的平均流通速度，即单位时间内货币转手的次数，P 代表交易中商品的平均价格即一般物价水平，T 代表所有商品、劳务的交易总量，PT 表示一定时期中所支付的名义价格的总额，MV 则是相应的货币周转总额。

这一方程式将产出销售值和用于交易的货币量联系起来。它描述了这样一个事实：在交易中发生的货币支付总额（等于货币存量乘以它的流通速度，即 MV）等于被交易的商品和劳务总价值（即 PT）。假定在某一年份中，平均货币余额为900亿元，平均每元钱被花费了10次，那么这一年中发生的货币支付总额就是9 000亿元。显然，这9 000亿元也就是这一年内利用货币进行交易的商品和劳务的总价值。反过来，如果某一年的交易总价值达9 000亿元，并且都利用货币进行，而平均的货币余额又只有900亿元，则每一元钱的平均周转次数一定是10次。

交易方程式是一个恒等式，故价格水平 P 的值取决于 M、V、T 三个变量。费雪认为，货币的流通速度 V 为制度条件所决定，在短期内不会有大的变化，可视为常数。T 取决于人口、资源、技术条件及其他社会因素，在充分就业水平上，T 不能再增加，也是相对稳定的，故 V/T 可以假定为一常数。因此，P 的值主要取决于 M 的变化，只要 M 发生变化，P 也按正比例发生变化。

现金交易方程式虽然说明了 P 主要是由 M 决定，但当把 P 视为给定的价格水平时，这个交易方程式就成为货币需求函数

$$M = 1/V \cdot PT \tag{7.5}$$

此公式表明，在给定价格水平下，名义货币量与总交易量具有一定的比例关系，这个比例就是 $1/V$。换言之，要使价格保持给定水平，就必须使货币量与总交易量保持一定比例关系。

交易方程式主要从宏观角度分析了在一定时期内，为完成一定的交易规模，整个社会所需要的货币量。但是，交易方程式仍有许多不足之处，主要表现在以下方面：

第一，它片面地只把货币看作交易媒介，忽视了货币的其他职能。而现实是货币并不全都用作交易手段，在全社会的货币流通总量中也有许多货币是用于支付债务、缴纳税款、购买有价证券等。

第二，商品交易并不全部都是通过货币来进行。在全社会的商品交易总额中总是存

在商品赊销和对销交易，不需要使用货币。

第三，它把影响货币流通速度的因素仅仅归结为交易制度和技术条件，从而得出货币流通速度不变的结论。这与实际不符，因为现实中的货币流通速度由于受到价值储藏问题和社会生产问题的影响总是在不断变化的。

第四，它认为货币需求仅为收入的函数，利率对货币需求没有影响，这一点与现实不符。

（二）现金余额方程式

在费雪发展其货币数量论观点的同时，在 1917 年及以后几年中，英国剑桥大学的一些经济学家，如 A. 马歇尔、A. C. 庇古和 D. H. 罗伯逊等人也在做同样的课题，与此前的经济学家不同，他们不是从整个经济的角度考虑货币数量问题，而是着眼于个人对货币持有的需求，重视微观主体的行为。他们认为，处于经济体系中的个人对货币的需求的实质是选择以怎样的方式保有自己的资产问题。

剑桥学派经济学家注重分析人们持有货币的动机。他们认为，人们之所以持有一定的货币是为了购买商品、劳务、应付对货币的突然需求和价格上涨。人们持有货币的多少主要取决于预算的规模和持有货币的机会成本。预算限额由总财富和收入构成，持有货币的机会成本包括各种资产的利息率、实际资本的收益率和预期的通货膨胀率等。

马歇尔注重以某一时期货币存量来说明价格水平，他认为现金交易理论没有说明决定货币流通速度的原因，所以改用现金余额方法。根据马歇尔的说法，一个社会的全部货币存量恰等于所有的人希望以货币形式持有的购买手段，它取决于一个国家的商业习惯、交易总额和持有的货币与总产量的比率等因素。马歇尔的观点由他的学生庇古加以系统化。庇古是第一个把现金余额理论变成方程式的剑桥学派经济学家，罗伯逊也用了大致相同的方程式。现金余额方程式可以简写成下面的形式，即

$$M_d = KPY \tag{7.6}$$

式中，M_d为货币需要量，K 为总财富中以货币形式保有的比例，P 为平均价格水平，Y 为社会总资源或国民收入，PY 表示名义总收入。

根据这一公式，我们可以看出剑桥派经济学家在物价问题上的观点，即方程式中的诸因素都对价格水平有影响。如果人们愿意持有较多的货币，对货币的需求会增加，货币流通速度便会放慢，价格水平下降，如果方程式中的 K、Y 不变，价格水平 P 就与货币存量 M 作同等比例的变化。

总结：剑桥方程式为 $M = KPY$（P 为物价；K 为货币占财富的比重，即在总财富中以货币形式持有的比率；Y 为国民生产总值；M 为货币量）。方程式表明，货币需求有三个变量。

现金余额方程式是现金交易方程式的变形与发展，它们之间的区别在于：第一，交易说重视货币作为媒介的功能，认为人们需要货币是为了便于交换，而余额说则强调货币的价值储藏手段功能，认为货币是具有充分流动性的价值储藏工具，不仅交换需要货币，而且持有货币也是持有资产的一种形态。第二，与交易说不同，余额说以收入 Y 代替了交易量 T，以个人持有货币需求对收入的比率 K 代替了货币流通速度 V，V 是一

个常数，而 K 是变量。第三，交易说重视影响交易的金融及经济制度等因素，而余额说则重视持有货币的成本与持有货币的满足程度的比较，重视预期和收益等不确定性因素。第四，交易说没有明确地区分名义货币需求与实际货币需求，所以，交易次数、交易量以及价格水平都影响到货币的需求，而余额说的货币需求是实际货币需求，它不受物价水平的影响，因此物价变动只能影响名义货币需求。

三、凯恩斯学派和后凯恩斯学派的货币需求理论

（一）凯恩斯的流动性偏好理论

凯恩斯对货币需求的研究是从对经济主体的货币需求动机，即流动性偏好的研究出发的。流动性偏好是指人们宁愿持有流动性高但不能生利的货币，也不愿持有其他虽能生利但较难变现的资产的心理。其实质就是人们对货币的需求，我们可以把流动性偏好理解为对货币的一种心理偏好。

凯恩斯沿着剑桥学派的思路，从人们持有货币的需求出发并加以论证，认为流动性偏好出于三个动机。

第一，交易动机，即个人或企业为了应付日常交易需要而产生的持有货币的需要。对于个人而言，其强度主要取决于货币收入的数量以及货币收支时间间隔的长短；对于企业而言，它取决于企业当期生产规模的大小及生产周期的长短。

基于交易动机而产生的货币需求被称为交易性货币需求。影响交易需求的因素包括收入规模、收入与支出的时距及其规律性、支出习惯、金融制度、预期因素等。在这些影响因素中，除了收入因素外，其他因素均可视为在短期内不变的常量，因此，凯恩斯将交易需求看作是收入的函数。

第二，预防动机，又称为谨慎动机，即为应付可能遇到的意外支出等而持有货币的动机，如个人和家庭应付失业、患病等意料不到的需要；企业预防不时之需，即“为应付突然发生的意外支出和为不失去意外的、有利的购买机会做好准备，也为了持有一种其货币价值不变的资产，以便偿付那些根据货币计算其数额不变的未来的债务”。这类需求即为货币的预防需求。它的产生主要是因为未来收入和支出的不确定性，为了防止未来收入减少或支出增加这种意外变化而保留一部分货币以备不测。可见，货币的交易需求和预防需求都与收入有关，交易需求是因为在收入和支出之间有一定的时差，货币的预防需求则主要是因为收入和支出的不确定性。所以，两者可归入一个范围之内，都视为收入的函数。

第三，投机动机，是指人们为了抓住有利的购买有价证券的机会而持有一部分货币的动机，这种需求称为投机性货币需求。这是凯恩斯的流动性偏好理论分析同古典学派中最大的不同之处，是他对货币理论发展做出的重大贡献。

投机性货币需求取决于三个因素，即当前市场利率、投机者正常利率水平的目标值以及投机者对利率变化趋势的预期。其中，第三个因素依赖于前两个因素，所以投机动机的货币需求实际上取决于当前市场利率水平与投机者对正常利率目标的取值之差。从总体分析，如果当前市场利率水平较低，那么预期利率上升的投机者就会较多，从而以货币形式持有其财富的投机者就越多，货币的投机性需求也就越大，反之亦然。所以，货币的投机性需求是当前利率水平的递减函数。

简言之，货币执行交换手段职能形成人们的交易动机和预防动机，而货币执行贮藏手段职能则形成人们的投机动机。人们对货币的交易需求和预防需求主要由收入决定，对货币的投机需求主要由利率决定。其中，因交易动机和预防动机带来的货币需求 L_1 与利率没有直接关系，它是收入 Y 的函数，并且与收入成正比，即 $L_1 = L_1(Y)$，而投机动机带来的货币需求 L_2 则与利率 r 成反比，即 $L_2 = L_2(r)$，因为利率越高人们持有货币进行投机的机会成本也就越高。

综上，凯恩斯的货币需求函数式为

$$L = L_1(Y) + L_2(r) \tag{7.7}$$

式中，L 为货币需求量，Y 为收入，r 为利率。

上式表明对货币的总需求是由收入和利率两个因素决定的，这是该式与此前所有函数式的关键区别所在。

对于任何已知的价格水平，根据 $L_1 = f(Y)$，我们可以求出每一收入水平 Y 的货币需求。同理，对于任何已知的价格水平，根据 $L_2 = f(r)$，可以求出在每一利率水平上的货币需求。因此，根据 $L_1 = f(Y)$ 和 $L_2 = f(r)$，我们可以求出每一个可能的收入 Y 和利率 r 对货币的总需求。如图 7-1（a）所示，曲线 L_1 与利率无关，所以是一条与货币需求横轴垂直或与利率纵轴平行的直线，但 L_2 则是一条向右下倾斜的曲线，即利率越高，货币需求越少；反之，利率越低，货币需求越多。如果将 L_1 与 L_2 相加，则货币总需求曲线 L 如图 7-1（b）所示。

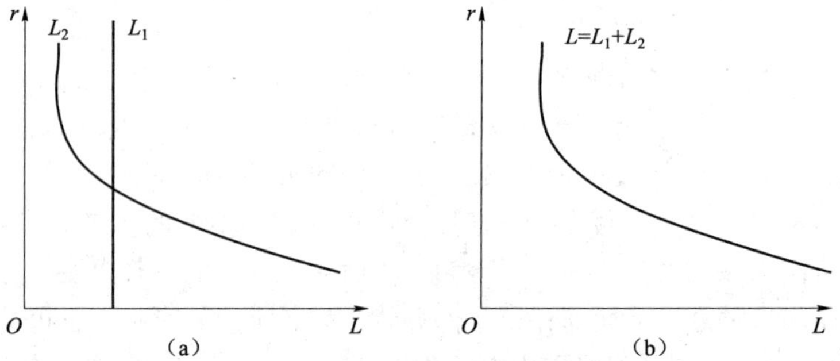

图 7-1　凯恩斯的货币需求曲线

既然 L 因收入多少而增减，那么，L 曲线也应随着收入的变化而移动。如图 7-2 所示，L（Y_1）是收入为 Y_1 时的货币需求，如果收入增至 Y_2，则 L 曲线也会向右移至 L（Y_2）。总之，L 曲线并非一条单独的在（L，r）平面上的曲线，而是在该平面上的一系列随收入 Y 而变化的曲线。

凯恩斯学派货币需求理论的新颖之处在于它强调了货币作为资产或价值储藏的重要性。也就是说，货币并非仅是一种交易手段，它本身也有保有的价值。比如企业或个人预期其他商品及资产价格将要下跌时，持有货币可以达到财富保值甚至升值的目的。凯恩斯理论的第二个特色是，当利率降至一定低点之后，货币需求就会变得无限大，这时，没有人会愿意持有债券或其他资产，每个人只愿意持有货币，即进入了凯恩斯所谓的“流动性陷阱”。如图 7-2 所示，当利率降至 r_0时，货币需求曲线变成与横轴平行的直线，在该直线部分，货币需求的利率弹性变得无限大。凯恩斯认为，一般情况下，由流动性偏好决定的货币需求在数量上主要受收入和利率的影响。其中，交易性货币需求是收入的递增函数，投机性货币需求是利率的递减函数，所以，货币需求是有限的。但是当利率降到一定低点之后，由于利息率太低，人们不再愿意持有没有什么收益的生息资产，而宁愿以货币的形式来持有其全部财富。这时，货币需求便不再是有限的，而是无限大了。如果利率稍微下降，不论中央银行增加多少货币供应量，都将被货币需求所吸收。也就是说，利率在一定低点以下时，中央银行的货币政策对货币需求是不起任何作用的。

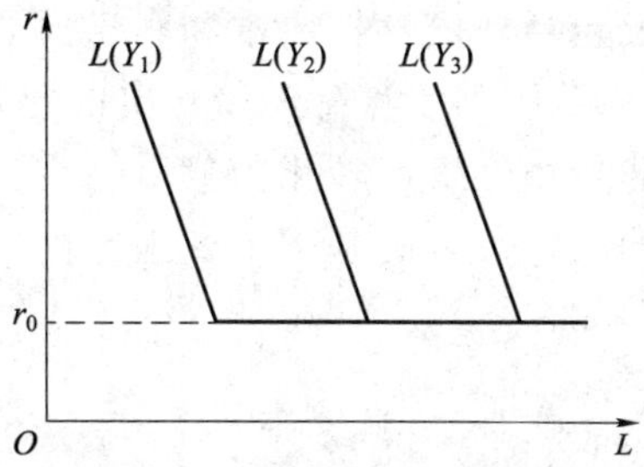

图 7-2 凯恩斯的“流动性陷阱”

总结：第一，凯恩斯研究影响货币需求的因素时假定对货币的需求出于三个动机，即交易动机、预防动机与投机动机；第二，由交易动机和预防动机而产生的货币需求一般用于商品或劳务交易，称为交易性货币需求，用 L_1表示，是收入 Y 的递增函数，即 $L_1 = L_1(Y)$；第三，投机性货币需求 L_2与利率有关，是利率的递减函数，即 $L_2 = L_2(r)$；第四，货币总需求 L 由交易性货币需求和投机性货币需求构成，即 $L=L_1(Y)+L_2(r)$，表明对货币的总需求是由收入和利率两个因素决定的。

（二）现代凯恩斯学派对货币需求理论的发展

20 世纪 50 年代以后，一些经济学家深入研究了凯恩斯的货币需求理论，并在其理论基础之上进一步丰富和发展了凯恩斯的货币需求理论，最著名的有平方根定律、立方根定律和资产组合理论。

1. 平方根定律

平方根定律是美国经济学家威廉·杰克·鲍莫尔于 1952 年提出的，又称为鲍莫尔模型。鲍莫尔认为，任何企业或个人的经济行为都以收益最大化为目标，由于现金不会给持有者带来收益，应将暂时不用的现金转化为生息资产的形式，待需要支付时再变现，只要利息收入超过变现的手续费就有利可图。一般情况下，利率越高，收益越大，生息资产的吸引力也越强，人们就会把现金的持有额压到最低限度。但若利率很低，利息收入不够变现的手续费，那么人们宁愿持有全部的交易性现金，从而论证了交易动机和预防动机引起的货币需求同样也是利率的函数，即

$$M = kY^{1/2}r^{-1/2} \tag{7.8}$$

式中，k 代表每次兑现数额，Y 代表交易支出总额，r 为市场利率。

该方程说明交易的货币需求是 Y 的函数，是正相关。但由于有可能不必自始至终全部以无收益的货币形态保存，所以有规模节约的特点，因而指数为 1/2。有多少货币以有收益的资产形态保存取决于对利率变动的预期，二者负相关。同时还必须考虑到保存有收益资产的交易成本，其变动幅度将小于利率的变动，因而指数为-1/2。

2. 立方根定律

立方根定律是美国经济学家惠伦于 1966 年提出的。惠伦将利率因素引入预防性货币需求的分析，论证了预防性货币需求同样受到利率的影响，从而修正了凯恩斯的货币需求理论关于预防性货币需求对利率不敏感的情况。

惠伦认为，决定预防性货币需求的因素主要有两个，一是收入和支出的状况，二是持币的成本。持币的成本主要包括非流动性成本和利息损失成本。而收入和支出状况会引起预防性货币需求的变化，因为只有当收入和支出的差额（净支出）超过持有的预防性现金金额时，才需要将非货币性资产转化为货币。

在分析预防性货币需求的决定因素的基础上，惠伦提出了预防性货币需求的最佳值公式，即

$$M=(2S^2zr^{-1})^{1/3} \tag{7.9}$$

式中，S^2 货币支出分布的方差，z 为兑现手续费，r 为持有货币的机会成本。

持有货币的机会成本取决于市场利率，因而，预防性货币需求与利率呈反方向变动关系，利率越高，机会成本越大，预防性货币需求越小。

3. 资产组合选择理论

凯恩斯认为，人们将依据其对利率变动的预期而在货币与债券之间进行选择。但在现实生活中，投资者往往是犹豫不定的，通常不会简单地进行非此即彼的选择，而是全面权衡得失，调整两者持有的比例。凯恩斯的后继者对此提出了新的见解，其中最有代表性的就是“托宾模型”，该模型主要研究在对未来预计不确定的情况下，投资者如何选择最优的金融资产组合，所以又称为“资产组合理论”。

托宾认为，资产的保存形式包括货币和债券两种。债券被称为风险性资产，货币被称为安全性资产。根据人们对待风险的态度不同，可以将投资者分为三类：风险回避者、风险爱好者和风险中立者。现实生活中，绝大多数都属于风险中立者，资产选择理论就以他们为主进行分析。

托宾模型论证了投机性货币需求与利率之间存在反方向变动的关系，即利率越高，预期收益越高，货币持有比例就越小。由于利率的变动会引起预期收益率的变动，人们会重新调整自己资产组合的行为，导致了投机性货币需求的变动。因此，利率和未来的不确定性对于投机性货币需求具有同等重要性。

四、弗里德曼的货币需求理论

（一）弗里德曼的现代货币数量论

现代货币数量论认为，货币数量论不是关于产量、货币收入或价格水平的理论，而

首先是一种货币需求理论，其主要代表人物是美国的 M. 弗里德曼。1956 年，他在《货币数量论——重新表述》中提出货币需求函数，后来又将它扩展。

现代货币数量论试图用稳定的货币需求函数来重新表述货币数量论，它不考虑人们持有货币的动机，而只是像剑桥学派那样设定货币具有效用，然后考察是什么因素决定了人们想要持有货币的多少，其货币需求函数可以表述为

$$M/P=f\ (Yp,\ W;\ r_m,\ r_b,\ r_e,\ 1/p\cdot dp/dt,\ U) \tag{7.10}$$

式中，M 为个人财富持有者持有的货币量，即名义货币需求量；P 为一般物价水平；M/p 表示个人财富持有者持有的货币所能支配的实物量，即实际货币需求量；Yp 为按不变价格计算的实际收入；W 为物质财富占总财富的比重；r_m表示预期的货币名义收益率；r_b表示固定收益的债券收益率；r_e表示非固定收益证券（股票）的收益率；$1/p\cdot dp/dt$ 表示预期物价变动率，即实物资产的名义报酬率；U 为货币的效用以及影响此效用的其他因素。

下面具体分析弗里德曼货币需求函数中的各个变量以及它们对货币需求的意义。

第一，Yp 作为收入，不是当期收入，而是按不变价格计算的实际收入，也可理解为恒久性收入，即过去、现在和将来的收入的平均数。在弗里德曼看来，货币需求主要取决于总财富，但总财富实际上是无法衡量的，只能用恒久性收入而不是用不稳定的现期收入来代替。货币需求对利率不敏感，恒永久性收入的稳定导致了货币需求的稳定。

第二，W 代表物质财富占个人总财富的比率，它与货币需求负相关。财富由各种资产构成，其中包括人力财富和物质财富。人力财富是个人在未来获得收入的能力。弗里德曼认为，大多数财富持有者的主要资产是他们个人挣钱的能力，但人力财富转化为物质财富需要很多条件，如投资、增加就业机会和生产、生活条件等，所以，人力财富在总财富中所占比例越大，货币需求将越大。

第三，在人们保有的货币及其他资产中，货币的名义收益率 r_m 为零，而其他资产如债券、股票、实物资产均有可预期的收益，一般由两部分组成：一是任何现在已付的收益或费用，如债券利息、股票红利、有形资产保管费用；二是这些资产的名义价格的变动。其中，实物资产的收益率就是物价水平的变动率 $1/p\cdot dp/dt$，物价水平变动时，实物资产的价值发生变动，因而产生收益。而各种资产的收益就是人们保有货币所支付的费用，其收益率上升，货币需求量就会减少。

第四，U 表示与保有其他资产相比，人们保有货币所得到的效用及影响这种效用的收入以外的其他各种因素，如人们的主观偏好、技术与制度因素等。

对于货币需求，弗里德曼最具有概括性的论断是，由于恒久性收入多，且货币流通速度（恒久性收入除以货币存量）也相对稳定，货币需求因而也是比较稳定的。

（二）弗里德曼的现代货币数量论与凯恩斯的流动性偏好理论的比较

虽然弗里德曼的现代货币数量论与凯恩的货币需求理论都将货币视为一种资产，并从资产选择角度入手分析货币需求，但是，二者还是有着明显的不同，主要表现在以下几个方面。

1. “资产”的范围不同

弗里德曼的“资产”概念更宽泛。凯恩斯仅仅考虑货币与作为生息资产的债券之间的选择，而弗里德曼关注的资产除货币以外还有股票、债券和实物资产。

2. “收入”的内涵不同

凯恩斯货币需求函数中的收入是指“实际收入水平”，而弗里德曼货币需求函数中的收入是指“恒久性收入”，即一定时期内的平均收入水平。

3. 影响货币需求的侧重点不同

凯恩斯的货币需求理论非常强调利率的主导作用，认为利率的变动会直接影响到就业和国民收入的变动，最终必将影响到货币需求量。而弗里德曼则强调货币需求通过货币数量影响总支出，从而转到货币供给量的变动影响价格与产量上，因此，他认为，要稳定经济，就必须稳定货币供应量。

4. 货币需求函数的稳定性不同

凯恩斯认为，货币需求函数受利率波动的影响，因而是不稳定的，因为利率受多种因素影响而经常上下波动。弗里德曼则认为，货币需求是稳定的，这与恒久性收入的稳定相关，对利率变动则不敏感。

［专栏］7-2

约翰·梅纳德·凯恩斯

经济学界的爱因斯坦——约翰·梅纳德·凯恩斯（John Maynard Keynes，1883—1946年）是20世纪英国经济学界的主要人物，也是经济学界重要的世界性人物。1936年，他的《就业、利息和货币通论》（简称《通论》）的问世在大危机之后惊魂未定的西方世界引起轰动。有的学者则把凯恩斯的理论比做“哥白尼在天文学上、达尔文在生物学上、爱因斯坦在物理学上一样的革命”。《通论》创立了现代宏观经济学的理论体系，实现了西方经济学演进中的“第三次革命”，在西方经济学史上具有划时代的意义。

凯恩斯最卓越的成就是他在宏观经济学上的贡献，他创立的宏观经济学与弗洛伊德所创的精神分析法和爱因斯坦发现的相对论一起并称为20世纪人类知识界的三大革命。凯恩斯一反自18世纪亚当·斯密以来尊重市场机制、反对人为干预的经济学思想，凯恩斯主张政府应积极扮演经济舵手的角色，透过财政与货币政策来对抗经济衰退乃至于经济萧条。凯恩斯的思想不仅是书本里的学说，也成为20世纪二三十年代世界性经济萧条时的有效对策，并构筑起20世纪五六十年代许多资本主义社会繁荣期的政策思维，因而被世人夸为“资本主义的‘救星’（或译救世主）”“战后繁荣之父”等。一度主宰资本主义的凯恩斯思想也成为经济学诸学派之一，被称为“凯恩斯学派”，并衍生数个支系，其影响力持续至今。

在事业上，凯恩斯担任公职，出任英格兰银行董事，并且是数个慈善信托的顾问，他自己也做投资，而且是个成功的投资家，因此凯恩斯可谓是理论与应用兼具的经济学家典范。在生活上，凯恩斯儒雅风流，他赞助艺术，也做收藏，并且嗜品美酒，尤其是香槟。凯恩斯十分善于言辞，雄辩滔滔；其文笔也很出色，由后世著名的经济学家保罗·克鲁曼曾被誉为“自凯恩斯以来文章写得最好的经济学家”一事可见一斑。1999年，《时代》杂志曾如此追忆凯恩斯——“高大、迷人、充满自信”。

约翰·梅纳德·凯恩斯的理论思想

凯恩斯主义经济学或凯恩斯主义是以凯恩斯的著作《就业、利息和货币通论》(1936)中的思想为基础建立的经济理论，主张国家采用扩张性的经济政策，通过增加需求促进经济增长。

凯恩斯的经济理论认为，宏观的经济趋向会制约个人的特定行为。18世纪晚期以来的“政治经济学”或者“经济学”主张不断发展生产，从而增加经济产出，而凯恩斯则认为对商品总需求的减少是经济衰退的主要原因。由此出发，他认为维持整体经济活动数据平衡的措施可以在宏观上平衡供给和需求。因此，凯恩斯的和其他建立在凯恩斯理论基础上的经济学理论被称为宏观经济学，以与注重研究个人行为的微观经济学相区别。

凯恩斯经济理论的主要结论是经济中不存在生产和就业向完全就业方向发展的强大的自动机制。这与新古典主义经济学所谓的萨伊法则相对，后者认为价格和利息率的自动调整会趋向于创造完全就业。试图将宏观经济学和微观经济学联系起来的努力成了凯恩斯《通论》以后经济学研究中最富有成果的领域，一方面，微观经济学家试图找寻他们思想的宏观表达；另一方面，例如货币主义和凯恩斯主义经济学家试图为凯恩斯经济理论找到扎实的微观基础。第二次世界大战以后，这一趋势发展成为新古典主义综合学派。

凯恩斯可谓经济学界最具影响的人物之一，凯恩斯一生对经济学作出了极大的贡献。凯恩斯出生于萨伊法则被奉为神灵的时代，认同借助于市场供求力量自动地达到充分就业的状态就能维持资本主义的观点，因此他一直致力于研究货币理论。他发表于1936年的主要作品《就业、利息和货币通论》引起了经济学的革命。这部作品对人们对经济学和政权在社会生活中作用的看法产生了深远的影响。凯恩斯发展了关于生产和就业水平的一般理论。其具有革命性的理论主要是：关于存在非自愿失业条件下的均衡，即在有效需求处于一定水平上的时候，失业是可能的。与古典经济学派相反，他认为单纯的价格机制无法解决失业问题。他引入不稳定和预期性，建立了流动性偏好倾向基础上的货币理论，而投资边际效应概念的引入推翻了萨伊定律和存款与投资之间的因果关系。

约翰·梅纳德·凯恩斯的主要著作

凯恩斯的主要著作有《凡尔赛和约的经济后果》(1919)、《货币改革论》(1923)、《货币论》(1930)、《劝说集》(1932)、《就业、利息和货币通论》(1936)等。

资料来源：http://www.baike.com/.

第三节　中国货币需求的测量

由于影响货币需求的因素有很多，而且各因素之间的相互关系又极为复杂，因而对货币需求量只能进行粗略的估算。在我国，许多经济学家都对货币需求问题进行了研究，提出了以下几种测算货币需求量的方法。

一、1∶8的经验数据

所谓“1∶8的经验数据”，具体是指每8元钱零售商品供应需要1元钱实现其流通。符合这个标准的，说明货币流通很正常；不符合这个标准的，就说明货币流通不正常。例如，1∶7就说明货币供给超过了需求，而1∶9就说明货币供给低于需求。

根据$M=PT/V$的货币流通公式，M选取正常年份的货币流通量。所谓正常年份是指国民经济发展平稳、货币流通正常的年份。此时，正常年份的货币流通量就近似等于该年的货币需求量。由此，通过$V=PT/M$就可以求出正常年份的货币流通速度V，计算得到的$V=8$，而根据$V=8$就可以反过来计算出测算期的货币需求量。

应该说，选取对货币运动有决定意义的社会商品零售总额指数与现金这个实现商品零售运动主要工具的存量，把两者的年序数列加一对比，并找出一个适当的比例作为量度标准，在方法上是可行的。所以，1∶8的经验数据在20世纪60年代对于分析我国货币的流通状况起到了一定的作用。然而，1∶8的经验数据必须在当时经济体制、运行机制以及相应的政策法规都高度稳定的严格约束下才能真正发挥作用。随着我国改革开放的不断深化，各种相关因素发生了很大的变化，这一经验数据也逐渐失去了其实用价值和应有的意义。

二、增长率测算法

在1∶8的经验数据失去其实用价值后，人们提出了一个简明又易于量度的公式来对货币需求量进行测算，即

$$M'=Y'+P' \tag{7.11}$$

式中，M'为名义货币需求增长率，Y'为经济增长率，P'为预期或计划的物价上涨率。

相对于1∶8的经验数据，增长率测算法的思路要宽阔得多，主要体现在考虑了P'的变化，但这个方程式的主要问题也在于P'，具体表现在：

（1）在计划价格为主时，选用计划价格上涨率也许是适当的，但是在开放价格的条件下，求证物价上涨率是一个复杂而又不易解决的问题。

（2）除了P'的预期值难以得到论证外，Y'和P'之外的因素也会影响货币需求量，这些因素的叠加和彼此消长，也会使得货币需求量增长率与Y'和P'的加和出现差异。

因此，运用增长率测算法来测算货币需求量也很难得出有实践指导意义的结论。

三、多项挂钩法

多项挂钩法是指货币需求量与经济增长、物价变动和货币流通速度这三个因素挂钩的测算方法。基本公式如下：

$$RM_D = (1+R_E)(1+R_P)/(1 \pm R_V) - 1 \tag{7.12}$$

式中，RM_D为货币需求量增长率，R_E为经济增长率，R_P为物价上涨率，R_V为货币流通速度变化率。

需要注意的是，在公式（7.12）中，经济增长率指的是实际增长率而不是名义增长率，否则物价上涨因素就做了两次计算。然而多项挂钩法的测算方法虽然在理论上是可行的，但若将它付诸实施，还存在不小的问题，例如，经济增长率用什么指标来表示？采用什么样的物价上涨率？如何认识货币流通速度的变化？正是因为存在这些问题，所以货币当局不敢轻易地使用多项挂钩法来确定货币需求量。

四、比例系数法

比例系数法是指根据有关历史数据，求出经济增长率与货币需求量增长率之间的比例系数，然后确定合理的货币需求量增长率，最后推算出货币需求量。其基本公式为：

$$M = KY \tag{7.13}$$

式中，M 为货币需求量增长率，K 为经济增长率和货币需求量增长率之间的比例系数，Y 为经济增长率。

利用公式（7.13）必须首先求出 K 值，如果经济增长 1%，货币供给量增长 1.5%，那么就等于 1.5。假如经济增长率为 9%，那么货币需求量增长率就应该在 13.5% 左右。可见，完善比例系数法，首先必须科学地确定 K 值。

本章小结

1. 货币需求是一种能力和愿望的统一，经济学研究的对象是客观的货币需求，它是与货币供给直接对应的一个范畴，主要是一个宏观经济学问题。

2. 货币需求理论：货币需求理论是一种研究人们持有货币需求的动机、决定或影响货币需求的各种因素以及数量决定的理论，研究的内容包括：一国经济发展在客观上需要多少货币量，以及一个经济主体在现实的收入水平、利率和商品供求等经济背景下持有多少货币的机会成本最小、收益最大等问题。

3. 货币需求理论体系：货币需求理论主要有马克思的货币流通规律、古典货币数量论、凯恩斯的流动性偏好理论以及以弗里德曼为代表的现代货币数量理论。它们之间各有异同，在考察对象、范围、影响货币需求变量的分析方面有一个不断深化的过程，即从 $f(Y)$ 发展为 $f(Y,r)$，并不断纳入更多的自变量。

4. 货币需求的决定和影响因素主要有收入水平、消费倾向、利率水平、信用发达程度、货币流通速度、社会商品可供量、物价水平以及公众预期和偏好等。

重要概念

货币需求　宏观货币需求　微观货币需求　名义货币需求　实际货币需求　交易动机　预防动机　投机动机　流动性陷阱　恒久性收入

思考题

1. 什么是货币需求和货币需求理论？
2. 试述马克思的货币需求理论。
3. 试述交易方程式与剑桥方程式。
4. 试述凯恩斯的流动性偏好理论。
5. 试述弗里德曼的现代货币数量论。

第八章

货币供给

学习目标

通过本章的学习，学生应掌握货币供给的基本概念、货币供给模型和影响货币供给的因素，能够区分内生变量和外生变量，理解现金和存款货币的供给机制，了解货币供给的相关理论，熟练进行货币乘数的运算。

货币供给是指货币供给主体向货币需求主体供给货币的过程，是一个动态的概念。货币供给会形成一定的货币数量，即货币供给量。货币供给量是一个货币区在某一时点上由非银行部门持有的货币总量，即为社会经济运行服务的货币数量。货币供给主要包括现金和存款货币两大部分，现金的供给通常与中央银行密切相关，存款货币的供给通常由商业银行完成。货币供给模型是从基础货币和货币乘数两个方面来研究货币供给问题，基础货币由现金和存款准备金两方面构成，货币乘数要受到法定存款准备金率、超额存款准备金率、现金漏损率、活期存款占存款总额的比率等诸多因素的影响。在众多货币供给模型中，具有代表性的有简单乘数模型、弗里德曼-施瓦兹模型、卡甘模型和乔顿模型。

第一节　货币供给概述

一、货币供给的概念

货币供给是什么？这是一个首先要弄清楚的概念。货币供给是指货币供给主体向货币需求主体供给货币的过程，是一个动态的概念。货币供给会形成一定的货币数量，即货币供给量。货币供给量是一个货币区①在某一时点上由非银行部门持有的货币总量，即为社会经济运行服务的货币数量，显然，这是个存量概念。

① 货币区通常是指一个主权国家，但也可以是根据某种国际条约建立的、使用同一种货币的多国联盟，如欧元区，也可能是由历史遗留问题形成的或根据某种需要而建立的一国之内使用另外一种货币的特殊区域，如中国香港等。

这里需要注意的是，这个货币量一定是由非银行部门持有的，即货币供给量一定是流通中的货币量，银行部门拥有的货币不应计入货币供给量，中央银行所属的造币厂的纸币库存更不应计入货币供给量，因为这些货币不能参与流通。货币总量是个什么概念与考察货币量的层次有关，各国不尽相同。如以狭义货币 M_1 为例，非银行部门持有的现金是货币供给量的一个部分，非银行部门持有的活期存款凭证则是货币供给量的另一个部分。

货币供给量又可以分为名义货币供给量和实际货币供给量，前者是指一定时点上不考虑价格因素影响的货币存量，后者是指剔除价格因素之后一定时点上的货币存量，我们通常所说的货币供给量一般都是指名义货币供给量。虽然货币供给量和货币供给是有区别的，货币供给量是货币的存量，而货币供给是一种行为或过程，但在不影响理解的前提下，人们常常把货币供给量简称为货币供给。

货币供给量是存在于流通领域之中被各经济单位（银行系统以外的个人、家庭、企业和机关团体等）所持有的货币存量，这些经济单位只是货币的运用者，事实上，现实生活中的货币都出自于银行。货币由银行体系发行和创造，又不断地回归银行体系，所以银行体系是整个货币流通的中心环节。而现代银行作为信用中介机构和信用创造机构的统一，其本质特征在于信用创造方面，即银行可以在相当范围内通过增加自身的负债去增加货币供给量，由此影响社会各种资源的配置、再生产各环节的协调、各种经济杠杆作用的发挥以及币值本身的稳定。

研究货币供给的目的就是为了使货币供给主体提供的货币量能够与货币需求主体需要的货币量保持一致，并能不断维持经济的稳定增长。

二、货币供给的内生性与外生性

货币供给理论是分析货币供给量的大小及决定因素的理论，相对于货币需求理论，货币供给理论的产生和形成要晚得多。这是因为在相当长的时间里，绝大多数经济学家都把货币供给当作是中央银行能够完全控制的一个变量，因此很少有人研究货币供给的决定过程，而是只研究当中央银行改变货币供给量时经济如何变化。后来，人们才逐步认识到，中央银行并不具有绝对控制货币供给的能力，货币供给量还要受到商业银行和公众行为的影响，因此，货币供给理论可以分为外生性货币供给理论和内生性货币供给理论。

所谓外生变量，又叫政策性变量，是指在经济机制中易受外部因素影响、由非经济因素所决定的变量，它是能够由政策决策人控制，并用于实现其政策目标的变量。而内生变量，又叫非政策性变量，它是指在经济机制内部由纯粹的经济因素所决定的变量，不为政策所左右。

货币供给具有外生属性，这是因为货币供给量主要是由经济体系以外的货币当局，即中央银行决定的，中央银行可以通过发行货币、规定法定存款准备金率等方式来控制货币供给量。因此，中央银行只要确定了经济发展所需要的合理的货币需求量，然后再由中央银行供给适量货币，货币供需就能实现均衡。如果货币需求量是合理的，当货币失衡时，完全可以由中央银行通过政策手段改变货币供给量加以矫正。强调货币供给的外生性并不否认经济系统中实际经济活动对货币供给量的影响，只是认为实际经济活动对货币供给量的作用远不如中央银行对货币供给量的作用那么强。

货币供给的内生性分析认为，中央银行不能完全直接控制货币供给量，货币供给的变动主要是由经济体系中各经济主体的行为所决定的，因此，货币供给量是内生变量，中央银行对货币供给的控制只是相对的。从金融领域来看，一方面，商业银行的存款和资产规模要受到储户偏好和银行贷款、投资机会的影响；另一方面，其他非银行金融机构的存款创造能力也会随着其贷款融资活动的增加而提高，社会公众的资产偏好所影响的资产结构又会随着现实经济的运行经常调整变化，这就使货币供给具有内生性。主张货币供给的内生性并不是否认中央银行对货币供给量的控制能力，只是认为货币资产与其他金融资产之间、商业银行的货币创造能力与非银行金融机构的货币创造能力之间的替代性会大大降低中央银行对货币供给量的有效控制。

综上分析可知，货币供给量是一个融外生性和内生性于一体的复合变量。货币供给量首先是一个外生变量，因为货币供给形成的源头——基础货币——是由中央银行直接控制的，中央银行能够按照自身的意图运用政策工具对货币供给量进行扩张和收缩，货币供给量的大小在很大程度上为政策所左右；另一方面，货币供给量并不完全是纯粹的外生变量，在现代二阶银行体制和部分准备金制度下，决定货币供给量的因素不仅仅包括货币当局的政策变量，还包括一系列经济因素，例如商业银行、社会公众的偏好和资产选择等，尤其是后面我们要学到的货币乘数，更是一个由多重经济主体操作、受多重因素影响的复杂变量，这表明，货币供给还带有内生变量性质。正因为如此，货币供给理论的研究必须同时关注货币供给的内生性和外生性，既强调中央银行对货币供给的控制与调节作用，又重视政府、企业、个人等不同经济主体的经济行为对货币供给的决定性影响，只有这样才能正确描述货币供给的决定机理，为货币供给实践奠定理论基础。

货币供给的内生性和外生性可以用图 8-1 来描述。

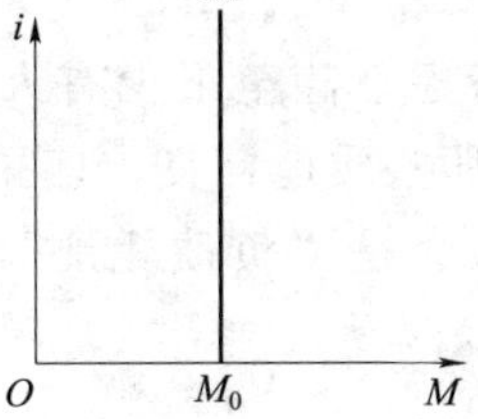

（a）M为外生变量

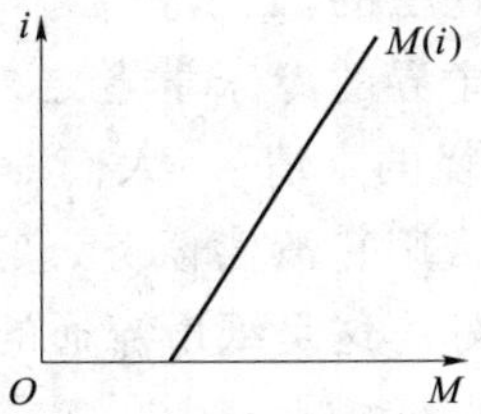
（b）M为内生变量

图 8-1　货币供给曲线

如图 8-1（a）所示，货币供给曲线 M 是一条平行于利率轴并等于某一常数 M_0 的直线，M 是外生变量。而对应的，在图 8-1（b）中，货币供给曲线 M 是利率 i 的函数，M 与利率 i 具有正相关关系，M 是内生变量。由于货币供给的这种内生性质，中央银行对货币供给量的控制与调节变得十分困难。

三、货币供给的形成机制

在当今信用货币制度下，社会经济活动主体所需要的货币都是由银行供给的。银行是货币供给的主体，这是没有问题的。但是，必须分清楚的是，货币供给量的不同部分是由不同性质的银行投放到市场上的。现金是由地位超然的央行印制并发行的，而存款则是由商业银行体系对非银行部门的放款、投资等资产业务创造的。通常，存款在货币供给量中占的比重比较大。

（一）现金的供给机制

我们先来了解一下现金是怎样从央行投放到市场流通中去的。换言之，先来了解中央银行向市场投放现金的渠道。一般说来，主要渠道有三方面：

（1）对政府贷款（通常是财政当局），政府获得了现金的使用权；

（2）对金融机构贷款，金融机构获得了现金的使用权；

（3）收购外汇和金银，出口商、金银持有者得到了现金所有权。

那么，现金或纸币究竟是什么？用学术一点的语言可以这样描述：央行发行的现金是法定货币，它是以国家权力为后盾推行的价值符号。究其实质，央行的纸币是国家对持币人的负债凭证。

那么，负债的内容是什么？我们来做这样一个假设：政府从央行借到了一笔央行负债凭证（现金），于某年某月某日从你那里买走了 1 000 元的商品。你付出了商品，得到了面值 1 000 元的负债凭证。这就意味着，国家（央行代表国家）欠你以当日价格计算的 1 000 元的资源和劳动，即“价值”。简单地说，你手上的纸币说明央行欠你与面值等额的“价值”，或者说，这是央行的一张借条，你拥有了对央行的债权。

那么，央行这笔债务何时偿还呢？很不幸地告诉你，债务人（央行）永远不会偿还这笔债务，但作为债权人（你）却可以顺利地将此债权转让出去，用于购买别人的商品或服务。于是，在日常的市场交易中，人们就互相转让这些央行负债凭证，没有人会拒收，因为那是违法的。

其实，除经济学界的专家学者之外，没人考虑，甚至很少有人知道“纸币是国家的欠条”这种“奇怪的事情”。人们一直认为，那些质地精良、印刷考究、花花绿绿的钱就是钱，我们经常用它清偿债务，它本身怎么会是“负债凭证”呢？这种观念恰好说明央行的信誉极好，这是纸币流通的必要条件。

（二）存款的供给机制

存款的供给机制在本书第五章有详细介绍。

第二节　货币供给模型

由商业银行的存款创造模型可以知道，商业银行系统创造出的存款与存款准备金之间存在着一种乘数关系，但这一模型并不能全面地反映货币供给的问题。因为，商业银行存款创造模型只阐述了存款货币是如何决定的，没有涉及货币供给量的另一重要组成——现金部分，该模型的基础运算变量——原始存款的数额很难确定，而且也不受商业银行控制，计算存款乘数的法定存款准备金率是由商业银行体系以外的因素——中央银行决定的。另外，这一模型不能作为货币供给模型存在的另一重要原因在于，它没有将控制货币供给量的主体——中央银行考虑在内。所以，我们必须引入新的模型，即货币供给模型来全面研究货币供给的相关问题。

一、基础货币和货币乘数的概念

基础货币，也称货币基数（Monetary Base）、强力货币、初始货币，因其具有使货币供给总量成倍放大或收缩的能力，又被称为高能货币（High-powered Money）。根据国际货币基金组织《货币与金融统计手册》（2000 年版）的定义，基础货币包括中央银行为广义货币和信贷扩张提供支持的各种负债，主要指银行持有的货币（库存现金）和银行外的货币（流通中的现金），以及银行与非银行在货币当局的存款。

通常情况下，基础货币是指流通中的现金和商业银行在中央银行的存款准备金之和，如果用 B 代表基础货币，用 C 代表流通中的现金，用 R 代表商业银行在中央银行的存款准备金，则基础货币可以表示为 $B=C+R$。基础货币的概念之所以如此重要，是因为只要掌握了它与货币供给量之间的联系，中央银行就可以利用这种联系对货币供给进行控制。

如前文所述，流通中的现金发行权由中央银行垄断，其发行程序、管理技术等均由中央银行掌握，是中央银行的负债，商业银行在中央银行的存款准备金也是中央银行的负债，包括法定存款准备金和超额存款准备金两个部分。

商业银行通常不会将吸收的全部存款都贷出去，而是会留存一部分以应付取款的需要，这就是最初的存款准备金。但由于这部分准备金不能给银行带来直接的收益，银行有不断压缩准备金比率的倾向。为了确保商业银行在遇到突然大量的存款提取时，能有相当充足的清偿能力，各国的中央银行都会要求商业银行缴纳一定的法定存款准备金。所谓法定存款准备金是指商业银行按照法律规定必须存在中央银行里的准备金，准备金提存的比例通常是由中央银行决定的，被称为法定存款准备金率。法定存款准备金制度为中央银行提供了一种控制货币总量的手段，法定存款准备金率越高，商业银行需要缴纳的存款比例就越高，能够投入流通领域的货币数量就会越少。

所谓超额存款准备金就是超过法定存款准备金的准备金，超额存款准备金与存款总额的比例是超额存款准备金率。金融机构为适应资金运营的需要，保证存款支付和资金清算时有随时可调用的资金，按规定在中央银行开设存款账户，存入一定数量的准备金用于支付款项。这个存款账户和法定存款准备金使用同一个存款账户，因此超额存款准备金就是商业银行超过法定存款准备金要求数量以外保留的准备金。超额存款准备金和超额存款准备金率的高低由商业银行根据具体情况自行掌握。但一般而言，保持适度超额存款准备金率能保证银行体系的正常支付能力，商业银行在经营中必须随时保持一定比例的现金和流动性强的资产以应付客户提款的需要。

从基础货币的构成来看，流通中的现金和商业银行在中央银行的存款准备金都是中央银行的负债，中央银行对这两个部分都具有直接的控制能力。中央银行可以通过现金供给渠道影响货币供给量，也可以通过调整法定存款准备率改变商业银行的存款准备金数量，影响其信贷能力，进而调控货币供给量。

［专栏］8-1

我国基础货币的定义与统计

各国对基础货币的定义及统计不尽相同，即使是在一个国家之内，根据基础货币的用途不同，可能有几种基础货币的定义。我国基础货币的定义和统计也经历了一个逐步演化的过程。

1994 年，我国开始进行基础货币统计。当时对基础货币的统计定义为基础货币=金融机构库存现金+流通中现金+金融机构准备金存款+金融机构特种存款+邮政储蓄转存款+机关团体在人民银行的存款。其中，金融机构库存现金包括商业银行、政策性银行、城乡信用社、财务公司所持有的现金，金融机构特种存款是人民银行为了吸收农村信用社多余的流动性设立的特别账户，通常账户余额很小，并且不活跃。

2002 年 1 月起，人民银行对“货币当局资产负债表”的内容进行了调整，同时采用了“储备货币”口径，并对外公布。这里的储备货币理论上与基础货币是同一概念，包括中国人民银行所发行的货币、各金融机构在人民银行的准备金存款，邮政储蓄存款和机关团体存款。将全部的邮政储蓄存款纳入储备货币统计范围是与当时邮政储蓄无资产运用的能力和渠道、只相当于中央银行吸收居民和企业存款从而回笼货币的特定存款机构这一性质相符的。

2003 年 8 月，邮政储蓄资金管理体制开始改革，邮政储蓄部门自主投资、委托理财的渠道开通，其负债方吸收的全部储蓄存款与资产方存放在中央银行的转存款之间的差距越来越大。因此，储备货币中统计邮政部门的存款用“邮政储蓄在中央银行的转存款”更为合适。2004 年 1 月以后，我国储备货币的统计据此进行了调整。自此，基础货币统计数字与《中国人民银行统计季报》公布的储备货币统计数字一致。

资料来源：《二〇〇四年第一季度中国货币政策执行报告》，中国人民银行网站。

基础货币有三个特点：（1）它是中央银行的负债；（2）派生性，即它运动的结果能够产生出数倍于它本身的货币量，具有多倍的伸缩功能；（3）可控性，即中央银行能够控制它，并且通过对它的控制来控制整个货币供给量。

基础货币是通过货币乘数与货币供给量相联系的，货币乘数就是基础货币每增加或减少一个单位，所引起的货币供给量增加或减少的倍数。

二、货币供给模型

我们可以用货币供给模型来表示上述关系，即

$$Ms = k \cdot B$$

式中，Ms 代表货币供给量，$Ms=C+D$，C 代表现金，D 代表银行存款，k 代表货币乘

数，B 是基础货币，$B=C+R$，R 代表商业银行存款准备金。

基础货币中的现金部分虽然能够成为创造货币供给量的基础，但其数量取决于中央银行，不会有倍数的增加，能够成倍扩张的是存款。因此，基础货币与货币供给量的关系可以用图 8-2 表示。

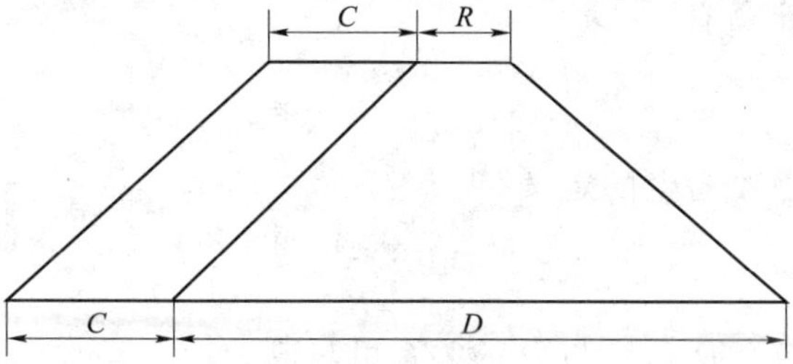

图 8-2　基础货币与货币供给量关系示意图

由以上分析可以看出，如果增加基础货币，则货币供给量增加，货币政策趋于扩张；反之，减少基础货币，则货币供给量减少，货币政策趋于紧缩。基础货币的两个组成部分都是中央银行的负债，其中，现金是中央银行对现金持有者的负债，存款准备金是中央银行对商业银行的负债。因此，中央银行可以通过对自身负债的控制，即对基础货币的控制，来调节流通中的货币供给量。如果基础货币的量既定，货币供给的扩张和收缩则取决于货币乘数的变动。如果基础货币和乘数都在变动，则货币供给量取决于各种因素的变动情况。

中央银行提供基础货币是整个货币供给过程的最初环节，虽然基础货币并不是最终的货币供给，但基础货币决定着流通中的现金，影响商业银行运用存款准备金进行存款创造的活动，只有通过基础货币才能完成最终的货币供给。货币供给的全过程就是由中央银行提供基础货币，基础货币形成商业银行的原始存款，商业银行在原始存款基础上创造派生存款（现金漏损的部分形成流通中现金），最终形成货币供给总量的过程。

我们已经知道，货币供给量的多少取决于基础货币和货币乘数两个因素。在货币乘数 k 不变时，基础货币 B 的变动直接引起货币供给量的增加或减少，而且二者的变动方向相同。当基础货币 B 不变时，货币供给量则取决于另一个因素——货币乘数 k。下面我们分别用 M_1 和 M_2 层次的货币供给模型来推导货币乘数。

我们首先需要界定一下各字母符号的含义：

C——流通中的现金

D——商业银行的存款总额

D_d——商业银行的活期存款

B——基础货币

R——商业银行的存款准备金

r——法定存款准备金率

e——超额存款准备金率

n——活期存款在存款总额中所占的比例

h——流通中的现金在存款总额中所占的比例，即现金漏损率，也称通货比率

根据货币定义有

$$M_1 = C + D_d \tag{8.1}$$

$$M_2 = C + D \tag{8.2}$$

根据基础货币的定义有

$$B = C + R \tag{8.3}$$

根据商业银行存款准备金的定义有

$$R = Dr + De \tag{8.4}$$

根据上述字母含义，D_d、C 与 D 的关系可写成

$$D_d = Dn \tag{8.5}$$

$$C = Dh \tag{8.6}$$

现将式（8.4）和式（8.6）代入式（8.3），得

$$\begin{aligned} B &= Dh + Dr + De \\ &= D(r + e + h) \end{aligned} \tag{8.7}$$

整理，得

$$D = \frac{1}{r + e + h}B \tag{8.8}$$

将式（8.8）代入式（8.5）得

$$D_d = \frac{n}{r + e + h}B \tag{8.9}$$

将式（8.8）代入式（8.6）得

$$C = \frac{h}{r + e + h}B \tag{8.10}$$

将式（8.9）和式（8.10）代入式（8.1）得

$$M_1 = \frac{n + h}{r + e + h}B \tag{8.11}$$

式（8.11）即为 M_1 层次的货币供给模型，其中乘数 K 为 $\frac{n + h}{r + e + h}$，它表示每一单位基础货币的增减将引起 $\frac{n + h}{r + e + h}$ 倍货币供给量 M_1 的增减。

将式（8.8）和式（8.10）代入式（8.2）得

$$M_2 = \frac{1+h}{r+e+h}B \tag{8.12}$$

式（8.12）即为M_2层次的货币供给模型，其中乘数K为$\frac{1+h}{r+e+h}$，它表示每一单位基础货币的增减将引起$\frac{1+h}{r+e+h}$倍货币供给量M_2的增减。

由以上两个乘数可以得出结论，货币供给量是由中央银行、商业银行和非银行部门共同决定的。但是，在一般情况下，中央银行和商业银行占主要地位。

三、影响基础货币的因素分析

基础货币是由现金和商业银行的存款准备金构成的，这二者是中央银行的货币性负债，我们可以利用中央银行的资产负债表来分析基础货币受哪些因素影响。表 8-1 是中央银行的资产负债表。

表 8-1　　中央银行的资产负债表

资产		负债	
		现金	B
对商业银行债权	A_1	商业银行的准备金存款	
对政府债权	A_2	政府财政存款	L_1
国际储备资产	A_3	其他负债	L_2
其他资产	A_4	对外负债	L_3
		资本项目	L_4

依据资产负债表的基本会计等式得

$$A_1+A_2+A_3+A_4=B+L_1+L_2+L_3+L_4 \tag{8.13}$$

可以推出

$$B=A_1+A_2+A_3+A_4-L_1-L_2-L_3-L_4 \tag{8.14}$$

即

基础货币=中央银行资产-中央银行非货币性负债和资本　　(8.15)

我们将式（8.14）整理可得

$$B=A_1+(A_2-L_1)+(A_3-L_3)+(A_4-L_2-L_4) \tag{8.16}$$

即

基础货币=对商业银行的债权+对政府资产净值+对外资产净值+其他资产与资本项目净值　　(8.17)

由上面的等式（8.15）我们可以知道，在中央银行非货币性负债和资本不变的情况下，中央银行资产项目的变动会使基础货币做同方向等额的变动；在中央银行资产不变的情况下，中央银行非货币性负债和资本的变动会使基础货币做反向等额的变动。具体说来，影响基础货币的因素包括以下几个方面。

（一）货币政策

中央银行货币政策的方向会影响基础货币的供应量，即中央银行制定执行宽松的货币政策，会增加基础货币的数量，中央银行制定执行紧缩的货币政策，会减少基础货币的数量。中央银行货币政策对基础货币的影响主要是利用再贴现（再贷款）和公开市场操作两大工具。在再贴现方面，中央银行如果降低再贴现率或再贷款利率，整个金融机构体系向中央银行的贴现和贷款就会增加，则中央银行对金融机构体系的债权增加，即资产项目增加，其结果是基础货币增加；如果中央银行提高再贴现率或再贷款利率，整个金融机构体系向中央银行的贴现和贷款就会减少，则中央银行对金融机构体系的债权减少，即资产项目减少，结果是基础货币减少。在公开市场操作方面，如果中央银行买进有价证券，则中央银行资产增加，资产增加使基础货币增加；反之，如果中央银行卖出有价证券，则中央银行资产减少，资产减少使基础货币减少。

（二）财政收支状况

中央政府的财政收支状况也会影响到基础货币的供给。财政收支状况会影响中央银行对政府的债权和债务之差，这一差额有时是被动变化的，有时是主动变化的。

中央银行对政府债权差额的被动变化主要是指财政收支本身的变化。财政是政府部门对国民收入进行再分配的重要工具，其收支活动与货币供给量之间有着密切关系。财政的各项收入和支出都是以货币形式进行的，而且都是与银行存款账户直接相联系的。一般而言，财政金库都是由中央银行代理的，中央银行按规定的程序办理财政收入的上缴和支出的下拨，政府在中央银行的财政存款对于中央银行而言是负债。当财政收入增加时，政府在中央银行的存款增加，意味着中央银行的负债增加，其他因素不变的情况下，基础货币就会减少；而当政府的财政支出增加时，中央银行对政府的负债减少，或者说中央银行的资产增加，其他因素不变时，基础货币就会增加。

中央银行对政府债权差额的主动变化主要是指为弥补政府的财政赤字而引起的变化。财政赤字是政府财政支出大于财政收入而形成的差额，由于会计核算中用红字处理，所以称为财政赤字，它反映着一国政府的财政收支状况，财政赤字是财政收支未能实现平衡的一种表现。理论上，财政收支平衡是政府财政的最佳情况，即财政收支相抵或略有节余。但是，在现实中，政府经常需要大量的资金去解决一些预算以外的问题，这会造成入不敷出的局面。由于中央银行代理国库，当出现财政赤字时，政府有时会依靠中央银行进行资金融通。中央银行为政府提供资金有两条渠道，一是贷款给政府以弥补财政赤字，二是购买政府债券。贷款给政府意味着赤字货币化，政府的财政赤字全部转化为增发的货币，会造成通货膨胀，通常各国都禁止这种做法，而购买政府债券意味着中央银行对政府的债权增加，会带来基础货币的增加。

（三）国际收支状况

国际收支状况会影响到中央银行持有的国外净资产规模，国外净资产规模的大小会直接影响基础货币。国外净资产由外汇、黄金占款和中央银行在国际金融机构的净资产构成。其中，外汇、黄金占款是中央银行用基础货币来收购的。从中央银行资产负债表看，基础货币是中央银行的负债，国外净资产是中央银行的资产。一般而言，中央银行资产增加得越多，负债方的基础货币增加的就越多。中央银行的国外净资产的增加，意味着中央银行投放的基础货币增加，从而使货币供给量增加。也就是说，若国际收支顺差，则中央银行累计收购的外汇增加，央行的外汇储备增加，即资产项目增加，基础货币也会增加；若国际收支逆差，则中央银行的外汇储备会减少，央行资产项目减少会导致基础货币减少。

汇率制度、汇率政策、冲销干预等其他因素也会导致中央银行持有的外汇储备数量发生变化。如果一个国家实行的是浮动汇率制度，则中央银行不把稳定汇率作为政策目标，通过该项资产业务投放的基础货币有较大的主动权。而如果一个国家实行固定汇率制度的话，中央银行就会因为要维持汇率的稳定而被动进入外汇市场进行干预，这样外汇市场的供求状况对中央银行的外汇占款有很大影响，造成通过该渠道投放的基础货币具有相当大的被动性。举个例子来说，一国的央行在本国市场上通过购买外币债券来增加基础货币的投放，但这也会导致对外币需求的增加，如果该国实行的是固定汇率制度，为了稳定汇率，中央银行又不得不抛售外币资产收回本币，基础货币又将减少。因此，如果中央银行不把稳定汇率作为政策目标，当中央银行对国外的资产增加时，基础货币量增加；相反，基础货币量减少。

由上面的分析可以看出，基础货币的供应量在很大程度上要受到中央银行货币政策的影响，因此，从该因素看，货币供给具有外生性，是外生变量。需要说明的是，在现实的资产负债业务活动中，中央银行可以在各有关项目之间通过冲销操作来减轻对基础货币的影响，也可以通过强化操作来加大对基础货币的作用。

四、影响货币乘数的因素分析

从货币供给模型的推导可以看出，影响货币乘数的因素主要有四个：法定存款准备金率、超额存款准备金率、通货比率或现金漏损率、活期存款与存款总额的比率。

（一）法定存款准备金率

法定存款准备金率与货币乘数之间呈反向变动关系。当中央银行提高法定存款准备金率时，货币乘数减小，若基础货币数量不变，则货币供给量减少；反之，当中央银行降低法定存款准备金率时，货币乘数扩大，若基础货币数量不变，则货币供给量增加。一般情况下，中央银行都是依据经济金融的发展状况对法定存款准备金率加以调整的，法定存款准备金率是央行的货币政策工具之一。

具体来说，法定存款准备金率受以下几个因素的影响。

1. 中央银行的货币政策意向

如前文所述，法定存款准备金率是中央银行的货币政策工具之一，因此，法定存款准备金率的变动首先取决于中央银行的货币政策意向。中央银行的货币政策是逆经济风向行事的，因此，法定存款准备金率与经济运行态势呈反方向变动。在经济过热时，中央银行提高法定存款准备金率，紧缩银根；在经济衰退时，中央银行降低法定存款准备金率，放松银根。

2. 商业银行的存款构成

中央银行的货币政策意向是法定存款准备金率变动的主要原因，但不是唯一决定因素。因为即使是在法定存款准备金率不变的情况下，如果商业银行存款结构发生变化，实际的存款准备金率也会变化。在商业银行的存款中，央行对活期存款和定期存款的准备金率要求是不同的，如果定期和储蓄存款比率相对上升，活期存款比率相对下降，则实际的法定存款准备金率将下降；反之，实际的法定存款准备金率将上升。

3. 商业银行的经营规模和处所

中央银行通常对商业银行实行差别存款准备金率制度。除了前述存款的差别外，商业银行经营规模的大小、商业银行距离中央银行的远近等都可以作为实行差别存款准备金率的条件。如果这些因素发生变化，即使中央银行的货币政策意向与商业银行的存款结构不变，整个商业银行体系的实际法定存款准备金率也会发生变化；如果存款在不同规模的商业银行和不同地区的商业银行之间流动和转移，也会引发实际法定存款准备金率的变化。

（二）超额存款准备金率

超额存款准备金率与货币乘数之间也呈反向变动关系。当超额存款准备金率上升时，货币乘数就会变小，货币供给量下降；当超额存款准备金率下降时，货币乘数就会变大，货币供给量上升。超额存款准备金率的大小主要取决于商业银行持有超额存款准备金的意愿，而这一意愿又主要取决于其持有超额存款准备金的成本与收益。具体来说包括以下几个方面。

1. 市场利率的高低

市场利率相当于商业银行持有超额存款准备金的机会成本。市场利率越高，商业银行持有超额存款准备金的机会成本就越高，商业银行持有的超额存款准备金就会减少，该比率便会下降；反之，当市场利率降低，商业银行持有超额存款准备金的机会成本也就下降，商业银行持有的超额存款准备金就会增加，该比率就会上升。

2. 中央银行的货币政策导向

如果中央银行提高法定存款准备金率或再贴现率，这就意味着货币政策趋紧，商业银行借入资金的成本增加，持有超额存款准备金的收益上升，因此商业银行会增加超额存款准备金的持有，超额存款准备金率就会上升；反之，如果中央银行降低法定存款准备金率或再贴现率，这就意味着货币政策宽松，商业银行借入资金较为容易，持有超额存款准备金的收益下降，因此商业银行会减少超额存款准备金的持有，超额存款准备金率就会下降。

3. 存款外流的程度

存款是商业银行最主要的资金来源，存款的数额和稳定程度直接关系到商业银行的经营状况。商业银行存款外流数额越多、不确定性越高，其持有超额存款准备金的收益就越高，商业银行就会增加超额存款准备金的持有而提高超额存款准备金率；反之，如果商业银行存款外流数额少，存款外流的不确定性低，持有超额存款准备金的收益就低，商业银行会减少超额存款准备金的持有，从而降低超额存款准备金率。

4. 商业银行的经营策略

如果商业银行的经营策略属于激进型，其资金运用强调获利，则其持有的超额存款准备金就比较少，超额存款准备金率就低；如果商业银行的经营策略属于稳健型，其资金运用强调安全，则其持有的超额存款准备金就比较多，超额存款准备金率就高。

（三）现金漏损率

现金漏损率也称现金比率或通货比率，其高低水平体现了社会公众持有金融资产的偏好。现实生活中，人们持有的现金和存款之间存在着此消彼长的关系，这种关系的变化会影响货币乘数，二者呈反向变动。若现金漏损率提高，货币乘数会变小，在基础货币数量不变的情况下，货币供给量减少；若现金漏损率降低，货币乘数会变大，在基础货币数量不变的情况下，货币供给量增加。影响现金漏损率的因素主要有以下方面。

1. 财富的变动情况

财富较少、收入较低的社会阶层习惯使用现金作为支付工具，而财富较多、收入较高的社会阶层则偏好既方便又安全的支票作为支付工具。因此，随着经济增长和社会财富的不断增加，社会公众会减少现金持有，从而使现金漏损率降低。

2. 存款利率的高低

社会公众在进行金融资产配置时，重点考虑的因素之一就是各种金融资产的相对收益情况。当存款利率上升时，社会公众会增加存款，减少现金的持有，从而使现金漏损率下降；反之，当存款利率下降时，社会公众会减少存款，增加现金的持有，从而使现金漏损率上升。

3. 风险的变动情况

风险变动的情况也会影响社会公众对现金的需求。如果金融业经营出现不稳定因素、通货膨胀较为严重、消费品供不应求时，社会公众就会减少存款，增加现金的持有和现金消费，这样会提高现金漏损率；反之，则会降低现金漏损率。

4. 金融业的发达情况

金融业越发达，转账结算越广泛，各种电子支付工具越普及，社会公众越会减少现金的使用，从而使现金漏损率降低。

5. 季节性因素

每逢节假日，居民消费热情高涨，公众需要更多的现金用于消费支出，所以会大量提现，现金漏损率也会相应提高。

（四）商业银行活期存款占存款总额的比率

商业银行活期存款占存款总额的比率与货币乘数呈正向变动关系。当商业银行活期存款比率上升时，货币乘数增大，货币供给增加；相反，当商业银行活期存款比率下降时，货币乘数减小，货币供给减少。存款总额中，活期存款所占比率的问题本质上指的是存款结构的问题，该比率的大小主要受以下因素的影响。

1. 可支配收入水平的高低

社会公众可支配收入水平的高低是影响存款结构的主要因素之一。可支配收入水平提高，社会公众所持有的金融资产数量也会相应增加。但就商业银行所提供的金融资产来看，由于活期存款不支付利息或支付较低利息，所以，当公众可支配收入增加时，虽然活期存款也会增加，但定期存款和储蓄存款会增加更多，从而使存款结构发生变化，活期存款占存款总额的比率相对降低。

2. 存款利率的结构

存款利率结构是影响存款结构的重要因素。当活期存款与定期存款、储蓄存款之间的利差扩大时，活期存款占存款总额的比率会降低；相反，如果活期存款与定期存款、储蓄存款之间的利差缩小，则活期存款占存款总额的比率会提高。

从上面的分析可以看出，货币乘数的影响因素并不能由中央银行完全控制，特别是超额存款准备金率、现金漏损率和活期存款占存款总额的比率是受经济内部因素影响的变量，从这一意义上说，货币供给具有内生性，是内生变量。

第三节　货币供给理论

货币供给理论是分析货币供给量大小以及决定因素的理论，和货币需求理论比较而言，货币供给理论的产生和形成要晚得多。这是因为在很长时间里，绝大多数经济学家都把货币供给作为中央银行能够完全控制的一个变量，因此经济学家很少研究货币供给的决定过程，而是只研究当中央银行改变货币供给量时经济如何变化。后来，人们才逐步认识到，中央银行并不具有绝对控制货币供给的能力，中央银行能够直接控制的只是基础货币，而基础货币对全部货币供给量的影响，还依赖于货币乘数，货币乘数又受到商业银行和公众的影响，由此货币供给理论才深入发展起来。

一、简单乘数的货币供给模型

由于存款货币能够产生多倍创造效应，增加1单位的原始存款，整个社会的货币供给量的增加会超过1单位，即存在着货币乘数效应。所谓货币乘数也被称为货币扩张系数或货币扩张乘数，是指在基础货币（高能货币）的基础上，货币供给量通过商业银行的存款派生作用而产生的信用扩张倍数。

为了得到简单乘数的货币供给模型，我们需要作出一些假定，这些假定和存款货币产生多倍创造效应的假定相同，即商业银行的客户都将其全部货币收入存入商业银行的活期存款账户，不持有任何现金，且全部交易都使用非现金结算；商业银行按照法定准备金比率提取存款准备金后将余额全部以贷款形式放出或全部投资于有价证券，不存在超额准备金或准备金不足的现象。为了使问题一般化，我们假定商业银行的活期存款准备金率为 r_d，原始活期存款数量记为 c。则根据存款货币多倍创造过程的原理，最终的货币供给量或者银行的最终存款量为：$c+c(1-r_d)+c(1-r_d)^2+c(1-r_d)^3+\cdots=\lim\limits_{n\to\infty}\dfrac{c[1-(1-r_d)^n]}{1-(1-r_d)}=\dfrac{1}{r_d}c$。其中，$\dfrac{1}{r_d}$即为货币乘数，通常也记为 k。

但是，一个问题也随之而来，货币乘数表示的是由基础货币扩张的最终货币的供给倍数，原始存款是基础货币吗？显然不是的，因为按照基础货币的定义，基础货币只包括准备金和现金，而活期存款是不包含在内的。但在此处，在数量上原始存款就等于基础货币，这是因为在简单乘数货币供给模型中是没有现金漏出的，因此基础货币就仅由商业银行的存款准备金构成。根据假设条件，由于存款都是以活期形式保留的，因此准备金就仅仅是活期存款的法定准备金，在该模型中，基础货币仅由活期存款的法定准备金构成。由于商业银行活期存款的法定存款准备金率为 r_d，则随着派生存款产生的活期存款增加，法定准备金也会相应增加，活期存款法定准备金的总额为 $cr_d + c(1 - r_d)r_d + c(1 - r_d)^2 r_d + c(1 - r_d)^3 r_d + \cdots = \lim_{n \to \infty} \frac{cr_d[1 - (1 - r_d)^n]}{1 - (1 - r_d)} = c$，刚好等于原始存款。由于基础货币仅由活期存款法定准备金构成，此时基础货币就等于原始存款，因此简单乘数的货币供给模型就可以表示为

$$M = \frac{1}{r_d} B = kB$$

上式中，M 表示最终的货币供给量，B 表示基础货币，k 表示货币乘数，是活期存款法定准备金率的倒数。

二、弗里德曼-施瓦兹的货币供给模型

在简单乘数的货币供给模型中没有考虑公众手中持有的现金，弗里德曼和施瓦兹（Friedman-Schwartz）考虑到了这一点，在他们合著的《1867—1960 年美国货币史》中使用的货币供给方程中，不仅考虑了商业银行的存款准备金，还考虑了公众手中持有的现金。

在弗里德曼和施瓦兹的货币供给模型中，货币供给量由两部分组成：一是非银行部门所持有的中央银行负债，即公众手中持有的现金，我们将它记为 C；二是非银行部门所持有的商业银行的存款负债总额，即公众的存款总额（包括活期存款与定期存款），记为 D。货币的供给量 M 就可以表示为 $M = C + D$。基础货币由公众手中持有的现金和商业银行的准备金构成，可以表示为 $B = C + R$，其中，B 表示基础货币，R 表示商业银行的准备金。

弗里德曼-施瓦兹的货币供给模型中关于货币供给量和基础货币的关系推导过程如下：

$$M = C + D = \frac{C + D}{B} \cdot B = \frac{C + D}{C + R} \cdot B = \frac{\frac{1}{R} + \frac{D}{R} \cdot \frac{1}{C}}{\frac{1}{R} + \frac{1}{C}} \cdot B$$

$$= \frac{\frac{D}{R} + \frac{D}{R} \cdot \frac{D}{C}}{\frac{D}{R} + \frac{D}{C}} \cdot B = \frac{\frac{D}{R}\left(1 + \frac{D}{C}\right)}{\frac{D}{R} + \frac{D}{C}} \cdot B$$

上式中，第四个等号成立是由于分子分母都除以 RC，第五个等式成立是由于分子

分母都乘以 D。于是，货币供给量最终就可以表示为

$$M=\frac{\frac{D}{R}\left(1+\frac{D}{C}\right)}{\frac{D}{R}+\frac{D}{C}}\cdot B$$

从这一理论模型出发，货币乘数就是 $\frac{\frac{D}{R}\left(1+\frac{D}{C}\right)}{\frac{D}{R}+\frac{D}{C}}$，弗里德曼-施瓦兹的货币供给方程式说明，由 B、D/R、D/C 所共同决定的货币供给，实际上是由中央银行、商业银行和社会公众三部门共同作用的结果，中央银行决定基础货币，商业银行决定超额准备金，从而对 D/R 有决定性影响、社会公众的现金持有量决定了 D/C。如果 D/R、D/C 是常量或者它们的变化很小，那么货币供给量主要取决于基础货币 B 的变化。由于基础货币是由中央银行决定的，因此，中央银行完全可以通过控制基础货币来控制货币供给量。在上述的分析中，弗里德曼和施瓦兹认为，货币供给量是由货币当局控制的外生变量。为了证明这个论断，弗里德曼和施瓦兹对美国货币供给量的变动进行了实证分析。他们认为，基础货币的变化是广义货币供给量长期变化的主要原因，而由于基础货币是由中央银行的行为所决定的，中央银行完全可以通过变动基础货币对货币供给量进行调控。因此，货币供给量是中央银行可以控制的外生变量。

三、卡甘的货币供给模型

弗里德曼和施瓦兹的货币供给方程式中的三个决定性因素是基础货币、存款和现金的比率以及存款和准备金的比率，弗里德曼认为除了基础货币以外，其他的两个比率是相对稳定的，但美国著名经济学家卡甘（P. Cagan）认为存款和现金的比率可能并不像弗里德曼认为的那样稳定，比如利率和预期通货膨胀率等都会影响到该比率，为此他从另外的角度提出了货币供给方程式为

$$M=\frac{B}{\frac{B}{M}}=\frac{B}{\frac{B\cdot D}{M\cdot D}}=\frac{B}{\frac{(C+R)D}{M\cdot D}}=\frac{B}{\frac{C\cdot D+R\cdot D}{M\cdot D}}$$

$$=\frac{B}{\frac{C\cdot D+R(M-C)}{M\cdot D}}=\frac{B}{\frac{C}{M}+\frac{R}{D}-\frac{C}{M}\cdot\frac{R}{D}}$$

货币乘数为 $k=\frac{1}{\frac{C}{M}+\frac{R}{D}-\frac{C}{M}\cdot\frac{R}{D}}$

在卡甘的方程式中，货币供给量 M 由基础货币 B 和货币乘数 k 的乘积所决定。卡甘以准备金-存款比率 R/D 代替弗里德曼和施瓦兹方程式中的存款-准备金比率 D/R，

这一替代在本质上是没有区别的，只不过 R/D 就是现实中的存款准备金率，比较容易直接获得。更重要的是卡甘以现金比率 C/M（即现金占货币存量的比率）代替存款-现金比率 D/C，这种替代是有重要意义的，因为这个比率更稳定，由此也将使得货币乘数更加趋于稳定。这是为什么呢？可以看出，不管是弗里德曼还是卡甘的货币供给模型，货币供给都是由存款和现金构成，假定刚开始时存款和现金的数量相等，D/C 就是 1，则 C/M 就是 0.5。假定受到经济形势的影响，银行提高了存款利率，公众会将手中的一部分现金转变为存款，比如将占总货币量的 1% 的现金转为存款，则 D/C 就变为 51/49 = 1.04，变动了 4%，而 C/M 就变为 0.49，仅仅变动了 2%，因此现金占货币存量的比率比存款-现金的比率要稳定得多。

卡甘变动这两个因素的理由是可以更好地反映真实情况，他的方程式中的货币乘数具有比较稳定的规则可循，并使方程式更具稳定关系。根据卡甘的理论，在现金比率与准备金-存款比率不变时，基础货币的增减变化会直接影响货币供给量的增减变化。而在基础货币不变时，根据定义，$\frac{C}{M}$、$\frac{R}{D}$ 都小于 1，因而 $\frac{C}{M}\cdot\frac{R}{D}$ 总是小于 $\frac{C}{M}$ 与 $\frac{R}{D}$ 的任何一项，当现金比率和准备金-存款比率中的一项或两项都提高时，货币乘数的分母必将提高（读者可以按照微分原理严格证明这一点），因此货币乘数将会变小，货币供给就将收缩。同理，当现金比率和准备金-存款比率中的一项或两项都降低时，货币供给将扩张。这样，卡甘的方程式明确表明货币供给量的变动与基础货币成正比，与现金比率和准备金-存款比率成反比。

根据卡甘的统计，美国从 1875—1955 年广义的货币量平均每年增长 5.7%，从统计分析的结果看，货币存量的长期增长主要依靠追加的基础货币。基础货币的长期变动主要归因于黄金存量的增加（该段时间基本上是金本位制），而在 1914 年以后又可以归因于联邦储备制的作用。基础货币的增长是货币存量增长的绝大部分的原因。只有1/10的货币存量增长是由现金比率和准备金-存款比率的下降（即货币乘数的扩大）引起的。而现金比率在长期中下降的趋势主要是由于收入和财富的增长和城市化引起的，准备金-存款比率的变动则主要由法定准备金率的调整所造成的。根据上述的统计分析，卡甘也认为货币供给量是一个外生变量，因为中央银行操纵基础货币的行为对货币供给量的决定具有支配性的作用，同时，由于货币乘数中的各行为参数在短期内变化不大，由此可以推断货币乘数关系明确，性质稳定，因此货币供给量是中央银行可以控制的外生变量。

卡甘模型与弗里德曼-施瓦兹模型都是对美国货币史实证分析的结果，由于这两个模型中的存款既包括活期存款，也包括定期存款，他们对货币的定义都是基于 M_2 层面的，两个模型形式不同，但实质相同（因为 R/D 只是 D/R 的倒数，而 C/M 也与 D/C 一样反映着 C 和 D 的相对变动对货币乘数的影响）。但卡甘模型比弗里德曼-施瓦兹模型更能直观地看出存款准备金比率和现金比率对货币乘数的影响。

四、乔顿的货币供给模型

弗里德曼-施瓦兹模型和卡甘模型是提出较早、也是较有代表性的货币供给模型。

但一方面，这两个模型主要都是从外生货币供给的角度考虑问题的，忽略了货币供给的内生性；另一方面，弗里德曼-施瓦兹模型和卡甘模型没有区分活期存款和定期存款，这两者的法定准备金率有可能是不一样的，特别是从历史来看，定期存款的准备金率要低一些，其原因在于定期存款的期限比较确定，可预测性强。而随着社会与经济的发展，为了中央银行的调控更具操作性，也为了商业银行经营的安全性，有些国家统一了定期存款和活期存款的法定准备金率。但在经济学家乔顿（Jerry L. Jordan）生活的年代，定期存款和活期存款的法定准备金率并不都是相等的。为了弥补弗里德曼-施瓦兹模型和卡甘模型货币外生性和存款准备金率的缺陷，1969 年，美国经济学家乔顿对这两个模型进行了改进和补充，导出了一个更具有内生性的货币乘数模型。

（一）M_1层次货币乘数模型

在乔顿提出的原始货币供给模型中，货币供给量采用狭义的货币定义 M_1，即 $M_1=D+C$。其中，D 仅表示商业银行活期存款，C 表示现金。

根据现代货币供给理论，货币供给是基础货币与货币乘数之积。如以 B 表示基础货币，以 R 表示商业银行的准备金，则 $B=R+C$，此时的存款准备金 R 除了活期存款法定准备金和超额准备金外还包括定期存款法定准备金。

令 k_1 为 M_1层次的货币乘数，r_d为活期存款的法定准备金比率，r_t为定期存款的法定准备金比率，T 为定期存款，E 为超额准备金，则有

$$M_1 = B \cdot k_1 \text{ 或 } k_1 = M_1/B$$

由于 $R = r_d \cdot D + r_t \cdot T + E$，货币乘数就可以表示为

$$k_1 = \frac{D + C}{r_d \cdot D + r_t \cdot T + E + C}$$

如果我们用 c 表示现金和活期存款的比率，即 $c=C/D$；用 t 表示定期存款和活期存款的比率，即 $t=T/D$；用 e 表示超额准备金和活期存款的比率，即 $e=E/D$，则货币乘数也可以表示为

$$k_1 = \frac{D + c \cdot D}{r_d \cdot D + r_t \cdot t \cdot D + e \cdot D + c \cdot D} = \frac{1 + c}{r_d + r_t \cdot t + e + c}$$

货币供给量就可以表示为

$$M_1 = \frac{1 + c}{r_d + r_t \cdot t + e + c} \cdot B$$

这就是通常作为货币供给决定机制的一般模型——乔顿模型。由乔顿模型可知，决定货币供给的因素共有六个，其中，B、r_d、r_t由货币当局或中央银行所决定，e 由商业银行所决定，而 c 和 t 则由社会公众的资产选择行为所决定。由此可见，货币当局或中央银行实际上只能对决定货币供给的部分因素而不是全部因素具有直接的控制能力。这就说明，货币供给并不完全是一个外生变量。

根据该模型，货币供给取决于基础货币、活期存款的法定准备金比率，定期存款的

法定准备金比率，超额准备金比率，定期存款比率及现金比率。由于该模型是在20世纪60年代成形的，现在的经济现实状况已经有了很大变化，比如很多国家的中央银行在提取存款准备金时不分存款期限，而按统一的标准来，这时定期存款法定准备金率和活期存款法定准备金率就是相等的（假定都为 r），货币供给量就可以表述为 $M_1 = \frac{1+c}{r(1+t)+e+c} \times B$，但此时影响货币供给量（$M_1$）的基本因素和决定主体并没有改变。

（二）M_2层次的货币供给模型

虽然乔顿提出的原始货币供给模型中货币供给量采用狭义的货币定义 M_1，但是根据他的主要思想，我们不难导出货币供给量采用广义货币定义 M_2时的货币供给方程式。

假定采用广义货币定义 M_2时的货币乘数为 k_2，由于 $M_2 = C + D + T$，因此货币乘数就可以表示为

$$k_2 = \frac{D+C+T}{r_d \cdot D + r_t \cdot T + E + C} = \frac{1+c+t}{r_d + r_t \cdot t + e + c}$$

货币供给量就可以表示为

$$M_2 = \frac{1+c+t}{r_d + r_t \cdot t + e + c} \cdot B$$

根据上式，当央行紧缩银根、提高存款准备金率时，货币供给量就会减少，或者商业银行预计央行的政策将紧缩而提高了超额准备金率，货币供给量也会减少。一般地，由于 $\frac{1+c+t}{r_d + r_t \cdot t + e + c} > 1$，当 c 变大时，$\frac{1+c+t}{r_d + r_t \cdot t + e + c}$ 将变小（可以证明），货币供给量将减少，而定期存款和活期存款的比率 t 的变动对于货币供给量 M_2的影响是难以确定的。

同样的，当定期存款法定准备金率和活期存款法定准备金率相等时（假定都为 r），广义货币的供给量可以表示为 $M_2 = \frac{D+C+T}{r \cdot (D+T) + E + C} = \frac{1 + \frac{C}{D+T}}{r + \frac{E}{D+T} + \frac{C}{D+T}}$，这样的货币供给方程在形式上和弗里德曼-施瓦兹模型在形式上是很相似的，$\frac{C}{D+T}$ 即为现金和存款的比例，$r + \frac{E}{D+T}$ 即为存款准备金率，包括法定准备金和超额准备金。所以，关于货币内生性或外生性的争论不在于货币供给的形式，而在于货币乘数是否受到经济内部的影响，如果经济内部的经济主体（包括商业银行和非银行体系的公众）能够影响到货币乘数，则货币供给就具有内生性。

从乔顿模型的分析来看，狭义货币的内生性显然是更强的，而广义货币内生性的效果比狭义货币要弱。

在众多货币供给模型中，具有代表性的有简单乘数模型、弗里德曼-施瓦兹模型、卡甘模型和乔顿模型。弗里德曼-施瓦兹模型和卡甘模型从广义货币的角度分析货币供给，认为货币供给主要是外生性的，即货币供给量由货币当局来决定，公众和商业银行参与货币创造的作用很小；乔顿模型是比较流行的，乔顿是从狭义货币的角度分析货币供给量的，该模型认为货币供给具有较强内生性，但根据现实情况（活期存款和定期存款的法定准备金趋向于一致），按照乔顿的思想，广义货币的供给在形式上和弗里德曼-施瓦兹模型是一致的，货币内生性或外生性的争论不在于货币供给的形式，而在于货币乘数是否受到经济内部因素的影响。

五、货币供给新论

虽然货币供给理论比那种将货币乘数看作常数的简单机械方法大大前进了，但它仍受到一些经济学家的挑战，这一方法被称为“新论（New View）”。

新论的领导者是美国耶鲁大学的托宾（J. Tobin）教授。他在 1963 年发表的《作为货币创造者的商业银行》一文中，概括了他称之为货币“旧论”的主要观点。在旧论中，商业银行与其他金融中介机构被严格区分开来。由于商业银行的负债（活期存款）是支付工具，它们是唯一能够创造货币的金融中介机构，因而在传统上被看成是具有独特性的。法定准备金的要求使它的存款扩张能力受到限制，而其他非银行金融中介机构则被认为仅仅起到媒介信用，而不是创造信用的作用，因为与银行体系不一样，它们在放出贷款后，不能指望这些资金作为存款重新回流进来，因而不可能通过增加贷款来创造存款。非银行金融机构只有先吸收存款，然后才能发放贷款。在“旧论”中，银行与非银行金融机构区别的核心是后者的负债不是普遍接受的支付工具，因而不是货币。

在新论中，商业银行与其他金融中介机构、货币与其他金融资产的界限变得模糊起来，新论的支持者采取将货币理论看成是资产组合理论的分析方法，批评货币供给理论乘数方法所隐含的货币供给是可以由中央银行控制的外生变量的观点，而认为货币供给是一个反映银行和其他经济单位行为变化的内生变量。他们的注意力不在货币数量及其流通速度上，而是集中于所有资产的供求关系、报酬率和信用的可获得性等方面。

新论的支持者认为，银行不一定会仅仅因为准备金的增加就供给更多的存款，它们也可能像其他机构那样，把产出定在利润最大化的那一点上，而不是产量最大化的那一点上。这就好比钢铁的产量不仅仅取决于钢铁公司可获得的铁矿及其他原材料的数量，还要取决于经营决策。争取利润最大化的银行决定其贷款（从而整个银行体系存款）数量时，也要考虑边际收益和边际成本。

但是上文所述的存款创造的情况仅仅考虑了供给方，即只限于银行可以创造的最大存款量，没有考虑到社会公众对存款的需求的作用，即并不是银行供给多少存款都会被社会吸收。“新论”的支持者不承认银行扩张贷款和存款的能力仅受准备金要求的影响，他们认为，和其他金融机构一样，银行也只能贷出公众所需要的数量，而不是更多。当银行从新增贷款中得到的边际收益等于边际成本时，“旧论”所描述的存款扩张机制就失效了。

我们也可以考虑一种相反的极端情况，转而假定，无论社会公众希望持有多少存款，银行都能够创造出来，因此存款的数量唯一取决于公众对存款的需求。当社会公众想要持有更多的总存款时，银行发现它们能够按较低的估算成本，把存款“出售”给社会公众，从而扩大银行的总存款量。但是银行怎样取得法定准备金呢？首先，既然社会公众愿意持有更多的存款，他们就有可能把部分持有通货存入银行，这就会增加银行准备金。其次，对总存款增加了的需求也可以通过银行提高定期存款利率来满足，这会诱使一些存款人把活期存款转为定期存款。由于对存款具有不同的法定准备金比率，定期存款法定准备率低，这就会降低存款平均余额所必须保持的准备金数量。因此，“新论”倡导者认为，准备金的供给对于货币创造，尤其对 M_2 来说，并不像传统方法强调的那么重要。

因此，包括银行在内，所有金融机构借款和贷款的数量取决于边际成本与边际收益的对比。如果说银行的存款扩张机制受到了法定准备金的限制，那就等于假定此时银行贷款的边际收益仍大于成本，所以一旦得到额外的准备金，就会用于扩张存款。因此，“新论”的支持者认为传统观点中商业银行在金融机构中的特殊地位来自于中央银行对其过高的准备金要求或利率限制，而不是能够“自动”创造存款。

本章小结

1. 货币供给指货币供给主体向货币需求主体供给货币的过程，是一个动态的概念。

2. 货币供给量是一个货币区在某一时点上由非银行部门持有的货币总量，即为社会经济运行服务的货币数量。

3. 外生变量又叫政策性变量，是指在经济机制中易受外部因素影响、由非经济因素所决定的变量，它是能够由政策决策人控制并用于实现其政策目标的变量。

4. 内生变量又叫非政策性变量，它是指在经济机制内部由纯粹的经济因素所决定的变量，不为政策所左右。

5. 基础货币是指流通中的现金和商业银行在中央银行的存款准备金之和。

6. 货币乘数就是基础货币每增加或减少一个单位，所引起的货币供给量增加或减少的倍数。

重要概念

货币供给　货币供给量　内生变量　外生变量　基础货币　货币乘数

思考题

1. 为什么说货币供给既有内生属性又有外生属性?
2. 基础货币的定义是什么?
3. 货币乘数如何推导?
4. 影响货币供给的因素有哪些?

第九章

通货膨胀与通货紧缩

学习目标

通过本章的学习，学生能够对通货膨胀和通货紧缩的理论有一个基本的认识，学生能熟练掌握通货膨胀的定义及类型、通货膨胀的成因、后果与对策，了解通货紧缩的定义、原因及对策等基本概念和基本理论。

通货问题是当今社会普遍存在的经济现象，没有哪一个国家能够幸免，不同的只是通货问题的影响程度、作用方向和轻重大小。进入20世纪60年代以后，无论是发达国家还是发展中国家，也不管是社会主义经济还是资本主义经济，都程度不同地受到通货膨胀问题的困扰。由此，各国政府均将通货膨胀问题作为重要的宏观经济问题来处理，大多数国家都把反通货膨胀作为中央银行的首要任务，从而使通货膨胀理论成了当代货币银行理论体系的一个重要组成部分。本章将分别讨论通货问题的两种主要形态（通货膨胀和通货紧缩）的定义、类型、度量、成因、影响及其治理对策等。

第一节　通货膨胀的一般理论

一、通货膨胀的含义

通货膨胀是在纸币流通条件下，流通中的货币量超过实际需要的货币量所引起的货币贬值、物价上涨的经济现象。

在界定通货膨胀的含义中，我国理论界比较统一的观点是：

（1）不能将通货膨胀与货币发行过多画等号。不可否认，货币过多会引起通货膨胀，但决定流通中货币量的，不仅是商品价格总额，还有货币流通速度。即在商品总量和货币量相适应的情况下，如果货币流通速度加快，也会使流通中货币过多。所以，不能将通货膨胀与货币发行过多简单等同。

（2）不能将通货膨胀与物价上涨画等号。通货膨胀会引起物价上涨，但决不能引申为，凡是物价上涨都是由通货膨胀引起的。因为引起物价上涨的因素是多方面的，价格运动有其自身的规律性，不能都归咎于通货膨胀。

(3) 不能将通货膨胀与财政赤字画等号。财政赤字如果通过多发行货币来弥补，可能引发通货膨胀，但财政赤字的弥补方式并非都是靠货币发行，还可以采取压缩银行信贷、举借外债、发行国家债券等方式。

被大家普遍接受的通货膨胀的含义是在一定时间内一般物价水平的持续上涨。对于这个含义的理解，应包括以下几方面的内容：

第一，通货膨胀所指的物价上涨并非个别商品或劳务价格的上涨，而是指一般物价水平，即全部物品及劳务的加权平均价格的上涨。在非市场经济中，通货膨胀则表现为商品短缺、凭票供应、持币待购以及强制储蓄等形式。

第二，在通货膨胀中，一般物价水平的上涨是在一定时间内的持续的上涨，而不是一次的、暂时性的上涨。部分商品因季节性原因或自然灾害等原因引起的物价上涨和经济萧条后恢复时期的商品价格正常上涨都不能叫做通货膨胀。

第三，通货膨胀所指的物价上涨必须超过一定的幅度。但这个幅度该如何界定，各国又有不同的标准。一般说来，物价上涨的幅度在2%以内都不被当作通货膨胀，有些观点则认为只有物价上涨幅度超过5%才叫作通货膨胀。

二、通货膨胀的度量

通货膨胀的程度多以物价上涨幅度表示出来，而物价上涨幅度即物价总水平的变动则通过物价指数反映出来。物价指数是本期物价水平对某期物价水平的比率，它是一般物价水平的指数形态，用以反映物价的涨跌幅度。通常人们将基期的物价指数设定为100（%）。因此，如果本期物价指数大于100，则表示本期物价水平相对于基期物价水平上涨；反之，如果本期物价水平小于100，则表示本期物价水平相对于基期物价水平下跌。

目前，测量物价指数的主要指标有三个。

(1) 消费物价指数（Consumer Price Index，CPI），即零售价格指数，是衡量城市家庭和个人消费的商品和劳务价格变化的指标，能反映直接影响一般民众生活状况的物价趋势。

消费物价指数通常可以灵敏地反映居民日常生活成本的变化，所以在衡量通货膨胀时被多数国家所采用。不过，这一指数也有其缺点：第一，CPI无法分析出商品或劳务的价格上涨中有多少成分是由于生产者提高质量、改善品质所致，有多少是真正的价格上涨；第二，在人们消费内容中，经常有新产品出现并取代老产品，而新产品通常功能较强，在编入物价指数时，有高估物价上涨率的现象；第三，不同收入阶层在消费结构上存在差异，但CPI不能反映出这种差异；第四，消费品毕竟只是社会最终产品的一部分，因而CPI不足以反映整个物价变动的情况。中国1981—2010年的通货膨胀率见表9-1。

表9-1　　中国历年通货膨胀率（1981—2010年）

1981年	1982年	1983年	1984年	1985年	1986年	1987年	1988年	1989年	1990年
2.4	1.9	1.5	2.8	9.3	6.5	7.3	18.8	18.0	3.0

续表

1991年	1992年	1993年	1994年	1995年	1996年	1997年	1998年	1999年	2000年
3.4	6.4	14.7	24.1	17.1	8.3	2.8	−0.8	−1.4	0.4
2001年	2002年	2003年	2004年	2005年	2006年	2007年	2008年	2009年	2010年
0.7	−0.8	1.2	3.9	1.8	1.5	4.8	5.9	−0.7	3.3

资料来源：中国统计局1981—2011年发布的国民经济和社会发展统计公报。

（2）批发物价指数（Wholesale Price Index，WPI），它是根据制成品和原料的批发价格编制的指数。

批发物价指数对生产资料价格的变动有较为敏感的反应，可以用它来衡量物质生产部门生产成本的变化。但它的局限性在于：第一，原材料与居民生活没有直接联系，而且该指数未把劳务包括进去，因此，不能用以反映整个物价的变动情况；第二，原材料价格的变动未必能够反映最终产品的价格变化。

（3）国民生产总额平减指数（GNP Deflator），它是指按当年价格计算的国民生产总额对按固定价格计算的国民生产总额的比率。

国民生产总额平减指数是较全面地衡量一个国家整体物价水平从基期到计算期变化程度的物价指数，其优点是涉及的范围广，可以全面反映全部生产资料、消费品和劳务费用的价格变化。缺点是资料难以收集，缺乏及时性，很难迅速描绘通货膨胀的程度和变化趋势，其编制既耗时又费力，对一些国民经济核算体系不发达的国家，一年只能编制一次。因此，各国一般将三个指数同时应用并互相印证。

三、通货膨胀的类型

从不同的角度，按照不同的标准，通货膨胀可分为以下类型。

（一）按形成原因划分

（1）需求拉动型，即指通货膨胀是由于总需求过度增长引起的，是由于过多的货币追逐过少的商品，从而使包括物资与劳务在内的总需求超过了按现行价格可获得的总供给，因而引起物价上涨的现象。

（2）成本推进型，即指通货膨胀的根源在于总供给变化的一种理论假说。具体是指由于商品成本上升，即材料、工资保持一定利润水平，从而使物价水平普遍上涨的一种货币经济现象。

（3）混合型，即一般物价水平的持续上涨，既不能说是单纯的需求拉动，也不能归咎于单纯的成本推进，又不能笼统地概括为社会经济结构的原因，而是由于需求、成本和社会经济结构共同作用形成的一种一般物价水平持续上涨的货币经济现象。

（4）结构型，即物价的上涨是由于对某些部门的产品需求过多，虽然经济的总需求并不过多．其发展过程是最初由于某些经济部门的压力使物价和工资水平上升，随后又使那些需求跟不上的部门的物价和工资额也趋于上升的水平，于是便出现全面的通货膨胀。

（5）国际传播型，又称输入型，是指由于国外商品或生产要素价格的上涨，通过国际传导过程，引起国内物价的持续上涨现象。

（二）按表现形式划分

（1）开放型，也称公开的通货膨胀，即物价可随货币供给量的变化而自由浮动。一般说来，主要由市场机制发挥作用的地方，通货膨胀多采取公开形式。目前大多数国家的通货膨胀都是开放型通货膨胀。

（2）抑制型，也称隐蔽的通货膨胀，即国家控制物价，主要消费品价格基本保持人为平衡，但表现为市场商品供应紧张、凭证限量供应商品、变相涨价、黑市活跃、商品走后门等的一种隐蔽性的一般物价水平普遍上涨的经济现象。在主要由计划机制发挥作用的国家或地区，通货膨胀多以这种方式表现出来。比如，在我国价格体制改革以前，由于国家对生产企业产品和商业流通企业商品销售价格实行严格的计划控制，虽然在经济运行中，已经积累了大量的需求压力，但是一般物价水平并不上涨。与此同时，在消费品和生产资料市场上，供不应求的矛盾表现为国家牌价与自由市场价格严重背离、商品凭票证供应、产品质量下降、居民持币待购、抢购等。

（三）按通货膨胀程度划分

（1）爬行式通货膨胀，又称温和的通货膨胀，即允许物价水平每年按一定的比率缓慢而持续上升的一种通货膨胀。

（2）跑马式通货膨胀，又称小跑式通货膨胀，即通货膨胀率达到两位数字，在这种情况下，人们对通货膨胀有明显感觉，不愿保存货币而抢购商品，用以保值。

（3）恶性通货膨胀，又称极度通货膨胀，即货币贬值可达到天文数字，如第一次世界大战后的德国的情况。

第二节　通货膨胀的成因

通货膨胀的成因和机理比较复杂，对此，各国经济学家从不同的角度出发做出了各种分析，将通货膨胀分为需求拉动型通货膨胀、成本推进型通货膨胀、供求混合推进型通货膨胀、结构型通货膨胀、预期型通货膨胀和输入型通货膨胀。

一、需求拉动型通货膨胀

需求拉动型通货膨胀（Demand-pull Inflation）是指经济中需求扩张超出总供给增长时所出现的过度需求是拉动价格总水平上升、产生通货膨胀的主要原因。通俗的说法就是“太多货币追逐太少的商品”，使得对商品和劳务的需求超出了在现行条件下可得到的供给，从而导致一般物价水平的上涨。其理论分析可用图 9-1 加以说明。

图中 AS 表示总供给曲线，AD_0 表示总需求曲线的初值，两者的交点决定了供求平衡条件下的物价水平 P_0 和收入水平 Y_0。当总需求增加，曲线 AD_0 移至 AD_1 时，会使收入水平提高至 Y_1，同时拉动物价水平上升至 P_1。由于经济离充分就业差距较大时，总供给曲线 AS 较平坦，因此收入水平提高较快，而物价水平变动较小。当总需求继续增

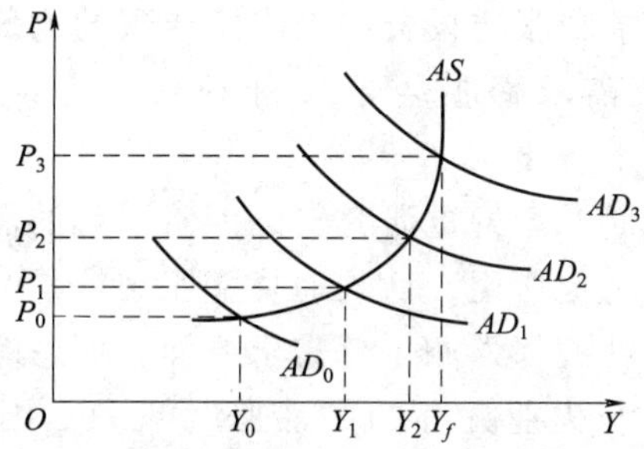

图 9-1 需求拉动型通货膨胀

加，曲线 AD_1 移至 AD_2 时，收入水平提高至 Y_2，同时拉动物价水平升至 P_2。此时，AS 曲线倾斜度增大，物价水平的提高加快，进入凯恩斯所说的“半通货膨胀”状况。经济愈是接近充分就业时的收入水平 Y_f，AS 曲线越是陡峭，表示收入水平难以进一步增长。因此，当曲线从 AD_2 移至 AD_3 时，经济达到充分就业，AS 曲线变为垂直，收入水平不再增长，总需求的增加几乎全部通过物价的上涨反映出来，即进入凯恩斯所谓的“真正的通货膨胀”。

根据引起总需求增加的原因，需求拉动的通货膨胀又可分为三种类型：（1）自发性需求拉动型，其总需求的增加是自发性的而不是由于预期的成本增加；（2）诱发性需求拉动型，主要是由于成本增加而诱发了总需求的增加；（3）被动性需求拉动型，由于政府增加支出或采用扩张性货币政策增加了总需求，从而导致通货膨胀。

此外，还可以从实际因素和货币因素两个方面对总需求增加的结构进行深入的分析。从实际因素来看，总需求由消费支出、投资支出和政府支出构成，因此，总需求增加包括了消费需求增加、投资需求增加和政府需求增加。由于国民收入分配向消费倾斜，使居民可支配收入增长速度快于国民收入增长速度，同时，消费品供给不能满足消费需求而引起物价水平整体上涨，这称之为消费需求膨胀；由于积累率过高、投资规模扩大引起的需求膨胀，称之为投资需求膨胀；由于政府过度支出而引起需求膨胀，则称之为政府需求膨胀。

在我国改革开放至 20 世纪 90 年代中期的这段时间里，曾发生过数次比较严重的通货膨胀，分析起来，大都与社会总需求膨胀密不可分。当时，我国刚刚经历了近 30 年的短缺经济，在这 30 年里，供给长期严重不足，而消费需求水平被强行压抑，投资需求具有无限扩张的冲动。改革开放后，在放权让利政策的落实过程中，压抑多年的消费需求开始释放，企业在预算“软约束”条件下的投资冲动更是加剧，所以总供给的增长在改革开放后的这段时间里总是赶不上总需求的增加，过剩需求的缺口一直存在。所以，在这种情况下，主要由需求拉动为主动因的通货膨胀就是不可避免的。从实践来看，历次通货膨胀都伴随着投资、消费需求的“双膨胀”，其治理也都是以控制总需求为总体思路的。

从货币因素来看，需要拉动的通货膨胀主要产生于两个方面：一方面，经济体系对货币的需求大大减少，即使货币供给不增长，货币存量也会相对增加，从而导致总需求相对增大；另一方面，当货币需求量不变时，货币供给增加过快，也会导致总需求相对增大。货币供给过多造成需求膨胀与投资需求膨胀导致的物价上涨效果是相同的，但对利率的影响是不同的。投资需求膨胀会导致利率上升，而货币供给过多会造成利率下降。

在西方经济学中，凯恩斯学派偏重研究实际因素引起的需求膨胀，货币主义学派则强调货币因素对通货膨胀的决定作用，认为通货膨胀纯粹是一种货币现象。但无论是实际因素或货币因素，需求拉动说都强调了总需求方面，而忽略了总供给方面的变动，尤其不能正确地解释通货膨胀与失业并存的"滞胀"现象。因此，从 20 世纪 50 年代后期起，经济学家的注意力开始转向总供给方面，提出了成本推进型通货膨胀。

二、成本推进型通货膨胀

成本推进型通货膨胀（Cost-pull Inflation）是指通货膨胀的根源并非由于总需求过度，而是由于总供给方面的生产成本上升所引起的。因为在通常情况下，商品的价格是以生产成本为基础加上一定利润而构成的。因此，生产成本的上升必然导致物价水平的上升，其理论分析可用图 9-2 加以说明。

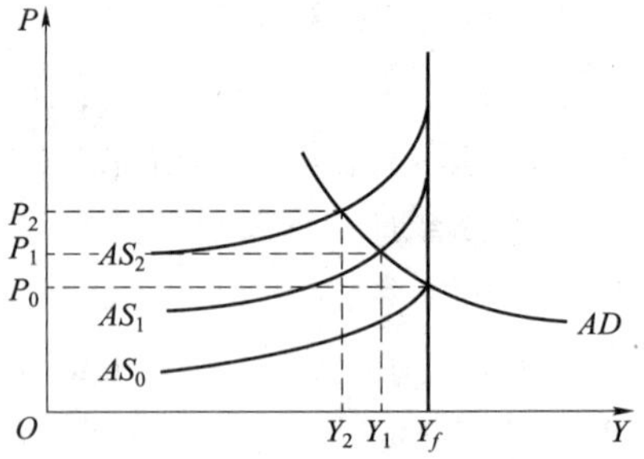

图 9-2　成本推动型通货膨胀

图中 AD 表示总需求曲线，AS_0 表示总供给曲线的初值，并假定两者的交点为经济达到充分就业条件下的供求均衡点，由此得到初始时的价格水平 P_0 和收入水平 Y_f。当成本增加时，企业会在同等产出水平上提高价格，或在同等价格水平上提供较少的产出，因而总供给曲线会由 AS_0 向上移动至 AS_1，甚至 AS_2。当总需求不变时，价格水平则由 P_0 上升至 P_1，甚至 P_2，而收入水平则下降至 Y_1，甚至降至 Y_2。因此，成本推进型通货膨胀认为正是由于成本的上升推动了物价水平的上升，并导致了收入水平的下降。

成本推进型通货膨胀理论指出了促使产品成本上升的原因，并指出在现代经济中，有组织的工会和垄断性大公司对成本和价格具有操纵能力，是提高生产成本并进而提高价格水平的重要力量。一种观点认为，在现代经济中，由于有组织的工会的存在，工人可以迫使企业提高工资，而具有一定垄断性的企业又会相应地提高产品价格以转嫁工资成本的上升，从而引起通货膨胀。这种由工资的提高引起的通货膨胀称为"工资推进的通货膨胀"。还有一种观点认为，垄断企业为了获取垄断利润也可能先行提高产品价格，由此引起的通货膨胀称为“利润推进的通货膨胀”。此外，汇率变动引起进出口产品和原材料成本上升以及石油危机、资源枯竭等造成的原材料、能源生产成本的提高也会引起成本推进型通货膨胀。

在我国，成本推进型通货膨胀可能有三个原因：一是内生的成本上升。在我国现行体制下，企业间存在工资、资金相互攀比，这使得工资增长率超过劳动生产率增长率，从而使产品内生成本提高。二是外生成本提高，具体反映在国外进口的设备材料等的价格上涨上。三是需求拉动型通货膨胀导致各种基础产品价格上涨，反过来导致企业生产成本提高，而生产成本提高进一步推动物价上涨。

三、供求混合推进型通货膨胀

尽管理论上可以区分需求拉动型通货膨胀与成本推进型通货膨胀，但在现实生活中，需求拉动的作用与成本推进的作用常常是混合在一起的，因此，人们将这种总供给和总需求共同作用情况下的通货膨胀称为供求混合推进型通货膨胀（Hybrid Inflation），其理论分析可用图 9-3 加以说明。

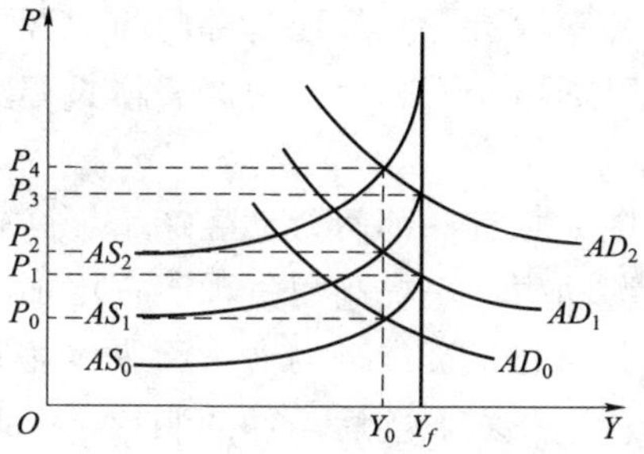

图 9-3 供求混合推动型通货膨胀

图中 AS_0 和 AD_0 的交点为初始时经济的供求均衡点。当总需求增加时，其曲线由 AD_0 移至 AD_1，物价水平由初始点 P_0 上升至 P_1。物价上涨导致生产成本的相应提高，必然会使总供给减少，总供给曲线由 AS_0 移至 AS_1，物价水平则上升至 P_2。为保持经济增长和充分就业，政府不得不增加支出，总需求再次增加，由 AD_1 移至 AD_2，相应地 AS_1 也移至 AS_2，物价水平则上升至 P_3 和 P_4，从而形成由需求冲击开始的物价螺旋式上涨的通货膨胀。类似地也可能发生由供给冲击开始的通货膨胀。当发生一次性成本推进型的物价上涨时，如果需求并不增加，通货膨胀则不会持久。但如果供给的减少导致政府为避免经济下降和失业增加而扩大需求，则必然发生持续性的通货膨胀。

四、结构型通货膨胀

结构型通货膨胀（Structural Inflation）是指由于不同国家的经济部门结构的某些特点，当一些产业和部门在需求方面或成本方面发生变动时，往往会通过部门之间相互看齐的过程而影响到其他部门，从而导致一般物价水平的上升。

这种结构型的通货膨胀又可分为三种情况。

（一）需求转移型

从整个社会看，需求可能并不多，但各部门之间因供求关系发展不平衡，有些部门可能因需求过多或供给不足而出现价格上涨现象，而另一些部门则出现供给超过需求的现象，如果这些部门的价格能够随着供过于求而相应下跌，则只会发生部门之间相对价格的变动，不会引起一般物价水平的上涨。但若供过于求的部门价格具有只涨不跌（刚性）的特点，即它的价格并不因供给超过需求而下跌，就会出现这样的情况——尽管整个社会的货币总需求并不过多，有些部门甚至存在着大量失业和闲置未用的生产能力，也会出现一般物价水平持续上涨。

（二）外部输入型

对于国际贸易占国民经济较多份额的国家，一般说来，世界市场密切联系的部门（也叫开放经济部门）的价格，依存于世界市场的价格，而与世界市场没有直接联系的部门（也叫非开放经济部门）的价格则取决于本国的需求和成本状况。因此，开放经济部门的价格将随世界市场价格水平的上升而上升，其价格上涨率和劳动生产率共同决定本部门的货币工资增长率。但在开放部门货币工资增加后，非开放部门货币工资向前看齐，当非开放部门货币工资增长率超过其劳动生产率时便会出现工资推进所引起的通货膨胀。这时，一国通货膨胀率取决于开放经济部门与非开放经济部门在该国民经济中的相对份额及各部门的货币工资增长率和劳动生产率增长率。

（三）部门差异型

在一个国家的国民经济中，总有些部门劳动生产率提高较快，而另一些部门的劳动生产率提高较慢。当前者因劳动生产率提高而货币工资增加时，后一类部门的货币工资由于向前者看齐而提高，就会引起工资推进的通货膨胀。尤其在一些发展中国家，传统农业部门和现代工业部门并存，在农业落后条件的制约下，政府为促进经济发展，往往不得不通过增加农业开支或提高农产品价格来促进农业的发展，从而引发价格总水平的上涨。

在我国，结构型通货膨胀主要源于两方面原因：一是基础工业与加工工业的发展不相适应，基础工业产品价格上涨导致价格总水平上涨；二是农业发展与工业发展不相适应，农产品价格上涨引发价格总水平上涨。

五、预期型通货膨胀

预期型通货膨胀（Anticipated Inflation or Expectation Inflation）认为，如果人们普遍预期一年后的价格将高于现在的价格，就会在出售和购买商品时将预期价格上涨的因素考虑进去，从而引起现行价格水平提高。通货膨胀预期说主要通过对通货膨胀预期心理作用的分析来解释通货膨胀的发生。

预期心理加快通货膨胀的作用过程可以从三个方面说明：第一，货币流通速度的加快。当公众有了通货膨胀的预期心理以后，他们会尽可能地购买实物资产，而不愿意持有货币，这样，货币流通速度加快，单位货币媒介的商品流通次数增加，流通中的货币数量相对过多，引起通货膨胀。第二，提高名义利率。对于储蓄者来说，一般比较重视实际利率的高低，当他们有了通货膨胀预期时，为确保实际利率不变，会要求提高名义利率，名义利率提高的幅度就是他们预期通货膨胀上涨的幅度。名义利率的提高更进一步提高了商品生产者的生产成本，而为了转嫁成本或者为了维持利润水平，商品价格被提高，从而造成通货膨胀。第三，提高对货币工资的要求。在通货膨胀预期作用下，工人或企业经营者会要求提高工资和其他福利所得，如此一来，商品价格会因生产成本提高而上涨。

西方经济学家在预期形成的方式问题上存在很大分歧，概括地说有两种截然不同的假说：一种假说是"适应性预期假说"。这种假说认为，人们在形成预期时是"向后看"的，即人们是根据过去的经历来形成关于未来的预期。另一种假说是"理性预期假说"。这种假说认为，人们在形成预期时是"向前看"的，他们会根据所有方面的信息，分析所有有关变量的影响，从而形成对未来的预期。如果人们在形成预期时是"向后看"的，则预期膨胀率就会具有较大的惯性，而且在形成预期时向后看得越远，越重视距今较远的过去的经历，这种惯性就越大。相反，如果人们在形成预期时是"向前看"的，则预期通货膨胀率的惯性就小，仅限于为调整各种经济决策和各种协议、合同所必需的时期。实际上，人们在形成通货膨胀预期时常常是二者兼而有之的。

一般说来，一个国家只要在较长时期内一直存在一定的通货膨胀，人们就会产生关于通货膨胀的预期，预计下一时期仍会存在通货膨胀。一旦产生了这种预期，人们就会在进行各种经济活动时考虑到预期通货膨胀率的影响。政府、中央银行将根据预期的通货膨胀率制定财政、货币政策，投资者、消费者、工人、管理者则会根据预期通货膨胀率调整自己的经济决策和经济活动，从而预期通货膨胀率将会被纳入利率、工资、经济合同以及各种有关未来的经济决策中而被保存下来，使通货膨胀产生惯性。所以，持续存在的通货膨胀也称为惯性通货膨胀。

当然，预期通货膨胀率并非一成不变，当出现需求和供给方面的冲击或控制通货膨胀的政策被实施时，实际通货膨胀率发生变化，相应地人们就会调整对通货膨胀的预期。至于通货膨胀率随实际通货膨胀率而调整的快慢，或预期通货膨胀率惯性的大小则主要取决于预期的形成方式。

六、输入型通货膨胀

输入型通货膨胀（Imported Inflation）是指由于国外商品或生产要素价格的上涨，通过国际传导过程，引起国内物价的持续上涨现象。

输入型通货膨胀的传递途径可分为三种情况：第一，国际市场存在通货膨胀、物价上涨，会刺激对出口国家出口商品的需求，从而使出口增加。与此同时，出口国对国外进口商品需求减少，这样就会扩大该国贸易顺差，从而总需求增加引起通货膨胀、物价上涨。第二，国际市场存在通货膨胀和物价上涨，商品出口国呈现贸易顺差状况，在国际固定汇率制度下，储备增加将增加国内货币供给，从而起到降低利率、刺激投资的作用。货币供给量的增加会直接引发需求拉动型通货膨胀。第三，在世界市场上，因石油、原材料的价格上涨，石油、原材料等基础资料的输入成本提高，相应造成进口国物价上涨，从而引发成本推进型通货膨胀。

［专栏］9-1

中国理论界通货膨胀成因的解释

改革开放以来，我国的物价水平随着经济的迅速发展一直持续上升，因此，理论界对我国通货膨胀成因的探讨非常活跃，有中国特色的代表性观点包括：

（1）财政赤字说。政府在发生财政赤字时如果增发纸币或发行公债引起的货币供应量的增长超过了实际经济增长的需要就会导致通货膨胀。

（2）信用扩张说。信用的过度扩张主要是由于经济主体对经济形势作出错误的判断、中央银行宏观控制不力、政府实行扩张性的货币政策、盲目扩大信用、虚假存款增加、货币流通速度加快、新的融资工具不断涌现等。信用的过度扩张必然导致货币供应量的过度增加，从而引发通货膨胀。

（3）国际收支顺差说。顺差使国内市场上商品可供量减少，而外汇市场则供过于求，国家不得不增加投放本币以收购结余外汇，因此会导致通货膨胀。

（4）体制说。在体制转轨过程中，由于体制不完善导致投资需求和消费需求的过度积累，从而推动物价水平的上涨。

（5）摩擦说。由于计划者追求的经济高速度增长及对应的经济结构与劳动者追求的高水平消费及对应的经济结构之间不相适应，从而产生矛盾和摩擦，引起货币超发、消费需求膨胀和消费品价格上涨。

（6）混合说。我国通货膨胀的成因可分成体制性因素、政策性因素和一般因素三类。体制因素是指我国改革中企业制度、价格双轨制、财政金融体制、外贸外汇体制等，政策因素是指宏观经济政策对社会总供求的调控，一般因素则是指在体制性和政策性因素之外经济发展本身存在的引起物价水平持续上涨的因素。

资料来源：曹龙骐. 金融学. 3版. 北京：高等教育出版社，2003.

第三节　通货膨胀的效应

通货膨胀对于社会经济发展究竟起什么作用？会产生哪些效应？对此，经济学家们有着不同的观点。

一般认为，通货膨胀不利于经济增长，即使对经济发展有某些刺激作用，也是短时期的，并以积累更大矛盾为代价。通货膨胀对国民经济的影响表现为以下方面：

第一，对生产的影响。表面上看，通货膨胀可以刺激生产的暂时扩大，从而带来虚假的繁荣，但从根本上说，通货膨胀对生产起破坏性作用。

第二，对流通的影响。首先，通货膨胀会使正常的商品流通渠道遭到破坏；其次，通货膨胀会使需求发生变态。

第三，对信用制度的影响。首先，它会使商业信用缩减；其次，它会使银行不能发挥正常职能；最后，由于投机盈利比放款利息要大得多，会使银行把大量资金用于投机，此时，银行不仅不能成为促进经济发展的力量，反而会成为阻碍经济发展的因素。

第四，对货币制度的影响。首先，严重的通货膨胀会使纸币难以履行定价工具的职责；其次，当通货膨胀极度恶化时，纸币甚至不能执行流通手段与支付手段职能。

第五，对财政收支的影响。一方面，政府可采取通货膨胀政策，通过发行纸币带来追加的财政收入；另一方面，当通货膨胀发展到一定程度时，不仅会给国民经济带来破坏性后果，引起生产萎缩，导致财政实际收入减少，而且由于货币贬值，会引起财政支出的增加。

通货膨胀的效应主要表现在经济增长、强制储蓄、收入和财富的再分配、资源配置扭曲、社会经济秩序紊乱效应等几个方面。

一、经济增长效应

关于通货膨胀与经济增长的关系，存在三种不同的观点。

一种是有益论，这一理论主要盛行于20世纪60年代凯恩斯主义流行时，在我国和一些发展中国家也很有市场，它认为通货膨胀对经济增长具有积极的影响作用。

原因是：第一，资本主义经济长期处于有效需求不足、实际经济增长率低于潜在经济增长率的状态。因此，政府可通过实施通货膨胀政策增加赤字预算及扩大投资支出来刺激有效需求，从而推动经济增长。第二，通货膨胀有利于社会收入再分配向富裕阶层倾斜，而富裕阶层的边际储蓄倾向比较高，因此会提高储蓄率从而促进经济增长。第三，通货膨胀出现后，公众预期的调整有一个时滞过程，在此期间，物价水平上涨而名义工资未发生变化，企业的利润率会相应提高，从而刺激私人投资的积极性，增加总供给，从而推动经济的增长。

一种是有害论，主要是20世纪70年代以来，随着凯恩斯主义货币政策在西方国家的破产，人们普遍认识到通货膨胀对经济的危害——虽然通货膨胀初始阶段对经济具有一定的刺激作用，但长期的通货膨胀会对经济带来严重的消极影响，降低经济体系的运行效率，阻碍经济的正常成长。

原因是：第一，纸币贬值，妨碍货币职能的正常发挥。由于货币的购买力下降，人们不愿意储蓄或持有现金，影响了货币储蓄手段职能的发挥和正常的资本积累。币值不稳还会影响货币价值尺度职能的发挥，加大经济核算的困难，引起市场价格信号紊乱，导致整个市场机制功能失调，严重时甚至会影响货币支付手段、流通手段的发挥，使商品交换倒退到物物交换的原始形态。第二，降低借款成本，诱发过度的资金需求。而过度的资金需求，不仅会导致经济虚假繁荣、泡沫胀大，还会迫使金融机构加强信贷配额管理，从而削弱金融体系的营运效率。第三，企业的生产成本上升，预期利润率降低，不利于调动生产者和投资者的积极性。而且企业前期积累的各种折旧准备金和公积金也因通货膨胀而贬值，从而使企业设备更新和技术改造能力下降，影响生产发展。第四，破坏正常的信用关系，增加生产性投资风险和经营成本，从而缩减银行信贷业务，使流向生产性部门的资金比重下降，流向非生产性部门的资金比重增加，导致产业结构和资源配置不合理，国民经济畸形发展。第五，阻碍本国商品的出口，导致国民收入减少，同时还会鼓励外国商品进口，加剧国内市场竞争压力，影响国内进口替代品生产企业的发展，并导致贸易收支逆差。第六，打乱正常的商品流通渠道，加深供求矛盾，助长投机活动，引起资本大量外流和国际收支的恶化。

少数经济学家采取通货膨胀中性论的观点，认为通货膨胀对实际产出和经济增长既无正效应，又无负效应。其理由是公众会根据对通货膨胀发展的预期，按照物价上涨水平做出合理的行为调整，因此，通货膨胀的各种影响作用会相互抵消。但是公众对通货膨胀的预期与通货膨胀实际发展的情况往往并不相符，而且每个人、每个企业的预期也不相同，其调整行为很难合理或相互抵消。所以这种观点难以自圆其说。

目前，大多数经济学家的观点是有害论，即认为通货膨胀是阻碍经济增长的原因。

二、强制储蓄效应

所谓强制储蓄是指政府财政出现赤字时，其向中央银行借债透支，直接或间接增大货币发行，从而引起通货膨胀。这种做法实际上是强制性地增加全社会的储蓄总量以满足政府的支出，因此又被称之为通货膨胀税。

有害论认为，强制储蓄可以扩大政府投资，但由于物价水平的上涨和实际利率的下降，其结果会使民间消费和储蓄的实际额减少，导致民间资本积累速度下降，并使企业历年所累积的折旧不能满足设备更新需要，从而减少民间资本存量。民间资本和投资的减少部分大体相当于政府运用通货膨胀强制储蓄的部分。因此，强制储蓄的结果不会带来社会总投资的扩大。

有益论认为，虽然一般货币持有者因通货膨胀而失去的货币价值等于政府所获得的通货膨胀税，但如果政府的储蓄倾向高于货币持有者的一般储蓄倾向，整个国家的平均储蓄水平就会提高，从而增加社会投资总额。尤其是在经济尚未达到充分就业水平、存在大量闲置生产要素的情况下，政府运用扩张性财政政策或货币政策强制储蓄来增加有效需求，并不会引发持续的物价上涨。

尽管对于大多数发展中国家来说，政府投资在社会总投资中所占的比重比较大，通货膨胀政策的强制储蓄效应通常也比较大，但对于中国来说，利用通货膨胀的强制储蓄效应却未必能促进经济发展，因为中国是一个资源供给相对短缺和总需求经常过大的国家，如果不适当地运用强制储蓄政策，将会导致需求膨胀、物价迅速上涨和其他各种消极的经济效应。

三、收入和社会财富的再分配效应

收入和社会财富的再分配效应是指通货膨胀发生时人们的实际收入和实际占有财富的价值会发生不同变化，有些人的收入与财富会提高和增加，有些人则会下降和减少。

就收入再分配来说，每个人或家庭各有不同的所得来源，各种所得来源受通货膨胀的影响各不相同，从而会发生所得再分配现象。通常情况下，在出现通货膨胀的情况下，工薪阶层和依赖退休金生活的退休人员等有固定收入者的收入调整滞后于通货膨胀，因而会使其实际收入减少，而一些负债经营的企业和非固定收入者能够及时调整其收入，因而可从通货膨胀中获利。但随着通货膨胀的持续发展，员工工薪和原材料价格相应上调，企业利润的相对收益会逐渐消失。政府由于实行累进税制度，这会使其成为通货膨胀的最大受惠者。但政府是否真正从通货膨胀中受益还要看政府的名义收入增长是否快于物价上涨。

再就财富的再分配来看，整个社会中每个人或阶层总会或多或少积累一定财富，但人们持有财富的形式极不相同。面值固定的金融资产，其价值随着物价上涨而下跌，各种变动收益证券和实物资产则随着通货膨胀而增大其价值。同时，个人所持有的各种金融资产分别是社会其他部门的负债，因此，通货膨胀的财富再分配效应是通过改变金融资产的实际价值和债务人的债务负担实现的。

一般来说，在通货膨胀时期，面值固定的金融资产如债券和票据等，其价值会下跌，而各种变动收益的证券和实物资产如股票和房地产等，其价值会增大。因此债权人是受害者，债务人是受益者。通货膨胀在减少债务性金融资产实际价值的同时也减轻了政府、金融机构和公司企业的债务负担。最易受通货膨胀打击的往往是小额存款人和债券持有人。因为大的债权人不仅可以采取更多的措施避免通货膨胀的不利影响，同时他们也是更大的债务人。

通货膨胀过程中，不同阶层消费支出的不同变化对社会财富的再分配也会产生重要影响。按照西方经济学理论，低收入阶层的边际支出倾向相对大于高收入阶层的边际支出倾向。通货膨胀时期，物价上涨和人们名义收入的提高，会使低收入阶层消费支出的增加相对大于高收入阶层消费支出的增加，而低收入（主要是工薪收入）阶层实际收入的增加相对小于高收入（主要是利润收入）阶层实际收入的增加，因此社会财富的积累和再分配会向高收入（利润收入）阶层一方倾斜。

四、资源配置扭曲效应

在市场经济条件下，价格机制发挥着引导资源流动、分配社会资源的作用，使社会各种生产要素最有效地发挥其功能。但是，当发生通货膨胀时，特别是在非预期通货膨胀的情况下，各种生产要素、商品、劳务的相对价格随之发生变化，因而资源的分配被扭曲。因此，通货膨胀在资源配置方面的效应通常是负面的，其主要原因有以下方面。

第一，在通货膨胀中，各种生产要素、商品和劳务的相对价格会发生很大的变化和扭曲，引起资源配置的低效和浪费。某些价格上涨较快的商品和劳务往往会吸引过多的资金和生产要素投入，导致这类商品和劳务的过度供给和浪费。例如，在通货膨胀期间，房地产被认为最能有效地保值，其价格上涨率较高，从而吸引大量财力、人力和物力的投入，但结果往往是房地产的过度开发导致大量房屋、土地的闲置浪费。

第二，通货膨胀会助长投机并导致社会资源的浪费。通货膨胀期间，由于投机利润大于生产利润，投机活动大大增加，大量的资源被投机者用于囤积居奇和投机获利，减少了用于发展生产和技术革新方面的社会资源。

第三，在通货膨胀期间，为避免金融资产价值的损失，人们会尽量降低持有货币和各种金融资产的比例，并购入各种实物资产。由于实物资产在交易、维护、处置和管理上要花费更多的时间、人力和物力，因而造成了社会资源的浪费。

第四，通货膨胀会造成市场供不应求的环境，使购买者盲目抢购，不计质量，企业失去提高产品质量的外在压力，使经济结构失衡更为严重。

第五，通货膨胀会使实际利率下降，打击公众的储蓄意愿，使资本积累的速度降低。虽然金融机构会相应提高存贷款利率，但其调整幅度和速度往往赶不上通货膨胀率，因而会降低金融机构动员和分配社会资金的效率。

第六，妨碍金融市场的正常发展。在通货膨胀期间，中央银行基准利率的调整往往滞后，使金融机构的正常融资渠道受阻，而民间高利贷则得以盛行，因而会改变正常的利率结构，阻碍长期金融工具的发行，影响金融市场的健康发展及其配置社会资源的功能。

五、经济秩序与社会秩序紊乱效应

通货膨胀发展到比较严重的程度时，还会破坏经济秩序和社会秩序，甚至会引发社会经济危机。这方面的效应主要表现为：

第一，加剧经济环境的不确定性。在通货膨胀持续发生的情况下，个人和企业的通货膨胀预期将变得难以捉摸，市场行情动荡不定。由于经济环境不确定，政府的经济调节政策变得更加困难，调节能力受到削弱，政策操作变得无所适从，失误的可能性增加，对经济的危害也增大。

第二，通货膨胀加剧经济结构失衡。通货膨胀造成了需求大于供给的环境，购买者盲目抢购，不计质量。这种供求失衡的市场状况模糊了产业结构、产品结构上的矛盾和问题，企业推动了提高产品质量的外在压力，结果长线产品变得更长，短线产品变得更短，经济结构失衡不但不能缓解，而且会越来越严重。

第三，导致商品流通秩序的混乱。在通货膨胀期间，由于流通领域容易获取暴利，大量资金被吸引到流通中从事投机交易，商品流通秩序极为混乱，产销脱节、商品倒流、囤积居奇、商品抢购等不正常的交易活动加剧了经济的不平衡。

第四，败坏社会风气，激化社会矛盾。在通货膨胀期间，劳动者的工资所得赶不上投机活动的利润所得，会挫伤劳动者的劳动积极性，助长投机钻营、不劳而获的恶习，而通货膨胀导致不公平的收入和财富再分配则更有可能激化社会矛盾，引起社会各阶层的经济对立。

第五，助长贪污腐败，损害政府信誉。通货膨胀时期，国家公务人员工资奖金增长通常滞后，实际收入水平下降，因而可能导致一些国家公务员以权谋私、贪污受贿，破坏政府形象。通货膨胀严重时，政府会面临要求治理通货膨胀的压力，一旦政府不能有效控制通货膨胀，人民将对政府失去信心，有可能引发货币信用制度危机，甚至会导致政治危机和社会动乱。

第四节　通货膨胀的治理

通货膨胀对一国经济、社会、政治和生活的正常进行会造成严重损害，如何治理通货膨胀成为困扰各国政府和人民的重大课题。经济学家们为此进行了不懈的努力，找到一些解决问题的方法。

一、需求管理政策

需求管理政策是对付非预期通货膨胀和需求拉动型通货膨胀的主要政策。所谓需求管理政策就是政府利用财政政策或货币政策的操作，改变全社会的总支出，以实现抑制通货膨胀的目的。由于需求拉动型通货膨胀的根本原因在于货币数量过多，所以，需求管理政策实质在于通过控制社会的货币供应总量，以实现抑制通货膨胀的目的。需求管理政策包括紧缩性货币政策和紧缩性财政政策两方面。

（一）紧缩性货币政策

紧缩性货币政策又称为抽紧银根，即中央银行通过减少流通中货币量的办法，提高货币的购买力，减轻通货膨胀压力。具体政策工具和措施包括：（1）通过公开市场业务出售政府债券，以减少经济体系中的货币存量；（2）提高贴现率和再贴现率，或政府直接提高利率，缩小信贷规模；（3）提高商业银行的法定准备金，以缩小货币发行的扩张倍数，压缩商业银行放款，减少货币流通量。在政府直接控制市场利率和信贷规模的国家，中央银行也可直接提高利率或直接减少信贷规模。

（二）紧缩性财政政策

紧缩性财政政策通过削减财政支出和增加税收的办法来治理通货膨胀。削减财政支出的内容主要包括生产性支出和非生产性支出。生产性支出主要是国家基本建设和投资支出，非生产性支出主要是政府各部门的经费支出、国防支出、债息支出和社会福利支出等。在财政收入一定的条件下，削减财政支出可相应地减少财政赤字，从而减少货币发行量，并可减少总需求，对于抑制财政赤字和需求拉动引起的通货膨胀比较有效。但财政支出的许多项目具有支出刚性，可调节的幅度有限，因此增加税收就成为另一种常用的紧缩性财政政策。增加税收包括提高个人的所得税或增开其他税种，可使个人可支配收入减少，降低个人消费水平，而提高企业的所得税和其他税率则可降低企业的投资收益率，抑制投资支出。

紧缩性货币政策和紧缩性财政政策都是从需求方面加强管理，通过控制社会的货币供应总量和总需求，实现抑制通货膨胀的目的。在20世纪60年代中期以前，一些国家根据英国经济学家菲利普斯揭示的通货膨胀与失业的相关关系（见图9-4）制定需求管理政策，用以治理需求拉动型通货膨胀，并取得了较为显著的成效。

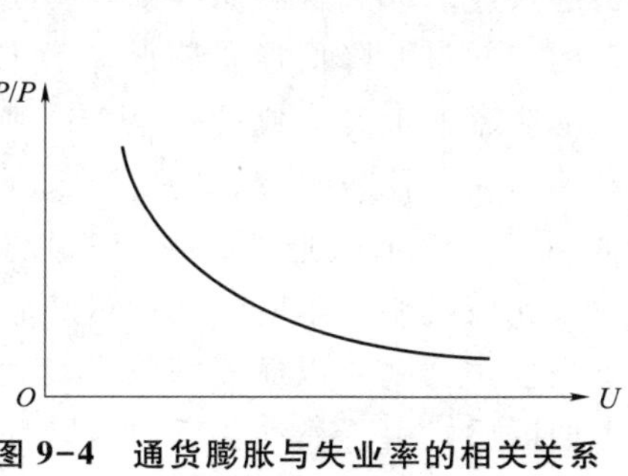

图9-4 通货膨胀与失业率的相关关系

英国经济学家、伦敦经济学院教授菲利普斯（A. W. Phillips）于1958年利用

1861—1957 年的资料，研究了英国的工资上涨率与失业率两者的关系，发现这两者存在着负相关关系。后来被萨缪尔森进一步修正为通货膨胀率与失业率之间的替代关系。

以纵轴表示通货膨胀率（$\Delta P/P$），横轴表示失业率（U）。图 9-4 中的曲线即菲利普斯曲线，表示通货膨胀率与失业率的相关关系。当失业率越低时，通货膨胀率越高；反之，失业率越高，通货膨胀率就越低。

因此，政府在面临通货膨胀和失业两大经济和社会问题时，会遇到两难的困境，即如果要降低失业率则不得不付出高通货膨胀率的代价，而如果要降低通货膨胀率又不免会导致失业率的上升。要解决这一难题，政府可运用菲利普斯曲线制定一个适当的宏观紧缩或扩张政策，即首先要确定社会可接受或可容忍的最大失业率和通货膨胀率，并将其作为临界点。例如，如果认定通货膨胀率和失业率不高于 4% 是可以容忍的，则 4% 就是临界点。如果失业率和通货膨胀率都低于这一点，如图 9-5 中正方形部分（如图中的 B 点），则政府不必采取措施进行干预。如果经济处于 A 点，此时失业率低于临界点，但通货膨胀率超过临界值。根据通货膨胀率与失业率之间的替代关系，政府可以采取措施，在不使失业率超过临界点的前提下，以提高失业率为代价换取通货膨胀率的降低。相反，如果经济处于 C 点，通货膨胀率低于临界点，但失业率超出了临界点，此时政府可以用较高的通货膨胀率为代价，使失业率降低到临界点以下。

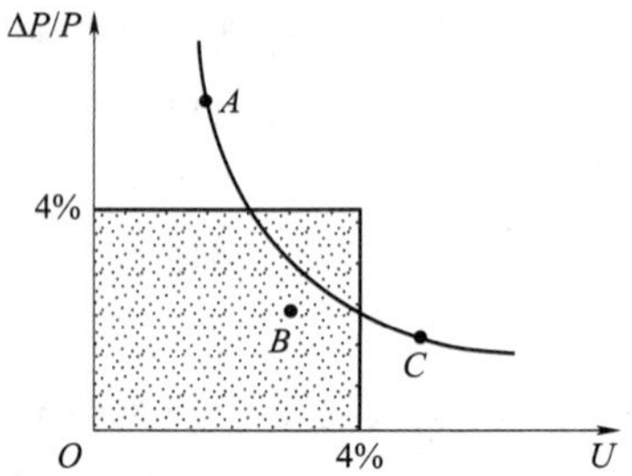

图 9-5　根据菲利普斯曲线制定宏观调控政策

按照传统的凯恩斯主义理论，失业与通货膨胀是不会同时存在的，在达到充分就业之前，政府在采取措施、消除失业的过程中，无需以通货膨胀为代价。同样，在消除通货膨胀的过程中，也不会引起失业。菲利普斯曲线则与传统的凯恩斯主义不同，它表示失业与通货膨胀是能够并存的，并且要降低通货膨胀率就必须以失业率的提高为代价。要降低失业率则必须以通货膨胀率的上升为代价。至于这种代价的大小，则取决于菲利普斯曲线的斜率。如果菲利普斯曲线比较平缓，则要降低通货膨胀率，就需要以失业率较大的提高为代价。与此同时，要降低失业率，则只需以通货膨胀率较小的提高为代价。反之，如果菲利普斯曲线比较陡峭，则要降低通货膨胀率，只需要以失业率较小的提高为代价，而此时要降低失业率，则要以通货膨胀率较大的提高为代价。

但是 20 世纪 60 年代中期以后，由于菲利普斯曲线所反映的物价与失业之间的替代关系发生了变化，较高的通货膨胀与较高的失业率同时发生，即经济中出现了滞胀现象，根据菲利普斯曲线制定的宏观经济调控政策不再奏效，于是一些西方国家又将所得政策作为治理通货膨胀的重要手段。

[专栏] 9-2

滞　　胀

20 世纪 70 年代，世界范围内发生了两次能源危机。能源危机之后，世界各国的经济状况普遍受到深刻影响。其中，发达资本主义国家产生了失业率与物价上涨率同向变动的现象，这种现象是与凯恩斯学派关于失业率与物价上涨率反方向变动的诊断相违背的。经济学家们把经济停滞不前、同时又发生物价持续上涨的现象称为停滞通货膨胀(Stagflation)。

停滞通货膨胀的发生有两个背景。第一，20 世纪 60 年代末期，西方许多发达国家政府为抑制通货膨胀而采取紧缩政策，结果物价上涨率并未降低，失业率却大幅度提高，即出现停滞通胀。第二，20 世纪 70 年代发生了两次能源危机，石油价格上涨使生产成本提高，从而由供给冲击引发了物价和失业的同时上涨。

关于停滞通货膨胀发生的原因，不同的经济学派看法不一。凯恩斯学派经济学家认为停滞通货膨胀主要来自供给方面的冲击，如能源危机、工资上涨等，引发总供给曲线 *AS* 左移，因而造成失业率与物价上涨率同时提高。货币学派则认为各国政府不断采取扩张性的财政政策和货币政策，引起公众对物价上涨率的预期提高，这是使 *AS* 曲线左移，从而物价上涨率与失业率同时提高的直接原因。供给学派经济学家则认为，20 世纪 60 年代，各国政府奉行凯恩斯主义的扩张性财政政策，一方面政府支出增加使总需求增加，导致物价上涨；另一方面，政府税收的提高使企业投资意愿及工人工作意愿降低，从而导致失业率提高。

资料来源：夏德仁，李念斋．货币银行学．2 版．北京：中国金融出版社，2005.

二、所得政策

所谓所得政策，即借助于管制手段抑制成本冲击对物价上涨的压力，阻止菲利普斯曲线向右移动，从而为政府当局实现经济总体目标创造条件。

倡导所得政策的经济学家们的主要理由是：第一，市场经济体制中，市场无效时常发生。市场不但不能使资源合理分配，而且对商品和劳务的分配也不能令人满意。甚至有人认为所谓消费者主权根本无从发挥作用。第二，依靠紧缩政策抑制通货膨胀代价过高。因为通过财政信用紧缩政策虽然能够控制通货膨胀，但必须伴随经济衰退和大量失业，给社会造成沉重负担。当然，也有一些经济学家认为只要造成通货膨胀的根本原因不消除，依靠管制价格、工资和利润的所得政策来抑制预期通货膨胀的效果是令人怀疑的。

所得政策一般包括工资管制和利润管制两方面。

（一）工资管制

所谓工资管制是指政府以法令或政策形式对社会各部门和企业工资的上涨采取强制性的限制措施。

主张采取工资管制来抑制通货膨胀者认为，由于强而有力的工会组织的作用，工人会不顾劳动市场状况提出提高工资的要求，这样使产品生产成本提高。而企业为转嫁工资成本的提高，就会提高产品价格，从而导致供给曲线左移，这是造成通货膨胀的直接原因。如果对工资提高加以限制，不能阻止供给曲线左移，也就避免了菲利普斯曲线右移，缓和了通货膨胀压力。

工资管制一般是以货币工资增长率等于劳动生产率加上预期通货膨胀率作为控制工资增长的目标。政府所采取的具体办法包括：

第一，道义规劝和指导，即由政府规劝、建议工人或企业自愿地克制对高工资、高价格的要求，自觉地控制工资、价格的增长。当然，这是一种不具约束力的所得政策，如果被规劝者不听劝告，将对抑制通货膨胀不发生任何效果。

第二，协商解决，这种措施是否对控制通货膨胀有效完全取决于协议双方是否愿意遵守协议规定，而对企业和个人来说，是否遵守协议决定于其对现有工资水平的认可。

第三，冻结工资，即政府以法令或政策形式强制性地将全社会职工工资总额或增长率固定在一定的水平上。这种措施影响较大，通常只用在通货膨胀严重恶化时期。

第四，开征工资税，对增加工资过多的企业按工资增长超额比率征收特别税款。这一办法可使工人拒绝工会过高的工资要求，从而有可能与工会达成工资协议，降低工资增长率。

（二）利润管制

利润管制是指政府以强制手段对可获得暴利的企业利润率或利润额实行限制措施，防止大企业或垄断性企业任意抬高产品价格，从而抑制通货膨胀。

主张进行利润管制以治理通货膨胀者认为，现代大企业垄断能力不断提高，这些大企业对其产品，甚至相关产品的价格均具有支配力。企业为了获得垄断利润，会经常不顾市场是否有超额需求，人为抬高其产品价格，有时还假借转嫁成本的理由而超额提高产品价格。这种提高利润的行为同样会使总供给曲线向左移动，产生利润推动的通货膨胀。因此，通过对企业利润进行管制就可以限制大企业或垄断性企业任意抬高产品价格，从而抑制通货膨胀，稳定商品价格。

进行利润管制的办法主要包括：

第一，管制利润率。由于产品价格以成本加成为依据制定，所以政府对各种产品的加成比率即合理利润率加以规定，企业只能依此定价和销售。对于销售企业，政府规定其经营商品的进销差价率。这种利润率管制方法有两点需要注意，一是由于各种不同产业有不同的经营风险程度，利润率的差异反映出这种风险差异，但此种合理利润率较难以确定。二是管制利润率必须以控制企业合理成本为前提，否则，消耗大、浪费多的企业，因产品成本高，所以加成也较高，这样就会产生鼓励落后的作用。

第二，对超额利润征收较高的所得税。这种方法虽然不直接管制利润率，但可将企业不合理的利润以课税的方式纳入国库，对企业追求超额利润起到限制作用。但如果企业超额利润的获得是通过提高效率、降低成本实现的，则可能会打击企业的积极性。

此外，一些国家还制定反托拉斯法，限制垄断高价，并对公用事业和国营企业的产品和劳务实行直接价格管制。

三、收入指数化政策

收入指数化政策又称指数联动政策，是指对货币性契约订立物价指数条款，使工资、利息、各种债券收益以及其他货币收入按照物价水平的变动进行调整。一般说来，收入指数化政策可适用于极广泛的经济活动中，从银行存贷款的利息支付到职工工资的调整，从商品价格的制定到国债利息的确定，这些货币形式的收支均应根据物价指数进行调整。

收入指数化政策对面临世界性通货膨胀的开放经济小国来说尤其具有积极意义，是这类国家对付输入型通货膨胀的有效手段。主张采取收入指数化政策的主要理由是：

第一，收入指数化政策有利于国民收入分配的公平和社会稳定。在任何社会都有许多依赖固定收入维持生活的人或阶层，如工人、国家公务员、军人、教师、退休人员等。在通货膨胀期间，这些固定收入者的实际所得会相对减少，这不但影响其生活，而且还可能成为社会的不安定因素。收入指数化政策可以使这些人的名义所得随通货膨胀而增加，从而有效排除通货膨胀对固定收入者的影响，既安定了固定收入者的生活，也保证了社会的稳定。

第二，收入指数化政策可以提高资源的分配效率。在市场机制下，各种不同商品的价格信息是引导资金和资源流动的指示器，稳定的价格体系和价格结构有利于社会资源的有效分配。但在通货膨胀期间，商品之间稳定的比价关系被破坏，价格体系趋于紊乱，从而会产生盲目的资源分配，结果会导致资源的浪费和低效配置。收入指数化政策使各种商品和资源的价格根据通货膨胀水平同比例地调整，从而在一定程度上稳定了价格关系，保证了资源配置信息的准确，所以有利于提高资源分配效率。

第三，收入指数化政策可以促进经济的正常发展。在通货膨胀期间，由于不合理的所得和财富分配干扰了经济秩序，所以可能导致经济崩溃或畸形发展，如囤积、抢购、投机倒把、盲目投资等。收入指数化政策排除了通货膨胀对所得和收入分配的影响，从而有可能维持经济的持续发展。

第四，收入指数化政策有可能抑制通货膨胀率的持续上升。在通货膨胀期间，各种经济行为主体对通货膨胀的预期成为推动通货膨胀上升的重要因素。收入指数化政策可以割断通货膨胀与实际工资、收入的互动关系，稳定或降低通货膨胀预期，从而达到抑制通货膨胀的作用。

对收入指数化政策持反对意见者也不乏其人，其主要理由是：

第一，收入指数化政策存在指数选择的困难。当前世界各国所使用的物价指数很多，这些指数分别代表着不同种类商品的价格变化，而且其变化速度、方向也不尽相同。选取哪一种指数作为制定政策的依据难以形成统一意见。

第二，收入指数化政策并非对所有机构都有效。比如金融机构，特别是储蓄机构，其资产包括各种长、中、短期资产，但其负债主要是中短期负债。一旦实行收入指数化政策，由于其长期资产的收益不能及时调整，而短期或中期负债的利率可随指数调整，这样就会增加其经营上的困难。

第三，收入指数化政策可能助长成本推进型的通货膨胀。由于收入指数化政策是对工资、价格根据物价指数进行调整，而某些重要原材料、能源的指数调整会更进一步抬高成本，导致成本推进型通货膨胀。所以，收入指数化政策对抑制成本推进型通货膨胀可能无效。

由于实行收入指数化政策在技术上有很大的难度，会增加一些金融机构经营上的困难，而且有可能造成工资—物价的螺旋上升，反而加剧成本推进型的通货膨胀，因此该政策通常仅被当作一种适应性的反通货膨胀措施，不能从根本上对通货膨胀起到抑制作用。

四、单一规则——货币学派的政策

货币学派认为，20 世纪 70 年代资本主义国家经济滞胀的主要原因是政府不断采取扩张性的财政政策和货币政策，所以导致了通货膨胀预期提高、总供给曲线左移、菲利普斯曲线右移。

因此，货币主义认为，政府必须首先停止扩张性的总体经济政策，将货币供给的增长速度控制在一个最适当的增长率上，即采取所谓的单一规则政策，以避免货币供给的波动对经济和预期的干扰。

货币主义学派强调，在已发生滞胀的情况下，只有严格控制货币供应量，才能使物价稳定及总体经济和社会秩序恢复正常。尽管降低货币供应量在短期内会引起失业增加、加重经济衰退，但付出这一代价将换来通货膨胀预期的下降和菲利普斯曲线的回落，并最终根除滞胀。

单一规则政策对付通货膨胀确实比较有效，这已为 20 世纪 80 年代中期以来美国和其他一些发达国家的实践所证明。但是对于一些以经济增长作为首要政策目标的国家来说，尤其对那些经济严重衰退、失业率居高不下的国家来说，这一政策有很大的局限性，不顾一切地推行这一政策，会加重经济衰退和失业，甚至会导致社会动乱。

五、增加供给——凯恩斯学派和供给学派的政策

凯恩斯学派和供给学派都认为，总供给减少是导致经济滞胀的主要原因。

凯恩斯学派认为，总供给减少是导致经济滞胀的主要原因，总供给减少的主要原因包括：第一，各种意外事件引起总供给减少及菲利普斯曲线移动，这些意外事件如战争、主要农作物歉收、石油或重要原材料短缺等；第二，劳动市场因素导致供给短缺，如失业津贴降低了工作者的工作意愿、人口结构发生变化、参加工作者比例减少、有组织的工会提高了就业条件等；第三，产品市场需求结构发生变化导致供给减少；第四，政府财政支出结构、税收结构、转移支付等发生变化，影响了总供给等。

因此，治理经济滞胀必须从增加供给着手，对策主要包括：政府减少失业津贴的支付、改善劳动条件、加强职业培训和职业教育、改进就业信息服务、调整财政支出结构和税收结构等，其目的是降低自然失业率，使总体经济恢复到正常状态。

供给学派则认为，政府税率偏高是总供给减少的主要原因。因此，治理滞胀必须从降低税率入手，通过降低税率刺激生产力提高，从而增加供给，消除停滞通胀的根源。具体说来，供给学派关于降低税率对劳动生产率的促进作用表现在以下四个方面：

第一，降低税率有利于提高工作意愿。一般而言，就业者对自身税后工资所得是最关心的，所以，只要就业者有足够数量，政府降低税率就可以使工人或职员税后工资所得提高。这样，无论是已就业者，还是失业者，其工作意愿都会大大提高，从而增加劳动供给。工作意愿的提高表现在自愿放弃假期、自愿加班加点、延缓退休、愿意进行工作改进等。

第二，降低税率有利于提高资金运用效率。这是因为，一方面，在高税率下，一部分社会资源将浪费在寻求偷漏税之中，因为降低税率可降低逃税意愿，从而减少资源浪费，提高资源运用效率；另一方面，在高税率下，因税后所得降低，一部分投资及就业机会可能会取消，这将导致失业人数增加及资源浪费。相反，降低税率可使个人和企业税后所得增加，从而刺激就业机会的扩大。

第三，降低税率有利于提高储蓄意愿。由于降低税率后，企业或个人税后所得增加，因此，在储蓄货币不变或提高的情况下，会有更多企业或个人所得转为储蓄。储蓄的增加就为增加投资、促进供给创造了条件。

第四，降低税率有利于刺激投资。这是因为降低税率后，企业投资的税后所得增加，或者投资的边际收益率提高，因而在利率不变的情况下，投资会增加，这就会刺激经济增长和降低失业率。

总之，供给学派相信，利用这些措施能够消除供给曲线和菲利普斯曲线移动的诱因，从而通过维持低水平的失业与通货膨胀的替代关系，避免停滞通胀发生。

治理通货膨胀是一个十分复杂的问题，不仅造成通货膨胀的原因及其影响是多方面的，而且其治理的过程也必然会牵涉到社会生活的方方面面，影响到各个产业部门、各个企业、社会各阶层和个人的既得利益，因此不可能有十全十美的治理对策。尤其是我国通货膨胀的治理，必须从我国是一个处于经济转轨时期的发展中的社会主义国家这一特殊的国情出发，认真分析通货膨胀的成因，既要从宏观经济整体出发，保持国民经济较快的增长和总供给的不断增长，解决因产业结构调整和社会劳动生产率提高而出现的失业率提高问题，又要适度控制流通中的货币总量和总需求，防止经济过热导致通货膨胀升温；既要通过推进经济体制改革、整顿经济秩序等综合治理措施，消除通货膨胀的环境因素，又要根据具体原因，采取一些针对性较强的有力措施。因而，治理通货膨胀的手段，必须结合实际情况进行综合治理。

[专栏] 9-3

反通货膨胀

反通货膨胀（Disinflation）是国家中央银行，如美联储，经由设定利率及其他货币政策来有力地影响通货膨胀率。高利率（及资金需求成长迟缓）为央行反通胀的典型手法，以降低就业及生产来抑制物价上涨。

然而，不同国家的央行对控制通货膨胀有不同的观点。例如说，有些央行密切注意对称性通货膨胀目标，而有些仅在通货膨胀率过高时加以控制。欧洲中央银行因在面对高失业率时采用后者而受指责。

货币主义者着重经由金融政策以降低资金供给来提高利率。凯恩斯主义者则着重于经由增税或降低政府开支等财政手段来普遍性的降低需求。其对金融政策的解释部分来自罗伯特·索罗对日用品价格上涨所作的研究成果。供给学派所主张的抵抗通货膨胀方法为固定货币与黄金等固定参考物的兑换率，或降低浮动货币结构中的边际税率以鼓励形成资本。所有这些政策可透过公开市场操作达成。

另一种方法为直接控制薪资与物价。美国在20世纪70年代早期尼克松主政时，曾试验过这种方法。其中一个主要的问题是，这些政策与刺激需求面同时实施。故供给面的限制（控制手段、潜在产出）与需求增长产生冲突。经济学家一般视物价控制为不良做法，因其助长短缺、降低生产品质，从而扭曲经济运行。然而，若能避免因经济严重衰退导致成本升高，或在抵抗战时通货膨胀的情形下，这样的代价或许值得。

实际上，物价控制可能因抵抗通货膨胀而使经济衰退更具影响力（因降低需求而提高失业率），而经济衰退可在需求高涨时防止物价因控制而产生歪曲。

资料来源：http：//money. 163. com/.

第五节 通货紧缩

一、通货紧缩的含义

通货紧缩是与通货膨胀相对立的一个概念，通常意义上是指一般物价水平的持续下跌。国际清算银行提出的标准是一国消费的价格连续两年下降可被视为通货紧缩。

关于通货紧缩，学术界也没统一的定义，从目前讨论的情况看，主要有三种说法：一是单要素说，认为通货紧缩就是物价总水平持续下降；二是两要素说，认为通货紧缩不仅是物价总水平持续下降，而且货币供应幅度下降，流通中的货币相对甚至绝对减少；三是三要素说，认为通货紧缩不仅是指物价总水平下降、货币供应下降，而且伴随着经济衰退或缓慢增长，即“两个特征、一个伴随”。持两要素说观点的人强调通货紧缩是一种货币现象，因此应该从货币流通总量判断；持三要素说观点的人强调通货紧缩是经济衰退的货币表现，与物价持续下降相伴随的必然是有效需求不足、失业率提高和经济不景气。尽管在通货紧缩的定义上尚有争议，但对于物价总水平的持续下降这一点，三种说法的观点是一致的。

至于物价水平持续下降的时限，有的国家定为一年，有的国家定为半年。我国的通货紧缩潜在压力较大，可以以一年为界。

在以物价总水平持续下降作为判断通货紧缩主要标准的同时，也可以用货币的辅助指标，但不能作为主要标准，主要的判断和衡量标准只有一个，即持续性的商品价格水平下跌，或者说一定时期内通货膨胀率持续为负数。

至于度量通货紧缩的具体统计指标，与通货膨胀一样，目前各国主要采用三个指数，即消费物价指数、批发物价指数和国民生产总额平减指数。

二、通货紧缩的分类

对于通货紧缩通常可以按照其持续时间、严重程度和形成的原因等进行分类。

（一）按持续时间长短划分

通货紧缩可分为长期性通货紧缩、中期通货紧缩与短期性通货紧缩。在历史上，一些国家曾经发生历时达几十年的长期性通货紧缩，例如，英美两国1814—1849年长达35年的通货紧缩、美国1866—1896年长达30年的通货紧缩、英国1873—1896年长达23年的通货紧缩等，都属于长期性通货紧缩。一般将10年以上的通货紧缩划分为长期通货紧缩，5~10年为中期通货紧缩，5年以下为短期通货紧缩。

（二）按严重程度划分

通货紧缩可分为轻度通货紧缩、中度通货紧缩和严重通货紧缩。如果通货膨胀率持续下降并转为物价指数负增长的时间不超过两年即出现转机，可视为轻度通货紧缩；如果通货紧缩超过两年仍未见好转，但物价指数降幅在两位数以内，可视为中度通货紧缩；如果通货紧缩超过两年并持续发展，且物价降幅超过两位数，或者伴随着比较严重的经济衰退，则应视为严重通货紧缩。例如美国在第一次世界大战后经济衰退时期的物价下降幅度达15%以上，在20世纪30年代的大萧条时期物价降幅达30%以上。

（三）按通货紧缩与经济增长状况划分

通货紧缩可分为增长型通货紧缩与衰退型通货紧缩。如果与通货紧缩相伴随的是经济的持续增长，则属于增长型通货紧缩，例如英国1814—1849年、1873—1896年的通货紧缩以及美国1814—1849年、1866—1896年的通货紧缩；如果与通货紧缩伴随的是经济的衰退，则属于衰退型通货紧缩，例如美国1920—1933年的通货紧缩。

（四）按通货紧缩的成因划分

通货紧缩可分为政策紧缩型、产业周期型、需求拉下型、成本压低型、体制转轨型、外部冲击型和混合型。

三、通货紧缩的理论

有关通货紧缩的最早的探讨，可追溯到马克思在《资本论》及其手稿中的论述。马克思在分析流通中货币的膨胀和收缩问题时指出，通货的膨胀和收缩可能由产业周期引起，可能由投入流通中的商品数量、价格变动引起，也可能由货币流通速度变化引起，还可能由于技术因素产生。马克思关于通货膨胀和紧缩的论述主要是建立在货币流通规律，尤其是作为价值符号的纸币流通条件下的货币流通规律的基础上。

英国经济学家凯恩斯于1923年在《币值变动的社会后果》一文中联系1914—1923年英国物价水平的变化与货币政策讨论了通货紧缩问题，并指出："从1920年起，重新恢复对其金融局势的控制的那些国家，并不满足于仅仅消灭通货膨胀，因而过分缩减了其货币供给，于是又尝到了通货紧缩的苦果。"凯恩斯的代表作《就业、利息和货币通论》不仅是关于通货膨胀的经典文献，也是治理通货紧缩的经典之作。他针对30年代大危机提出的"有效需求不足"的论断，抓住了当时资本主义国家经济严重失衡和发生通货紧缩的症结所在。

美国经济学家欧文·费雪也于1933年根据对30年代世界经济危机状况的研究提出了“债务-通货紧缩”理论。他认为，在经济处于繁荣阶段时，企业家追求利润最大化的动机会导致“过度负债”，而当经济不景气时，企业家为了清偿负债又会被迫降价倾销商品，因而导致物价水平下跌，即通货紧缩。该理论实际上将通货紧缩过程看作是商业信用被破坏的过程和经济危机的过程，并认为在这一过程中，起关键作用的是预期资本的边际效率下降促使货币当局采取收缩政策与收缩行为。

第二次世界大战后，西方国家由于采取了凯恩斯主义政策，经济长期处于通货膨胀的压力下，人们的注意力几乎转向了通货膨胀，关于通货紧缩的论述比较少，其中比较重要的有弗里德曼和施沃慈以及萨缪尔森、布坎南和瓦格纳等人。

弗里德曼和施沃慈（1963年）认为，银行恐慌和信用收缩的产生也许加重了通货紧缩，并引发了信用危机。

萨缪尔森、布坎南和瓦格纳则认为，通货紧缩和通货膨胀一样，都是政府干预过多、政策失当的产物。萨缪尔森和诺得豪斯在《经济学》一书中明确指出：“货币收缩（通过公开市场业务）会提高利息率。这将压缩投资支出，并且通过乘数抑制总需求，并以此降低产量和价格。”

进入20世纪90年代以来，是否会发生世界性通货紧缩变成了经济理论界的热门话题和争论焦点。

美国著名经济学家保罗·克鲁格曼在1998—2000年短短两年的时间里就发表了20余篇研究通货紧缩的论文，形成了一套“新凯恩斯主义”的反通货紧缩理论。与国际上流行的观点不同，克鲁格曼将近年来世界性通货紧缩的原因归结为社会总需求不足，而不是供给过剩，并特别强调，需求不足在不同的国家或在同一国家的不同时期有着不同的社会制度根源。他证明了在“流动性陷阱”的条件下保持零通货膨胀的货币政策不再是中性的，因而主张用“有管理的通货膨胀”政策来治理通货紧缩。他还认为，实行联系或固定汇率制的国家在货币汇率发生高估时，易受到其他出口国家货币突然贬值的冲击而导致国内价格突然下降，从而引起通货紧缩。

曾任美联储主席的格林斯潘对通货紧缩的解释是“正如通货膨胀是由一种货币状况的变化——人们不愿持有货币，而宁愿持有实物——而产生的，通货紧缩的发生则是由于人们更愿意把持有的实物换成货币”。他指出，导致通货紧缩的另一个可能的原因是资产泡沫的破裂对经济产生的致命的消极影响。正是资产泡沫的破灭摧毁了本已问题重重的金融中介，导致了长期性的通货紧缩。格林斯潘还指出，由技术革命推动导致的劳动生产率不断提高，尤其是信息技术的发展所反映的世界经济中的一些深层次的结构性变化，再加上其他一些结构性因素（例如国际贸易壁垒的不断破除），使价格的抑制过程在一定程度上得到了自我加强，这也是促使通货紧缩发生的重要因素。

经济学界关于我国通货紧缩的成因有三种不同观点：第一种观点是供需失衡论，强调通货紧缩是由实体经济因素所致，包括生产过剩论和有效需求不足论。在有效需求不足论中，又存在民间投资不足论、居民消费下降论、出口下降论等不同观点。第二种观点是货币紧缩论，认为通货紧缩是一种货币现象，是紧缩性货币政策导致的。第三种观点是债务紧缩理论，认为通货紧缩是由债务收缩引起的总需求下降导致的。

四、通货紧缩的成因

尽管不同国家不同时期的通货紧缩有着不同的原因，但从国内外经济学家们关于通货紧缩的理论分析中，仍可概括出引致通货紧缩发生的一般原因。

1. 紧缩性的货币财政政策

一国当局采取紧缩性的货币政策或财政政策，大量减少货币发行或削减政府开支以减少赤字，会直接导致货币供应不足，或加剧商品和劳务市场的供求失衡，从而引起物价下跌，出现政策紧缩型的通货紧缩。

2. 经济周期的变化

经济周期达到繁荣的高峰阶段，生产能力大量过剩，供大于求，可引起物价下跌，出现经济周期型通货紧缩。

3. 生产力水平的提高和生产成本的降低

技术进步提高了生产力水平，放松管制和改进管理降低了生产成本，因而会导致产品价格下降，出现成本压低型通货紧缩。

4. 投资和消费的有效需求不足

当预期实际利率进一步降低和经济走势不佳时，消费和投资会出现有效需求不足，导致物价下跌，形成需求拉下型通货紧缩。金融体系的效率降低或信贷扩张过快导致出现大量不良资产和坏账时，金融机构“惜贷”或“慎贷”引起信用紧缩，也会减少社会总需求，导致通货紧缩。

5. 本币汇率高估和其他外部因素的冲击

一国实行钉住强币的汇率制度时，本币汇率高估，会减少出口、扩大进口，加剧国内企业经营困难，促使消费需求趋减，导致物价持续下跌，出现外部冲击型的通货紧缩。国际市场的动荡也会引起国际收支逆差或资本外流，形成外部冲击性的通货紧缩压力。

6. 体制和制度因素

体制和制度方面的因素也会加重通货紧缩，如企业制度由国有制向市场机制转轨时精简下来的大量工人现期和预期收入减少，导致有效需求下降；住房、养老、医疗、保险、教育等方面的制度变迁和转型都可能会影响到个人和家庭的收支和消费行为，引起有效需求不足，导致物价下降，形成体制转轨型的通货紧缩。

7. 供给结构不合理

由于前期经济中的盲目扩张和投资，造成了不合理的供给结构和过多的无效供给，当积累到一定程度时必然会加剧供求之间的矛盾。一方面，许多商品无法实现其价值，迫使价格下跌；另一方面，大量货币收入不能转变为消费和投资，减少了有效需求，就会导致结构型通货紧缩。

五、通货紧缩的效应

一是通货紧缩不利于消费。传统的经济理论认为，假设名义工资不变，价格总水平下降会使实际收入增加，从而刺激消费需求。但经验表明，一方面，价格总水平持续下降或者会使企业收入流量减少而引起名义工资下降，或者由于工资短期内的相对稳定导致就业减少，不利于增加消费。另一方面，持续的通货紧缩会使消费者推迟购买，以等待将来更低的价格出现，经济会由此陷入到通货紧缩的螺旋之中，最终导致衰退或萧条。

二是不利于企业经营，恶化银企关系。物价下降水平不可能是一致的，由于工资等企业成本具有刚性，通货紧缩下投入成本下降幅度往往小于产品价格下降幅度。因此，通货紧缩对企业，特别是加工企业的负面影响较为严重。

在通货紧缩条件下，资本的缩水也会产生负面的财富效应，贷款者的实际债务负担加重。由于实际利率上升，企业的利润减少，为维持周转，企业会选择借入更多的债务。而此时，银行往往会收缩对企业贷款，并要求客户尽快偿还贷款，这最终将导致企业资产价格的进一步下跌，企业偿债能力更加脆弱，使银企关系紧张。

三是抑制投资。一方面，由于企业对未来生产和经营效益的预期趋于恶化，投资信心可能严重下降，而实际利率的提高会使投资的成本随之增加，投资成本和投资收益这两方面的因素共同抑制了投资的增加。另一方面，如果人们预期通货紧缩还将持续，在任何名义利率下都不会积极向银行争取贷款，而银行由于风险的约束，任何名义利率下都会“惜贷”，这种效应被称为“蒙代尔效应”。因此，持续通货紧缩下的经济很有可能陷入“流动性陷阱”。

六、通货紧缩的治理

受过通货膨胀危害的人们几乎无不谈虎色变。但对于通货紧缩有哪些危害，许多人却不甚了解。其实通货紧缩对经济的破坏力与通货膨胀是一样的，甚至有过之而无不及。首先，通货紧缩会加速经济的衰退。其次，物价的下跌还会提高实际利率，加重债务人的负担。银行则出现大量坏账，甚至因金融恐慌和存款人挤兑而被迫破产，使金融系统濒临崩溃。个人因担心银行倒闭更倾向于持有现金，从而导致“流动性陷阱”的产生，并因而造成经济持续衰退，失业率进一步提高。由于需求的持续下降使进口萎缩，会造成国际收支逆差和资本外流，使国家外汇储备减少，偿债能力削弱，甚至发生债务危机。

如何治理通货紧缩是理论界和实际部门不断探索的新问题。目前治理通货紧缩的方法主要集中在尽量扩大有效需求不足方面，包括消费需求和投资需求，所采取的措施主要是扩张性的货币政策和财政政策等。

（一）扩张性的货币政策

在通货紧缩时期，扩张性的货币政策主要是通过降低存款准备金率、再贴现率、再贷款率和在公开市场上买进有价证券，增加货币供应量，以刺激经济发展。

但在通货紧缩时期，由于货币流动性下降，削弱了货币供给对产出的拉动作用，货币供给的政策功能下降。同时，由于货币供给所具有的外生性，使得中央银行货币政策工具在实行紧缩性货币政策时效果较为理想，而在推行扩张性货币政策时效果却不明显。因为中央银行无法强制商业银行扩大贷款，也不能主动改变货币的流动性，货币政策只能起指导性作用。

因此，在通货紧缩时期，货币政策对经济增长的拉动作用下降，其作用应主要体现在稳定宏观经济环境方面。

（二）扩张性的财政政策

扩张性的财政政策主要包括扩大政府支出、增加赤字规模以及降低投资和消费方面的税收、刺激投资和消费需求的增长等。减税涉及税法和税收制度的改变，不能作为一种经常性调控手段，但在对付较为严重的通货紧缩时也会被采用。在减税的同时扩大政府投资支出，通过投资乘数作用带动私人投资的增加。

运用扩张性财政政策面临两个问题：一是债务负担问题。因为减税会使财政收入减少，而扩大财政开支又会使财政支出增加。解决这一问题的主要办法是发行国债，但国债积累到一定规模时，就会加大政府偿债负担，甚至引致债务危机。二是财政支出的“挤出效应”。所谓“挤出效应”是指政府开支的增加如果没有货币供应量的相应增长，那么，在支出增加和货币供应量不变的情况下，必然导致利率的上升，由此引起私人投资和消费的缩减。因此，在对付通货紧缩时，要注意财政政策和货币政策的相互配合。

各种经济措施是否系统和完整，这些措施的效果如何等尚不清楚，还有待于人们从理论和实践两个层面进行探索和总结。但有一点是可以肯定的，那就是，虽然通货紧缩与通货膨胀是相对应的，但是治理通货紧缩的措施绝非照着通货膨胀的措施并“反其道而行之”那样简单。

本章小结

1. 通货膨胀指在纸币流通条件下，流通中的货币量超过实际需要所引起的货币贬值、物价上涨的经济现象。

2. 通货膨胀的度量：消费物价指数（CPI）、批发物价指数（WPI）、国民生产总额平减指数（GNP Deflator）。

3. 通货膨胀的类型：通货膨胀可分为需求拉动型通货膨胀、成本推进型通货膨胀、供求混合推进型通货膨胀、结构型通货膨胀、预期型通货膨胀和输入型通货膨胀六种。

4. 通货膨胀的效应主要表现在经济增长效应、强制储蓄效应、收入和社会财富的再分配效应、资源配置扭曲效应、经济秩序与社会秩序紊乱效应五个方面。

5. 通货膨胀的治理：通货膨胀的治理措施表现在需求管理政策、所得政策、收入指数化政策、单一规则和增加供给五个方面。

6. 通货紧缩通常意义上是指一般物价水平的持续下跌。

重要概念

通货膨胀　消费物价指数　需求拉动型通货膨胀　成本推进型通货膨胀
结构型通货膨胀　菲利普斯曲线　收入指数化政策　单一规则　通货紧缩

思考题

1. 什么是通货膨胀？通货膨胀的度量指标有哪些？
2. 通货膨胀的类型有几种？分别是什么？
3. 通货膨胀的效应有哪些？
4. 货币主义学派与凯恩斯学派在治理通货膨胀的主张上有何不同？
5. 菲利普斯曲线的政策含义是什么？

第十章

货币政策

学习目标

通过本章的学习，学生应明确货币政策的三大基本要素——货币政策目标、货币政策工具、货币政策中介指标，了解货币政策目标和中介指标选择的基本原则，熟练掌握货币政策工具的运用原理与方法，了解货币政策的传导机制与时滞。

货币政策指中央银行在一定时期内利用某些工具作用于某个经济变量，从而实现某种特定经济目标的制度规定的总和。它是实现中央银行金融宏观调控目标的核心所在，在国家宏观经济政策中居于十分重要的地位。货币政策的主要内容包括货币政策目标和货币政策工具。货币政策的目标分为最终目标和中间目标两类。最终目标即中央银行执行货币政策预期要达到的最终效果。一般而言，各国货币政策的最终目标主要有稳定物价、充分就业、经济增长、国际收支平衡等。中间目标（中介目标）是实现货币政策最终目标的中间性或传导性金融变量。货币政策工具即中央银行为谋求货币政策最终目标的实现而对货币供给量、信用量所使用的调控手段，包括一般性货币政策工具、选择性货币政策工具和其他货币政策工具三类。

第一节　货币政策及其目标

一、货币政策的含义

货币政策是指中央银行在一定时期内利用某些工具作用于某个经济变量，从而实现某种特定经济目标的制度规定的总和。它是实现中央银行金融宏观调控目标的核心所在，在国家宏观经济政策中居于十分重要的地位。

货币政策有三大构成要素，即货币政策工具、货币政策中介指标、货币政策目标。它们三者之间的关系表现为货币政策工具作用于货币政策中介指标，并通过货币政策中介指标去实现货币政策目标，如图 10-1 所示。

由于货币政策中介指标的确定在很大程度上取决于货币政策目标，货币政策工具的

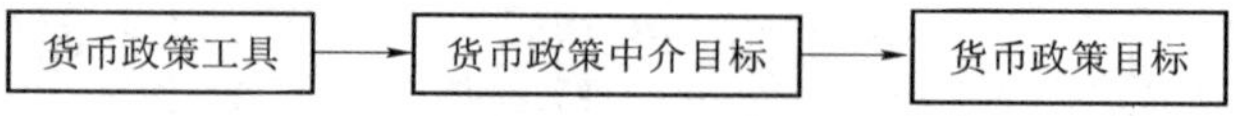

图 10-1　货币政策三大要素及其关系

取舍在很大程度上依存于货币政策中介指标，因而货币政策的三要素之间存在一种逆向制约关系。

二、货币政策的最终目标

货币政策最终目标是指中央银行执行货币政策预期要达到的最终效果。一般而言，各国货币政策的最终目标主要有稳定物价、充分就业、经济增长、国际收支平衡等。上述目标的确立是随着社会经济的不断发展而完善的。

（一）稳定物价

稳定物价是指一般物价水平在短期内没有显著的或急剧的波动。一般物价水平是反映物价变动一般趋势或者平均水平的。在一般物价水平相对稳定的前提下，某种商品的价格相对于其他商品的价格的变动，改变的只是商品世界的相对价格体系，并不反映一般物价水平的涨跌。这种商品相对价格体系的经常改变是经济运行中自由竞争的正常现象，会促使全社会资源得以有效地分配。

在纸币流通条件下，稳定币值就是稳定货币购买力，货币购买力是用单位货币所能购买到的商品（或劳务）来衡量的，稳定货币购买力即指单位商品所能换到的货币数量保持不变。所以，稳定物价值也就等于稳定币值。

不过，有两点需要注意：一是物价稳定只能是相对稳定，并非是通货膨胀率越低越好，因为通货紧缩同样会对经济发展产生不良影响；二是币值稳定也只能是相对稳定，包含一定程度的物价变动，这个变动的上下限究竟是多少，则是一个因时、因地、因人不同而观点不一的问题。

对于把一般物价水平上升的幅度控制在何种范围之内，不同的经济学家有不同的看法，不同的国家也有不同的标准。从各国的实际情况看，中央银行在制定货币政策时，一般要求把物价上涨率控制在 2%～3%。

（二）充分就业

严格意义上的充分就业是指所有资源而言，它不仅包括劳动力的充分就业，还包括其他生产要素的“充分就业”，即充分利用。但人们通常所说的充分就业仅指劳动力而言，指任何愿意工作并有能力工作的人都可以找到一个有报酬的工作。

传统的西方经济学理论认为，充分就业不是社会劳动力的 100% 就业，而是把通常存在的两种失业排斥在外：一是摩擦性失业，即由季节性、技术性、经济结构等原因引起的短期内劳动力供求失衡难以避免而造成的失业；二是自愿性失业，即工人不愿意接受现行的工资水平而造成的失业。这两种失业在社会中所占的比重非常小。

充分就业的标准一般是以劳动力的失业率来衡量的。所谓失业率，就是社会的失业人数与愿意就业的劳动力之比。失业率的大小也代表了社会的充分就业程度。失业，实际上表示了生产资源的一种浪费，失业率越高，对社会经济增长越不利。因此，各国都力图把失业率降到较低的水平。根据各主要国家的经验，失业率若控制在4%左右，即可视为充分就业。

（三）经济增长

经济增长通常是指一国国民生产总值的增长。经济增长的程度表示了一个国家的生产能力和经济实力。货币政策目标所追求的经济增长是指发展速度加快、结构优化与效率提高三者之间的统一。

一国的经济增长既是提高人民生活水平的物质保障，也是一国具有经济实力和国际市场竞争力的重要因素，又是保护国家安全的必要条件。当然，这种增长绝不是过度的增长，而是保持国民经济长期持续稳定的增长。

一般而言，促进经济增长的因素主要有社会劳动力的增加、资本的深化程度、资本产出比率的提高以及社会积累的增加。中央银行的货币政策对以上四个因素有积极的影响，但也有一定限度。中央银行的货币政策只能以其所能控制的货币政策工具，通过创造一个适宜于经济增长的货币金融环境，促进经济增长。多大的经济增长率是合适的，不同的国家、不同的经济时期对于经济增长率有不同的要求。美国以人均国民生产总值的年增长率达到1%~4%作为经济增长的目标。

（四）国际收支平衡

国际收支平衡是指一国对其他国家的全部货币收入和货币支出相抵，略有顺差或逆差。一定时期的国际收支平衡反映了该国经济发展状况以及对外经济往来状况。保持国际收支平衡是保证国民经济持续稳定增长和国家安全稳定的重要条件，也是货币政策的重要目标。

巨额的国际收支逆差可能导致外汇市场波动，资本大量外流，外汇储备急剧下降，本币大幅贬值，并导致严重的货币金融危机。而长期巨额国际收支顺差往往使大量外汇储备闲置，不得不购买大量外汇而增发本国货币，可能导致或加剧国内通货膨胀。一般来说，逆差危害比顺差大。

对于国际收支平衡来说，保持合理的外汇储备是一国国内经济稳定发展以及对外往来的一个重要条件。一些经济学家的理想是各国的国际收支都能达到平衡。但事实上，国际收支不平衡是普遍存在的，从整个世界经济情况来看，一个国家国际收支有顺差，就意味着另一个国家有逆差。因此，每个国家都要做到有顺差或者收支相等，从而达到完全平衡，是难以实现的。

各国中央银行一般均把平衡国际收支列为货币政策的目标。平衡国际收支作为一项政策目标，应根据各国所处不同发展阶段加以考虑。处于经济起飞阶段的国家和处于经济成熟阶段的国家以及处于经济调整阶段的国家，其国际收支状况是不同的。

三、货币政策各目标之间的矛盾与统一

尽管货币政策要实现的目标有四个，但就任何一个国家的中央银行而论，对上述各种目标往往不能同时兼顾。这是因为货币政策各项目标之间的关系是比较复杂的。

(一) 稳定物价与充分就业的矛盾与统一

就统一性看，物价稳定了，就可以为劳动者的充分就业与其他生产要素的充分利用提供一个良好的货币环境，充分就业同时又可能为物价的稳定提供物质基础。

稳定物价与充分就业之间更多地表现为矛盾性，即当物价比较稳定、物价上涨率比较低时，失业率往往很高。而要降低失业率，就得以牺牲一定程度的物价稳定为代价。因此，失业率与物价上涨率之间可能有以下几种选择：一是失业率较高的物价稳定；二是通货膨胀率较高的充分就业；三是物价上涨率和失业率的两极之间进行组合，即所谓的相机抉择。作为中央银行的货币政策目标，既不应选择失业率较高的物价稳定，也不应选择通货膨胀率较高的充分就业，而只能在物价上涨率与失业率之间相机抉择，根据具体的社会经济条件，进行正确的组合。

(二) 稳定物价与经济增长的矛盾与统一

一般而论，这两个目标是可以相辅相成的，即稳定物价可以为经济发展提供一个良好的金融环境和稳定的货币尺度，而经济增长了，物价稳定也就有了雄厚的物质基础。因为经济增长主要取决于劳动生产率的提高和新的生产要素的投入，而在劳动生产率提高的情况下，一方面是产出的增加，另一方面则是单位产品生产成本的降低。因此，随着经济的增长，价格可能趋于下降或稳定。所以，可以通过稳定物价来发展经济，也可以通过经济发展来稳定物价。

但是，世界各国的经济发展史表明，在经济发展快时，总是伴随着物价较大幅度的上涨，而过分强调物价的稳定，经济的增长与发展又会受阻。因此，在很多情况下，国家政策和货币管理当局只能在可接受的物价上涨率内发展经济，在不妨碍经济最低增长需要的前提下稳定物价。

(三) 稳定物价与平衡国际收支的矛盾与统一

稳定物价主要是指稳定货币的对内价值，平衡国际收支则是为了稳定货币的对外价值。如果国内物价不稳，国际收支便很难平衡。因为当国内商品价格高于国外价格时，必然会引起出口下降、进口骤增，从而出现贸易赤字。

但国内物价稳定时，国际收支却并非一定能平衡，因为国际收支能否平衡还要取决于国内经济发展战略、资源结构、生产结构与消费结构的对称状况、国家的外贸政策、关税协定、利用外资的政策等，同时还要受其他国家政策与经济形势等诸多因素的影响。

(四) 充分就业与经济增长的矛盾与统一

通常，就业人数愈多，经济增长速度就愈快，而经济增长速度愈快，为劳动者提供的就业机会也就愈多。

但是，如果就业增加带来的经济增长伴随着社会平均劳动生产率的下降，那就意味着经济增长是以投入产出的比例下降为前提的，它不仅意味本期浪费更多的资源，还会妨碍后期的经济增长。只有就业增加所带来的经济增长伴随着社会平均劳动生产率提高的组合才是国家所期望的。

(五) 充分就业与平衡国际收支的矛盾与统一

如果充分就业能够推动经济快速增长，那么，一方面可以减少进口，另一方面还可扩大出口，这当然有利于平衡国际收支。

但为了追求充分就业，就需要更多的资金和生产资料，当国内满足不了需求时，就需要引进外资、进口设备与原材料等，这对平衡国际收支又是一大不利因素。

（六）经济增长与平衡国际收支的矛盾与统一

当经济增长较快时，国家经济实力也相应增长，有利于国际收支的平衡。

但经济增长较快时，国民收入的增加以及支付能力的增强，通常会增加对进口商品以及一部分本来用于出口的商品的需求。此时，如果出口贸易不能随进口贸易的增加而增加，就会使贸易收支情况恶化，发生大量的贸易逆差。尽管有时由于经济繁荣而吸收若干外国资本，这种外资的注入可以在一定程度上弥补贸易逆差造成的国际收支失衡，但并不一定就能确保经济增长与国际收支平衡共存。

可见，货币政策的诸目标之间既矛盾，又统一。所以，对一个国家来说，不可能在同时期、同时达到上述四个目标。只有因势利导，慎重选择，才能把握全局。

四、货币政策的中介指标

货币政策中介指标是指中央银行为实现特定的货币政策目标而选取的操作对象。货币政策中介指标即是短期、量化、能够观测、便于日常操作、有助于货币政策最终目标实现的金融指标。

（一）建立中介指标的意义

为什么要设置货币政策的中介指标呢？总的来说，是为了及时测定和控制货币政策的实施进度，使之朝着正确的方向发展，以保证货币政策最终目标的实现。从货币政策开始启动到最终目标发生变化，需要一个相当长的时间差。一般来说，西方国家货币政策的时间差在 9 个月至 1 年左右。如果等货币政策最终目标发生变化再来调整货币政策工具，那么可能已时过境迁了。这样，在跟踪目标和校正工具过程中，就会使中央银行处于一个十分被动的地位，不能有效地使货币政策达到理想的效果。为此，各国中央银行都设置一些能够在短期内显现出来，并要与货币政策最终目标高度相关的指标，作为自己随时观测和控制的标的。而利率、货币供应量等指标与货币政策工具及货币政策最终目标关系密切，中央银行通过观测和控制这些指标，就可以实现对最终目标的控制。

（二）选择中介指标的标准

合适的货币政策中介指标应该具有如下四个特征：（1）可测性，即中央银行能够迅速和准确地获得它所选定的中介指标的各种资料，并且能被社会各方面理解、判断与预测；（2）可控性，即中央银行应该能够有效地控制；（3）相关性，即中介指标应与货币政策目标之间具有高度的相关关系；（4）抗干扰性，即作为操作指标和中介指标的金融指标应能较正确地反映政策效果，并且较少受外来因素的干扰。

目前，中央银行实际操作的和理论界所推崇的中介指标主要有利率、货币供给量、银行信用规模、基础货币、超额准备金、股票价值等。但由于中央银行本身不能左右股票价值，超额准备金和基础货币又都属于货币供给量范畴，而控制了货币供给量，也就基本上控制了银行信用规模，因此，货币政策中介指标实质上只有两个候选对象，即利率和货币供给量。

利率之所以能作为货币政策的中介指标，是因为其具有一定的可控性、可测性和相关性。但是利率指标也存在不理想之处，作为政策变量，利率与总需求应沿同一方向变动：经济过热，应提高利率；经济疲软，应降低利率。这就是说，利率作为内生变量和作为政策变量往往很难区分。比如，确定一个利率提高的目标，目的是抑制需求，但经济运转过程本身把利率推向了这个高度。于是政策效果和非政策效果混合在一起，中央银行无法确定货币政策是否奏效。

而且由于金融市场上的利率类型多种多样，有时还经常变化，所以，对于中央银行来说，利率的可测性不如货币供给量。同时，对于再贷款利率，中央银行只能施加某种影响，而不能强行干预，只有货币供给量是中央银行直接操纵的。所以，从可控性上看，货币供给量对经济变量的作用比利率更为直接。

（三）货币供应量作为中介指标的优缺点

货币供给量作为货币政策中介指标，有明显的优点：(1) 货币供给量的变动能直接影响经济活动，即货币供给量与经济的运动方向是一致的，即经济繁荣时会增加，经济萧条时会自动收缩。(2) 中央银行对货币供给量的控制力较强，即经济繁荣时，中央银行为防止通货膨胀而压缩货币供给量；经济萧条时，中央银行会扩张货币供给以复兴经济。这两者之间的界限非常明显，不可能误导中央银行的宏观决策。(3) 与货币政策意图联系紧密。货币供给量增加，表示货币政策扩张；货币供给量减少，表示货币政策紧缩。(4) 可以明确地区分政策性效果和非政策性效果。

当然，以货币供给量为中介指标也并非是十全十美的，其不足之处在于：(1) 中央银行对货币供给量的控制能力不是绝对的，影响货币供给量的诸因素中还有公众和商业银行的行为。(2) 中央银行通过运用货币政策工具实行对货币供给量的控制存在一定的时滞。

第二节　货币政策的工具

为了实现货币政策目标，中央银行需要有足够、良好的货币政策工具供其操作。货币政策工具就是中央银行为实现货币政策目标而使用的各种策略手段。货币政策工具可分为一般性货币政策工具、选择性货币政策工具和其他补充性货币政策工具三类。

一、一般性货币政策工具

一般性货币政策工具是指对货币供给总量或信用总量进行调节，且经常使用，具有传统性质的货币政策工具。一般性政策工具主要有以下三个，包括法定存款准备金政策、再贴现政策和公开市场业务政策，也称货币政策的“三大法宝”。

（一）法定存款准备金政策

1. 法定存款准备金政策的含义

存款准备金是指银行及某些金融机构为应付客户提取存款和资金清算而准备的货币资金，准备金占存款或负债总额的比例就是存款准备金率。存款准备金分为法定存款准备金和超额准备金两部分。法定存款准备金是金融机构按中央银行规定的比例上交的部分。超额准备金是指准备金总额减去法定存款准备金的剩余部分。

法定存款准备金政策是指由中央银行强制要求商业银行等存款货币机构按规定的比率上缴存款准备金，中央银行通过提高或降低法定存款比率达到收缩或扩张信用的目标。法定存款准备金政策是中央银行控制银行体系总体信用创造能力和调整货币供给量的工具。

将存款准备金集中于中央银行，最初始于英国。在18世纪，英国的许多家私人银行将准备金的一部分交存于英格兰银行，开立活期账户，支取十分方便。到1854年，英格兰银行执行清算银行职能后，规定所有商业银行必须在英格兰银行开立活期账户，并保存一部分存款余额，以供清算的需要。

以法律的形式规定商业银行向中央银行交存一定比例的存款准备金始于1913年美国的《联邦储备法》，当时硬性规定法定准备金率，没有伸缩性。在20世纪30年代的经济大危机中，美国中央银行和金融管理当局才认识到，利用存款准备金这一强有力的经济手段可以抑制盲目的经济扩张和信用膨胀。于是，在1935年，美国立法授权联邦储备银行可以根据经济、金融的实际情况随时调整存款准备金率。此后，西方各国效仿美国纷纷以法律的形式规定存款准备金率，并授权中央银行根据实际需要可以随时调整。

目前，这一制度被世界各国广泛推行。我国实施这一制度始于1984年，如表10-1所示。

表10-1　　我国历年法定存款准备金率调整一览表（1984—2012年）　　单位:%

次数	时间	调整前	调整后	调整幅度
45	2012年5月18日	（大型金融机构）20.50	20.00	-0.5
		（小型金融机构）17.00	16.50	-0.5
44	2012年2月24日	（大型金融机构）21.00	20.50	-0.5
		（小型金融机构）17.50	17.00	-0.5
43	2011年12月5日	（大型金融机构）21.50	21.00	-0.5
		（小型金融机构）18.00	17.50	-0.5
42	2011年6月20日	（大型金融机构）21.00	21.50	0.5
		（小型金融机构）17.50	18.00	0.5
41	2011年5月18日	（大型金融机构）20.50	21.00	0.5
		（小型金融机构）17.00	17.50	0.5
40	2011年4月21日	（大型金融机构）20.00	20.50	0.5
		（小型金融机构）16.50	17.00	0.5
39	2011年3月25日	（大型金融机构）19.50	20.00	0.5
		（小型金融机构）16.00	16.50	0.5

续表

次数	时间	调整前	调整后	调整幅度
38	2011 年 2 月 24 日	（大型金融机构） 19.00	19.50	0.5
		（小型金融机构） 15.50	16.00	0.5
37	2011 年 1 月 20 日	（大型金融机构） 18.50	19.00	0.5
		（小型金融机构） 15.00	15.50	0.5
36	2010 年 12 月 20 日	（大型金融机构） 18.00	18.50	0.5
		（小型金融机构） 14.50	15.00	0.5
35	2010 年 11 月 29 日	（大型金融机构） 17.50	18.00	0.5
		（小型金融机构） 14.00	14.50	0.5
34	2010 年 11 月 16 日	（大型金融机构） 17.00	17.50	0.5
		（小型金融机构） 13.50	14.00	0.5
33	2010 年 5 月 10 日	（大型金融机构） 16.50	17.00	0.5
		（小型金融机构） 13.50	不调整	-
32	2010 年 2 月 25 日	（大型金融机构） 16.00	16.50	0.5
		（小型金融机构） 13.50	不调整	-
31	2010 年 1 月 18 日	（大型金融机构） 15.50	16.00	0.5
		（小型金融机构） 13.50	不调整	-
30	2008 年 12 月 25 日	（大型金融机构） 16.00	15.50	-0.5
		（小型金融机构） 14.00	13.50	-0.5
29	2008 年 12 月 5 日	（大型金融机构） 17.00	16.00	-1
		（小型金融机构） 16.00	14.00	-2
28	2008 年 10 月 15 日	（大型金融机构） 17.50	17.00	-0.5
		（小型金融机构） 16.50	16.00	-0.5
27	2008 年 9 月 25 日	（大型金融机构） 17.50	17.50	-
		（小型金融机构） 17.50	16.50	-1
26	2008 年 6 月 7 日	16.50	17.50	1
25	2008 年 5 月 20 日	16.00	16.50	0.5
24	2008 年 4 月 25 日	16.50	16.00	0.5
23	2008 年 3 月 18 日	15.00	15.50	0.5
22	2008 年 1 月 25 日	14.50	15.00	0.5
21	2007 年 12 月 25 日	13.50	14.50	1
20	2007 年 11 月 26 日	13.00	13.50	0.5

续表

次数	时间	调整前	调整后	调整幅度
19	2007 年 10 月 25 日	12.50	13.00	0.5
18	2007 年 9 月 25 日	12.00	12.50	0.5
17	2007 年 8 月 15 日	11.50	12.00	0.5
16	2007 年 6 月 5 日	11.00	11.50	0.5
15	2007 年 5 月 15 日	10.50	11.00	0.5
14	2007 年 4 月 16 日	10.00	10.50	0.5
13	2007 年 2 月 25 日	9.50	10.00	0.5
12	2007 年 1 月 15 日	9.00	9.50	0.5
11	2006 年 11 月 15 日	8.50	9.00	0.5
10	2006 年 8 月 15 日	8.00	8.50	0.5
9	2006 年 7 月 5 日	7.50	8.00	0.5
8	2004 年 4 月 25 日	7.00	7.50	0.5
7	2003 年 9 月 21 日	6.00	7.00	1
6	1999 年 11 月 21 日	8.00	6.00	-2
5	1998 年 3 月 21 日	13.00	8.00	-5
4	1988 年 9 月	12.00	13.00	1
3	1987 年	10.00	12.00	2
2	1985 年	央行将法定存款准备金率统一调整为 10%		
1	1984 年	央行按存款种类规定法定存款准备金率：企业存款 20%、农村存款 25%、储蓄存款 40%		

2. 法定存款准备金政策的作用

中央银行建立法定存款准备金制度的作用可以从两个方面理解：（1）保证银行的资金流动性和现金兑付能力，这是法定存款准备金政策的最初作用。在金融业发展的初期阶段，由于同业银行间的资金拆借以及中央银行作为最后贷款人的机制尚未完全发育成熟，银行资产对临时性的现金需求弹性系数小，应变能力差，往往在资金流动性需求突出性上升或出现大量现金挤兑时发生金融恐慌和危机。法定存款准备金制度的建立为银行资产的流动性提供了一个缓冲和保险装置。同时，对以直接控制为主要特征的中央银行信用体制而言，中央银行借助于准备金的缴存集中银行资金，通过直接贷款或调整再贷款等计划分配下放，就可以实施以结构调整为目的的信贷控制。(2) 控制货币供应量。由存款货币创造原理可知，存款的法定准备金率与货币乘数负相关，中央银行降低法定存款准备金率会增大货币乘数，使银行扩张信贷的能力增强，从而增加货币供应量。反之，如果经济处于过热状态，货币供应量过剩，形成通货膨胀，中央银行则可提高法定存款准备金率，缩小货币乘数，借以收缩货币和信贷规模。在现代银行，实行法定存款准备金制度的主要目的已经不是应付支取和防范挤兑，而是作为控制银行体系总体信用创造能力和调整货币供给量的工具。

3. 法定存款准备金政策的运用

中央银行通过调整存款准备金率来改变货币乘数，控制商业银行的货币创造，从而调节货币供应量。当经济扩张，发生通货膨胀时，中央银行可以提高存款准备金率，缩小货币乘数，迫使商业银行紧缩信贷规模，从而减少市场货币供应量；当市场货币量不足时或经济处于衰退时，中央银行可以降低存款准备金率，扩大货币系数，增加商业银行的超额准备，促使商业银行扩大信贷规模，增加市场货币供应量。这样，存款准备金率成为中央银行调节货币量的一个重要的经济手段。

4. 法定存款准备金政策的效果和局限性

法定存款准备金政策的效果表现在它对所有存款银行的影响是平等的，对货币供给量具有极强的影响力，通常被称作是一剂“烈药”。因为存款准备金率只要稍加调整，哪怕是变动 1%，甚至是 0.5%，都会对金融和信贷状况发生显著影响，因此它是中央银行进行金融管理的强有力工具。

正因为法定存款准备金政策力度大、反应快，所以也存在明显的局限性，表现为：(1) 对经济的震动太大，不宜轻易采用作为中央银行日常调控的工具；(2) 存款准备金对各类银行和不同种类存款的影响不一致，如提高法定准备金可能使超额准备率低的银行立即陷入流动性困境，从而迫使中央银行往往通过公开市场业务或贴现窗口向其提供流动性支持。

[专栏] 10-1

中国的法定存款准备金制度

一、1984 年，中国人民银行专门行使国家中央银行职能

中国的法定存款准备金制度是在 1984 年中国人民银行专门行使中央银行职能后建立起来的。为了让人民银行掌握相当的信贷资金，以行使其调整社会信用结构的职能，我国建立了存款准备金制度。人民银行一直将法定存款准备金工具作为中央银行宏观调控的一个主要工具。从 1984 年人民银行执行中央银行职能以来，就一直非常注重对这一工具的使用。1984 年，存款准备金制度建立之初，中国人民银行按存款种类规定了法定存款准备金率：企业存款为 20%、农村存款为 25%、储蓄存款为 40%。过高的法定存款准备金率使当时专业银行资金严重不足，人民银行不得不通过再贷款形式将资金返还给专业银行。过高的法定准备金率造成了商业银行流动性不足、资金自求不能平衡的问题。

二、1985—1997 年，防止经济过热和通胀，提高存款准备金率

1985 年，为克服存款准备金率过高带来的不利影响，促进国有商业银行资金自求平衡，中央银行改变了按存款种类核定存款准备金率的做法，一律调整为 10%。这是自 1984 年建立存款准备金制度以来的第一次调整。1987 年，为了集中资金支持国家重点产业和项目，中国人民银行将准备金比率上调2个百分点。1988年，由于价格的全面放开和固定资产投资增长过快，我国出现了改革以来较为严重的经济过热和通货膨胀。于是央行又进一步将存款准备率上调至13%。这次调整起到了紧缩银根、抑制通货膨胀的作用。自此以后，考虑到调整准备金的影响较大且剧烈，同时存款准备金率已经较高，直到1997年才作调整。

三、1998—2003年，应对亚洲金融风暴，存款准备金制度改革，确保经济发展，降低存款准备金率

1997年7月，东南亚爆发金融危机，进而演变成一场席卷全亚洲的金融危机。到了1998年，为了避免亚洲金融危机导致国内经济“硬着陆”，同时进一步完善存款准备金制度，理顺中央银行与商业银行等金融机构之间的资金关系，增强金融机构资金自求平衡能力，充分发挥存款准备金作为货币政策工具的作用，中国人民银行决定从1998年3月21日起对现行存款准备金制度实施改革。

改革的结果之一是调低了法定存款准备金率，由13%下调为8%。1999年前后，国内又出现了经济发展疲软及通货紧缩的现象，因此，1999年央行又进一步将法定存款准备金率从8%调整至6%。

1998年和1999年的两次下调的主要目的都在于放宽商业银行的资金用途，增加银行的贷款投放，进而刺激经济的发展。对于商业银行来说，两次存款准备金率下调直接使金融机构的可用资金得以增加，当时中小金融机构资金紧张的状况得以缓解，而企业也因银行信贷增加得以实现资金周转。但由于当时受亚洲金融危机的影响，银行出现大面积“惜贷”，也导致存款准备金率下调没有实现其应有的效果。

四、2003—2008年，管理人民币汇率上升，稳定货币供应量，提高存款准备金率

2003年以来，在人民币的升值预期下，国外投机性资金大量涌入国内。由于中国实行有管理的浮动汇率制度，实质上汇率是浮而不动。所以，外汇的持续流入就意味着基础货币要不断增加，从而导致货币供应量以及贷款规模的增长。随着银行信贷规模的不断增长，资金流动性过剩，很容易引起资本市场的过热或泡沫经济。为了保持货币供应量的稳定，央行进行紧缩性的货币政策调整。央行持续上调法定存款准备金率，回收货币，稳定货币供应量，避免流动性过剩。央行在2006年7月至2008年6月的短短两年内上调法定存款准备金率18次，表明我国流动性过剩问题比较严重。

五、2008年9月至2009年，应对次贷危机，刺激经济发展，降低存款准备金率

2008年，美国次贷危机爆发，引发全球金融危机，全球金融形势持续恶化。与此同时，国内通胀大幅度回落，经济增长进一步放缓。央行于2008年9月至12月四次下调法定存款准备金率。由此，央行货币政策目标由控制通货膨胀转至促进经济增长。

六、2010年1月至2011年6月，抑制通货膨胀，持续收紧流动性，频繁提高法定存款准备金率

面对国内日益严重的流动性过剩问题和通胀压力，央行于2010年1月起频繁上调法定存款准备金率。至2011年6月，央行已连续上调法定存款准备金率12次，存款类金融机构存款准备金率已达到21.5%的历史最高点，但是通胀的压力仍然很大。

七、2011 年 6 月至 2012 年 5 月，下调法定存款准备金率

下调法定存款准备金率符合市场的预期，在经济增速明显放缓、企业经营环境恶化、出口连续增速下降的情况下，适度放松货币政策、增加市场流动性是必要的。存款准备金率的下调可视为货币政策进入实质性放松阶段，这对我国中小企业是巨大的利好消息。

资料来源：作者根据中国人民银行网站资料整理。

（二）再贴现政策

1. 再贴现政策的含义

再贴现政策是指中央银行通过正确制定和调整再贴现率来影响市场利率和投资成本，从而调节货币供给量的一种货币政策工具。

一般来说，再贴现政策包括两方面的内容，一是再贴现率的调整，二是规定何种票据具有向中央银行申请再贴现的资格。前者主要是影响商业银行的准备金及社会的资金供求，后者则主要是影响商业银行及全社会的资金投向。

再贴现政策是国外央行最早使用的货币政策工具。早在 1873 年，英国就用其调节货币信用。美国的贴现率制度始于 20 世纪 30 年代，1946 年美国《就业法》确定了统一的官方贴现率（再贴现率），以便于谋求政策目标的实现。德国的再贴现起源于帝国银行的前身普鲁士银行时期，至今，再贴现政策仍是德意志联邦银行重要的货币政策工具，再贴现贷款约占其中央银行总贷款的 1/3。

2. 再贴现政策的作用

再贴现政策在一些国家之所以广泛得以运用，主要是因为通过它能发挥六个作用：（1）融资。这一作用与中央银行的再贷款具有形式上的相通性和本质上的区别性。再贷款只是中央银行的一种金融直接调控手段，再贴现则是一种重要的货币政策工具。（2）告示效应。因为再贴现政策的核心是调整再贴现率，中央银行一旦调整再贴现率，实际上是向商业银行和社会公众公布其货币政策的取向，从而改变商业银行的信用量，使货币供应量发生变化，进而影响市场利率的升降。（3）宏观间接调控。一方面，中央银行可以控制再贴现总量，同时又可适时调节再贴现率，产生控制货币供应总量和调节利率水平的双重效应。另一方面，中央银行通过调整再贴现率，促使金融机构紧缩或扩张信贷，最终影响市场利率水平。（4）激励商业信用票据化。中央银行通过开办再贴现业务，提供最终信用，使金融机构能够通过再贴现随时取得资金而提高办理票据贴现的积极性，而票据贴现市场的发展又会激励企业经营活动的票据化。（5）加速资金周转。按我国规定，贴现一般为 4 个月，同银行其他贷款相比，再贴现期限明显较短，这样就可减少信贷资金占用，提高信贷资金使用效率。（6）防范金融恐慌。当某些金融机构发生流动性不足甚至支付危机时，中央银行可以通过再贴现途径给予流动性支持，从而可以帮助这些金融机构渡过难关，免于因存款机构倒闭而引起的整个金融领域的支付危机与金融恐慌。

3. 再贴现政策的运用

中央银行使用再贴现工具的关键是正确制定和调整再贴现利率。中央银行通过调整再贴现率可以影响或干预商业银行的准备金及市场银根松紧。当中央银行提高再贴现率，使之高于市场利率时，商业银行向中央银行借款或贴现的资金成本上升，这就必然减少向中央银行借款或贴现，这使商业银行的准备金相应缩减。如果准备金不足，商业银行就只能收缩对客户的贷款和投资规模，从而也就缩减了市场的货币供应量。随着市场货币供应量的缩减，银根紧缩，市场利率也相应上升，对货币的需求也相应减少。当中央银行降低再贴现利率，使之低于市场利率时，商业银行向中央银行借款或贴现的资金成本降低，借款比较容易，必然增加向中央银行的借款或贴现，商业银行的准备金相应增加。于是，银行扩大其资产和信贷规模，从而导致市场货币供应量增加，市场利率也随之降低，社会对货币的需求也相应增加。

4. 再贴现政策的优缺点

再贴现政策最大的优点是中央银行可利用它来履行最后贷款人的职责，通过再贴现率的变动影响货币供给量、短期利率以及商业银行的资金成本和超额准备金，达到中央银行既调节货币总量又调节信贷结构的政策意向。

再贴现政策的缺点在于：(1) 中央银行固然能够调整再贴现率，但借款与否和借款多少的决定权在商业银行，所以这一政策难以真正反映中央银行的货币政策意向；(2) 当中央银行把再贴现率定在一个特定水平上时，市场利率与再贴现率中间的利差将随市场利率的变化而发生较大的波动，它可能导致再贴现贷款规模甚至货币供给量发生非政策意图的波动；(3) 相对于法定存款准备金政策来说，贴现率虽然比较易于调整，但频繁调整会引起市场利率的经常波动，从而影响商业银行的经营预期。

5. 我国拓展再贴现政策的思路

我国运用再贴现货币政策工具的进程大致经历了三个历史阶段：第一阶段是利用商业票据作为一种结算手段，通过办理贴现、再贴现以推广使用票据，从而帮助企业解决资金拖欠。第二阶段是把再贴现作为调整信贷结构的一种手段，对某些行业、部门或商品实行信贷倾斜政策。第三阶段是把再贴现作为货币政策工具体系中的重要组成部分。这一进程呈现出从简单到规范、从初级向高级的发展过程。就目前看，开户行在办理贴现和向央行申请再贴现方面还存在诸多缺陷，为此必须采取有效措施加以完善。

(1) 观念上的转变。我国再贴现政策虽然早在 1994 年就已开始运用，但由于体制上、操作上的种种缺陷，人们对再贴现的作用一直未予高度重视。实际上，存款准备金政策和公开市场业务操作一般只能解决货币资金供应的总量问题，而再贴现手段不仅可以控制总量，而且对改善社会信用结构、利率水平、商业银行资产质量及降低商业银行的资产风险等方面均有独特的作用。所以，必须大力宣传票据贴现及再贴现知识，努力创造适宜于票据贴现、再贴现业务的社会氛围和环境。

(2) 体制上的完善。中央银行适当集中再贴现业务管理，加快发展以中心城市为依托的区域性票据市场；适当扩大再贴现的对象和范围，对符合国家产业政策的各类所有制企业以真实的商品、劳务交易为基础签发的商业票据，经金融机构贴现后，可按规定条件办理再贴现，同时，把再贴现作为缓和部分中小金融机构流动性不足的一项政策措施并给予重视。

(3) 运用上的配套。首先，再贴现要与超额准备金的管理相结合。运用再贴现政策应顾及商业银行的超额准备金，不能盲目进行，否则会影响商业银行的流动性管理和经营机制的转变。其次，再贴现要与公开市场业务操作相配合。为有效实行宏观调控，在中央银行对整个金融系统注入货币时可考虑买进一部分国债，然后办理一些再贴现，并在总量上服从整个调控目标。

（三）公开市场业务政策

1. 公开市场业务的含义及特点

公开市场是指各类有价证券（包括政府债券、中央银行证券或私人票据等）自由议价，其交易量和交易价格都必须公开显示的市场。

公开市场业务则是指中央银行利用在公开市场上买卖有价证券的方法，向金融系统投入或撤走准备金，用来调节信用规模、货币供给量和利率，以实现其金融控制和调节的活动。

公开市场业务的特点是：(1) 公开性。中央银行在公开市场上买卖各类有价证券，是根据市场原则，通过众多交易对手竞价交易进行的。这既为商业银行平等竞争创造了条件，也有利于消除幕后交易。(2) 灵活性。中央银行在公开市场上可灵活地选择买卖的时间和数量，这有利于中央银行根据经济发展形势、货币市场利率走向、资金稀缺程度的观测以及货币政策的需要随时操作。(3) 主动性。中央银行在公开市场上始终处于主动地位，即它可根据一定时期货币政策的要求和该时期银根的趋紧情况主动招标和买卖政府债券，所以，它日益受到货币当局的青睐，成为最常用的调控手段。(4) 直接性。公开市场操作直接性强，中央银行的有价证券买卖可直接影响商业银行的准备金状况，从而直接影响市场货币供给量。

公开市场业务并不是在所有国家都能开展的，它只能在具有完善的金融市场和存在以政府债券为主的大量有价证券买卖的国家中开展。

2. 公开市场业务的作用

公开市场业务的作用主要体现在两方面：(1) 公开市场业务可以调控存款货币银行的准备金和货币供给量。中央银行通过在金融市场上买进或卖出有价证券，可以有效改变商业银行的准备金乃至公众手持现金，从而达到控制、调节信贷规模和货币供应量的作用。(2) 公开市场业务可以影响利率水平和利率结构。中央银行通过公开市场业务影响利率水平有两个渠道：当中央银行购入有价证券时，一方面证券需求上升，证券价格上升，收益率下降；另一方面，商业银行超额储备增加，货币供给增加，引起利率水平下降。此外，中央银行可以根据需要同时购入或卖出不同期限的有价证券，以改变各期限的有价证券的供求状况，进而达到调节利率结构的目的。

3. 公开市场业务政策的运用

中央银行通过公开市场上的证券买卖活动，可以达到扩张和收缩信用、调节货币供应量的目的。当金融市场上资金缺乏时，中央银行就通过公开市场业务买进有价证券，向社会投入了一笔基础货币。这些基础货币如果流入社会大众手中，则会直接地增加社会货币供应量；如果流入商业银行，则会引起信用的扩张和货币供应量的多倍增加。相反，当金融市场上货币过多时，中央银行就可以通过公开市场业务卖出有价证券，无论这些证券是由商业银行购买，还是由其他部门购买，总会有相应数量的货币回笼，从而引起信用规模的收缩和货币供应量的减少。

4. 公开市场业务政策的优缺点

公开市场业务具有明显的优越性：（1）运用公开市场业务操作的主动权在中央银行，可以经常性、连续性地操作，并具有较强的弹性；（2）公开市场业务的操作可灵活安排，可以进行较小规模的微调，不至于对经济产生过于猛烈的冲击；（3）通过公开市场业务，促使货币政策和财政政策有效结合和配合使用。

公开市场业务操作也有其局限性：（1）中央银行要拥有强大的、足以调控整个金融市场的资金实力；（2）需要以发达的金融市场作背景，证券种类齐全并达到一定规模，如果市场发育程度不够，交易工具太少，则会制约公开市场业务操作的效果；（3）必须有其他政策工具的配合，可以设想，如果没有存款准备金制度，这一工具是无法发挥作用的。

5. 我国公开市场业务的操作

我国公开市场操作包括人民币操作和外汇操作两部分。外汇公开市场操作于1994年3月启动，人民币公开市场操作于1998年5月26日恢复交易。中国人民银行从1998年开始建立公开市场业务的一级交易商制度，选择了一批能够承担大额债券交易的商业银行作为公开市场业务的交易对象。目前，公开市场业务一级交易商共包括40家商业银行。从交易品种看，中国人民银行公开市场业务债券交易主要包括回购交易、现券交易和发行中央银行票据。

我国在公开市场业务方面取得了一些成绩，但仍有不尽完善之处，需要从以下五方面完善。

（1）构建公开市场业务发挥作用的微观基础。公开市场业务操作的最大特点是通过市场将中央银行实施的货币政策与商业银行及其他金融机构的资金经营和资产合理配置融合在一起，这要求商业银行及其他金融机构是真正的自负盈亏的企业。可见，公开市场业务的推出应当具备相对齐全、行为规范的商业银行体系和证券业。

（2）注重公开市场业务与其他货币政策工具的配合运用。公开市场业务相对于其他货币政策工具而言，虽具有较多明显的优点，但是它也有自己的局限性，最明显的是操作效果易受外部因素的干扰而削弱，所以，必须注重公开市场业务与其他货币政策工具的配合运用。一是要与完善的存款准备金制度相配合。各商业银行和其他金融机构所持有的超额准备金量是公开市场操作最直接的影响对象。即央行卖出有价证券，减少金融机构超额准备金量，削弱其信用能力范围；央行买入有价证券，增加金融机构的超额准备金数量，扩张其信用能力。而超额准备金是基础货币的组成部分，也是存款准备金的组成部分，由于法定存款准备金率的变动对各金融机构的冲击力太大，往往需要适当开展反方向的公开市场操作或再贴现政策，以缓和其影响。因此，完善的存款准备金制度是公开市场业务操作发挥作用的重要条件之一。二是要与再贴现业务相配合。央行通过公开市场上证券的买卖来调节各金融机构的超额准备金，以影响社会货币供给量，但由于种种不定因素的影响，央行的宏观预测与实际情况之间不可避免地会存在一定差距，使央行在公开市场上的证券吞吐量与各金融机构超额准备额的变化难以取得一致。当央行买入有价证券所增加的超额准备金少于各金融机构的实际需求时，央行就必须通过办理再贴现业务满足其融通资金的需要；反之，则反向操作。

（3）注重与国债发行和交易相配合。我国公开市场业务的操作对象以国债为主，作为开展公开市场业务的载体，国债特别是短期国债，与公开市场业务相互的配合尤为重要。具体说：一是国债的发行要与公开市场业务的适度规模相适应。如果国债规模太大，易出现大量国债挤兑中央银行发行货币，导致严重的通胀，从而使中央银行难以开展公开市场操作；反之，如果国债规模太小，公开市场操作将缺少足够的操作对象。二是国债的期限结构要与公开市场业务的需要相适应。短期国债期限短、流动性大、变现能力强，因此要以短期国债为主，采取直接业务、回购协议和售购搭配交易技巧来实施公开市场业务操作。相反，长期国债不适宜做公开市场业务操作。

（4）注重与整个经济体制改革相配合。中央银行要正常开展公开市场业务操作，必须进行以下几方面改革：① 改革财政融资机制，应特别注意国债发行量不能过大，否则公开市场业务操作就会偏离方向。② 改革商业银行机制，以加强商业银行的资产负债管理、流动性储备管理等。③ 发展全国统一的货币市场，公开市场操作的重要的市场基础是银行同业拆借市场，统一的货币市场打破地域垄断和分割，有利于中央银行按大市场来调节货币供求并实现其均衡。④ 逐步实现利率的市场化，因为没有实现利率的市场化，就难以形成公开市场操作的货币政策传导机制。⑤ 建立完善的金融市场制度，因为要运用货币政策工具进行宏观调控，没有一个健全、规范的金融市场是不可思议的。

（5）注重与外汇市场的操作相配合。随着 20 世纪 70 年代布雷顿森林体系瓦解后浮动汇率制的实施，特别是近年来全球经济金融的一体化趋势形成了国内货币金融市场同国际货币金融市场交互整合的趋势，公开市场操作已不再是单纯的国内货币金融问题，而是直接同国际货币金融市场问题交叉重合，因此，公开市场操作必然要涉及和外汇市场操作的协调和统一问题。

二、选择性货币政策工具

传统的三大货币政策工具都属于对货币总量的调节，以影响整个宏观经济。在这些一般性政策工具之外，还有一些选择性的政策工具，即中央银行针对某些特殊的经济领域或特殊用途的信贷而采用的信用调节工具，主要有以下四种。

（一）消费者信用控制

它是指中央银行对不动产以外的各种耐用消费品的销售融资予以控制，如规定分期购买耐用消费品首期付款的最低限额等。消费者信用控制最早盛行于美国，后来许多国家（英国、法国、荷兰、比利时、加拿大等）都普遍推行了这种信用管理措施。

中央银行视经济和市场情况，可以随时调整管理和控制的程度。在消费需求过旺和通货膨胀的情况下，中央银行可以采取一定措施，加强对消费信用的控制和管理。如通过提高首次付款金额、缩短分期付款的期限、限制可用消费信贷购买的消费品种类及严格审查其付款能力等来抑制消费，促进市场供求平衡。而在高档耐用消费品供过于求或消费不足时，中央银行可适当放宽对消费者信用的管制，从而刺激消费的增长。

（二）证券市场信用控制

它是指中央银行对有关有价证券交易的各种贷款进行限制，目的在于限制用借款购买有价证券的比重。这种控制措施的内容包括：规定以信用方式购买股票或证券时，按保证金比率支付款项的额度，中央银行可根据金融市场状况，随时调高或调低法定保证金比率。例如，中央银行规定保证金比率为30%，则交易额为20万美元的证券购买者，至少要一次性交付6万美元现金，其余资金才可以由金融机构贷款解决。实践证明，中央银行对证券市场进行信用控制既可以影响证券市场的资金供求，抑制过度投机，稳定金融市场，又可以控制信贷资金流向，改善宏观金融结构。

（三）不动产信用控制

它是指中央银行对商业银行等金融机构在房地产方面放款的限制，主要目的是为了抑制房地产投机，减轻经济波动，具体包括：对金融机构的不动产贷款规定最高限额；对金融机构的房地产贷款规定最长期限；规定首次付款的最低金额及分摊还款的最低金额等。如从2005年3月起，我国对房地产价格上涨过快城市或地区的商业住房贷款最低首付比例由20%提高到30%，其主要目的是为了抑制房地产投机。

（四）优惠利率

它是指中央银行对按国家产业政策要求重点发展的经济部门或产业，规定较低贴现利率或放款利率的一种管理措施，如基础产业、高科技产业等。

三、其他补充性货币政策工具

（一）直接信用控制

它是指中央银行从质和量两个方面以行政命令或其他方式对商业银行等金融机构的信用活动进行直接控制，主要包括以下方面。

1. 信用配额

信用配额是指中央银行根据金融市场状况及客观经济需要，权衡轻重缓急，对商业银行的信用创造加以合理分配和限制等措施。在多数发展中国家，由于资金供给相对于需求来说极为不足，这种办法相当广泛地被采用。

2. 直接干预

直接干预是指中央银行以“银行的银行”的身份，直接对商业银行的信贷业务施以合理的干预，包括规定商业银行的业务范围、放款政策等。中央银行直接干预的方式有：直接限制放款的额度；直接干涉商业银行对活期存款的吸收；对业务经营不当的商业银行可拒绝再贴现，或采取高于一般利率的惩罚性利率；明确规定各家银行放款或投资的范围以及放款的方针等。

3. 流动性比率

流动性比率是指中央银行为了限制商业银行扩张信用，规定流动资产对存款的比重。一般来说，流动性比率与收益率呈反比。为保持中央银行规定的流动性比率，商业银行必须采取缩减长期放款、扩大短期放款和增加应付提现的资产等措施。

4. 利率最高限额

利率最高限额是指规定商业银行的定期及储蓄存款所能支付的最高利率。如在

1980 年以前，美国有 Q 条例和 M 条例，条例规定，活期存款不准付息，对定期存款及储蓄存款则规定最高利率限额，其目的是为了防止银行用抬高利率的办法竞相吸收存款和为谋取高利而进行风险投资和放款。

（二）间接信用指导

它是指中央银行通过道义劝告、窗口指导和金融检查等办法对商业银行和其他金融机构的信用变动方向和重点实施间接指导。

1. 道义劝告

道义劝告是指中央银行利用自己在金融体系中的特殊地位和威望，通过对商业银行及其他金融机构的劝告，以影响其放款的数量和投资的方向，从而达到控制和调节信用的目的。道义劝告既能控制信用的总量，也能调整信用的构成，具有较大的伸缩性。尽管中央银行对商业银行和其他金融机构没有法律约束力，但鉴于中央银行的地位，这种劝告或多或少都会产生一定的效力。

2. 窗口指导

窗口指导是指中央银行根据产业行情、物价趋势和金融市场动向，规定商业银行的贷款重点投向和贷款变动数量等。如果商业银行不按指导进行贷款，中央银行就会削减其贷款额度，甚至采取停止提供信用等制裁措施，因此，其作用也很大。

［专栏］10-2

中国人民银行的货币政策工具

中国人民银行法第二十三条【货币政策工具】

中国人民银行为执行货币政策，可以运用下列货币政策工具：

（一）要求银行业金融机构按照规定的比例交存存款准备金；

（二）确定中央银行基准利率；

（三）为在中国人民银行开立账户的银行业金融机构办理再贴现；

（四）向商业银行提供贷款；

（五）在公开市场上买卖国债、其他政府债券和金融债券及外汇；

（六）国务院确定的其他货币政策工具。

中国人民银行为执行货币政策，运用前款所列货币政策工具时，可以规定具体的条件和程序。

资料来源：http：//www.china.com.cn/.

第三节　货币政策的传导机制和时滞

一、货币政策的传导机制

所谓货币政策传导机制，是指货币管理当局确定货币政策之后，从选用一定的货币政策工具进行现实操作开始，到实现最终目标之间，所经过的各种中间环节相互之间的有机联系及因果关系的总和。对货币政策传导机制的分析，在西方主要分成凯恩斯学派的传导机制理论和货币学派的传导机制理论。

（一）凯恩斯学派的传导机制理论

现代经济学家对货币政策传导机制的研究是从凯恩斯开始的。凯恩斯认为，货币政策主要通过两个途径发挥作用：（1）货币与利率之间的关系，即流动性偏好；（2）利率与投资之间的关系，即投资利率弹性的途径。他的具体思路是货币供给相对于需求突然增加后，首先产生的影响是使利率下降，然后又促使投资增加。如果消费倾向为已知量，则通过乘数作用，又可促使国民所得增加。但是，这种增加是随不同条件而发生变化的。凯恩斯认为，增加货币数量既会影响物价，也会影响产量，但首先促使产量的增长，在达到充分就业之后，货币供给的增加就会影响物价。

凯恩斯的货币政策传导机制可以表述为

$$M_s \uparrow \Rightarrow i \downarrow \Rightarrow I \uparrow \Rightarrow Y \uparrow \Rightarrow P \uparrow$$

式中，M_s 表示货币供给量，i 表示利率，I 表示投资，Y 表示国民收入，P 表示物价总水平。

不过，凯恩斯认为，上述传导机制很可能因以下两个因素而被堵塞：（1）“流动性陷阱”的出现，即当利率降低到不可再降低的地步时，任何货币量的增加都会被经济单位所吸收，因而对总体需求所得及物价均不产生任何影响。（2）当投资的利率弹性非常低时，利率的下降就不会对投资量有显著的刺激作用。如果投资量增加不大，则投资乘数也不会大，从而使货币政策的传导机制中断。

（二）后凯恩斯学派的传导机制理论

后凯恩斯学派的货币政策传导机制理论的主要代表有以下两个。

1. q 理论中的货币政策传导机制

詹姆斯·托宾（J. Tobin）根据经济学家关于货币政策通过对普通股票价格的影响也能影响投资的思想发展成了一种有关股票价格和投资支出相互关系的 q 理论。按照托宾的定义可得

$$q = \frac{企业的市场价值}{企业的重置成本}$$

当 q 值很高（大于 1）时，表明股票市价大于重置成本，这时，企业因能通过发行较少股票而得到较多新的投资品，故投资支出会增加。换言之，当货币供给量增加时，社会公众会很快发现他们所持有的货币比他们所需要持有的多，于是必定会通过支出来花费这部分多余的货币，而花费的方式之一就是购买股票。社会公众对股票需求的增加会提高股票的价格（P_s），从而使 q 值上升，投资增加。

托宾的货币政策传导机制为

$$M_s \uparrow \Rightarrow P_s \downarrow \Rightarrow q \uparrow \Rightarrow I \uparrow \Rightarrow Y \uparrow$$

式中，M_s 表示货币供应量，I 表示投资，Y 表示国民收入。

2. 米什金的货币政策传导机制

米什金认为，当货币增加导致个人的财富增加时，他不一定会增加耐用消费品的支出，因为如果他突然需要现金，就只有卖掉耐用消费品，而那样做会使他受到很大损失。相反，如果他拥有金融资产，他就能很容易地按市场价值将它们迅速脱手从而得到现金。因此，当个人财富增加时，他会增持金融资产，以此减少财务困难的可能性。在此前提下，消费者才会增加耐用消费品或住宅支出，从而使社会总收入增加。这一传导过程即为

$$M_s\uparrow \Rightarrow P_s\downarrow \Rightarrow V\uparrow \Rightarrow D\downarrow \Rightarrow C_A\uparrow \Rightarrow Y\uparrow$$
$$M_s\uparrow \Rightarrow P_s\downarrow \Rightarrow V\uparrow \Rightarrow D\downarrow \Rightarrow H\uparrow \Rightarrow Y\uparrow$$

式中，V 表示金融资产的价值，D 表示财务困难的可能性，C_A 表示耐用消费品支出，H 表示住宅支出，其他符号含义同前。

（三）货币学派的货币政策传导机制理论

弗里德曼等人在研究后得出结论：如果货币供给量增加到供过于求的状况，则货币资产的持有者，即个人或企业等经济单位会发现他们所实际持有的货币资产比他们希望持有的数额要多，于是，他们的反应是将多余的货币用于购买各种资产，即购买金融资产如债券、股票等，也购买实物资产如汽车、消费品等。这种支出（即资产结构的调整过程）会影响资产的价格（如有价证券利率会变动），也会影响商品供应的数额。而价格的变动又会影响货币库存余额的实际价值，从而通过货币需求函数再次发生反应。虽然货币学派认为这个作用过程是十分复杂的，但是他们把货币需求函数看成是稳定的量，所以，即使不知道在这个过程中会发生什么变化，人们也可以预测货币供给量变动的结果。

货币学派的货币政策传导机制为

$$M_s\uparrow \Rightarrow V\uparrow \Rightarrow C\uparrow \Rightarrow I\uparrow \Rightarrow P\uparrow \Rightarrow \cdots Y\uparrow$$

式中，C 表示消费，…表示可能存在但还未被揭示的过程，其他符号含义同前。

由上可见，弗里德曼关于货币供给量增加对产出和价格的影响的主张几乎与凯恩斯的观点完全相同。如果说有分歧，也就是凯恩斯学派将重点放在货币需求及投资支出的弹性上，而弗里德曼等人则侧重于传导机制是通过收支平衡并通过利率的变动来进行的。所以，他们之间的差别不是在货币传导机制的性质上，而是在所考察资产的范围上。

（四）货币政策传导机制的一般模式

尽管不同学者所分析的传导机制不完全相同，但如果撇开一些次要问题，则有些基本的理论可以视为公认的：(1) 货币数量增加后，对金融市场上的利率会产生影响，同时对股票价格或债券价格也会产生影响；(2) 正是由于利率或股票价格、债券价格的变化，引起了企业家的投资和个人的消费欲望及现实支出的改变；(3) 当投资和消费发生变化后，国民生产总值自然会发生相应变化。

由此可以得到货币政策传导机制的一般模式，如图 10-2 所示。

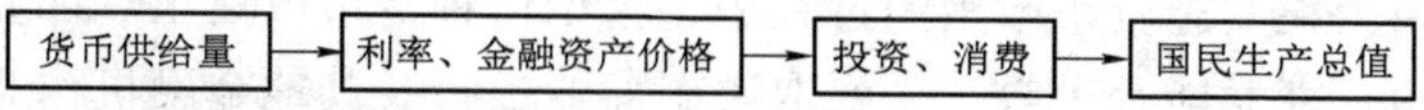

图 10-2 货币政策传导机制一般模式

（五）影响货币政策传导机制因素的新变化

货币政策传导机制的一般模式是：货币供给量的增加会降低利率，从而降低借贷成本，借贷成本的下降则促使企业增加投资，消费者增加消费支出，最终导致总产量的增加。减少货币供给量的效应则正好相反。

实践证明，完整的货币政策传导机制，并非只注重利率，还必须考虑其他若干种资产价格对货币政策传导机制的作用。

（1）汇率的变化。各国普遍通过特定的货币政策影响汇率的变动，从而达到调节本国进出口和总产量的目的。

（2）权益价格的变动。通过货币政策的调节来增加货币供给量，有利于公众增加支出，进而增加对权益的需求，从而导致权益价格的提高。

（3）银行信贷的调节。扩张性的货币政策会使银行准备金和银行存款增加，从而使银行可用贷款量增加，刺激企业的投资。

（4）企业和家庭收支的调节。货币政策会直接或间接地影响企业和家庭的收支平衡状况，如扩大货币供给量，会使企业的权益价格上升和家庭的财务状况得以改善，从而增加企业的投资支出和居民对流动性较差的耐用消费品和住房的支出，这些，最终都会引起总需求和总产量的增加。

二、货币政策时滞

所谓货币政策时滞，亦称货币政策的作用时滞，或称货币政策时差，它是指货币政策从研究、制定到实施后发挥实际效果的全部时间过程。

按发生源和性质分类，货币政策的时滞可以分为内部时滞和外部时滞两大类。

（一）内部时滞

内部时滞是指中央银行从制定政策到采取行动所需要的时间。内部时滞又可以细分为认识时滞和决策时滞两个阶段。

认识时滞是指从确定有实行某种政策的需要，到货币当局认识到存在这种需要所耗费的时间。这段时滞的存在，一是因为搜集各种信息资料需要耗费一定的时间，二是对各种复杂的经济现象进行综合分析，作出客观的、符合实际的判断需要耗费一定的时间。

决策时滞是指从认识到需要改变政策，到提出一种新的政策所需耗费的时间。这部分时滞的长短取决于中央银行占有各种信息资料和对经济形势发展的预见能力。

（二）外部时滞

外部时滞是指中央银行从采取行动到这一政策对经济过程发生作用所需要的时间距离。外部时滞可细分为操作时滞和市场时滞两个阶段。

操作时滞是指从调整政策工具到其对中介指标发生作用所需要的时间距离。这段时滞的存在，是因为在实施货币政策的过程中，无论何种货币政策工具都要通过影响中介指标才能起作用。究竟能否生效，主要取决于商业银行及其他金融机构对中央银行政策的态度、对政策工具的反应能力和金融市场对央行政策的敏感程度。

市场时滞是指从中介指标发生反应到其对最终目标产生作用所需要的时间距离。这是因为企业部门对中介指标变动的反应有一个滞后过程，而且投资或消费的实现也有一个滞后过程。这一时滞的长短取决于调控对象对中介指标变动的反应，从而对最终目标发生影响。

内部时滞可由中央银行掌握，而中央银行对外部时滞很难进行实质性的控制，因为外部时滞的长短主要取决于政策的操作力度和金融部门、企业部门对政策工具的反应大小，它是一个由多种因素综合决定的复杂变量。货币政策各种时滞之间的相互关系如图10-3所示。

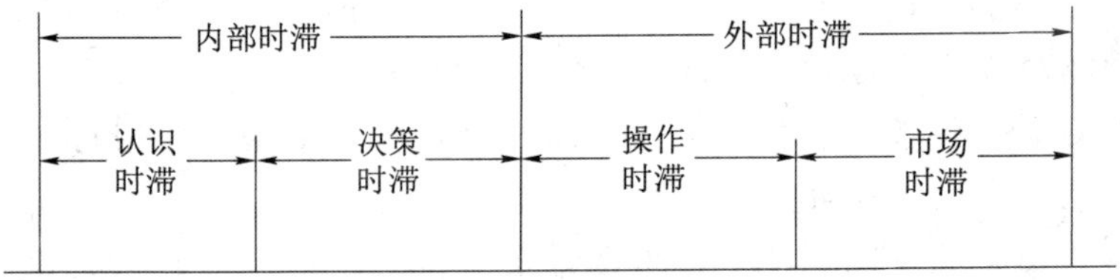

图 10-3 货币政策时滞图

本章小结

1. 货币政策指中央银行在一定时期内利用某些工具作用于某个经济变量，从而实现某种特定经济目标的制度规定的总和。

2. 货币政策最终目标指中央银行执行货币政策预期要达到的最终效果。一般而言，各国货币政策的最终目标为稳定物价、充分就业、经济增长、国际收支平衡。

3. 货币政策中介指标指中央银行为实现特定的货币政策目标而选取的操作对象。货币政策中介指标实质上只有两个候选对象，即利率和货币供给量。

4. 货币政策工具是中央银行为实现货币政策目标而使用的各种策略手段。货币政策工具可分为一般性货币政策工具、选择性货币政策工具和其他补充性货币政策工具三类。

5. 一般性货币政策工具是指对货币供给总量或信用总量进行调节，且经常使用，具有传统性质的货币政策工具。一般性政策工具主要有法定存款准备金政策、再贴现政策和公开市场业务政策，也称货币政策的“三大法宝”。

6. 货币政策传导机制是指货币管理当局确定货币政策之后，从选用一定的货币政策工具进行现实操作开始，到实现最终目标之间，所经过的各种中间环节相互之间的有机联系及因果关系的总和。

7. 货币政策时滞亦称货币政策的作用时滞，或称货币政策时差，是指货币政策从研究、制定到实施后发挥实际效果的全部时间过程。

重要概念

货币政策　存款准备金政策　再贴现政策　公开市场业务政策　货币政策传导机制　货币政策时滞

思考题

1. 什么是货币政策？它有哪些构成要素？
2. 试述货币政策工具包含的内容。
3. 什么是法定存款准备金政策？其效果和局限性如何？
4. 什么是再贴现政策？它有哪些优缺点？
5. 什么是公开市场业务政策？它有哪些优缺点？
6. 什么是货币政策传导机制？
7. 什么是货币政策时滞？它由哪些部分组成？

第十一章

金融风险与金融监管

学习目标

通过本章的学习，学生应了解金融风险的概念，掌握金融风险的分类，了解金融监管的概念、要素、原则及目标，理解和掌握金融监管的体制，重点掌握金融监管的内容。

第一节　金融风险

进入20世纪90年代以来，银行倒闭事件和金融危机频频发生。1995年，有233年经营历史的英国巴林银行因内部控制机制不健全爆发金融危机；1997年，亚洲金融危机爆发给东亚地区的大多数国家带来了沉重打击；2008年，以美国次贷危机为导火索的全球经济危机给世界各国的经济体系造成严重影响；随后，欧债危机的阴霾笼罩了整个欧元区。这一系列的金融危机使金融监管、金融风险防范的问题受到各国政府及金融管理当局前所未有的关注。

一、金融风险

（一）金融风险的概念及含义

在市场经济条件下，风险无处不在。风险在经济学中是指一种不确定性，可以表示为经济主体决策结果带来收益或损失的可能性。现代风险管理理论认为风险可以识别、可以量化，并且可以控制。

金融风险属于风险范畴，是指经济主体在金融活动过程中，由于各种不确定因素的影响，从而使金融活动参与者蒙受损失或获得收益的机会或可能。

广义的金融风险包括获得收益和遭受损失的可能性，所以又称为投机风险，而狭义的金融风险仅是指遭受损失的可能性，所以又称为纯粹风险。

（二）金融风险的特征

金融风险发生在货币信用领域，具有几方面的特征。

1. 金融风险具有客观性

金融风险是客观存在的，又是无处不在的。不论是从整个国家，还是从金融行业、部门，乃至某个企业、个人都存在金融风险的可能。金融风险是金融体系自然和内生的，是不可避免的，只要是市场经济，只要有金融交易存在，金融风险就必然存在。

2. 金融风险具有不确定性

金融风险只是一种可能性，确定无疑的收益或损失不是金融风险。由于影响金融风险的因素复杂而多变，加之市场信息的非对称性和经济主体对事物认识存在局限，使金融活动必然存在不确定的因素。

3. 金融风险具有隐蔽性

由于金融机构具有一定的创造信用的能力，因而可以在较长的时间里通过不断创造新的信用来维持、掩盖或补救已经出现的损失和问题。而当风险积聚到一定程度，超过金融体系所能承受的范围，才以金融危机的形式爆发出来。

4. 金融风险具有扩散性

金融以信用为基础，金融机构作为融资中介，实质上是由一个多边信用共同建立起来的信用网络，相互交织、相互联动，任何一个环节出现的风险损失都有可能通过网络对其他环节产生影响；任何一个链条断裂，都有可能酿成较大的金融风险，甚至引发金融危机。

5. 金融风险具有可控性

对于金融风险，经济主体可以依一定方法对风险进行识别、计量、监测、防范和事后的化解。可以根据金融风险的性质、产生条件等来识别各种可能导致风险损失的因素，通过概率统计以及其他技术手段建立各种金融风险的技术参数来有效控制金融风险。

（三）金融风险的种类

金融风险可以从多个角度、多个层次予以分类。

1. 按照金融风险的性质划分

（1）系统性金融风险，又称不可分散化风险，是指能产生使整个金融系统，甚至整个地区或国家的经济主体都有遭受损失的可能性的风险，如市场风险、法律风险、政治风险、不可抗力的自然风险等。

系统性金融风险是一种破坏性极大的金融风险，它隐含着金融危机的可能性，直接威胁着一国经济安全。系统性金融风险主要是由一些不可控的因素所导致，如政治、经济、自然灾害和突发事件等，其不利影响可能在整个金融体系引发多米诺骨牌效应，造成经济金融的大幅度波动，产生宏观层面上的金融风险。世界上频频发生的金融危机都反复证明，系统性金融风险是国家经济安全最为危险的敌人之一。国际货币基金组织（IMF）对31个发展中国家金融危机的考察表明，当金融危机所造成的累计产出损失达到12%时，至少需要三年左右的时间才能使产出恢复到危机前的水平。

（2）非系统性金融风险，又称可分散化风险，是指个别金融企业可能遭受的风险，如经营风险、财务风险、信用风险、道德风险等，是非系统性风险的主要种类。

非系统性风险的产生一般都是由于经济行为主体经营管理不善、客户违约等造成的，只是一种个别的风险，不会对市场整体发生作用。当非系统性风险还没有显现之时，对于风险的防范，重点是采取分散投资的方式。此外，需要特别注意分散投资的程度和分散投资的品种选择。

2. 按照金融风险的形态划分

（1）信用风险，是指债务人或交易对手未能履行合同所规定的义务或信用质量发生变化，影响金融工具价值，从而给债权人或金融工具持有人带来损失的风险。比如，银行提供贷款后，该企业到期不能归还贷款，将给银行带来经济损失。在贷款发放后至贷款收回之前，银行都面临着遭受损失的威胁。信用贷款和无担保债券等信用产品的信用风险最大。

信用风险可以表现为以下几种形式：违约风险、交易对手风险、信用迁移风险、信用事件风险以及可归因于信用风险的结算风险等。

信用风险具有明显的非系统性风险的特征，其概率分布为非正态分布，信息不对称和道德风险在信用风险中起着重要作用。

（2）市场风险，是指在因市场价格（包括利率、汇率、证券价格和商品价格）的不利变动而导致金融市场参与主体遭受损失的风险。根据巴塞尔委员会在 1996 年发布的《资本协议市场风险补充规定》的定义，银行业的市场风险是指市场价格波动引起的资产负债表内和表外头寸出现亏损的风险。

市场风险可以分为利率风险、汇率风险、证券价格风险、商品价格风险等。

利率风险是指由于利率的不确定变动给相关金融主体带来经济损失的可能性。当今世界上许多国家都已经放松甚至取消了利率管制，实行利率市场化。利率水平受到本国资金供求、经济形势、货币政策、市场主体心理预期以及其他国家或地区利率水平和国际金融市场资金供求等多种因素的影响，变动十分频繁。利率波动会导致现金流量不确定，从而使投资收益和融资成本不确定。利率敏感性资产或负债直接受到利率波动的影响。对于某一个时期内被重新定价的资产来说，面临着利率下降、利息收入减少的风险；对于被重新定价的负债来说，面临着利率上升、利息支出上升的风险。经济主体在某一期间的利率敏感性资产和利率性负债的差额，即利率敏感性缺口，是该主体的利率风险敞口。对于固定利率资产或负债而言，尽管其现金流量是确定的，利率的升降也可能会带来间接的机会成本损失。固定利率资产的持有者面临市场利率上升的风险，固定利率负债的承担者则面临市场利率下降的风险。

汇率风险是由于汇率的不确定变动给相关金融主体带来经济损失的可能性。汇率的变动可能导致外币收支的流量变化、外币资产负债账面价值的变化、经济环境和金融企业经营活动的不利变化，而导致经济主体产生间接损失。1973 年以来，各国普遍实行浮动汇率制，一国货币汇率受到国际收支状况、通货膨胀、利率水平、经济增长的国民差异、心理预期、政府对外汇市场的干预等多种因素影响。众多因素共同作用于外汇市场以及彼此之间的关系错综复杂致使汇率走势变化莫测。汇率风险又可分为三种情况：第一，交易风险，是指由于汇率变动对经济主体交易活动的现金流量产生影响，从而可能使经济主体受到损失；第二，会计风险，又称折算风险，是指企业或金融机构在将各种外币资产负债及经营损益转换成记账货币的会计处理中因汇率波动而出现账面损失的可能性；第三，经济风险，是指难以预见的汇率波动对经济主体的预期收益产生影响，它针对的是意料之外的汇率变动，意料之中的汇率变动对收益的影响已经在计算预期收益时加以考虑。

证券价格风险是指由于证券价格变化的不确定性而引起损失的可能性。证券价格的变化直接影响投资者买卖证券的损益情况。证券价格变动的影响因素是十分复杂的，如企业经营状况、经济周期、投资者心理状态等。由于证券价格的波动很难准确预料，因而也就很容易给市场交易者带来损失。

商品价格风险是指因市场上交易的实物产品（如石油、贵金属等）价格波动引起的有关契约价值损失的风险。商品期货作为衍生金融工具的一种，虽然通过发现价格可以规避价格风险，由于期货价格与现货价格极易产生强烈的共振，在保证金制度下，杠杆效应极强，一旦遇到上述因素共同发生作用，会促使商品价格波动更为频繁和剧烈。

（3）流动性风险，是指金融主体由于流动性的不确定变动而遭受经济损失的可能性。

流动性风险可以从金融资产和金融机构两个层面上加以理解。流动性的一种含义是指金融产品的一种属性，它反映的是金融产品以合理的价格在市场上流通、交易以及变现的能力。金融产品的流动性由其二级市场的发育程度和产品的品质决定。金融产品的流动性如果下降，将可能使其持有者的利益受到损害。当其持有者因某些原因需要出售金融产品换取现金或投资于金融产品时，不得不付出高昂的成本。流动性的另一种含义是指以银行为代表的金融机构清偿债务的能力或满足客户融资需要的能力。金融机构的流动性由其资产负债结构及规模、自身信誉、外部环境等因素决定。经济实体在经营过程中常常面对资金流的不确定性变动。资金流的时大时小、时快时慢会带来风险。资金流量超过所需，造成滞留，因货币时间价值的关系，会使效益下降，预期收益降低；资金流量变小，会使正常的经营发生困难，严重时，资金链发生中断，会把金融企业推向绝境。由此可见，由于流动性不确定性变动表现出来的金融风险也是很重要的。

（4）操作风险。最广义的操作风险概念将市场风险和信用风险以外的所有风险都视为操作风险。狭义的操作风险概念只将与操作部门有关的风险才定义为操作风险，即由于金融企业内部控制不健全或者失效、运营过程中的操作失误或疏忽而造成意外损失的风险。

《巴塞尔协议》将操作风险定义为操作流程不完善、人为过失、系统故障或失误以及外部事件造成损失的风险，包括内部欺诈、外部欺诈、就业政策和工作场所安全性、客户、产品及业务操作、实体资产破坏、业务中断或系统失败、执行、交割及流程管理等损失事件导致的操作风险。

［专栏］11-1

巴林银行倒闭案

1995年2月26日，具有230多年历史的英国巴林银行，因进行巨额金融期货投机交易，造成9.16亿英镑的巨额亏损，在经过国家中央银行英格兰银行先前一个周末的拯救失败之后，被迫宣布破产。后经英格兰银行的斡旋，3月5日，荷兰国际集团以1美元的象征价格，宣布完全收购巴林银行。

巴林银行创立于1762年，至今已有233年的历史，是英国政府证券的首席发行商，在证券、基金、投资、商业银行业务等方面取得了长足发展，成为伦敦金融中心位居前列的集团化证券商，连英国女皇的资产都委托其管理，素有“女皇的银行”美称。

28岁的尼克·里森1992年被巴林银行总部任命为新加坡巴林期货有限公司的总经理兼首席交易员，负责该行在新加坡的期货交易并实际从事期货交易。

1992年，巴林银行有一个账号为“99905”的“错误账号”，专门处理交易过程中因疏忽而造成的差错，如将买入误为卖出等。1992年夏天，伦敦总部要求里森另行开设一个“错误账户”，以记录小额差错，并自行处理，以省却伦敦的麻烦，此“错误账户”以代码“88888”为名设立。

之后，伦敦总部重新决定新加坡巴林期货公司的所有差错记录仍经由“99905”账户向伦敦报免，“88888”差错账户因此搁置不用，但却成为一个真正的错误账户留存在电脑之中。这个被人疏忽的账户后来就成为里森造假的工具。

1992年7月17日，里森手下一名刚加盟巴林的王姓交易员手头出了一笔差错：将客户的20份日经指数期货合约买入委托误为卖出。要矫正这笔差错就须买回40份合约。在种种考虑之下，里森决定利用错误账户“88888”承接了40份卖出合约，以使账面平衡。数天以后这笔空头头寸的损失达到6万英镑。此后，里森便一发而不可收，频频利用“88888”账户吸收下属的交易差错。1993年由于这些敞口头寸的数额越积越多，随着行情出现不利的波动，亏损数额也日趋增长至600万英镑，以致无法用个人收入予以填平。到1994年时，亏损额增加到5 000万英镑。

从1993年到1994年，巴林银行在新加坡国际期货交易所及日本市场投入的资金已超过1.1亿英镑，超出了英格兰银行规定英国银行的海外总资金不应超过25%的限制。1995年1月30日，里森以每天1 000万英镑的速度从伦敦获得资金，已买进了3万口日经指数期货，并卖空日本政府债券。2月10日，里森以新加坡期货交易所交易史上创纪录的数量握有55 000口日经期货及2万口日本政府债券合约。2月24日，当日经指数再次加速暴跌后，里森所在的巴林期货公司的头寸损失已接近其整个巴林银行集团资本和储备之和。

融资已无渠道，亏损已无法挽回，里森畏罪潜逃。

巴林银行面临覆灭之灾，银行董事长不得不求助于英格兰银行，希望挽救局面。然而这时的损失已达14亿美元，并且随着日经225指数的继续下挫，损失还将进一步扩大。因此，在各方金融机构无人敢伸手救助时，巴林银行从此倒闭。

资料来源：由本教材编者整理。

(5) 国家风险。是指经济主体在与非本国居民进行国际经贸与金融往来中，由于他国经济、政治和社会等方面的变化而遭受损失的可能性。国家风险有两个特点：一是国家风险发生在国际经济金融活动中，在同一个国家范围内的经济金融活动不存在国家风险；二是在国际经济金融活动中，不论是政府、银行、企业还是个人，都可能遭受国家风险所带来的损失。

国家风险的具体成因可分为政治因素和经济因素。经济因素包括国际收支状况、经济发展态势、经济政策变化等。政治因素包括政治体制、政权更迭、民族、宗教、劳工政策、社会安定性、对外政策、国际关系等。

（6）法律风险。是指经济主体在金融活动中由于法律方面的问题而遭受风险的可能性。它可以因经济主体没有适当履行其客户的法律和条规职责，或行为上触犯了相关法律规定，或者是其交易合同不符合法律或金融监管部门的规定，甚至是各类犯罪和不道德行为给金融资产造成极大的威胁等。

对金融风险的分类还可以按照金融风险的主体划分为金融机构风险、个人金融风险、企业金融风险、国家金融风险，按照金融风险的产生根源划分为客观金融风险、主观金融风险，按照金融风险的层次划分为微观金融风险、宏观金融风险等。

二、金融风险与金融危机

金融风险是形成金融危机的根源，当金融风险产生、积累、爆发并蔓延，超过金融体系所能承受的范围就会出现金融危机。当然，金融风险不等于金融危机。某一机构出现支付困难乃至破产倒闭，这属于微观金融风险的“单体释放”，而不是金融危机。金融危机是一大批金融机构都陷入严重困境，并对社会经济运行产生严重破坏性影响的局面。

（一）金融危机的概念

《新帕尔格雷夫货币金融大词典》（第二卷）引用戈德史密斯对金融危机的定义是：全部或大部分金融指标——短期利率、资产（证券、房地产、土地）的价格、商业破产数和金融机构倒闭数的急剧、短暂和超周期的恶化。从金融危机的内涵来看，它是一个国家或地区整个金融状况的恶化，并且最终会影响实体经济。金融危机是突然发作的，是非周期性的爆发。

综上所述，金融危机是指金融体系出现严重困难乃至崩溃，表现为绝大部分金融指标的急剧恶化、各种金融资产价格暴跌、金融机构陷入困难并大量破产，同时对实体经济的运行产生极其不利的影响。

（二）金融危机的类型

金融危机可分为五类，即货币危机、银行危机、债务危机、股市危机、系统性金融危机。

（1）货币危机是指人们丧失了对一国货币的信心，或者外汇市场上因过度投机而大量抛售该国货币，从而导致该国货币汇率在短期内急剧贬值的情形。例如，1994 年，墨西哥比索对美元大幅贬值 30% 的危机，1997 年东南亚金融危机中的泰国铢对美元大幅贬值。

（2）银行危机是指一国银行业由于大量坏账等原因导致人们丧失对银行的信心，从而公众大量挤提存款，银行的流动性严重不足，出现银行集中倒闭的现象。银行危机极易引起危机扩散到整个金融体系。政府往往为了降低危机扩散的不良影响而被迫提供大规模资金救助。例如，2008—2009 年美国次贷危机发生后，美国政府动用了 7 000 亿美元资金注入金融机构。

（3）债务危机是指一国政府不能按照约定承诺按期偿付外债，从而导致对该国发放外债的金融机构遭受巨大损失。例如，墨西哥政府宣布无力偿还当年到期外债，由此引发的拉美国家的债务危机。

(4) 股市危机是指投资者对股市失去信心，从而出现大幅抛售，导致股价急剧下跌，最终股市崩盘。例如，1929 年美国华尔街股市崩溃，短短时间内股指下跌了 80%；1999 年美国纳斯达克股价指数从 6 000 多点跌至 2002 年 9 月的 1 150 点；中国股市从 2007 年 10 月最高 6 124 多点跌至 2008 年 10 月最低 1 664 点。

(5) 系统性金融危机也称为“全面金融危机”，是指主要金融领域都出现危机，如货币危机、银行危机、股市崩溃及债务危机同时或相继发生。例如，1997 年亚洲金融危机中，泰国、印度尼西亚、马来西亚不仅本国货币大幅贬值，而且股市暴跌，同时银行业发生倒闭潮。

表 11-1 表示的是世界历史上发生的几次重大的金融危机。

表 11-1　　历史上的金融危机时间表

时　间	事　件
1637 年	荷兰郁金香的疯狂
1720 年	英国南海泡沫
1837 年	美国银行系统混乱
1907 年	美国银行家的大恐慌
1929 年	华尔街股市大萧条
1987 年	华尔街“黑色星期一”
1990 年	美国储蓄和贷款泡沫
1996 年	日本楼市泡沫
1997 年	东南亚金融危机
2001 年	互联网泡沫及美国安然公司破产
2001—2002 年	阿根廷银行危机
2008 年	美国次贷危机
2009 年	欧洲国家主权债务危机

三、金融风险与金融安全

金融危机的爆发必然破坏一国的金融安全，引起企业融资成本的上升、大量企业和金融机构的倒闭、支付系统的崩溃和社会的动荡不安，甚至危机国际安全。所以，金融安全问题就是一个极具战略意义的问题。

金融安全是金融体系以及金融活动处于一个不受威胁的状态。金融安全是指一国能够抵御内外冲击，保持金融制度和金融体系正常运行与发展，即使受到冲击也能保持本国金融及经济不受重大伤害。综合起来说，金融安全的主体是一国的金融系统；对金融安全的威胁可以来源于国内，也可以来源于国外；金融安全的防范措施有广泛的财政政策和货币政策；金融安全的最终目的是确保金融功能的正确发挥和金融秩序的稳定，凡是与货币流通以及信用直接相关的经济活动都属于金融安全的范畴。因此，金融安全是建立在有效的调控体系、稳健的组织体系和规范的运行基础上的稳定而有活力的金融运行状态。

金融风险是一种损失的可能性，金融危机则是现实的巨大损失，从这个意义上说，金融安全研究就是研究金融体系如何在承担风险的同时，有效地回避金融危机的问题。金融安全问题就是在金融体系具有不安全因素的前提下寻求安全状态的问题。

金融安全包括金融资产的安全、金融机构的安全与金融发展的安全。金融资产的安全是指信贷资产、外汇资产等不因某些突发事件的冲击而发生大幅度的缩水，并尽可能地获得一定的收益。金融机构的安全即是金融机构的运作良好，不发生大规模的破产倒闭，绝大多数人们没有动摇或丧失对金融机构的信心。金融资产和金融机构的安全也就是金融体系的稳定，其中金融资产的安全是金融体系稳定的基础，金融机构的安全则是金融体系稳定的核心。

评判一个国家在某一特定时期金融是否安全，关键是看一国金融结构是否合理，能否有效地转移和分散金融风险，将金融风险控制在可承受的范围之内。金融风险的存在并不必然意味着金融处于不安全状态，其症结就在于金融风险的控制能力和金融风险的承受能力。如果一国的金融风险控制能力足够应付现实的金融风险，那么其金融自然是安全的。金融危机和金融安全都是相对于一定的金融风险积累程度而言的，金融危机的爆发必然破坏金融安全，但是金融安全状态的打破却并不意味着要爆发金融危机。关于金融风险、金融危机和金融安全的关系可用图 11-1 简单表示。

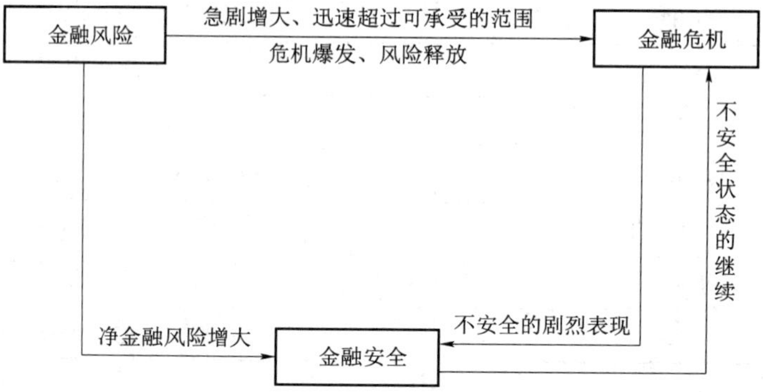

图 11-1　金融风险、金融危机与金融安全三者之间的关系

金融安全是国家经济安全的核心组成部分，为了维持一国经济安全，就必须要化解金融风险，促使有益的金融创新、金融变革，要坚决防范金融危机的爆发，维护金融安全。在维护金融安全，防范金融风险方面，加强金融监管是十分必要的。

第二节　金融监管概述

金融是现代经济的核心，随着现代科技的发展和金融创新的不断涌现，金融业务之间的界限不断被打破，不同金融机构之间和不同金融工具之间的区别日益模糊，金融国际化和国际资本流动不断扩张，与此同时，金融领域的风险也在急剧增大。由于金融业的特殊性和金融在经济体系中的地位显著增强，通过金融监管保证金融业的稳健运行日益成为经济与社会健康发展的关键。

一、金融监管的概念

金融监管（Financial Supervision）是金融监督和金融管理的复合词，是政府或金融管理机构依据国家法律法规授权对金融机构和金融市场的监督和管理。

具体地说，所谓金融监管是指一国政府根据经济金融体系稳定、有效运行的客观需要以及经济主体的共同利益要求，通过一定的金融主管机关，依据法律准则和法规程序，对金融体系中各金融主体和金融市场进行的检查、稽核、组织和协调。

狭义的金融监管主要是指以中央银行或其他金融监管对金融机构实施的法定监管。广义的金融监管除法定监管外还包括了金融机构内部的自我监管、同业自律性组织的监管、社会中介组织的监管等。

二、金融监管的要素

一个有效的监管体系必须具备三个基本要素：监管的主体（监管当局）、监管的客体（监管对象）和监管的方法（各种方式、工具、手段）。

（一）金融监管的主体

金融监管的主体即金融监管当局，是指依法对金融业实施金融监管的机构。从国际范围来看，由于采取了不同的金融监管模式，因此各国金融监管当局构成各不相同。

在世界各国金融监管的演变过程中，主体大致有两种类型：一是单一主体监管模式，由财政部或者中央银行独立负责所有的金融监管工作；二是多头监管模式，由财政部、中央银行和其他金融监管机构在不同的权限范围内负责对不同对象进行监管。

各国国情的差异造就了不同的金融监管体制或模式：发展中国家大多选择单一监管模式，且大多由中央银行来实施监管；发达国家的金融监管主体呈现分散化、多元化的趋势，设置不同的监管部门，分别监管银行、证券、保险业，而不再集中于中央银行。

（二）金融监管的客体

金融监管的客体是指依照法律法规应当接受金融监管当局监管的金融机构。传统的金融监管客体是商业银行。随着现代金融业的快速发展，金融结构日趋复杂化以及金融全球化的趋势不断的加强，使得金融监管的客体变得更加丰富，非银行金融机构、跨国的各类金融机构也日益成为金融监管当局不能忽略的监管对象。由此，金融监管的对象一般包括两类：一是银行机构，包括政策性银行、商业银行、储蓄银行等；二是非银行类金融机构，包括证券机构、保险机构、信托机构、投资基金和其他金融机构。

（三）金融监管的方法

监管方法是指监管当局实施金融监管的工作方法和手段等。一般包括以下几种：

（1）事先检查筛选法。主要是指金融机构建立之前的严格审查和注册登记。在各类金融机构建立之前，金融管理当局一般都要对拟建机构的地址、规模、股东人数、资本金、经营管理水平、竞争力和未来收益等进行严格的审查。这样做的目的是从总体上减少金融风险，消除金融业经营管理中的潜在隐患。

（2）定期报告和信息披露法。世界各国金融管理当局通常都依法规定金融机构实行定期报告制度。金融管理当局针对这些报告和有关信息，通过采用趋势分析和比较分析两种办法，可查找出金融机构经营管理工作中存在的问题。

（3）现场检查法。现场检查法是由中央银行派出检查小组，到监管对象的经营场所实地检查，主要检查资本充足状况、资产质量、管理质量、收入和盈利状况、清偿能力等，以此做出全面评价。在检查过程中，监管官员要判断经营活动是否安全、合法，检查经营活动的决策、做法和程序，检查内部管理的情况，评价资产、负债及其他的财务状况，评估管理机构的能力和胜任程度。

（4）自我监督管理办法。这种方法强调金融机构根据法律自我约束、自我管理，在自觉基础上实现自我监管。这种方法是外部监管的补充，两种办法相互结合，可以减少中央银行直接管理的工作量，并提高外部监管的效果。但是，这种方法不能单独使用，否则会使金融监管流于形式。

（5）内外部稽核相结合法。稽核是一种监督检查的系统方法。稽核是指对经营活动开展审查与核对，是一种监督检查的系统方法。目前，各国普遍采取外部稽核和内部稽核相结合以及监管当局强制稽核和社会非强制性稽核相结合的办法。

（6）发现问题及时处理法。当银行或其他金融机构的业务经营活动违反金融法规规定，监管当局通过采取相应的措施，督促金融机构纠正偏差，改变现状。如果相关金融机构行为迟缓或坚持不改，监管当局可以采取措施，限期解决，甚至采取果断措施，迫使问题得以解决。

三、金融监管的目标与原则

（一）金融监管的目标

金融监管的目标是金融监管理论和实践的核心问题，对金融监管目标的认识直接决定或影响着金融监管理论的发展方向，也主导着具体监管制度和政策的建立与实施。它既是评价金融监管优劣的标准，也是实现有效金融监管的前提和监管当局采取监管行为的依据。

金融监管目标是监管行为取得的最终效果或达到的最终目标，是实现金融有效监管的前提和监管当局采取监管行动的依据。具体来讲，金融监管的目标可以分以下几个层次。

（1）保护金融体系的安全与稳定。2008 年全球经济大危机，许多国家的金融体系面临崩溃，大量的银行陷入困境，甚至破产倒闭。当危机过后，人们深刻地意识到，银行体系是否健全对整个经济的繁荣和稳定是十分关键的。各国普遍把金融业的稳定作为发展经济、稳定社会的必要条件。因此，为了维持金融业健康运行的秩序，最大限度地减少银行业的风险、维护本国金融体系的安全稳定成为金融监管当局进行金融监管的首要目标。

（2）维护存款人和公众的利益。金融机构作为信用中介机构，其资金主要来源于社会大众，保护金融体系的安全与稳定不仅仅是维护国家的利益，也是维护广大存款人和公众的利益。

（3）保证金融机构竞争的有效与公平。竞争可以促进经济发展，形成优胜劣汰的有效机制，但是盲目竞争、不公平竞争或者非法竞争都会导致金融机构的破产倒闭，进而形成金融业的垄断，从而危害、妨碍经济的平稳发展。所以，公平有效的竞争是经济发展的前提，因此金融监管当局有必要通过金融监管为金融机构创造一个合法、公平、高效、有序的竞争环境。

（4）保证中央银行货币政策的顺利实施。中央银行是通过货币储备和资产分配来向国民经济的其他领域传递货币政策的，而作为传导中介的商业银行是以盈利为经营目标的，因此金融监管当局有必要通过一定的监管措施来限制商业银行与中央银行政策目标所不一致的经营活动，促使商业银行紧密配合中央银行贯彻实施货币政策，以此更加有效地对宏观经济实施调控，从而更好地实现经济发展目标。

（二）金融监管的原则

金融监管的原则是由金融监管的目标所决定的，尽管由于各国的政治、经济、法律、历史、文化传统乃至特定时期的社会体制的不同，各国在金融监管的具体方面均存在着不少的差异。但是，许多一般性原则却始终贯穿在各国金融监管的各个环节与整个过程之中。特别是巴塞尔委员会于1997年9月公布了《有效银行监管的核心原则》以后，各国金融监管当局基本上都将其作为金融业监管的指导原则。

1. 监管主体的独立性原则

《有效银行监管的核心原则》中指出："在一个有效的银行监管体系下，参与银行监管的每个机构要有明确的责任和目标，并应享有操作上的自主权和充分的资源。"近年来，世界上一些国家不断发生金融危机，从这些国家总结的经验教训和出台的改革措施中，加强监管主体的独立性就是其中重要的一条。

2. 依法监管原则

现代金融监管建立在法制的基础之上，依法监管是各国监管当局共同都严格遵守的原则。金融监管必须依据现行的金融法规，保持监管的严肃性、权威性、强制性。坚持这一原则要做到：一是金融监管当局及其工作人员在执行监管公务时，应坚持依法办事、严肃执法；二是金融监管工作者自身应遵守各种法规，学法、知法、懂法，坚持执法的连续性、一贯性和不可例外性。

3. 自我约束和外部强制相结合的原则

要保证金融监管的有效性，客观上要求内部自我约束和外部强制控制相结合。因为金融监管中存在着信息不对称、监管者信息劣势以及金融机构的道德风险等问题，所以，"外控"无论多么严格缜密，也只是相对的，如果监管对象不配合、不协作，而是设法逃避、应付，那么"外控"监管难以达到预期的效果；相反，如果放松"外控"而过于寄希望在金融机构的"内控"上，那么一系列不负责的冒险经营行为和风险则难以避免。因此，金融监管必须贯彻内部自我约束和外部强制控制相结合的原则。

4. 有机统一原则

金融监管的有机统一原则要求实现金融监管工作的如下统一：一是各级金融监管机

构要统一监管标准和口径，不能各自为政、自行其是、重复监管、自相矛盾；二是宏观金融监管与微观金融监管要统一，微观金融政策、措施、监管方法等不能同宏观金融政策制度相矛盾；三是国内金融监管与国际金融监管要统一，尤其是在各国国内经济与世界经济逐步接轨的情况下，国内金融监管政策、法规、措施也要与国际接轨，基本符合巴塞尔银行监管委员会颁布的《有效银行监管的核心原则》的规定。

5. 公正、公开、公平竞争原则

监管对象，不论其性质、规模、背景如何，都必须在同一标准下展开合理竞争，金融监管当局也要按照统一、公正、公平的监管标准和监管方式对它们实施监管，这样才能从根本上规范金融机构的市场行为，保证金融市场良好有序地运行。

6. 稳健运行与风险预防原则

世界各国共同坚持的监管政策之一是确保金融机构安全稳健地经营业务。安全稳健与风险预防及风险管理是密切相关的，必须进行风险监测和管理。因此，所有监管技术手段指标体系都是着眼于金融业安全稳健及风险性预防管理。安全稳健并不是金融业存在发展的最终目的，它的最终目的是满足社会经济的需要，促进社会经济稳健协调的发展。

第三节　金融监管的体制与内容

加强对各类金融机构的监管，保证其稳健运作、健康发展，对于实现总体监管目标和整个金融体系的稳定都具有十分重要的意义。

一、金融监管的体制

（一）金融监管体制的含义

金融监管体制是由一系列监管法律法规和监管组织机构组成的体系。

监管法律法规是指为了保证有效开展监管，由政府机构制订的一系列法律法规，大体上包括四个层次：（1）金融业监管法，从法律上明确金融业监督管理当局的地位。例如美国颁布的1863年《国民银行法》、1913年《联邦储备法》，我国2003年通过的《中华人民共和国银行业监督管理法》。（2）商业银行法，是规范并调整商业银行及其他金融机构的行为关系的立法，也是金融监管当局监管商业银行的法律依据和准绳，例如我国的《中华人民共和国商业银行法》。（3）各种专业性金融法规，是管理当局为了进行系统的监督管理活动而制定的各种专业性金融法规，例如美国1956年《银行持股公司法》、1966年《银行合并法》、1978年《金融机构管理和利息控制法》、1983年《国际贷款监督法》等。（4）各国银行监管当局依据国家法律制定的一系列管理办法，是作为国家法律的补充，或是实施的细则带有强烈的行政色彩，例如我国的《金融保险企业财务制度》、《贷款通则》、《证券投资基金管理暂行办法》等。

监管组织体系是根据监管模式建立的一整套的监管机构。主要包括：（1）金融当局宏观监管体系。目前，主要国家和地区的金融主管机关大致有三类，一是财政部，二是中央银行，三是另外的独立于财政部和中央银行的政府部门，我国应属于第三类。（2）金融机构内部监管体系，主要包括内控机构、内控设施、内控制度等。（3）金融业行业自律体系，主要是行业公会或协会，例如我国的银行业协会、证券协会等。（4）社会监督防范体系，包括社会舆论监督体系、社会监督机构和有关政府部门。同时，可以充分利用会计师事务所、审计师事务所、律师事务所等协助进行监督管理。其中，金融当局宏观监管体系和金融机构内部监管体系在金融监管中起主导作用，金融业行业自律体系和社会监督方法体系起重要补充作用，四个体系相互作用、相互协调。

（二）金融监管体制的模式

金融监管体制模式是金融监管模式决定的监管组织机构设置的模式，往往与金融业的经营体制有一定的联系。根据金融业经营模式的不同，金融监管体制模式划分为集中监管体制、分业监管体制、不完全集中监管体制。由于各国历史文化传统、法律、政治体制、经济发展水平等方面的差异，金融监管体制的模式也不尽相同。

1. 集中监管体制

集中监管体制也称为统一监管体制或混业监管体制，是只设一个统一的金融监管机构，对整个金融业实施全面集中监管的体制。这一机构通常是各国的中央银行或另设专门的金融管理机构。实施集中监管体制的代表性国家有英国、日本、韩国、新加坡等国家。

集中监管体制的主要优点是：金融管理集中，具有监管政策与标准的一致性，有利于金融机构之间的公平竞争；具有对内部不同监管部门之间协调的权威性，防止多头监管体制之下不同机构之间互相推卸责任或重复监管，从而有利于提高监管效率；能够降低监管成本，因为在单一监管机构内部负责不同监管领域的部门可以共享各种监管资源，获得规模经济的效果，从而降低监管成本。

但是这种体制缺乏监管竞争，有可能使金融监管部门作风官僚化，金融监管任务过重，不利于提高金融监管人员的素质，不利于为金融机构提供更好的服务。

集中监管体制适应于金融业发展水平比较低、金融产品相对简单、金融业务量相对较小、金融风险控制相对较易的国家和地区。

2. 分业监管体制

分业监管体制也称为分头监管体制，在银行、证券、保险领域内分别设置独立的监管机构，专门负责本领域的监管，包括审慎监管和业务监管。实施分业监管体制的代表性国家有美国、德国、波兰和中国等。

分业监管体制的优势在于：适用于地域辽阔、金融机构繁多而情况差别又很大的国家；能较好地提高金融机构监管部门的工作效率；具有监管竞争优势，防止国家金融权力的过分集中，使金融机构根据自身特点选择金融监管机构；可以使金融制度的监管专门化，突出监管重点，提高金融监管服务能力。

但是，分业监管体制也存在明显不足：监管机构交叉重叠，金融法规不统一；管理分散、重复检查与监督，影响金融机构的业务活动；监管机构之间不可避免地产生摩擦，加剧金融领域的矛盾；降低货币政策和金融监管的效率。

这种监管体制适用于金融业发展水平较高、金融品种丰富、金融产品特性相对较复杂、金融机构众多、金融业务量大、金融风险控制难度高的国家和地区。

3. 不完全集中监管体制

不完全集中监管体制也称为不完全统一监管。这种监管体制又存在“牵头式”监管体制、“双峰式”监管体制等模式。

（1）“牵头式”监管模式是指在分业监管机构之上设置一个牵头监管机构，负责不同监管主体之间的协调工作，在分业监管主体之间建立一种合作、磋商与协调机制。巴西是典型的“牵头监管”模式，巴西国家货币委员会是牵头监管者，负责协调中央银行、证券和外汇管理委员会、私营保险监理署和补充养老金秘书局，分别对商业银行和保险公司进行监管。

这种模式的优势在于：一是目标明确，不同的监管机构在对其所属业务领域实施监管时有特定的目标，能突出监管的重点，同时，在人员素质和技术水平有限的情况下，专业化的监管能使监管目标得以更好地实施；二是通过合作提高监管效率，通过监管机构定期的磋商协调、相互交换信息以及密切配合，有可能将不利影响降到最低。

但是，这种模式最大的问题是整个金融体系的风险由谁来控制，因为牵头监管者并不能做到控制整个金融体制的风险。

（2）“双峰式”监管模式是指根据监管目标设立两类监管机构：一类机构专门负责对金融机构和金融市场进行审慎监管，控制金融体系中的系统风险；另一类机构专门对不同金融机构的经营业务和相关机构的金融业务进行监管，以规范金融经营行为，保证金融稳健运行，维护正常的金融与经济秩序。澳大利亚是这种模式的典型，澳大利亚历史上由中央银行负责银行业的审慎监管。自 1998 年开始金融监管体制改革，新的澳大利亚审慎监管局负责对所有金融机构的审慎监管，而证券投资委员会则负责对证券业、银行业和保险业的业务经营监管。

这种监管体制的优势是：保持监管机构间竞争与制约的作用、保持监管规则的一致性、降低多重监管机构间相互协调的成本和难度、避免出现监管真空或交叉重复监管。

但是，“双峰式”监管模式运行效率的关键在于各金融管理机构之间的合作，在一个不善合作与立法不健全的国家中，这种体制难以有效运行。再者，这种体制也面临着同分业监管体制类似的问题，如重复监管等。

二、金融监管的内容

金融监管的内容可进行如下的分类：一是按金融机构监管范畴可划分为金融机构行政监管和业务监管；二是按监管的性质可划分为合规性监管与风险性监管；三是按监管的主要内容或范围可划分为市场准入监管、业务运营监管、市场退出监管；四是按监管的具体对象不同可划分为银行业监管、证券业监管、保险业监管及其他金融机构监管。

下面我们从监管的具体对象介绍金融监管的内容。

（一）银行业监管的主要内容

商业银行是现代金融体系的基础，因而银行业监管在金融监管中占据核心地位。从金融监管的主要内容或范围来看，银行监管可分为三部分：市场准入监管、日常经营监管和市场退出监管。

1. 市场准入监管

市场准入是监管的首要环节，把握好市场准入这道关卡是保证银行业稳健运行和整个金融体系安全的基础。商业银行作为特殊行业，新的机构进入市场会加剧竞争，提高效率的同时也会增加风险。在市场需求没有很大增长的情况下，新机构的进入会使整个银行业的平均盈利水平下降，从而导致银行业抵抗风险的能力减弱。因此，监管当局必须加强对市场准入的监管。

金融机构的市场准入主要包括三个方面：一是机构准入，是指依据法规标准批准金融机构法人或其分支机构的设立；二是业务准入，是指按照审慎性标准批准金融机构的业务范围和开办新的业务品种；三是高级管理人员准入，是指对金融机构高级管理人员任职资格进行核准或许可。

我国《商业银行法》规定："设立商业银行，应当经国务院银行监督管理机构审查批准。未经国务院银行业监督管理机构批准，任何单位和个人不得从事商业银行业务，任何单位不得在名称中使用'银行'字样。"

同时，《商业银行法》规定了设立商业银行应当具备的条件：

（1）符合《商业银行法》和《公司法》规定的章程。商业银行章程是商业银行必须具备的规定商业银行组织及其活动开展的基本规则的书面性文件，是以书面形式固定下来的银行股东共同一致的意思表达，包括商业银行的名字、组织形式、资本状况、业务范围、财务分配、设立、变更及终止等事项。

（2）注册资本的最低限额。要设立一家商业银行，必须有最低资本金的要求。不同国家和地区对注册资本的规定有所不同。我国对不同类型商业银行的注册资本有不同的规定：设立全国性商业银行的注册资本最低限额为10亿元人民币，城市商业银行的注册资本最低限额为1亿元人民币，农村商业银行的注册资本最低限额为5 000万元人民币。注册资本应当是实收资本。

表11-2为一些国家（地区）商业银行市场准入的资本要求。

表11-2　　一些国家（地区）对商业银行最低注册资本的额度要求

国家/地区	最低注册资本
美国	国民银行100万美元
英国	500万英镑
日本	10亿日元
德国	600万德国马克
韩国	全国性银行1 000亿韩元，地区性银行250亿韩元
新加坡	300万新加坡元（如是外国银行，则要求最低资本为600万新加坡元）
荷兰	100万荷兰盾
中国香港	经营银行业务的公司不少于3亿港元，接受存款公司不少于2 500万港元，有限制牌照银行不少于1亿港元

资料来源：陈颖．商业银行市场准入与退出问题研究．北京：中国人民大学出版社，2007.

（3）有具备任职专业知识和业务工作经验的董事和高级管理人员。商业银行是一个专业性很强的企业，其高级管理人员的人选及其活动直接影响到商业银行经营的好坏，影响到银行股东和客户的利益，甚至影响到整个社会经济金融秩序。因此，对商业银行的董事和高级管理人员一般都有严格的资格审查，如表 11-3 所示。

表 11-3　　一些国家对银行高级管理人员任职要求

国　家	要　　求
美　国	董事会由股东大会选举决定，董事的人数有具体要求：国民不应该少于 5 人；每个董事在服务期间应该是美国居民；董事对其任职的银行应该拥有自己的权力，要么是股份——股份的总面值不少于 1 000 美元，要么是相当的权益
英　国	董事、审计员或经理人必须是“适合”的人——是否具备履行其职位相应职责的能力、谨慎和勤勉，是否能够维护存款人或潜在存款人的利益，需要调查其过去的职业经历
德　国	高级管理人员必须具有良好的声誉，经理层必须具备必要的专业资格，专业负责人员必须在两人以上，业务规划中必须详细列明银行业务种类和组织结构等

资料来源：刘金波. 银行经营管理. 北京：中国金融出版社，2012.

根据我国的规定，凡是有下列情形之一的，不得担任商业银行的董事和高级管理人员：① 因犯有贪污、贿赂、侵占财产、挪用财产罪或者破坏社会经济秩序罪，被判处刑罚，或者因犯罪被剥夺政治权利的；② 担任因经营不善破产清算的公司、企业的董事或者厂长、经理，并对该公司、企业的破产负有个人责任的；③ 担任因违法被吊销营业执照的公司、企业的法定代表人，并负有个人责任的；④ 个人所负数额较大的债务到期未清偿的。

（4）有健全的组织机构和管理制度。商业银行的组织机构是指实施银行决策、执行管理和监督稽核的银行内部组织机构。在银行管理中要实行决策权、执行权和监督权三权分离的原则。管理制度则是指保证商业银行正常开展业务活动的制度。

（5）有符合要求的营业场所、安全防范措施和业务有关的其他设施。商业银行要有从事业务活动的固定地点，要有完备的防盗、报警、通信和计算机等设备。

2. 日常经营监管

银行日常经营监管是指以安全和稳健为目标来监控银行经营业务的全过程，是对银行业务经营及其相关活动的监察管理。商业银行在日常经营中不可避免地要面临风险，这些风险有些是由于宏观经济环境的变换所致，有些是商业银行本身不能控制的因素所致，但大部分的风险是商业银行为追逐高额利润或疏于防范而主动承担的，从以往的银行倒闭事件中我们可以很清楚地看到这一点。为了防患于未然，对银行日常经营的审慎监管就尤为必要。

1997 年 9 月，巴塞尔银行业监督与管理委员会正是通过了《有效银行监管的核心原则》（以下简称为《核心原则》），为规范银行监管提出了统一的原则。《核心原则》指出："监管程序的一个重要部分是监管者制定和利用审慎法规的要求来控制风险，其中包括资本充足率、呆账准备金、资产集中、流动性、风险管理和内部控制等方面。"这已经成为各国制定监管政策、进行日常监管的主要内容。

3. 市场退出监管

市场退出监管是监管当局对经营管理存在严重问题或业务活动出现大量困难的金融机构采取的救助性或惩罚性的强制措施。对于处理问题银行的一般措施包括贷款挽救、担保、并购、设立过度银行和设立专门的问题银行处理机构。根据我国《中华人民共和国商业银行法》和《中华人民共和国公司法》，对于问题银行的处理办法主要包括接管、兼并和破产。

市场退出监管的目的在于及时采取有力措施，防止由于个别金融机构的问题危及整个金融体系的安全稳定。对于面临暂时流动性困难的银行可以采取紧急救助措施，监管当局既可以给予直接的资金借贷，也可以出面担保来帮助银行渡过难关。当银行面临财务困难，已经或者可能发生信用危机，严重影响债权人的利益时，避免因银行倒闭造成震荡，监管当局可予以接管。在一定的接管期限内，被接管银行可能恢复正常经营能力，或监管当局组织健全银行兼并或收购危机银行。当监管当局对危机银行的各种挽救性措施均告失败之后，那么法院将依法宣布该银行破产。

商业银行的市场退出有一定的运作规程安排。如从发现银行风险、实施银行救助到最终的银行市场退出，一般会经历如图 11-2 所示的各个阶段。

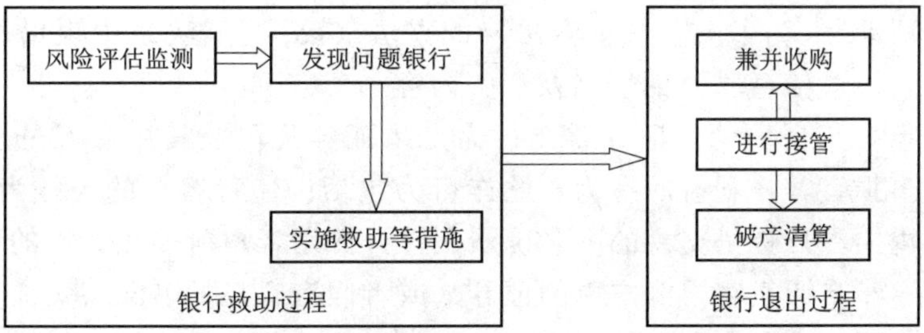

图 11-2 商业银行市场退出过程

（二）证券监管的主要内容

"阳光是最好的消毒剂，灯光是最有效率的警察"。美国最高法院大法官路易斯·布兰代斯（1914）的一句至理名言精辟地道出了证券业监管的核心思想。证券业监管的目标是保护投资者的合法权益，确保市场的公平、高效和透明，降低系统风险。证券监管的主要内容包括证券机构监管、证券市场监管和上市公司监管。

1. 证券机构监管

证券公司是指按照《公司法》规定和国务院证券监督机构依法审查批准设立的从事证券经营业务的有限责任公司或者股份有限公司。证券机构属于特许经营行业，只有经国务院证券监督机构审查批准、由工商部门注册的合法证券公司才能从事承销证券发行、自营买卖证券、代理买卖证券、资产管理、兼并与收购、研究及咨询、代理上市公司的（还本付息或支付红利等）各项证券业务。为了将证券机构的经营活动纳入规划轨道，《中华人民共和国证券法》第六章专门对证券公司的设立、业务范围、经营规则等做出了具体规定。为了加强对证券公司的监督管理，规范证券公司行为，中国证监会根据《证券法》和《公司法》的有关规定，于 2001 年 12 月发布了《证券公司管理办法》。

2. 证券市场监管

我国证券市场由于发展历史不长，许多方面仍不健全，突出表现在违规现象层出不穷。目前，我国证券市场上侵犯投资者利益的行为主要表现在操纵股价、包装上市、虚假出资、利润包装、内部交易等方面，这些行为的泛滥严重地打击了投资者的积极性，妨碍了我国证券市场的健康成长。因此，必须对以上这些损害投资者利益、扰乱证券市场秩序的行为进行严格监管。

（1）对内幕交易的监管。所谓证券内幕交易又称知情证券交易，是指对证券所交易内幕信息的知情人员利用内幕信息进行交易活动。内幕交易主要包括下列行为：① 内幕人员利用内幕信息买卖证券或者根据内幕信息建议他人买卖证券的行为；② 内幕人员向他人泄露内幕消息，使他人利用该信息获利的行为；③ 内幕人员通过不正当的手段或者其他途径获得内部信息，并根据该信息买卖证券，或者建议他人买卖证券的行为。由于这种行为可能利用一般投资者所不知道的信息而获取实际利益，因此，它是一种不公正的交易行为，也是世界各国证券立法中明文禁止的交易行为。

1999 年 7 月 1 日正式实施的《中华人民共和国证券法》，针对我国证券市场存在的屡禁不止的内幕交易问题，规定了“禁止证券交易内幕信息的知情人员利用内幕信息进行证券交易活动”。为了配合《证券法》的立法宗旨，《刑法》中也增加了“证券内幕交易罪、泄露内幕信息罪”的罪名及相关内容。

（2）对证券欺诈的监管。证券欺诈行为是指证券公司及其从业人员违背客户真实意思表示，从事损害客户利益的行为。欺诈行为包括：违背客户的委托为其买卖证券；不在规定时间内向客户提供交易的书名确认文件；挪用客户所委托买卖的证券或者客户账户上的资金；私自买卖客户账户上的证券，或者假借客户的名义买卖证券；其他违背客户真实意思表示损害客户利益的行为。

为了禁止证券欺诈行为，维护证券市场秩序，保护投资者的合法权益和社会公共利益，国务院发布了《禁止证券欺诈行为暂行办法》。其中规定，禁止任何单位和个人在证券发行、交易及其相关活动中欺诈客户。证券经营机构、证券登记或清算机构以及其他各类从事证券业的机构有欺诈客户行为的，将根据不同情况，限制或者暂停其证券业务及其他处罚。因欺诈客户行为给投资者造成损失的，应当依法承担赔偿责任。

我国《证券法》第一百九十二条规定，证券公司违背客户的委托买卖证券、办理交易事项以及其他违背客户真实意思表示，办理交易以外的其他事项，给客户造成损失的，依法承担赔偿责任，并处以 1 万元以上 10 万元以下的处罚。

（3）对操纵市场的监管。证券市场中操纵市场行为是指个人或机构背离市场自由竞争和供求关系原则，人为地操纵证券价格，以引诱他人参与证券交易，为自己牟取私利的行为。这类行为包括：① 通过合谋或者集中资金操纵证券市场价格；② 以散布谣言、传播虚假信息等手段影响证券发行、交易；③ 为制造证券的虚假价格，与他人串通，进行不转移证券所有权的虚买虚卖；④ 以自己的不同账户在相同的时间内进行价格和数量相近、方向相反的交易；⑤ 出售或者要约出售其并不持有的证券，扰乱证券市场秩序；⑥ 以抬高或压低证券交易价格为目的，连续交易某种证券；⑦ 利用职务便利，人为地压低或者抬高证券价格；⑧ 证券投资咨询机构及股评人士利用媒介及其他传播手段和传播虚假信息，扰乱市场正常运行；⑨ 上市公司买卖或他人串通买卖本公司的股票。

操纵市场行为扭曲了证券市场的正常价格，使价格与价值严重背离，造成虚假供求关系，误导资金流向，不能真实反映市场供求关系，损害了广大投资者的利益。禁止操纵市场行为是证券市场规范化建设的一项重要内容，也是促进证券市场健康发展的客观需要。对市场操纵的监管主要可分为以下两个方面：① 事前监管，是指在发生操纵行为前，证券管理机构采取必要手段以防止损害发生；② 事后救济，是指证券管理机构对市场操纵行为者的处理及操纵者对受损当事人的损害赔偿。

3. 上市公司监管

上市公司监管着眼于两个基本目标，即提高上市公司运作效率和运作质量，充分保护投资者利益。为了实现这两个目标，对上市公司的监管主要集中在两个方面：一是建立完善的上市公司信息披露制度，对其信息披露进行监管；二是加强对上市公司治理结构的监督，规范其运作。

信息披露制度是指证券市场上有关当事人在证券发行、上市、交易等一系列环节中均应依照法律规章，以一定方式向社会公众公开与证券有关的信息而形成的一系列行为规范和活动标准。信息披露制度是上市公司监管的核心内容，也是证券市场监管得以保护市场公平原则的基础。信息披露制度的目标和宗旨是为了保证所有有关的信息都能得到最公平的披露。证券发行和上市前，上市公司必须向投资者提供招股说明书、上市公告书、债券募集办法及其他资料。证券上市后，上市公司对有关信息需进行定期披露，主要包括反映经营业绩和财务状况的年度报告和中期报告。对某些重大事件和重大信息，上市公司要发布临时公告。

对上市公司监管，除了有关定期和临时信息披露的内容之外，还包括上市公司自身运作规范与否的监管，内容包括董事会是否正确履行职责、是否存在内幕交易和关联交易、募股资金是否正确使用、大股东的信息披露是否规范等。目前，几乎所有的证券交易所均对上市公司在公司治理方面提出了规范要求。公司治理结构包括公司经理层、董事会、股东和其他利害相关者之间的一整套关系。良好的治理结构可以激励董事会和经理层去实现那些符合公司和股东利益的奋斗目标，也可以提供有效的监督，从而激励企业更有效地利用资源。公司治理一直以来都是一个世界性难题。对于中国上市公司而言，上市公司治理结构存在明显缺陷，一些先天的不足使改善治理的难度增大。近年来，包括证监会在内的各级监管部门通过出台一系列相关的法规，在上市公司治理方面已经初步形成了《证券法》《公司法》《企业会计制度》《上市公司治理准则》等以基本法律为核心的、较为完善的法律体系，而随着其他相关法规的进一步健全，将使我国上市公司治理结构在现有的基础上取得更为显著的完善。

（三）保险业监管

保险业的监督管理是政府通过法律和行政的手段对保险市场的构成要素（如保险人、保险中介人等）进行的监督管理，是对保险行业行为进行的宏观调控。保险业的监管目标一是保证保险人有足够的偿付能力，维护被保险人及受益人的合法利益；二是促使并维护保险业的公平竞争；三是防止保险欺诈，保证保险业的健康发展。保险业具有不同于其他行业的特殊性，所以世界各国均对其进行严格管理。英国曾于1774年颁布的《赌博法》（也称《人寿保险法》）是保险业法律的萌芽，因其首先从法律上明确认可保险利益原则，禁止签订无保险利益的保险合同。1885年，美国的马萨诸塞州在世界上最早建立保险监督制度。其后，奥地利、瑞士、日本、德国、法国等也开始通过立法，加强对保险业的干预和全面管理。如今，各国保险业均处在政府的严格监督和管理之下。

针对保险业发展的不同历史时期，各国对保险业的监管方式也不尽相同，归纳起来主要包括三种方式。

（1）公告管理是政府对保险业监督的最为宽松的一种方式，是指政府对保险人的经营不做任何直接的监督和干预，仅要求保险人必须按照法律规定的方式及内容，定期将经营情况呈报主管机关予以公告。

（2）规范管理又称准则主义，是由国家制定一系列有关保险经营的法律、法规，要求保险业共同遵守。这种管理方式注重保险经营形式上的合法性。只要形式上合法，主管机关便不加干预。

（3）实体管理又称批准主义，是指国家制定完善的管理规则，保险监管部门根据法律规定和赋予的权力，对保险市场尤其是保险业进行全面有效的监管。此种方式渐渐取代其他方式而为各国所采用，我国也采用这种管理方式。

鉴于保险市场各要素的不同作用和地位，各国均把保险监管的重点放在对保险人的监督管理方面，而对保险人监管的具体内容也因各国经济体制、保险业发展状况、社会背景的不同而有所不同，但概括起来主要包括以下几个方面。

（1）机构监管。国家对保险机构的监管主要体现在对保险机构组织形式、设立条件、经营范围、市场退出的管理等方面，其依据是《保险法》。

（2）业务监管。保险业务的监管主要包括了保险条款和费率的监管、经营行为监管、再保险监管等内容。

（3）财务监管。保险公司的财务监管即指对资产负债情况的监管，主要包括资产监管、资金运用监管、准备金监管等。

（4）偿付能力监管。保险人的偿付能力是保险监管最根本的目标，保险公司偿付能力监管是保险监管的核心内容，保险监管各方面的工作都是围绕确保保险公司的偿付能力不低于某一水平而展开的。《中华人民共和国保险法》（以下简称《保险法》）分别规定了对偿付能力充足率在70%、30%~70%、小于30%的公司的监管措施。

除此之外，对于保险业监管还包括了对保险中介人及外国保险公司的监管。根据我国《保险法》的相关规定，保险代理人、保险经纪人应当具备金融监管部门规定的资格条件，并取得金融监督管理部门颁发的经营保险代理业务许可证或者经纪业务许可证，向工商行政管理机关办理登记，领取营业执照，并缴存保证金或者投保职业责任保险。而对外国保险公司的监管主要包括设立外资保险机构条件的监管、组织形式的监管、资本金和保证金的监管、业务范围的监管共四个方面。

（四）其他金融机构的监管

对其他金融机构的监管是金融监管体系的重要组成部分。

（1）对信托业的监管。根据2002年6月5日颁布的《信托投资公司管理办法》，信托投资公司从事信托活动应当遵守法律、行政法规的规定和信托文件的规定，不得损害国家利益、社会公共利益和他人的合法权益。监管部门依照法律、行政法规和本法对信托投资公司及其业务实施监督和管理。2003年中国银行业监督委员后成立之后，由其代替中国人民银行执行对信托业的监管活动。

（2）对金融租赁业的监管。1980年，中国国际信托投资公司率先承接了我国第一笔融资租赁业务。1981年4月，我国的第一家租赁公司——中国东方租赁公司成立。标志着我国现代租赁信用——融资租赁业的开端。中国人民银行于1999年6月召开全国租赁研讨会，并于2000年6月发布实施《金融租赁公司管理办法》，对金融租赁机构、金融租赁业务范围实施全面严格监管。2003年之后，转由银监会负责监督与管理。

（3）对财务公司的监管。财务公司最早产生于1716年，法国创设通用银行，后英美等国相继开办。财务公司在中国的出现是近十几年的事，是国家重点大型企业集团改革配套政策之一，与企业集团紧密联系。财务公司在我国快速发展中也逐步走向规范化。1996年6月，中国人民银行颁发了《企业集团公司管理暂行办法》。随着经济的发展、企业集团金融需求的变化以及金融体制改革的进一步深化，中国人民银行又于2000年7月颁发了《企业集团财务公司管理办法》。新的《管理办法》对财务公司的监管提出了一系列新的要求：一是突出了集团公司及股东单位对于防范和化解财务公司风险的责任；二是结合财务公司特点，对一些重要的监管指标做了必要的修改和补充，特别提出了资本充足率要达到10%的较高要求，并限定财务公司对集团外负债总额不得高于其集团内负债，以防止个别财务公司的单一集团风险演变成社会性风险；三是树立了全方位监管的概念，增加了借助社会中介机构对财务公司进行检查及实行行业自律等有关方面的内容。

三、我国的金融监管体制

（一）1984—1992年，集中监管体制阶段

改革开放前，与计划经济体制相适应，我国实行高度集中的金融管理体制，实际上全国基本上只有一家金融机构，即中国人民银行。当时，中国人民保险公司和中国银行以及关停两次的中国农业银行都是中国人民银行的一个部门，中国建设银行是财政部的内部机构。因此，也没有必要实施金融监督，管理体制以行政隶属关系为准。

改革开放以后，1979—1984年，我国先后恢复了中国银行、中国农业银行、中国建设银行以及中国人民保险公司，外资金融机构开始在北京等城市设立代表处。这种背景下，金融管理和监督越来越重要。1983年9月，国务院决定中国人民银行专门履行

中央银行职能，正式成为中国的货币金融管理当局。1984年，中国工商银行成立，中国人民银行成为现代意义上的中央银行，负责货币政策的制定和金融监管。从此，银行、信托、保险、证券等所有金融业务都归中国人民银行监管，形成了集中监管体制。事实上，中国人民银行的监管是在摸索中不断改进的，许多重要的监管决策都由国务院决定。所以，当时的这种监管并不是成熟的集中监管。

（二）1992—2003年，分业监管体制形成与发展阶段

1990和1991年，上海和深圳两大证券交易所的建立大大推动了中国证券业的发展。由中国人民银行负责股票、债券的发行、上市的审批和交易监管已经不能适应证券业快速发展的需要。1992年10月，国务院决定成立国务院证券委员会和中国证券监督管理委员会，负责股票发行上市的监管，中国人民银行仍然对债券和基金实施监管。

1995年颁布的《中华人民共和国中国人民银行法》第二条规定，中国人民银行是中华人民共和国的中央银行。中国人民银行在国务院领导下，制定和执行货币政策，防范和化解金融风险，维护金融稳定。这是我国第一次从立法角度明确了金融监管的主体。

1997年，受亚洲金融危机的影响，全国金融工作会议提前召开，并决定健全证券市场的“集中统一”监管体制。1998年6月，国务院决定将证券委员会并入中国证券监督管理委员会，将中国人民银行的证券监管权全部移交证监会。同年11月，国务院决定成立中国保险监督管理委员会，将中国人民银行的保险监管权分离出来，由保监会统一行使。中国人民银行专门负责货币政策和对银行业的监管。至此，中国金融分业监管体制格局正式形成。

2003年3月10日，关于组建“中国银行业监督管理委员会”的方案被十届人大一次会议审议通过，4月28日银监会正式挂牌运作。它标志着中国金融业“三驾马车”式垂直分业监管体制的最终形成。

[专栏] 11-2

中国银行业监督管理委员会的职责

一、依照法律、行政法规制定并发布对银行业金融机构及其业务活动监督管理的规章、制度。

二、依照法律、行政法规规定的条件和程序，审查批准银行业金融机构的设立、变更、终止以及业务范围。

三、对银行业金融机构的董事和高级管理人员实行任职资格管理。

四、依照法律、行政法规制定银行业金融机构的审慎经营规则。

五、对银行业金融机构的业务活动及其风险状况进行非现场监管，建立银行业金融机构监督管理信息系统，分析、评价银行业金融机构的风险状况。

六、对银行业金融机构的业务活动及其风险状况进行现场检查，制定现场检查程序，规范现场检查行为。

七、对银行业金融机构实行并表监督管理。

八、会同有关部门建立银行业突发事件处置制度，制定银行业突发事件处置预案，明确处置机构和人员及其职责、处置措施和处置程序，及时、有效地处置银行业突发事件。

九、负责统一编制全国银行业金融机构的统计数据、报表，并按照国家有关规定予以公布。

十、对银行业自律组织的活动进行指导和监督。

十一、开展与银行业监督管理有关的国际交流、合作活动。

十二、对已经或者可能发生信用危机，严重影响存款人和其他客户合法权益的银行业金融机构实行接管或者促成机构重组。

十三、对有违法经营、经营管理不善等情形银行业金融机构予以撤销。

十四、对涉嫌金融违法的银行业金融机构及其工作人员以及关联行为人的账户予以查询，对涉嫌转移或者隐匿违法资金的申请司法机关予以冻结。

十五、对擅自设立银行业金融机构或非法从事银行业金融机构业务活动予以取缔。

十六、负责国有重点银行业金融机构监事会的日常管理工作。

十七、承办国务院交办的其他事项。

资料来源：中国银行业监督管理委员会网。

（三）中国金融监管体制进一步改革

根据监管体制的效力分析，分业经营体制下分业监管的单业监管效率最高，责任明晰。但随着中国加入世界贸易组织后过渡期的结束，金融对外开放程度越来越深。国际大型金融控股公司的进入对我国金融机构的发展和金融监管形成重大的挑战。中国金融业混业经营是大势所趋，是历史的必然选择，中信控股集团、光大控股集团等金融控股公司的组建已经拉开了中国金融业混业经营的序幕。在混业经营体制下，分业监管体制的效力是最低的。设立中国金融业监管委员会，负责协调银监会、证监会和保监会的监管工作，形成磋商和协作机制，有利于提高金融监管的整体效力。在牵头机构内部建立监管信息库，作为统一的金融监管信息资源，为三大专业监管机构共享。自 2000 年开始，三大监管机构不定期举办三方联席监管会议。此举显示，我国金融监管当局正在从体制上为逐步牵头监管过渡进行有益尝试和积极的准备。

在金融监管体制进一步改革完善过程中，应处理好监管机构与中央银行的关系。尽管中国人民银行不再直接负责金融监管业务，但审慎原则始终是货币当局坚持的原则。中国人民银行有必要间接参与金融监管，掌握金融稳定状况，以便更准确有效地制定和实施货币政策。

［专栏］**11-3**

金融危机与美国的商业银行

次贷危机从 2006 年春季开始逐步显现，于 2007 年 4 月爆发，以美国第二大次级房贷公司新世纪金融公司破产事件为标志，2007 年 8 月起席卷美国、欧盟和日本等世界主要金融市场，进而演变为全球性金融危机，并由房地产市场蔓延到信贷市场。次贷危机主要表现为次级抵押贷款机构破产、投资基金关闭、相关金融机构倒闭、股市剧烈震荡等，对全美的商业银行造成直接冲击。

2008 年金融危机爆发之后，美国的一些大银行受助于政府而存活下来，而那些中小银行则在持续不断地倒闭。2006 年美国商业银行和储蓄机构总数仍然高达 8 680 家，到 2009 年商业银行总数下降到 6 839 家，2009 全年有 140 家银行破产倒闭，远高于 2008 年的 25 家。

为摆脱财务困境、减轻金融市场动荡，多家商业银行被迫采取并购策略，如美联银行被富国银行收购、华盛顿互惠银行被摩根大通收购都属于典型案例。

具体数据如表 11-4 所示。

表 11-4　　2000—2009 年美国银行机构数量的变动情况　　单位：家

指标/年度	2000	2001	2002	2003	2004	2005	2006	2007	2008	2009
商业银行	8 315	8 080	7 888	7 770	7 631	7 526	7 401	7 283	7 085	6 839
新增	190	126	91	110	122	166	178	164	89	25
并购	452	354	276	224	261	269	305	282	260	152
储蓄机构	1 589	1 534	1 466	1 411	1 345	1 307	1 279	1 251	1 220	1 173
新增	33	20	4	8	6	13	16	17	9	6
并购	81	63	56	49	58	41	37	39	32	27
问题银行	94	114	136	116	80	52	50	76	252	702
破产倒闭	7	4	11	3	4	0	0	3	25	140
政府救助	0	0	0	0	0	0	0	0	5	8

按照美国联邦储备银行的统计，直到金融危机全面爆发前，美国商业银行的资产一直保持了强劲的扩张，从 2000 年年初到 2008 年年末，美国商业银行总资产的年均增速为 8.03%，几乎是同期美国 GDP 年均增速的 3 倍。金融危机显著改变了美国银行产业资产规模扩张的运行轨迹，2008 年 10 月美国商业银行总资产出现峰值，为 95 104.65 亿美元。此后，美国商业银行总资产的规模都在逐月收缩，到 2010 年只剩下 89 370.20 亿美元。如果没有金融危机，按照 8.03% 的年均增速计算，2009 年年末美国商业银行的总资产应该突破 10 万亿美元，第一季度末则应该突破 11 万亿美元。按照此推算，金融危机至少使美国商业银行的总资产损失了 2 万亿美元。金融危机前的 2001 年，美国银行产业净利润的变化呈现两个基本特征：一是净利润规模大。2003 年，美国银行产业的净利润首次突破 1 000 亿美元，此后连续 4 年都维持在 1 000 亿美元之上，到 2006 年，已经达到 1 474.79 亿美元。二是利润增速快。以 2001 年的净利润为基数，在 2002—2006 年这短短 5 年间，美国银行产业的净利润增长了 1 倍多，年均增速达到 15.15%，是同期美国经济年均增速的 5 倍。金融危机对美国银行产业的影响在 2007 年的次贷危机爆发后开始显现，2007 年第四季度，美国银行产业的净利润几乎比 2006 年

同期收缩了 1/3，但真正显示出金融危机冲击的是在 2008 年，当年美国银行产业 -60.77亿美元的净利润充分反映了金融危机对美国银行业冲击的严重程度。

美国联邦存款保险公司的数据显示，2000—2006 年，美国银行产业的资本回报率一直维持在 10%以上，资产收益率则一直维持在 1%以上。但是，在金融危机冲击后，美国银行产业的资本回报率和资产收益率都出现了显著的拐点，一些季度甚至还出现了负数，如表 11-5 所示。

表 11-5　2006—2009 年美国银行产业资本回报率和资产收益率的季度变化　单位:%

季度	2006-Q1	2006-Q2	2006-Q3	2006-Q4	2007-Q1	2007-Q2	2007-Q3	2007-Q4
资本回报率	13.07	12.99	12.47	11.58	11.44	11.64	8.81	1.74
资产收益率	1.35	1.34	1.29	1.21	1.21	1.21	0.92	0.18
季度	2008-Q1	2008-Q2	2008-Q3	2008-Q4	2009-Q1	2009-Q2	2009-Q3	2009-Q4
资本回报率	5.72	1.46	0.52	-9.88	2.26	-1.07	0.80	0.25
资产收益率	0.59	0.15	0.05	-0.94	0.22	-0.11	0.09	0.03

尽管，目前美国经济已开始恢复增长，但金融危机对美国商业银行的影响远未结束，2010 年乃至以后仍会有相当数量美国中小银行出现经营危机，截至 2010 年 12 月 20 日，2010 年度已有 144 家商业银行倒闭。

为应对 2008 年危机，美国总统奥巴马自上台伊始就大力推行金融改革，于 2009 年 6 月提出了金融监管改革方案。美国国会众议院和参议院分别与 2009 年 12 月和 2010 年 5 月通过了各自的金融监管改革方案版本。2010 年 6 月 30 日，众议院又通过了两院统一的版本。2010 年 7 月 15 日，参议院通过了最终版的金融监管改革方案，2010 年 7 月 21 日，奥巴马正式签署金融监管改革方案（以下简称新法案）——《多德-弗兰克法案》，使之成为法律，标志着历时近两年的美国金融监管改革立法完成，华尔街正式掀开新金融时代序幕。这一方案被认为是大萧条以来最严厉的金融改革方案，也是美国自 20 世纪 30 年代以来规模最大的金融监管改革方案，几乎触及了美国大型金融机构的方方面面，从高管薪酬、风险交易、衍生品、消费信贷乃至借记卡业务都设定了新的规则。简而言之，美国联邦政府希望通过加强对华尔街的监管来防止另一场金融危机。新法案的主要内容如下：

第一，成立金融稳定监管委员会，负责监测和处理威胁国家金融稳定的系统性风险。该委员会共有 10 名成员，由财政部长牵头。委员会有权认定哪些金融机构可能对市场产生系统性冲击，从而在资本金和流动性方面对这些机构提出更加严格的监管要求。

第二，在美国联邦储备委员会下设立新的消费者金融保护局，对提供信用卡、抵押贷款和其他贷款等消费者金融产品及服务的金融机构实施监管。

第三，将之前缺乏监管的场外衍生品市场纳入监管视野，大部分衍生品须在交易所内通过第三方清算进行交易。

第四，限制银行自营交易及高风险的衍生品交易。在自营交易方面，允许银行投资对冲基金和私募股权，但资金规模不得高于自身一级资本的3%。在衍生品交易方面，要求金融机构将农产品掉期、能源掉期、多数金属掉期等风险最大的衍生品交易业务拆分到附属公司，但自身可保留利率掉期、外汇掉期以及金银掉期等业务。

第五，设立新的破产清算机制，由联邦储蓄保险公司负责，责令大型金融机构提前做出自己的风险拨备，以防止金融机构倒闭再度拖累纳税人救助。

第六，美联储被赋予更大的监管职责，但其自身也将受到更严格的监督。美国国会下属政府问责局将对美联储向银行发放的紧急贷款、低息贷款以及为执行利率政策进行的公开市场交易等行为进行审计和监督。

第七，美联储将对企业高管薪酬进行监督，确保高管薪酬制度不会导致对风险的过度追求。美联储将提供纲领性指导而非制定具体规则，一旦发现薪酬制度导致企业过度追求高风险业务，美联储有权加以干预和阻止。

新的金融监管将带来银行成本的增加，消费者的借贷成本也可能会提高，甚至美国的经济增长也可能短期内放缓，但与导致数百万人失业、数百亿美元损失的金融危机的危害相比，这个代价是值得的。

新法案更好地保护了消费者，赋予了投资者更多权利，并使场外衍生品市场更具透明性。新法案的出台，将有助于推动全球金融监管体系的重建及其金融监管合作的彼此协调，这些都将有助于遏制金融监管套利，防止新的金融危机发生。

资料来源：FDIC，Statistics at a Glance，联邦储备公司，http：//www. fdic. gov；李石凯. 金融危机对美国银行产业的冲击：回顾与前瞻. 国际金融研究，2010（12）；陆静. 商业银行经营管理. 北京：清华大学出版社，北京交通大学出版社，2011（02）.

本章小结

1. 金融风险指经济主体在金融活动过程中，由于各种不确定因素的影响，从而使金融活动参与者蒙受损失或获得收益的机会或可能。广义的金融风险又称为投机风险，而狭义金融风险称为纯粹风险。金融风险发生在货币信用领域，具有客观性、不确定性、隐蔽性、扩散性、可控性的特点。

2. 金融风险的分类：按照金融风险的性质划分，金融风险可分为系统性风险和非系统性风险；按照金融风险的形态划分，金融风险可分为信用风险、市场风险、流动性风险、国家风险、法律风险、操作风险等；按照金融风险的主体划分，金融风险可分为金融机构风险、个人金融风险、企业金融风险；国家金融风险，按照金融风险的产生根源划分，金融风险可分为客观金融风险、主观金融风险；按照金融风险的层次划分，金融风险可分为微观金融风险、宏观金融风险等。

3. 金融危机的类型为：货币危机、银行危机、股票危机、债务危机及系统性金融危机等。

4. 金融监管是政府或金融管理机构依据国家法律法规授权对金融机构和金融市场的监督和管理。一个有效的金融监管体系必须具备三个基本要素：监管的主体（监管当局）、监管的客体（监管对象）和监管工具（各种方式、方法、手段）。

5. 金融监管的内容：针对不同的具体监管对象金融监管的内容也有所不同，主要分为银行业监管、证券业监管、保险业监管及其他金融机构监管。

6. 金融监管体制主要包括集中监管体制、分业监管体制、不完全集中监管体制三种类型。中国的监管体制经历了集中监管体制到分业监管体制的发展过程。目前，中国金融业混业经营是大势所趋，是历史的必然选择。混业监管将成为我国金融监管发展的长期目标，有必要积极推进我国金融监管体制的进一步改革。

重要概念

金融风险　信用风险　市场风险　流动性风险　法律风险　国家风险　操作风险　金融监管　市场准入　内幕交易　操纵市场　欺诈行为　信息披露制度　集中监管体制　分业监管体制　金融监管模式

思考题

1. 简述金融监管的目标及原则。
2. 简述金融监管的要素。金融监管的方法有哪些？
3. 论述金融监管的内容。
4. 试分析各种金融监管体制的优缺点。
5. 论述我国金融监管体制的改革。

第十二章

金融发展与金融创新

学习目标

通过本章的学习，学生应理解和掌握金融发展的基本理论，了解金融发展与经济发展的关系，理解金融抑制、金融深化、金融约束基本理论，掌握金融创新的相关内容。

第一节 金融发展

一、金融发展的概述

（一）金融结构与金融发展

学术界对金融发展一词的定义，使用最多的是经济学家雷蒙德·W·戈德史密斯于1969年出版的《金融结构与金融发展》中所给出的定义。他采用定性与定量分析相结合的方法，首次清晰地阐述了金融结构的性质、特点、构成和作用，创造性地提出并验证了衡量金融结构演变程度的一系列数量指标，在此基础之上，他就金融发展的类型和基本影响因素、各国金融发展中带有规律性的趋势、金融发展对经济增长的引致效应等问题提出了独到的见解。

按照戈德史密斯的解释，金融结构与金融发展之间的关系集中表现为“金融发展是金融结构的变化”。这种变化既包括了短期的变化，也包括了长期的变化，既是各个连续时期内的金融交易流量，也是对不同时点上的金融结构的比较变化。

戈德史密斯把各种金融现象归纳为三个方面，即金融工具、金融机构与金融结构。金融工具是指对其他经济单位的债务凭证和所有权凭证，包括货币、银行券、商业票据、股票、债券等，金融机构包括商业银行、储蓄机构、保险公司、养老基金、投资银行等。而金融结构取决于金融工具与金融机构的结合，不同类型的金融工具与金融机构的形式、性质及相对规模构成不同特征的金融结构。金融结构越复杂，金融工具和金融机构以及它们的组合种类越多、分布越广、规模越大，金融效率和金融发展的程度越高，经济也就越发达。

（二）衡量金融发展的基本指标

戈德史密斯为了对金融结构进行详细的定量分析，创造性地提出并验证了衡量金融结构演变程度的一系列指标：

（1）金融相关比率（Financial Interrelation Ratio，FIR），是指一定时点上全部金融资产价值（FT）与全部实物资产价值（WT）的比例。用公式表示为

$$FIR = FT/WT$$

式中，金融资产主要包括金融部门、非金融部门和国外部门发行的金融工具等。全部实物资产大致可以用当期国民生产总值（GNP）表示，而该指标主要用来衡量一国金融上层结构与经济基础结构之间在规模上的关系，是衡量金融结构最重要的量化指标。

（2）主要的金融工具在全部金融工具总额中所占比重的指标，用来衡量金融上层结构的构成状况。

（3）金融机构发行的金融工具与非金融机构发行的金融工具的比率，该比率反映金融“机构化（Institutionalization）”程度的指标，表明金融机构在金融工具的发行与持有上所占的份额。

（4）金融资产总额和各类金融工具余额在各个经济部门之间及其子部门之间的分布，这反映了不同金融工具在经济中各个部门的渗透程度以及各部门对不同金融工具的偏好。

（5）各种金融中介机构所持有的金融资产在所有金融机构资产总额中的比例及其在金融工具总额中的比例，用来衡量一国金融机构中各金融机构的发育程度及其相对重要性。

（6）各类金融机构相互往来的资产之和占全部金融机构总资产的比率，该比率称为“分层比率”，用以衡量金融机构间的相关程度。

（7）主要非金融部门的内源融资（如公司本身的资本积累）和外源融资（通过金融渠道的资本融入）的比例。

在研究金融发展与经济发展的关系时，金融相关比率是一个最主要的指标。金融相关比率的变动反映的是金融上层结构与经济基础结构之间在规模上的变化关系，它大概可以被视为金融发展的一个基本特点。因为在一定的国民生产总值的基础上，金融体系越发达，金融相关系数也就越高。所以，人们会推断出，在经济发展的过程中，金融相关比率必然会逐步提高，而且可以根据金融相关比率来衡量金融发展达到何种水平。

戈德史密斯认为：“在自由企业经济中，不同的金融相关比率总是与不同类型的金融结构相关联。”戈德史密斯将金融结构分为三种类型。

第一类金融结构的特点是金融相关率较低（约为 1/5～1/2），债权凭证远远超出股权凭证而居主导地位，商业银行在金融机构中占据突出地位。这是金融发展初级阶段的特点。

第二类金融结构的特点是金融相关率仍然较低，债权凭证仍然超过股权凭证，银行仍然在金融机构中居于主导地位。但在这种结构中，政府和政府金融机构发挥了更大的作用，同时，由外国投资的大型股份公司已经大量存在。20 世纪上半叶，大多数非工业化国家的金融机构就属于这一类型。

第三类金融结构的特点是金融相关率较高，在 1 左右，大致在 3/4~5/4 的范围内变动，也可以上升至 2 的水平；尽管债权仍占金融资产总额的 2/3 以上，但股权证券对债券证券的比率已有所上升；金融机构在全部金融资产中的份额已提高，金融机构日趋多样化，导致银行体系地位的下降以及储蓄机构、私人及公共保险组织地位的上升。这一类型的金融机构在 20 世纪的工业化国家较为常见。

货币化率也是反映金融发展与经济发展的一个主要指标。货币化率是指一国通过货币进行交换的商品与服务的值占国民生产总值的比重。该比重越高，说明一国的货币化程度越高。随着商品经济的发展，使用货币作为商品与服务交换媒介的范围越来越广，对于这种现象，通常叫作社会经济货币化程度的不断提高。由于可以直接使用的统计数据极为缺乏，所以要把货币化程度具体数量化，难度极大。有的学者采用货币供给量与 GDP 的比值来间接表示货币化的程度。该数据可以充分使得一国的不同阶段以及国与国之间也有可比性。但是，这种间接表示方法只能在有限的条件下使用。在一国经济的货币化程度从低向高发展的过程中，货币供给量的增长相对于 GDP 的增长一般会有较快的递增速度。但有时却会出现货币供给量的绝对值超过 GDP 绝对值，即比值大于 1 的情况。而整个经济完全货币化，货币化率的极限也只能是 1。因此，大于 1 的数值显然就不适用了。

二、金融发展的规律

戈德史密斯通过对 35 个国家近 200 多年的金融发展历程的研究分析表明，尽管各国金融发展的起点不同，发展的速度也不一样，但从基本发展趋势来看，却存在着共同的发展规律。他通过大量的比较分析和统计验证，将金融发展的一般轨迹定性地概括为 12 条规律。

（1）在一国的经济发展过程中，金融上层结构的增长比国民财富所表示的经济基础结构的增长更为迅速。因而，金融相关比率有上升的趋势。

（2）一国的金融相关比率的提高并不是无止境的。一旦经济发展达到某一阶段，特别是 FIR 达到 1~1. 5 时，该比率会停止增长，或趋于稳定，超常的比值往往限于短期内。

（3）经济欠发达国家的 FIR 大大低于发达的欧洲和北美国家。20 世纪 60 年代的欠发达国家的 FIR 多在 2/3~1，而美国和西欧在 19 世纪后半期就达到并超过该水平，这也体现了两类国家在金融发展上的时代差别。

（4）决定一国金融上层机构相对规模的主要因素是不同经济单位和不同经济集团之间储蓄和投资功能的分离程度。归根结底，金融相关比率是由一国经济结构的基本特征决定的，如生产的集中度、财富的分配状况、投资刺激、储蓄倾向及产业活动与家庭经营活动的分离等。

（5）在大多数国家中，金融机构在金融资产的发行与持有上所占的份额随经济发展而显著提高，甚至在全国性的 FIR 已经停止上升时，这个份额仍然会持续加大。

（6）储蓄与金融资产所有权的“机构化”倾向对各种主要金融工具有着不同的影响。一般来说，债权的机构化比股权的机构化增长更快，长期债权的机构化要高于短期债权的机构化水平。发达国家中金融机构持有公司股票的比重高于发展中国家，并有继续增长的趋势。

(7) 具有现代意义的金融发展都是始于银行体系的建立及法定货币的发行。铸币和银行券占国民财富的比重开始是成上升的趋势，但之后会出现停止上升或下降的倾向。存款货币（支票存款）也将经历相同的变化过程，但时间相应会晚些。

(8) 随着经济的发展，银行系统在金融机构资产总额中的比例会趋于下降，而与此同时，其他各种新型的金融机构的这一比率会有所上升。在有些发达国家，其他金融机构的金融资产总额已超过银行资产总额。

(9) 对大多数国家而言，国际金融活动在经济发展的某些时候起着关键的作用，如国外融资作为国内不足资金的补充或作为国内剩余资金的出路，这取决于一国的对外开放程度。

(10) 国际资本转移的重要形式是资金从发达国家向发展中国家的流动。金融机构和金融工具的国际化会便利资本与技术的转移。对发展中国家来说，引进国际化的金融机构甚至比引进一些资金更为重要。

(11) 金融发展水平越高，融资成本（包括利息与各种费用）越低。在金融发达国家，包括利率和其他费用在内的融资成本要明显低于欠发达国家，偶然出现的例外也主要是由于通货膨胀的影响。这种情况下，金融体系的作用会向相反的方向变化。

(12) 从长期来看，各国金融发展与经济发展之间存在着大致平行的关系。实质收入和财富在总量与人均水平上增长的同时，金融上层结构的规模与复杂性也在提高。

三、金融发展与经济发展

关于金融与经济发展的关系数百年来一直被西方经济学家所关注。长期以来，西方主流经济发展理论与金融理论基本上是相互分离的。直到 20 世纪五六十年代后，约翰·G·格利和爱德华·肖的研究成果表明，经济发展是金融发展的前提和基础，改变了人们认为金融对实质经济增长没有多大贡献的传统观点。

戈德史密斯从理论和历史两个方面进行分析，基本结论表明金融发展与经济发展之间存在着密切的联系。他认为，金融发展对经济具有引致增长效应，在一定的生产技术条件下，假设消费者的储蓄偏好、投资的风险大小均为不变因素，那么金融发展水平越高，金融机构与金融资产种类越丰富，金融机构对经济的渗透力越强，经济发展水平越快。

近年来，在研究和总结了各国大量的实践及经验教训的基础上，经济学家们进一步肯定并强调了金融发展与经济发展之间的关系，即经济发展是金融发展的前提和基础，而金融发展则是推动经济发展的动力和手段。

（一）经济发展对金融发展的作用

经济发展对金融发展的作用大致可以归纳为两点。

第一，金融是依附于经济的一种产业，是在商品经济的发展过程中产生并随着商品经济的发展而发展的。货币的产生、信用的出现、经营货币信用业务的金融机构的发展以及宏观金融调控、监管机构的完善等都离不开经济发展。经济越发展，金融越发达，金融脱离了经济发展就只能成为无源之水、无本之木。

第二，经济发展决定金融发展的结构、规模和阶段。从结构上看，宏观经济的部门结构决定了金融结构、企业的组织结构和商品结构决定了金融的业务结构、市场结构决定了金融体系的组织结构和金融总量的结构等。从规模上看，一定时期的货币供给量主要受制于当期商品可供量，而当期信用总量或金融总量的多少与经济发展的规模成正比。此外，一国金融机构的数量、分支机构设置、从业人员的数量一般也都与该国的经济规模直接相关。从阶段上看，经济发展由低级阶段进入高级阶段，金融发展也应相应地由低级阶段进入高级阶段，其中包括金融机构、金融工具、金融市场等的发展。

总之，金融在与整体经济的关系中一直居于从属地位，它不能凌驾于经济发展之上。金融作为现代市场经济中的第三产业，其基本功能是满足经济发展过程中的投融资需求和服务性需求。因此，金融只有为经济发展服务并与之紧密结合，其发展才有坚实的基础和持有的动力。

（二）金融发展对经济发展有一定的推动作用

第一，通过金融的基本功能实现资本的积累与集中，可以为经济发展提供条件，实现现代化的大规模生产经营，实现规模经济的效益。金融业越发达，其迅速积累资本的功能越强。在金融高度发达的国家，金融不仅可以帮助迅速集中国内资源，还可迅速调动国外资源，推进经济发展的国际化和全球一体化。

第二，通过多样化的金融机构与金融工具来动员储蓄并将其顺利转化为投资，从而提高社会的投资水平。金融业的发展可以提高金融资产的流动性，使品种多样化、收益率提高，从而提高人们持有金融资产的兴趣，增加金融资产形式的储蓄份额，带动投资的增长，从而推进整个社会经济的发展。

第三，通过金融机构的经营运作解决交易成本，合理配置资源，提高经济发展效率。发达的金融体系为投资人提供了众多的可选择的投资工具和理想的金融市场。金融机构和金融工具提供的选择机会越多，人们从事金融活动的愿望越强烈，社会资金积累的速度越快。在资金总量一定的前提下，金融活动越活跃，资金使用的效率就越高，投资人的理智的投资行为有助于资源从不善经营管理的企业流向经营管理能力强、盈利水平高、投资风险小的产业与地区，实现社会资源的合理配置，提高资源的适用效率。

第二节 金融抑制、金融深化、金融约束

20世纪70年代，罗纳德·麦金农（Ronald McKinnon）的《经济发展中的货币与资本》和爱德华·肖的《经济发展中的金融深化》论证了金融部门与经济发展之间存在着密切的关联。他们指出，由于发展中国家存在广泛的“金融抑制”现象，阻碍了金融发展，从而制约了经济增长，所以发展中国家应将金融自由化（Financial Liberalization）、金融深化（Financial Deepening）作为发展政策的核心，可以促进经济发展。20世纪90年代赫尔曼（Hellman）等人提出了“金融约束”论，他们认为金融抑制是金融发展对立面，可视作是金融发展的起点，一些发展中国家因不具备

金融自由化的条件，推行金融自由化又达不到预期效果，所以有必要走第三条道路，即所谓“金融约束”。

一、金融抑制理论

金融抑制理论是由美国著名经济学家麦金农首创。在《经济发展中的货币与资本》一书中，麦金农从金融制度绩效的角度强调“金融抑制”对经济发展的负面影响。关于金融抑制的含义，麦金农和肖等人将发展中国家存在的市场机制作用没有得到充分发挥、金融资产单调、金融机构形式单一、过多的金融管制和金融效率低下等现象概括为“金融抑制”。

（一）发展中国家金融抑制的主要表现

与发达国家相比，发展中国家金融体制极为落后，从金融结构的角度来考察，具体表现在以下几个方面。

（1）货币化程度低。发展中国家的市场分割性决定了它们商品交易的范围和规模都受到许多限制，货币经济所占比重较小，自给自足的非货币经济所占比重却较大。相对于发达国家来说，发展中国家货币程度较低，货币在经济中所起的作用受到很大的制约。

（2）金融体系存在着明显的“二元结构”。金融体系被分割为截然不同的两大“阵营”，即以大城市和经济发达地区为中心、以现代大银行为代表的现代金融机构，以落后的农村为中心，以钱庄、当铺、合会等为代表的传统金融机构。

（3）金融体系发展不平衡，效率低下。发展中国家的金融机构单一，商业银行在金融活动中居于绝对的主导地位，非银行金融机构则极不发达；金融机构多为国营，民间金融机构少；金融机构的专业化程度低，金融效率低下。而发达国家的金融机构体系健全、功能全面。

（4）资本市场极其落后。发展中国家的金融市场工具数量有限，种类贫乏，发行范围小，政府部门是证券买卖的主体，其他参与者都处于配角的地位。企业的资金来源主要靠自我积累和银行贷款。有些国家甚至根本不存在资本市场。金融市场的落后和金融工具的缺乏不仅限制了组织和融通社会资金的渠道、方式和规模，从而导致资本形成不足，而且也给政府实行货币金融政策带来了困难。

（二）金融抑制的政策

麦金农和肖认为，上述金融抑制现象不仅与发展中国家经济落后的客观现实有关，也与发展中国家所实行的金融抑制政策有直接的关系。这种政府干预在很大程度上是出于财政上的动机——政府希望积极推动经济发展，但现实却是经济发展水平低、政府财力薄弱、外汇资金短缺。因此，为了获得资金实现发展战略，政府倾向于（有意或无意）干预或压制金融体系。这种压制性的金融政策主要体现在以下几个方面。

1. 通过规定存贷款利率和实施通货膨胀政策，人为地压低实际利率

发展中国家为了降低公共部门的融资成本，扶持国有经济的发展，通过设定存贷款利率上限来压低利率水平。同时，依靠通货膨胀政策来弥补巨大的财政赤字，使通货膨胀率往往居高不下。结果是实际利率通常很低，有时甚至是负数。过低的实际利率使得

持有货币（这里指广义货币 M_2）的实际收益十分低下，抑制了人们的储蓄意愿。而另一方面，较低的利率也刺激了借款者对贷款的需求，从而加剧了资金供求矛盾。

2. 人为高估本币的汇率

发展中国家为了降低进口机器设备的成本，常常人为地高估本币的汇率，使其严重偏离均衡的汇率水平。但是这一政策的结构却使发展中国家陷入了更为严重的外汇短缺。过高的本币汇率使发展中国家本来就十分低的产品国际竞争力进一步削弱，而与此同时，进口需求却十分高涨。其结果必然是，发展中国家不得不实行全面的外汇管制，对稀缺的外汇资源进行行政分配。

3. 采取信贷配给的方式来分配稀缺的信贷资金

由于利率低下带来的储蓄低下、投资膨胀，发展中国家通常面临着巨大的资金短缺。面对这种情形，发展中国家往往实行选择性的信贷政策，引导资金流向政府偏好的部门和产业。而这些为政府所偏好的企业和项目大多是享有特权的国有企业和具有官方背景的私营企业，投资收益率通常并不理想。由此导致的直接后果是资金分配效率十分低下。

4. 对金融机构实施严格的控制

这种控制包括：对金融机构实施很高的法定准备金率和流动性要求，以便于政府有效地集中资金；严格限制金融机构的资金流向；严格限制某些种类金融机构的发展；实施金融机构的国有化等。政府倾向于鼓励那些能够从中获取巨大铸币收益的金融机构和金融工具的发展，而抑制其他金融机构和金融工具的发展。在此情形下，货币和银行系统往往受到偏爱和保护，因为通过储备要求及强制性地持有政府债券，政府可以无息或低息为公共部门融资；相反，私有债券及证券因为不便于从中收取铸币税，政府往往借助于交易税、印花税及资本所得税等多种形式对其进行抑制。这些控制造成的直接结果是，金融机构成本高昂，效率低下，金融机构种类单一，专业化程度较低。

（三）金融抑制的负面效应

由于金融与经济发展是息息相关的，金融压制政策必然会对经济发展产生影响，主要表现为以下四个方面。

1. 负收入效应

公众所持有的实际货币余额越多，储蓄和投资就越多，而储蓄和投资的增加又会带来生产的增长与收入的提高。但是，许多实行金融抑制的发展中国家都存在着严重的通货膨胀，作为实际货币余额的持存者和使用者，公众和企业为避免承受物价上涨的损失，就会减少货币形式的储备，储蓄下降致使投资减少，总需求下降，国民收入也随之下降，收入的下降进一步带动国民经济的收缩，形成恶性循环。

2. 负储蓄效应

许多发展中国家试图用规定名义利率上限的做法来控制货币数量。由于许多发展中国家有市场分割、经济货币化程度低、金融工具品种单调和数量稀少的问题，许多地区甚至仍然停留在物物交换的阶段。当通货膨胀率很高的情况下，当局的低利率甚至负利率政策根本无法弥补物价上涨所造成的损失，人们被迫采用购买实物、增加消费支出以及向国外转移资金的方式来回避风险，使得国内储蓄受到影响。即便存在储蓄意愿，也会由于金融工具单调、资产选择余地小、流通变现难度大等原因而受挫，从而进一步降低全社会中储蓄占国民收入的比重。

3. 负投资效应

金融抑制限制了发展中国家对传统部门的投资，如农业投资的减少致使农业产出下降，这就会增加对粮食和原材料进口的需求；本币的高估和对小生产者贷款的限制，阻碍了出口的增长，本国经济的发展滞缓又反过来加重发展中国家对境外供给的依赖，同时，这些国家投资的重点往往是耗费巨量资金的重工业，由于技术条件的限制，资金密集型的产业并不能带来较高的效率，使得投资的边际生产力大大降低；最后，城市基础设施建设的滞后恶化了投资环境。所有这些都阻碍了这些国家投资的增长。

4. 负就业效应

除了上述负收入和负投资效应造成就业机会减少外，金融抑制对传统部门的抑制也是造成负就业效应的重要原因。在金融抑制战略下，传统部门与小规模生产受到限制，其发展缺乏必要的资金与技术投入，劳动密集型产业得不到发展，大量乡村劳动力不得不迁徙到城市寻找工作，其中只有小部分能为工资水平相对较高的资本密集型产业所吸纳，未被吸纳的部分，或是滞留于工资水平相对较低的行业、企业之中，或是出于失业状态，从而形成了大中城市特有的“城市贫民阶层”。伴随着生产发展与技术改进，失业现象将会更加普遍，社会成员间的贫富分化也进一步加剧。

金融抑制加剧了金融体系发展的不平衡，极大地限制了金融机构的业务活动，束缚了金融市场的形成和发展，阻滞了社会储蓄的应有程度和向社会投资的正常转化，造成投资效益低下，最终制约了国民经济的发展，并通过消极的反馈作用加剧了金融业的落后，从而陷入金融落后的恶性循环。

二、金融深化理论

概括地讲，麦金农和肖认为，金融抑制是欠发达国家经济发展的一大障碍，而发展中国家要想实现经济迅速增长，则政府必须解除对金融资产价格的不适当管制，实现一系列的金融自由化政策，从而促进一国金融体制与实际经济同时发展，形成一种相互促进的良性循环，这便是所谓的“金融深化”，也被称为“金融自由化政策”。

（一）金融深化的正面效应

根据麦金农和肖的理论，金融深化对经济发展的正效应可以归结为以下几个方面。

1. 储蓄效应

由于金融深化而引起的国民实际收入的增加，在储蓄条件一定的情况下，社会储蓄总额也将按一定比例相应的增加。同时，取消利率管制后，随着储蓄实际利率上升以及金融资产的多元化，人们的储蓄行为导致储蓄率上升；若国内利率高于国际金融市场利率，在放松资本管制的条件下，还会吸引大量的外资流入。

2. 投资效应

取消利率管制后，利率将作为一种有效的相对价格引导着资源的配置。随着储蓄效应和金融中介的发展，投资规模和投资效率都将提高。一方面，金融中介的发展使得企业能在更大范围内、更方便地筹资；另一方面，金融自由化后，政府对资金的行政性分配减少，信贷资金更多地流向高收入的投资项目，使社会的投资效率得以提高。

3. 就业效应

由于货币实际收益率的上升导致投资者资金成本的提高，因此投资者将倾向于以劳动密集型的生产代替资本密集型的生产，以节约资本的使用。这样，整个社会的就业水平将得到提高。

4. 收入分配效应

金融自由化及其相关的政策有助于促进收入分配的平等。例如，可以通过提高就业增加工资收入的份额，可以减少拥有特权的少数进口商、银行借款者、资源消费者的垄断收入。金融自由化带来的资本积累还有助于改变落后经济中普遍存在的以压低农产品价格的形式进行的对农民的变相剥夺。

5. 稳定效应

通过采取适应的金融自由化政策改善国内储蓄流量和国际收支状况，使得经济对国际贸易、国际信贷与国家援助等方面的波动可以有较强的承受能力。由于金融自由化导致储蓄增加，有利于改善财政收支，减少财政对通货膨胀政策的过度依赖，从而使稳定的货币政策成为可能。

（二）金融深化的政策

发展中国家应当采取的金融政策应着重于以下几个方面。

1. 政府取消对存放款利率的硬性规定，使利率真实地反映资金供求状况

发展中国家的实际利率应该为正数，而不是负数。也只有正的实际利率才能广泛吸收社会的闲置资金，促进资本的形成。正的实际利率可以通过提高名义利率或降低通货膨胀率而得到，因此，政府应当放弃对利率的人为干预，允许利率随市场资金供求关系变化自由浮动，真实地反映资金的稀缺程度。

2. 政府减少对金融业的干预

政府放宽对金融市场的管理和限制，允许非国有的、非银行的金融机构存在和发展，鼓励各类金融机构、企业和居民积极参与金融市场的活动，逐步扩大外源性融资的比例，克服融资障碍，使更多的社会闲散资金用于生产投资。

3. 政府当局应采取有力措施抑制通货膨胀，通过稳定的物价环境来促进经济的增长

经济增长与金融状况是紧密相连的。政府应力求稳定通货，平抑物价，为金融体系有效地吸收存款和发放贷款创造条件。在通货稳定的环境下，金融深化就可以促使投资扩大，收入提高，储蓄增加，并进一步推动投资增长，形成金融发展与经济增长之间的良性互动机制。

4. 着力于发掘本国资本，减少对外国资金的依赖性

经济发展的优先策略是直接放松国内金融和对外贸易，依靠本国的资金力量来发展经济，而不是过度依赖外资。发展中国家内部具有可观的资金潜力，应该而且完全可以通过金融深化形成资金上的“自助”，避免过分和长期地依赖外国资金。

此外，金融深化还需要贸易自由化、税制合理化、改善政府支出等政策配合才能开拓国内资金来源，促进经济增长。如逐步消除贸易保护，促使国内企业同国外企业进行

竞争；实行有利于进出口贸易的增值税，提高税制结构的收入弹性；取消对亏损企业的补贴，以减轻财政负担，为金融深化提供良好的经济环境。

（三）金融深化论的不足

金融深化论在理论和政策上为发展中国家的金融体制改革提出了极有价值的指导性意见。但该理论仍有一些不足之处，主要表现在以下几方面。

（1）金融深化论者重视金融制度对于经济发展的促进作用，主张只要大刀阔斧地实行金融体制改革，便可以改变发展中国家的金融压制现象。但是，他们却忽略了发展中国家经济结构严重失调的问题。事实上，发展中国家的金融体制改革必须与经济体制改革相配套，这样才能取得显著成效。

（2）金融深化论者过分强调了自力更生，从而忽视了引进外资的必要性。他们认为，只要发展中国家实行金融体制改革，则可从本国资本市场筹集全部发展资金，因此该理论又被称为“自力更生的发展理论”。事实上，大多数发展中国家的国民收入极低，即使实行利率改革（提高利率）也难以吸收足够的储蓄资金来支持经济发展。因此，发展中国家在工业化初期适当利用外援、引进外资显得十分必要。

（3）金融深化论者在主张金融体制改革时过分强调取消对金融体系的行政干预，并称金融深化为金融自由化。实际上，即使在高度发达的市场经济体制下，政府仍然须对金融机构和金融市场实施适度的监督，以防止银行或金融机构的管理不善或其他原因而触发金融危机。因此，为促进发展中国家金融体制和经济高度发展，政府应放弃不合理的金融管制与干预，但绝不是一种片面的金融自由化。

三、金融约束理论

（一）金融约束理论的原理

“金融约束”这一术语是由托马斯·赫尔曼、凯文·穆尔多克及约瑟夫·斯蒂格利茨于1996年提出的，区别于“金融抑制”和“金融深化”。他们认为，对发展中经济和转型经济而言，金融压制的经历是令人痛心疾首的，而推行金融自由化又达不到预期效果，所以有必要走第三条道路，即他们所谓的“金融约束”。政府对金融部门的有选择性的干预不仅不会带来金融抑制，反而有助于金融深化。金融发育程度较低的发展中国家应实行金融约束政策，即在宏观经济稳定、通货膨胀率低且可以预测以及实际利率大于零的前提下，通过控制存贷款利率、约束市场竞争和限制资产替代等措施为金融部门创造租金。

金融约束是一组金融政策，如对存贷款利率加以控制、对进入加以限制和对来自资本市场的竞争加以限制等，这些政策旨在为金融部门和生产部门创造租金，刺激金融部门和生产部门的发展，并以此促进金融深化。在这里，租金的创造并非只能依靠利率管制来进行，政府也可通过金融市场准入政策、定向信贷乃至直接干预等手段创造租金。只要政府不与民争利、不参与租金的瓜分或分配，租金的产生会使银行和企业受益，从而产生正的激励作用，促进资本配置效率的提高。

（二）金融约束的前提与目的

虽然金融约束论从不同角度论证了金融约束对发展中国家来说是一种合理的金融政

策。但金融约束与金融抑制的手段和方式有许多相同之处，金融约束的政策在执行过程中可能会因为种种原因而使效果变差或受到扭曲，其中最大的危险是使金融约束转变为金融抑制。因此，要保证金融约束达到最佳效果，必须具备一些前提条件。

首先，要有一个稳定的宏观经济环境，例如通货膨胀率较低并且可以预测，因为在通货膨胀率高或不稳定的情况下，政府从私人部门那里征收通货膨胀税，这和金融约束不相容。同时，国家利率必须为正值。银行是真正的商业银行，政府对企业和银行的经营没有或只有极少的行政干预，以确保银行和企业的行为符合市场要求。金融约束之所以有这些前提条件是由其目的决定的。

金融约束的目的是为私人部门创造租金，更准确地讲，金融约束的目的是为了私人部门创造租金机会，这种机会可为其获得者带来租金。

（三）金融约束的政策取向

在金融实践中，金融约束理论所提倡的政策措施主要体现在以下几个方面。

（1）政府应控制存贷款利率。把存款利率控制在一个较低的水平上（要保证实际存款利率为正值），减少银行成本，创造增加其“特许权价值”的租金机会，减少银行的道德风险，激励其长期经营。只要存款利率控制适度，金融约束是有好处的。如果控制力度过大，资源配置将受到扭曲，金融约束将会蜕变为金融抑制。只要干预程度较轻，金融约束就会与经济增长正相关。

（2）严格的市场准入限制政策。严格的市场准入政策并不等于禁止金融机构市场准入，而是指新的进入者不能侵占市场先入者的租金机会，如果没有市场准入限制政策，银行数目的增加将使资金市场竞争加剧，无序金融竞争会造成社会资源浪费，甚至导致银行倒闭，危及金融体系的稳定。为使这种租金不至于消散，一个重要的保护手段就是限制金融机构市场准入，以维持一个暂时的垄断性市场，对现有少数进入者进行专属保护。严格的市场准入政策可提高金融体系的安全性，对整个社会经济具有重要的外部效应。

（3）限制资产替代性政策，即限制居民将正式金融部门中的存款转化为其他资产，如证券、国外资产、非银行部门存款和实物资产等。金融约束论认为发展中国家证券市场尚不规范，非正式银行部门的制度结构薄弱，存款若从商业银行部门流向非正式银行部门会减少资金使用效率，还会造成商业银行的脱媒，不利于商业银行的发展。而资金若由居民部门移向国外，会减少国内资金的供应，扩大国内资金的缺口，对国内经济尤为不利。

金融约束是发展中国家从金融抑制状态走向金融自由化过程中的一个过渡性政策，它针对发展中国家在经济转轨过程中存在的信息不畅、金融监管不力的状态，发挥政府在市场失灵下的作用。因此，它并不是与金融深化完全对立的政策，相反，它是金融深化理论的丰富与发展。

第三节 金融创新

金融创新（Financial Innovation）是指金融领域内各种金融要素的重新组合。是西方国家金融业自20世纪60年代以后迅速发展的一种趋向，其核心是突破金融业多年传统的经营范围，在金融工具、金融业务、金融市场、金融制度等方面进行创新和改革，以提高自身的竞争力，防范和控制金融风险。金融创新发展迅猛，到20世纪80年代已形成全球趋势和浪潮，对西方国家的金融体制、金融宏观调控以至整个经济都带来了深远的影响。

一、金融创新的定义

“创新”一词首先见于西方著名经济学家熊彼特（J. Schumpeter）1912年出版的《经济发展理论》一书中，他把经济活动中生产要素和条件的新组合称为创新，认为创新是通过经济体系内部的变革所创造或引进的新事物。运用这一概念，可以把金融创新定义为，所谓金融创新是指金融领域内各种金融要素重新的组合。具体而言，是金融机构为生存、发展和迎合客户的需要，而在机构设置、业务品种、金融工具及制度安排等方面所进行的创造性改革和开发活动。

对这一概念应从四个方面理解：第一，金融创新的主体包括金融机构和金融管理当局；第二，金融创新的根本目的在于提高金融业的整体效率；第三，金融创新的本质是金融要素的重新组合，即流动性、收益性、风险性的重新组合；第四，金融创新的表现形式是金融业务、金融机构、金融市场、金融工具的创新。

目前，金融创新已成为国际金融领域的显著特征。

二、金融创新的原因

从金融创新形成的原因看，金融创新大多源于政府严格监管的逆效应、高通货膨胀的压力和高新技术的发展。对于金融创新原因的不同认识，产生了金融创新理论的不同流派，我们择其较有典型性的理论流派作简单介绍。

（1）技术推进论。这一理论认为，新技术的出现及其在金融业的应用是促成金融创新的主要原因，特别是现代先进的电子计算机技术和电子通信设备在金融业的应用是促成金融创新的重大因素。

（2）货币促成论。这种理论的代表人物是货币学派的弗里德曼。这种理论认为，促成金融创新的主要原因是货币方面因素的变化所引起的。20世纪70年代的通货膨胀和汇率、利率反复无常的波动是金融创新的重要因素，金融创新是作为抵制通货膨胀和利率波动的产物而出现的。

（3）财富增长论。格林厄姆和海沃德在研究美国金融业的发展历史里提出了财富的增长是决定金融创新的主要因素的理论。该理论认为，科技进步引起财富增长，而财富增长加强了人们避免风险的愿望，从而促使金融业发展，而金融资产的日益增加又导致了金融创新。

（4）约束诱导论。该理论认为金融创新的根本原因是金融业回避、摆脱内部和外部制约。内部制约是指传统的增长率、流动资产比率、资本率等管理目标，外部制约是指金融当局的各种监管和制约以及金融市场上的一些约束。

（5）制度改革论。这一理论以诺斯、戴维斯等人为代表。这一理论认为，金融创新是一种经济制度相互影响、相互因果的制度改革。政府的监管与干预行为本身已经包含着金融制度领域的创新。在市场活跃、经济相对开放以及监管不严的经济背景下，政府的监管和干预直接或间接地阻碍着金融活动，当由此产生的金融创新行为对货币当局实施货币政策构成威胁时，政府会采取相应的制度创新。

（6）规避管制论。该理论以凯恩斯为代表人物。这种理论认为，金融创新是金融机构为了获取更高利润而回避金融监管当局的管制而引起的。各种形式的政府监管与控制在性质上等同于隐含的税收，阻碍了金融机构获得更大盈利的机会。因此，金融机构会通过创新来规避政府监管。当金融创新危机金融稳定与货币政策时，金融当局会加强监管，新的监管又会导致新的创新，两者不断交替，形成一个相互推动的过程。

（7）交易成本论。著名经济学家希克斯与尼汉斯是这一理论的代表人物。他们把金融创新的成因归功于交易成本的下降，并且，交易成本是否被降低也决定了金融业务的创新和金融工具的创新是否具有实际价值。

三、金融创新的内容

金融创新的内容非常广泛，按照创新的领域的不同，可以将其分为金融业务创新、金融机构创新和金融市场创新。

（一）金融业务的创新

金融业务的创新主要指商业银行业务的创新，具体体现在负债业务、资产业务、中间业务以及表外业务等方面。

（1）负债业务的创新。负债业务的创新主要发生在20世纪60年代以后。各商业银行通过创新新型负债工具，一方面规避政府管制，另一方面也可以增加银行的负债来源，如发行可转让大额定期存单，提供可转让支付命令账户、自动转账服务等。

（2）资产业务的创新。资产业务的创新主要包括：① 发展消费信用，包括一次偿还的消费信用和分期偿还的消费信用，这一资产业务自问世以来发展迅速，已成为商业银行的主要资产项目；② 开办房屋按揭贷款业务，包括固定利率抵押放款、浮动利率抵押放款和可调整的抵押放款；③ 银团贷款；④ 贷款证券化，是银行把流动性较差的小额同质贷款“捆”成一个贷款组合，并以这个组合为担保发行证券，出售给投资者，这是提高银行资产流动性的一种创新，银行从贷款上得到的本息收入是支付证券本息的保证；⑤ 其他资产业务的创新，如平行贷款、分享股权贷款和组合性融资等。

（3）中间业务的创新。银行中间业务的创新改变了银行传统的业务结构，增强了银行竞争力。主要有：① 信托业务，包括证券投资信托、动产和不动产信托、公益信托等；② 租赁业务，包括融资性租赁、经营性租赁、杠杆租赁等。

（4）通过扩展表外业务来实现创新。表外业务是相对资产负债表而言的，即业务发生时并未引起资产负债表内的资产方或负债方资金发生变动。表外业务是在资产负债表内业务的基础上衍生出来的，它与表内业务联系密切，在特定条件下可能会转化为表内业务，可概括为“承诺与或有负债”。表外业务本身并不影响资产负债业务总量的变化，可以降低银行的经营风险，并为银行获得丰厚的利润来源。同时，表外业务也带有一定的风险性，特别是涉及外汇交易时更具风险性。商业银行的表外业务包括：

① 贷款承诺。贷款承诺是银行与企业客户双方先签订契约，银行承诺在一定时期内为某一用途向对方提供一定金额的贷款。客户在约定的时期内随时要求银行提供约定额度内的贷款，银行则收取一定承诺费用。一旦发生了借贷行为，该表外业务就同时形成了表内放款业务，要照收贷款利息。

② 票据发行便利。这是指银行承诺帮助筹资人通过发行短期票据筹资，如筹资人发行的票据不能如期售完，银行必须按事先约定的价格买下。

③ 备用信用证（担保业务）。备用信用证是银行应借款人的要求，以放款人作为受益人而出具书面承诺，保证在借款人破产或不能及时履行义务的情况下承担向受益人支付本利的责任。

④ 利用衍生金融工具的业务。金融衍生工具是指以股票、债券及货币等原生性金融工具的交易为基础而派生出来的金融工具，在形式上均表现为一种合约。根据其形态不同可以分为远期、期货、期权和互换四种类型。根据其基础工具不同，又可分为股票、利率和汇率的衍生金融工具三大类。

（5）清算系统的创新，包括信用卡的开发与使用、电子计算机转账系统的应用等。

（二）金融机构的创新

与金融在其他领域的创新方式不同，金融机构创新其本身既是作为与各种金融业务创新相适应的形式而出现的，同时也是各国金融制度创新的有机组成部分。金融创新的原因大致有以下两个基本原因：金融自由化的进展促使金融机构从“专业化”向“综合化”方向发展，从而为各种新型金融机构的诞生创造了条件。同时，西方各国在第二次世界大战后初期根据经济发展的需求对金融体制进行了改组和整编，也使得其金融体制中金融机构由专业化向综合化转化。

金融机构创新主要集中在非银行金融机构和跨国银行的发展两个方面。

（1）非银行金融机构种类和规模迅速增加。各种保险公司、养老基金、住宅金融机构、金融公司、信用合作社、投资基金等成为非银行金融机构的主要形式。

（2）跨国银行的发展。第二次世界大战后跨国公司的出现和壮大为跨国银行的发展提高了可能性。各国大银行竞相在国际金融中心设立分支机构，同时在业务经营上实现电子化、全能化和专业化，其中一个重要的表现是金融机构之间出现同质化趋势。这也直接促使金融机构在业务形式和组织机构上进行不断创新，进而削弱了银行与保险、信托、证券等非银行金融机构之间的职能分工界限，各国的金融机构也由分工经营向综合化方向发展。

（三）金融市场的创新

金融市场的创新即指欧洲货币市场上金融工具的创新和衍生金融市场上金融工具的创新两个方面。

（1）欧洲货币市场上的金融创新。在欧洲货币市场上的金融工具主要是指欧洲金融市场上的工具创新，如多种货币贷款、平行贷款、背对背贷款、浮动利率债券、票据发行便利、远期利率协定等。

（2）衍生金融市场上的金融创新。金融衍生市场上的金融工具称为衍生金融工具。它们是一种双边合约，其价值取决于基础市场商品或资产的价格及其变化，按合约买方是否有选择权可分为远期类和期权类衍生工具。所谓远期类合约有两个特征，一是合约涉及的商品和金融资产的交割日是未来的某一天，二是合约签订时的价值为零。这类合约的形式主要有远期合约、期货合约和互换合约。所谓期权类合约，其特点是合约买方在履行合约上具有选择权，合约签订初期就已经具有价值。这类合约的主要形式有期权合约、利率的上限与下限和互换期权。此外，在衍生金融工具市场上还存在着其他类型的工具，如商品派生证券、指数期货期权凭证、弹性远期合约等。

[专栏] 12-1

2013 年中国金融创新奖

由《银行家》杂志社主办的 2013 年度“中国金融创新奖”于 5 月 29 日在北京举行，从 600 余份涵盖金融产品、市场营销、金融服务等主题的案例中决出“最佳金融企业形象奖”“最佳金融服务创新奖”“十佳金融产品营销奖”“十佳金融产品创新奖（对公业务）”以及“十佳金融产品创新奖（零售业务）”五大类 72 个奖项，零售业务“十佳金融产品创新奖”评选结果见表 12-1，对公业务“十佳金融产品创新奖”评选结果见表 12-2。

零售业务“十佳金融产品创新奖”评选结果

表 12-1　　全国性商业银行获奖单位

中国工商银行	“工银多币种信用卡”金融产品创新案例
中国农业银行	“金穗 QQ 联名 IC 贷记卡”金融产品创新案例
中国光大银行	“阳光点金通”金融产品创新案例
浦发银行	“商旅卡”积木式产品设计模式金融产品创新案例
广发银行	“24 小时智能银行”金融产品创新案例
中国民生银行	“私人银行撮合业务”金融产品创新案例
兴业银行	“兴业通”综合金融服务方案金融产品创新案例
中国工商银行	“私人银行客户专属人民币影视投资理财”金融产品创新案例
中国建设银行	“卓越信用卡”金融产品创新案例
兴业银行	“安愉人生”综合金融服务方案金融产品创新案例

对公业务“十佳金融产品创新奖”评选结果

表 12-2　　全国性商业银行获奖单位

招商银行	“跨境人民币银银平台”金融产品创新案例
中国银行	中银“商誉宝”企业预付卡金融产品创新案例
浦发银行	“股权基金投贷联动”金融产品创新案例
中国建设银行	网络银行“e 贷款”系列金融产品创新案例
中国民生银行	“TSF 及撮合池系列”金融产品创新案例

续表

交通银行	“学费通”金融产品创新案例
中信银行	“国内首笔 SHIBOR 计价招标型银团贷款”金融产品创新案例
浦发银行	“非金融企业资产支持票据承销”金融产品创新案例
中国工商银行	“华泰柏瑞沪深 300（2365.364，11.12，0.47%）ETF”金融产品创新案例
中国进出口银行	“境外投资流动资金贷款”金融产品创新案例

资料来源：新浪财经，《2013 中国金融创新奖出炉》。

四、金融创新的影响

（一）金融创新的积极作用

1. 提高了金融市场的运作效率

第一，提高了市场价格对信息反应的灵敏度。金融创新通过提高市场组织与设备的现代化程度和国际化程度，使金融市场的价格能够对所有可得到的信息做出迅速灵敏的反应，提高了金融市场价格变动的灵敏度，使价格快速及时对所获信息做出反应，从而提高价格的合理性和价格机制的作用力。

第二，增加了可供选择的金融商品种类。现代创新中大量新型金融工具的出现使金融市场所能提供的金融商品种类繁多，投资者选择性增大。面对各具特色的众多金融商品，各类投资者很容易实现他们自己满意的效率组合。

第三，增强了投资者和金融机构防范与应付风险的能力。通过金融创新提供大量的新型金融工具的融资方式、交易技术，投资者能进行多元化的资产组合，还能够及时调整其组合，在保持效率组合的过程中，投资者可以通过分散或转移的办法，有效地回避金融市场中的风险。

第四，降低交易成本，使投资收益相对上升，吸引了更多的投资者和筹资者进入市场，提高交易的活跃程度。

2. 提高了金融机构的运作效率

首先，金融创新通过大量提供具有特定内涵与特性的金融工具、金融服务、交易方式或融资技术等成果，从数量和质量两方面同时提高需求者的满足程度，增加了金融商品和服务的效用，从而增强了金融机构的基本功能，提高了金融机构的运作效率。其次，提高了支付清算能力和速度。把计算机引入支付清算系统后，使金融机构的支付清算能力和效率上了一个新台阶，提高了资金周转速度和使用效率，节约大量流通费用。最后，大幅度增加金融机构的资产和盈利率。现代金融创新涌现出来的大量新工具、新技术、新交易、新服务，使金融机构积聚资金的能力大大增强，信用创造的功能得到发挥，使金融机构拥有的资金流量的资产存量急速增长，提高了金融机构经营活动的规模报酬，降低了成本，加之经营管理上的创新，金融机构的盈利能力增强。

3. 金融作用力大为加强

金融作用力主要是指金融对于整体经济运作的经济发展的作用能力，一般是通过对总体经济活动和经济总量的影响及其作用程度体现出来的。

第一，提高了金融资源的开发利用与再配置效率。现代金融创新使发达国家从经济货币化推进到金融化的高级阶段和大幅度提高发展中国家的经济货币化程度，导致金融总量的快速增长，扩大了金融资源的可利用程度并优化了配置资源效果。第二，社会融资和投资的满足度及便利度上升。主要表现为：一是融资成本降低，有力地促进了储蓄向投资的转化；二是金融机构和金融市场能够提供更多更灵活的投资和融资安排，从总体上满足不同的投资者的筹资者的各种需求，使全社会的资金融通更为便利；三是各种投资与融资的限制逐渐被消除，金融创新后各类投资融资者实际上都进入市场参与活动，金融业对社会投资和融资需求的满足力大为增强。第三，金融业产值的迅速增长，直接增加了经济总量，加大了金融对经济发展的贡献度。第四，增加了货币作用效率。创新后用较少的货币就可以实现较多的经济总量，意味着货币作用对经济的推动力增大。

（二）金融创新的负面影响

金融创新推动经济发展和金融发展的同时也带来了许多新的矛盾和问题，对金融和经济的发展产生了诸多不良影响。

1. 弱化中央银行实施货币政策的效果

金融创新使货币供求机制、总量和结构发生了深刻变化，影响了金融运作和宏观调控，在货币需求方面引起的一个明显变化是货币需求的减弱，并由此引起货币结构改变，降低了货币需求的稳定性。在货币供给方面，金融机构创造存款货币的功能增强，增加了货币供给的主体。同时，由于通货-存款比率、法定存款准备金率、超额存款准备金率下降，增强了货币供应的内生性，削弱了中央银行对货币供给的控制能力与效果，易导致货币政策失效和金融监管困难。

2. 金融创新使金融业经营风险增大，金融体系的稳定性下降

金融创新和放松管制之后，金融效率提高的同时也使金融业的经营风险增大。一是金融创新加大了原有的系统风险（利率风险、市场风险、信用风险、购买力风险等），如授信范围的扩大与条件的降低无疑会增加信用风险。二是金融创新中产生了新的金融风险，如大规模的金融电子化创新所产生的电子风险、金融国际化相随的国际风险等。各种金融机构的业务创新和管理创新在带来高收益和高效率的同时也产生了高风险，导致了金融业的稳定性下降。20 世纪 80 年代以来，金融机构的亏损、破产、兼并、重组等事件频繁发生。

3. 金融创新增加了发生金融危机的概率

现代金融创新导致金融市场上出现了许多高收益和高风险并存的新型金融工具和金融交易，尤其是从虚拟资本中衍生出的创新品种，如股票指数期货交易、股票指数期权交易等。一些避险性金融创新本身又成了高风险的载体，如外汇掉期、利率或货币掉期等，这些金融工具和金融交易以其高利率吸引了大批的投资者和大量的资金。在交易量放大的过程中，价格被推到不切实际的程度，拉大了与其真实价值的差距，表现为其市

场价大大超过其净值，虚拟资本急剧膨胀，由此催生了大量的资产泡沫，产生过度投机，极易发生金融危机。

本章小结

1. 金融结构与金融发展之间的关系：金融发展是金融结构的变化，这种变化既包括了短期的变化，也包括了长期的变化，既是各个连续时期内的金融交易流量，也是对不同时点上的金融结构的比较变化。

2. 金融结构取决于金融工具与金融机构的结合，不同类型的金融工具与金融机构的形式、性质及相对规模构成不同特征的金融结构。金融结构越复杂，金融工具和金融机构以及它们的组合种类越多、分布越广、规模越大，金融效率和金融发展的程度越高，经济也就越发达。

3. 金融抑制理论由美国著名经济学家麦金农首创。在《经济发展中的货币与资本》一书中，麦金农从金融制度绩效的角度强调金融抑制对经济发展的负面影响。关于金融抑制的含义，麦金农和肖等人将发展中国家存在的市场机制作用没有得到充分发挥、金融资产单调、金融机构形式单一、过多的金融管制和金融效率低下等现象概括为金融抑制。

4. 金融深化理论：麦金农和肖认为，金融抑制是欠发达国家经济发展的一大障碍，而发展中国家要想实现经济迅速增长，则政府必须解除对金融资产价格的不适当管制，实现一系列的金融自由化政策，从而促进一国金融体制与实际经济同时发展，形成一种相互促进的良性循环，这便是所谓的金融深化，也被称为金融自由化政策。

5. 金融约束理论由赫尔曼、斯蒂格利茨提出的，区别于金融抑制和金融深化。他们认为，政府对金融部门的有选择性的干预不仅不会带来金融抑制，反而有助于金融深化。金融发育程度较低的发展中国家应实行金融约束政策，即在宏观经济稳定、通货膨胀率低且可以预测以及实际利率大于零的前提下，通过控制存贷款利率、约束市场竞争和限制资产替代等措施为金融部门创造租金。

6. 金融创新是指金融领域内各种金融要素的重新组合。具体而言，是金融机构为生存、发展和迎合客户的需要，而在机构设置、业务品种、金融工具及制度安排等方面所进行的创造性改革和开发活动。

重要概念

金融发展　金融结构　金融相关率　货币化率　金融深化　金融抑制　金融约束　金融创新

思考题

1. 衡量一国金融结构的主要指标有哪些？

2. 各国金融发展的基本规律是什么？
3. 论述金融发展与经济增长的关系。
4. 简述金融深化与金融抑制的政策主张。
5. 简述金融创新的内容。
6. 试述金融创新的影响。

第十三章

外汇与汇率

学习目标

通过本章的学习，学生应掌握外汇与汇率的基本概念、汇率的分类和标价方式、决定和影响汇率的因素，并了解汇率变动对经济的影响，为以后学习外汇交易、汇率决定理论打下基础。

外汇是指以外币表示的，可以用于国际结算的支付手段。根据外汇是否可以自由兑换，可以将外汇划分为自由外汇和记账外汇；根据外汇的来源和用途不同，可以将外汇划分为贸易外汇和非贸易外汇；根据外汇买卖的交割期限，可以将外汇划分为即期外汇和远期外汇。外汇具有促进国际结算、调节国际资金运动、充当国际储备手段的作用。汇率是一国货币兑换另一国货币的比率，也可以说是用一种货币表示的另外一种货币的价格。汇率标价方法有三种：直接标价法、间接标价法和美元标价法。汇率按照不同的分类标准可以分为不同种类。在国际金本位制下，汇率围绕铸币平价，根据外汇市场的供求状况，在黄金输出点与输入点之间上下波动。影响汇率变动的因素包括长期因素和短期因素，长期因素包括国际收支、通货膨胀、经济增长，短期因素包括资本流动、利率差异、经济政策、政府干预、心理预期、投机活动、政治与突发因素。汇率变动对一国对外经济和国内经济都有影响，汇率发挥影响作用也要受到若干条件的制约。

第一节　外汇的基础知识

外汇是国际金融学的基本概念，掌握外汇的内涵和外延，能够更好地进行外汇交易，分析国际收支往来。

一、外汇的含义

外汇具有双重含义，即外汇的概念有动态和静态之分。

动态的外汇是国际汇兑（Foreign Exchange）这一名词的简称。国际汇兑的“汇”是指货币在各国间的异地移动，“兑”是把一个国家的货币兑换成另外一个国家的货币。因此，国际汇兑就是将一个国家的货币兑换成另外一个国家的货币，并转移至另外一个国家以清偿债权债务关系的一种国际金融活动。

静态的外汇概念是从动态的国际汇兑行为中衍生而来的，它是外汇的物质存在形态，是国际间为清偿债权债务关系进行的汇兑活动所凭借的手段和工具，或者说是用于国际汇兑活动的支付手段和工具。我们通常所说的外汇就是静态意义上的外汇。静态的外汇概念又分为狭义和广义两个层次。狭义的外汇就是我们通常所说的外汇，它是指以外币表示的，可以用于国际结算的支付手段。广义的外汇一般用于外汇管理政策中对外汇的界定。国际货币基金组织对此的定义是："外汇是货币行政当局（中央银行、货币管理机构、外汇平准基金及财政部）以银行存款、财政部库券、长短期政府证券等形式保有的在国际收支逆差时可以使用的债权。其中包括中央银行之间及政府间协议而发行的在市场上不流通的债券，而不论它是以债务国货币还是债权国货币表示。"

我国于1996年1月颁布的、并于2008年8月新修订通过的《中华人民共和国外汇管理条例》第三条规定，外汇，是指下列以外币表示的可以用作国际清偿的支付手段和资产：（1）外币现钞，包括纸币、铸币；（2）外币支付凭证或者支付工具，包括票据、银行存款凭证、银行卡等；（3）外币有价证券，包括债券、股票等；（4）特别提款权；（5）其他外汇资产。

可见，广义的外汇概念比狭义的宽泛，狭义外汇强调以外币表示的支付手段和资产，广义外汇除此以外还包括依据政府间协议而发生的以本币表示的债权。

二、外汇的分类

（一）根据外汇是否可以自由兑换划分

自由外汇，是指无需外汇管理当局批准，可以自由兑换成其他国家货币或用于对第三国支付的外汇。换句话说，凡在国际经济领域可自由兑换、自由流动、自由转让的外币或外币支付手段均称为自由外汇。例如，美元、英镑、日元、欧元、瑞士法郎等货币以及以这些货币表示的支票、汇票、股票、公债等都是自由外汇。由于许多国家基本上取消或放松外汇管制，因此目前世界上有50余种货币是自由兑换货币，持有它们可自由兑换成其他国家货币或向第三方进行支付，因而成为国际上普遍可以接受的支付手段。

［专栏］13-1

主要外汇英文简称

美元（USD）、欧元（EUR）、日元（JPY）、英镑（GBP）、瑞士法郎（CHF）、德国马克（DEM）、法国法郎（FRF）、意大利里拉（ITL）、荷兰盾（NLG）、比利时法郎（BEF）、丹麦克朗（DKK）、瑞典克朗（SEK）、奥地利先令（ATS）、港元（HKD）、加拿大元（CAD）、澳大利亚元（AUD）、新西兰元（NZD）、新加坡元（SIN）、澳门元（MOP）、马来西亚林吉特（MYR）等。

目前在我国可兑换的外币

目前在我国可兑换的外币主要包括英镑、港币、美元、瑞士法郎、新加坡元、瑞典克朗、丹麦克朗、挪威克朗、日元、加拿大元、澳大利亚元、欧元、澳门元、菲律宾比索、泰国铢、新西兰元、韩国元等。

记账外汇，又称为协定外汇或双边外汇，是指在两国政府间签订的支付协定项目中使用的外汇，不经货币发行国批准，不准自由兑换成他国货币，也不能对第三国进行支付。记账外汇只能根据协定在两国间使用，协定规定双方计价结算的货币可以是甲国货币，乙国货币或第三国货币；通过双方银行开立专门账户记载，年度终了时发生的顺差或逆差通过友好协商解决，或是转入下一年度，或是用自由外汇或货物清偿。记账外汇的特点是它只能记载在双方银行的账户上，用于两国间的支付，既不能兑换成他国货币，也不能拨给第三方使用。一些彼此友好的国家与第三世界国家之间为了节省双方的自由外汇，常采用记账外汇的方式进行进出口贸易。例如，历史上原来隶属于《华沙条约》组织的东欧国家之间的进出口贸易曾经采用部分或全部记账外汇的方式来办理清算。

（二）根据外汇的来源和用途不同划分

贸易外汇，是指进出口贸易所收付的外汇，包括货物及相关的从属费用，如运费、保险费、宣传费、推销费用等。由于国际经济交往的主要内容就是国际贸易，贸易外汇是一个国家外汇的主要来源与用途。

非贸易外汇，是指除进出口贸易和资本输出、输入以外的其他各方面所收付的外汇，包括劳务外汇、旅游外汇、侨汇、捐赠外汇和援助外汇以及投资收益汇回等。一般来说，非贸易外汇是一国外汇的次要来源与用途，也有个别国家例外，如瑞士，非贸易外汇是其外汇的主要来源与主要用途。

（三）根据外汇买卖的交割期限划分

即期外汇，又称现汇，是指外汇买卖成交后两个营业日以内办理交割的外汇。所谓交割是指本币的所有者与外币所有者互相交换其本币的所有权和外币的所有权的行为，即外汇买卖中的实际支付。

远期外汇，又称期汇，是指买卖双方不需即时交割，而仅仅签订一纸买卖合同，预定将来在某一时间（在成交两个营业日以后）进行交割的外汇。远期外汇通常是由国际贸易结算中的远期付款条件引起的，买卖远期外汇的目的主要是为了避免或减少由于汇率变动所造成的风险损失。远期外汇的交割期限从 1 个月到 1 年不等，通常是3~6个月。

三、外汇的作用

外汇一方面是国际经济交往的必然产物，同时它又在国际贸易中起着媒介作用，推动着国际经贸关系的进一步发展，而且外汇在国际政治往来、科学文化交流等领域中也起着非常重要的纽带作用。

（一）促进国际结算

外汇作为国际结算的计价手段和支付工具，转移国际间的购买力，使国与国之间的货币流通成为可能，方便了国际结算，促进了国际经济贸易发展和政治文化交流。国际间各种形式的经济交往形成了国际间的债权债务关系，国际间债权债务的清算需要一定的支付手段。以贵金属货币充当国际支付手段时，国际间经济交往要靠相互运送大量贵金属来进行，这给国际经济交往带来许多麻烦和不便，妨碍了国际经济交往的扩大和发展。以外汇作为国际支付手段和支付工具进行国际清偿，不仅节省了运送贵金属的费用，而且缩短了支付时间，大大方便了国际支付。另外，外汇的出现促进了国际贸易的发展。利用外汇进行国际结算具有安全、便利、节省费用和节省时间的特点，因此加速了国际贸易的发展进程，扩大了国际贸易范围。外汇作为国际结算的支付手段是国际间经济交流不可缺少的工具。

（二）调节国际资金运动

外汇能调节资金在国际间的流动，调节国际间资金供求的不平衡，加速世界经济一体化的进程。各种外汇票据在国际贸易中的运用使国际间的资金融通范围扩大，同时随着各国开放度不断加强，剩余资本借助外汇实现了全球范围的流动，因此外汇加快了资本流动的速度，扩大了资本流动的规模，促进了世界经济一体化进程的加快。同时，世界各国经济发展的不平衡导致了资金余缺状况不同，存在着调节资金余缺的客观需要。一般而言，发达国家存在着资金过剩，而发展中国家则资金短缺，外汇可以加速资金在国际间流动，有助于国际投资和资本转移，使国际资本供求关系得到调节。

（三）充当国际储备手段

一国需要一定的国际储备，以平衡国际收支、稳定汇率、偿还对外债务、应付各种国际紧急支付的需要。在黄金充当国际支付手段时期，各国的国际储备主要是黄金。随着黄金的非货币化，外汇作为国际支付手段，在国际结算中被广泛采用，因此外汇成为各国一项十分重要的储备资产。若一国存在国际收支逆差，就可以动用外汇储备来弥补；若一国的外汇储备多，则代表该国国际清偿能力强。外汇在国际支付中的重要作用决定了它是重要的国际储备手段。外汇在充当国际储备手段时不像黄金那样必须存放在金库中，成为一种不能带来收益的暂时闲置资产，它广泛地以银行存款和以安全性好、流动性强的有价证券为存在形式，给持有国带来收益。

第二节　汇　　率

一、汇率概念及标价方法

（一）汇率的概念

汇率，亦称外汇牌价或汇价，是一国货币兑换另一国货币的比率，也可以说是用一种货币表示的另外一种货币的价格。在国际汇兑中，由于世界各国货币的名称不同，币值不等，在进行货币交换时，一国货币兑其他国家货币就需要设定一个兑换比率，即汇率。如同商品都有价格一样，汇率就是外汇的价格。

（二）汇率的标价方法

国际上通行的标价方法有三种：直接标价法、间接标价法和美元标价法。

1. 直接标价法

直接标价法，就是用若干单位的本币表示一定单位的外币，或是以一定单位的外币为标准折算成若干单位本币的一种汇率表示方法。在这一标价法下，相当于把外国货币看作是“商品”，把本国货币看作是“货币”，两者对比后的比值即为外币价格，表明买卖一定单位的外币应付或应收多少单位的本币。目前，世界上绝大多数国家都采用直接标价法，我国国家外汇管理局公布的外汇牌价就是采用直接标价法。

2. 间接标价法

间接标价法是用若干单位的外币表示一定单位的本币，或是以一定单位的本币为标准折算成若干单位外币的一种汇率表示方法。在这一标价法下，将本币看作是“商品”，将外币看作是“货币”，两者对比后的比值表明买卖一定单位的本币应付或应收多少外币。目前，只有少数国家采用该种标价方法①。

直接标价法和间接标价法所表示的汇率涨跌的含义正好相反，所以在引用某种货币的汇率和说明其汇率高低升降时必须明确采用哪种标价方法，以免混淆。

3. 美元标价法

美元标价法，是以一定单位的美元为标准来计算应兑换多少单位的其他国家货币的汇率表示方法。这是对美国以外的国家而言的，即各国均以美元为基准来衡量各国货币的价值，非美元外汇买卖时，则是根据各自对美元的比率套算出买卖双方货币的汇率。

美元标价法的目的是为了简化报价，并广泛地比较各种货币的汇率。随着国际金融市场之间外汇交易量的猛增，为了便于国际间外汇交易的进行，目前各大国际金融中心已普遍使用这种标价方法②。

汇率的确定必定涉及两种货币——基准货币（Base Currency）和标价货币（Quoted Currency）。基准货币是指各种标价法下数量固定不变的货币，标价货币是指数量变化的货币。汇率的表达方式为一单位的基准货币可兑换多少单位的标价货币。显然，在直接标价法下，基准货币为外币，标价货币为本币；在间接标价法下，基准货币为本币，标价货币为外币；在美元标价法下，基准货币是美元，标价货币是其他各国货币。

二、汇率的种类

汇率虽然被概括地定义为两种货币的兑换比率，但在不同的场合，汇率有不同的表现形式，或者说，在实际应用中，汇率可以从不同的角度去理解和划分。

---

① 早期，世界上大部分国家都使用直接标价法，英联邦国家多使用间接标价法，如英国、澳大利亚、新西兰等。

② 美元标价法与非美元标价法是国际外汇市场买卖外汇报价的习惯做法，在国际间已约定俗成，形成惯例。目前在国际金融市场上，英镑兑美元、欧元兑美元、澳元兑美元、纽元兑美元采用的是非美元报价，其他国家的货币大都采用美元报价。

（一）从制定汇率的角度来分，可分为基本汇率（Basic Rate）和套算汇率（Cross Rate）两种

由于外国货币种类很多，一国在制定本国货币兑换外币的汇率时，逐一地根据它们的实际价值进行对比来确定，既麻烦也没有必要。一般做法是，在众多的外国货币中选择一种货币作为关键货币，根据本国货币与这种关键货币的实际价值对比，制定出对它的汇率，称为基本汇率，而后其他各种外国货币与本币之间的汇率可以通过基本汇率和国际金融市场行情套算出来，这样得出的汇率就称为套算汇率或交叉汇率。

（二）从银行买卖外汇的角度来分，可分为买入汇率（Buying Rate）、卖出汇率（Selling Rate）、中间汇率（Middle Rate）和现钞汇率（Bank Note Rate）四种

（1）买入汇率即买入价，是外汇银行向同业或者客户买进外汇时所使用的汇率，即银行收取外币时愿意支付的价格。因为其客户主要是出口商，所以买入汇率又称为出口汇率。

（2）卖出汇率也叫卖出价，是外汇银行向同业或客户卖出外汇时所使用的汇率，即银行出售外币时愿意收取的价格。因为其客户主要是进口商，所以卖出汇率又被称为进口汇率。

（3）中间汇率亦称外汇买卖中间价，是指买入汇率与卖出汇率的平均数。

（4）现钞汇率又称现钞买入价，是指银行买入外币现钞时所使用的汇率，通常在对外挂牌公布汇率时另外注明。

（三）按外汇交易的交割时间来分，可分为即期汇率（Spot Rate）和远期汇率（Forward Rate）两种

（1）即期汇率，也称现汇汇率，是指外汇买卖成交后，买卖双方在当天或在两个营业日以内进行交割所使用的汇率。即期汇率是由交易时外汇市场的供求关系所决定的，一般在外汇市场上挂牌的汇率，除特别标明远期汇率以外，指的都是即期汇率。

（2）远期汇率，也称期汇汇率，是指外汇买卖成交后，约定在未来某一时间办理交割手续的外汇交易所使用的汇率。远期外汇买卖是一种预约性交易，是由于外汇购买者对外汇资金需要的时间不同以及为了避免外汇风险而引进的。一般而言，期汇的买卖差价要大于现汇的买卖差价。

（四）按外汇管理的宽严程度不同来分，可分为官方汇率（Official Rate）和市场汇率（Market Rate）两种

（1）官方汇率是指国家的货币金融管理机构如中央银行或外汇管理当局所公布的汇率，是外汇管制较严格的国家授权其外汇管理当局制定并公布的本国货币与其他各种货币之间的外汇牌价。官方汇率由于具有法定性质，所以又称法定汇率，它规定了凡进行外汇交易都要以官方公布的汇率为准，一般没有外汇市场。官方汇率一经制定，往往不能频繁的变动，这虽然保证了汇率稳定，但汇率缺乏弹性，不能真正反映市场供求关系。

（2）市场汇率是指在自由外汇市场上买卖外汇的实际汇率，它一般存在于市场机制较发达的国家和地区。市场汇率是由市场上外汇供求关系所决定的，随外汇供求关系的变化而自由波动。官方机构只能通过参与外汇市场活动来干预汇率的变化，以避免汇率出现过度频繁或大幅度的波动。

（五）按汇率是否适用于不同的来源与用途划分，可分为单一汇率（Single Rate）和多重汇率（Multiple Rate）两种

（1）单一汇率是指一国货币对某一外国货币只规定一个汇率，各种不同来源和用途的外汇收支和买卖都按这一汇率结算。

（2）多重汇率是指一国货币对某一外国货币的比价因用途及交易种类的不同而规定有两种或两种以上的汇率，也叫复汇率。

比较常见的复汇率是按外汇资金的用途和性质不同实行贸易汇率（Commercial Rate）和金融汇率（Financial Rate）并存的状态。

贸易汇率是指用于进出口贸易及其从属费用方面支付结算的汇率。金融汇率是指用于国际资本流动、旅游和其他非贸易收支方面支付结算的汇率。一般来说，一国实行这种复汇率制度有两个目的：一方面是为了鼓励出口，限制进口，改善贸易收支；另一方面是为了防止国际资本流动，尤其是短期投机资金移动给本国国际收支和经济发展所带来的冲击。

（六）按外汇交易中支付方式的不同划分，可分为电汇汇率（Telegraphic Transfer Rate，T/T Rate）、信汇汇率（Mail Transfer Rate，M/T Rate）和票汇汇率（Demand Draft Rate，D/D Rate）三种

（1）电汇汇率是银行以电讯方式买卖外汇时所采用的汇率。由于电汇具有收付迅速安全、交易费用相对较高的特点，一方面，电汇汇率要比信汇汇率、票汇汇率高；另一方面，在当前信息社会，为避免外汇汇率波动所带来的风险，在国际业务中基本上以电汇业务支付结算，因此电汇汇率是基础汇率，其他汇率都是依据电汇汇率计算出来的，主要外汇市场上所显示的汇率多指银行的电汇汇率。

（2）信汇汇率是指银行以信函方式通知收付款时采用的汇率。信汇业务具有收付时间长、安全性低、交易费用低的特点，并且银行可以利用在途资金的时间也比较长，因此，一般来说，信汇汇率相对于电汇汇率要低一些。

（3）票汇汇率是指兑换各种外汇汇票、支票或其他各种票据时所采用的汇率。由于从开立票据到最终支付之间的时间间隔较长，银行可以在这段时间内占用客户的头寸，因而票汇汇率较电汇汇率要低。票汇汇率根据票汇支付期限的不同，又可分为即期票汇汇率和远期票汇汇率。即期票汇汇率是银行买卖即期汇票的汇率，较电汇汇率低，大致同信汇汇率相当；远期票汇汇率是银行买卖远期汇票的汇率，由于远期票汇交付时间比较长，所以其汇率比即期票汇汇率还要低。

（七）按营业时间划分，可分为开盘汇率（Opening Rate）和收盘汇率（Closing Rate）两种

（1）开盘汇率是指经营外汇业务的银行在每个营业日开始营业时进行首批外汇买卖的汇率，亦称开盘价，它一般根据前一个交易日的收盘价确定。

（2）收盘汇率，是指外汇银行在每日将结束营业时买卖外汇的汇率，亦称收盘价。

（八）按外汇买卖的对象不同划分，可分为银行间汇率（Inter-bank Rate）和商业汇率（Commercial Rate）两种

（1）银行间汇率也叫同业汇率，是指银行与银行之间买卖外汇的汇率。由于外汇

银行是外汇市场的主要参与者，银行间的外汇交易是整个外汇交易的中心，因此银行间汇率又被称为市场汇率。银行间汇率由外汇市场供求关系决定，买卖差价很小。一般报纸杂志上刊登的汇率是银行同业间电汇汇率的中间价。

（2）商业汇率是指银行与客户之间买卖外汇所使用的汇率。商业汇率是根据银行同业汇率适当增（卖出价）减（买入价）而形成的，所以买卖差价要大于同业汇率。

（九）按汇率制度的不同划分，可分为固定汇率（Fixed Rate）和浮动汇率（Floating Rate）两种

（1）固定汇率是指一国货币同另一国货币的汇率基本保持固定，汇率的波动被限制在一定幅度以内，当汇率波动超出规定的界限时，货币当局有义务对外汇市场进行干预以维持汇率稳定。固定汇率是在金本位制和布雷顿森林体系下各国货币汇率安排的主要形式。

（2）浮动汇率是指一个国家不规定本国货币的固定比价，也没有任何汇率波动幅度的上下限，汇率随外汇市场的供求关系自由浮动。在这种制度下，货币当局原则上没有义务维持汇率的稳定，但往往会根据经济政策的需要对汇率施加影响。浮动汇率是自20世纪70年代初布雷顿森林体系崩溃以来各国汇率安排的主要形式。

（十）按汇率是否经过价格调整划分，可分为名义汇率（Nominal Exchange Rate）和实际汇率（Real Exchange Rate）两种

（1）名义汇率是指在社会经济生活中被直接公布和使用的表示两国货币之间比价关系的汇率，没有剔除通货膨胀因素的影响。影响名义汇率变动的因素很多，其中主要包括两国的相对价格水平、相对利率水平和贸易平衡情况。名义汇率既可能由市场决定，也可能由官方决定。

（2）实际汇率是指在名义汇率的基础上剔除通货膨胀因素影响后的汇率，它等于直接标价法下的名义汇率乘以外国的价格指数，再除以本国的价格指数。实际汇率用来反映去除两国货币相对购买力变动的影响后，汇率变化对两国国际竞争力的实际影响。

（十一）按汇率使用的范围不同划分，可分为双边汇率（Bilateral Exchange）和有效汇率（Effective Exchange Rate）两种

（1）双边汇率是指两种货币之间的汇率在外汇市场上用以测定另一种货币的价值，并可判断两种货币价值之间的相对变动。银行公布的外汇牌价通常指的都是双边汇率。

（2）有效汇率是一种货币相对于其他多种货币双边汇率的加权平均数，又称汇率指数。

第三节　汇率的决定与变动

各国货币之所以可以进行对比，能够形成相互之间的比价关系，原因在于它们都代表着一定的价值量，这是汇率的决定基础。在不同的货币制度下，由于各国货币价值的决定方式不同，因此汇率决定的基础也不同，这也就决定了汇率变动的幅度和方式也有所不同。

一、汇率的决定

(一) 金本位制度下汇率的决定

金本位制度 (Gold Standard System) 泛指以黄金为本位货币的货币制度，包括金币本位制 (Gold Coin Standard System)、金块本位制 (Gold Bullion Standard System) 和金汇兑本位制 (Gold Exchange Standard System)。金币本位制盛行于 19 世纪中期至 20 世纪初期，属于完全的金本位制度。后两种金本位制出现于由金铸币流通向纸币流通过渡和第二次世界大战后对黄金与货币兑换实行限制的时期，而且存在的时间较短，属于不完全的金本位制度。通常，金本位制度主要是指金币本位制。

1. 金币本位制下汇率的决定

在金币本位制下，用一定重量和成色的黄金铸造的金币为法定通货，金币可以自由铸造和自由熔化，金币与流通中的银行券可以自由兑换。作为一种世界货币，金币在国际结算中可以跨国境自由输出入。各国都以法律形式规定每一金铸币单位所包含的黄金重量与成色，即法定含金量 (Gold Content)。两国货币的价值量之比就直接而简单地表现为他们的含金量之比，称为铸币平价 (Mint Parity)。黄金是价值的化身，铸币平价是决定两国货币之间汇率的价值基础，它可以表示为

$$\text{单位 A 国制度}=\frac{\text{A 国货币含量}}{\text{B 国货币含量}}=\text{若干单位 B 国货币}$$

例如，1925—1931 年，英国规定 1 英镑金币的重量为 123. 274 4 格令 (Grains)，成色为 22k (Carats)，即 1 英镑含 113. 001 6 格令纯金 (123. 274 4×22/24)；美国规定 1 美元金币的重量为 25. 8 格令，成色为 0. 900 0，则 1 美元含 23. 22 格令纯金 (25. 8×0. 900 0)。根据含金量之比，英镑与美元的铸币平价是 113. 001 6/23. 22 = 4. 866 5，即 1 英镑的含金量是 1 美元含金量的 4. 866 5 倍，或 1 英镑可兑换 4. 866 5 美元。

可以看出，按照等价交换的原则，铸币平价是决定两国货币汇率的基础。

那么，由铸币平价决定的两国货币的汇率就是外汇市场上的实际汇率吗？显然不是。铸币平价是法定的，一般不会轻易变动，而实际汇率受外汇市场供求影响，经常地上下波动。当外汇供不应求时，实际市场汇率就会超过铸币平价；当外汇供过于求时，实际市场汇率就会低于铸币平价。正像商品的价格围绕价值上下波动一样，实际市场汇率也围绕铸币平价上下波动。但在典型的金币本位制度下，由于黄金可以不受限制地输入输出，不论外汇供求的力量多么强大，实际市场汇率的涨落都是有限度的，即被限制在黄金输出点和输入点之间。

黄金输出点和输入点统称黄金输送点 (Gold Transport Point)，是指金币本位制下汇率涨落引起黄金输出和输入国境的界限。它由铸币平价和运送黄金费用 (包装费、运费、保险费、检验费、运送期的利息等) 两部分构成。铸币平价是比较稳定的，运送费用是影响黄金输送点的主要因素。以直接标价法表示，黄金输出点等于铸币平价加运送黄金费用，黄金输入点等于铸币平价减运送黄金费用。

在金币本位制下，汇率波动的规则是汇率围绕铸币平价，根据外汇市场的供求状

况，在黄金输出点与输入点之间上下波动。当汇率高于黄金输出点或低于黄金输入点时，就会引起黄金的跨国流动，从而自动地把汇率稳定在黄金输送点所规定的幅度之内。

黄金的输出与输入使外汇市场上的供求趋于平衡，并使汇率在一定幅度内波动，这就是金币本位制下汇率波动的自发调节机制。这个自发调节机制由英国经济学家休谟（David Hume，1752）最早提出，又称为黄金-物价国际收支调节机制。

2. 金块本位制和金汇兑本位制下汇率的决定

要特别指出的是，汇率围绕铸币平价根据外汇市场供求状况，在黄金输出点与输入点之间上下波动的规则，只能在完全的金本位制度——金币本位制下发挥稳定汇率的作用。第一次世界大战爆发后，许多国家的货币发行不受黄金储备的限制，通货膨胀严重，现钞的自由兑换和黄金的自由流动等货币纪律遭到破坏，金币本位制陷于崩溃，各国相继实行金块本位制或金汇兑本位制。在这两种本位制下，两国货币实际代表的含金量之比还是决定汇率的价值基础，称为法定平价（Official Parity）。实际汇率会围绕法定平价上下波动，但此时汇率波动的幅度已经不再受制于黄金输送点。在金块本位制和金汇兑本位制下，黄金的输出入已经受到严格的限制，因此黄金输送点实际上已经不复存在。在金块本位制和金汇兑本位制这两种残缺不全的金本位制度下，汇率决定的基础虽然依然是金平价，但汇率的波动幅度则由政府来规定和维护。政府一般通过设立外汇平准基金来维持本国货币汇率的稳定。当外汇汇率上升时，便出售外汇；当外汇汇率下降时，便买进外汇，通过这种方法将汇率的波动限制在允许的幅度内。很显然，在金块本位制和金汇兑本位制下，汇率的自发调节机制已经不存在了。1929—1933 年世界性的经济危机爆发后，残缺不全的金本位制度迅速瓦解，金本位制彻底崩溃。不久，各国普遍实行了纸币流通制度。

（二）纸币本位制度下汇率的决定

纸币只是交易的媒介，本身没有价值，在与黄金脱钩了的纸币本位制度下，纸币不再代表或代替黄金流通，从而使金平价（铸币平价和法定平价）不再是汇率决定的基础。从本质上讲，纸币本位制度（Paper Money Standard System）下汇率决定的基础应该是纸币所代表的实际价值，即纸币的购买力，而在现实经济生活中，汇率决定受多种因素的影响，世界各国经济学家都在探讨纸币与黄金脱钩后的汇率决定问题，从而形成了不同的汇率决定理论。

二、汇率的变动

汇率是连接国内外市场的重要纽带，一方面，汇率的变化受制于一系列因素；另一方面，汇率的变动又会对其他经济因素产生影响。了解汇率变动对经济的影响对于研究各国货币当局制定的汇率政策具有重要意义。

（一）影响汇率变动的因素

在当前浮动汇率制度下，汇率的变动主要取决于外汇市场上各种货币的供求关系，而影响供求的因素是多方面的，既有货币购买力、经济发展水平、经济政策等经济因素，也有突发事件、心理预期等非经济因素。因此，研究影响汇率变动的因素要从各个角度进行分析。

1. 影响汇率变动的长期因素

（1）国际收支。在影响汇率变动的长期因素中，国际收支，特别是国际收支中的经常项目是最重要的因素。国际收支是一国对外经济活动的综合反应，国际收支平衡表中所列的各种经济交易最终表现为一国的外汇供给和外汇需求。简单点说，国际收支平衡表统计的是一国对外经济交往中所发生的全部收入和支出。当一国的国际收支表现为顺差，即收入大于支出时，外汇市场上外汇的供给就大于需求，因此本国货币汇率上升，外国货币汇率下降；反之，当一国的国际收支表现为逆差，即收入小于支出时，外汇市场上外汇的供给就小于需求，因此本国货币汇率下降，外国货币汇率上升。

（2）通货膨胀。国内外通货膨胀率的差异是决定一国货币汇率长期走势的主导因素。在纸币本位制度下，汇率从根本上说是由两国货币所代表的实际价值量的对比关系所决定的，而货币所代表的实际价值是由货币的购买力来体现的。纸币发行的特点决定了纸币的实际价值是不稳定的，一旦一国的货币发行过多，流通中的货币量超过了商品流通过程中实际需要的货币量，就会造成通货膨胀。在一国发生通货膨胀的情况下，该国货币在国内的购买力下降，其所代表的实际价值减少，货币对内贬值。在其他条件不变的情况下，货币对内贬值，必然引起对外贬值。在两国都发生通货膨胀的情况下，汇率的变化就取决于两国通货膨胀率的对比。

（3）经济增长。经济增长对汇率的影响较为复杂。理论上说，经济增长率的变化反映一国经济实力的变化，经济增长快、经济实力强的国家可以增强外汇市场对其货币的信心，因而货币汇率有上升的可能。但实际上，由于全球经济一体化，国与国之间的联系与交往越来越紧密，各国的经济周期越来越一致，经济增长率的变化在各国是同时发生的，对汇率不会产生太大的影响，只有各国的经济增长速度明显不同才会影响到汇率方面。

一般来说，较高的经济增长率会对本国货币对外升值起到有力的支持作用，并且这种影响持续的时间也较长，一国的高经济增长率是支持本币成为国际货币市场硬通货的有利因素。当然，这和一国的产业结构以及对外贸易发展战略有着密切的关系。因此，不能单纯地依据经济增长率的高低作为判断汇率长期变动的标准。

2. 影响汇率变动的短期因素

（1）资本流动。资本流动是在短期内对汇率影响最大的因素。国际资本的大量流入会使外汇供给相对增加，外币币值相对于本币下降，从而使本币升值、外币贬值；反之，则会使本币贬值，外币升值。由于国际游资流量巨大，流动迅速，对短期汇率产生的影响不可低估。下面所述的其他因素主要都是通过影响国际资本流动而影响汇率的。

（2）利率差异。在开放经济条件下，利率对汇率的影响是通过不同国家的利率差异所引起的资本，特别是短期资本的流动发生作用的。作为金融资产的价格，利率的高低反映和影响着借贷资本和金融资产的供求。如果一国的利率水平相对于其他国家较高，就意味着本国金融资产的收益率较高，对投资者更具吸引力，这会增加外国资金流入，减少本国资金流出，本币有升值的压力；相反，如果一国的利率水平相对于其他国家较低，就意味着外国金融资产的收益率较高，对投资者更具吸引力，这会促使本国资金外流，减少外国资金流入，本币有贬值的压力。

（3）经济政策。政府的经济政策包含许多方面，如货币政策、财政政策、汇率政策等，它们都会对汇率产生重要的影响。政府的货币政策主要是调控本国的货币供给量，这会影响本国的通货膨胀率，进而影响汇率；政府的财政政策可以通过税收和补贴改变贸易成本和投资成本，进而影响国际收支，也会影响到汇率。货币政策和财政政策都是作用于总需求进而作用于产出的，总需求和总产出的变化会影响进出口，进而影响汇率。如果政府调整汇率政策，则直接表现为本币的升贬值，对汇率的作用则更为明显。外汇市场对这些政策变化十分敏感，因此政策的变化在短期内都会表现出来。

（4）政府干预。不论是在固定汇率制度下，还是在浮动汇率制度下，中央银行要么为了保持汇率稳定，要么有意识地操纵汇率以服务于某项经济目标，都会对外汇市场进行直接干预。在开放的市场经济条件下，中央银行对外汇市场进行干预，对汇率的影响最直接，效果也最明显。通常中央银行干预外汇市场的措施有四种：直接在外汇市场上买进或卖出外汇（需要有外汇储备作为基础）；对资本流动实行管制；在国际范围内公开发表导向性言论以影响市场心理预期；与国际金融组织和有关国家合作，联合进行干预。

（5）心理预期。心理预期是人们对将来事物发展变化的预计。这种预计对汇率的变动起着相当大的作用，预期具有自我实现的能力。如果人们产生某种货币将会升值的预期，那么他们便会在外汇市场上大量买进该种货币，以获取升值收益，这种行为本身就会推高该货币的汇率；如果人们产生某种货币将会贬值的预期，那么市场上将会出现大量抛售该种货币的情况，从而加大了该货币贬值的压力。由于公众预期具有投机性和分散性的特点，汇率短期波动加剧。

（6）投机活动。当今的国际金融市场上，短期游资规模巨大，四处追逐高额利润。由于浮动汇率制度的特点，这些游资在外汇市场上的投机活动也愈演愈烈。他们往往拥有雄厚的资金实力，可以在外汇市场上推波助澜，使汇率的变动远远偏离其均衡水平；或者利用市场趋势对某一货币发动攻击，攻势之强，使各国央行甚至与国际货币基金组织联手干预也难以阻挡。过度的投机活动阻碍了正常外汇交易的发展，扭曲了外汇供求关系，加剧了汇率的波动。

（7）政治与突发因素。资本具有追求安全的特性，政治及突发性因素对外汇市场的影响是直接和迅速的。国际性的政治、经济、军事等突发事件的冲击，包括政局的稳定性，政策的连续性，政府的外交政策以及战争、经济制裁和自然灾害等会在很大程度上影响投资者的信心，进而引发大规模资本流动，对汇率产生巨大影响。政治与突发事件因其突发性及临时性使市场难以预测，很容易对市场造成冲击，一旦市场对消息作出反应并将其消化后，原有消息的影响力就会大为削弱。

上述因素均为影响汇率的主要因素，这些因素并非彼此孤立存在的，而是相互交织、相互影响的，它们有些相互抵消，有些则相互促进，形成一种对汇率变动的综合影响力。我们在上文当中所论述的影响作用只有在假定“其他条件都不变”的情况下才能显示出来。当然，促使汇率变动的因素还有其他方面，如政策时间的不一致性、汇率政策信誉等，这使得分析汇率变动的任务更加困难和复杂。

（二）汇率变动对经济的影响

汇率是连接国内外商品市场和金融市场的纽带。汇率与多种经济因素密切相关。这种关系不仅表现为许多经济因素的变化会导致汇率水平的变动，而且还表现在汇率的变动对其他经济因素具有不同程度、不同形式的作用或影响，使其发生相应的变化，以贬值为例，这种影响具体表现为以下方面。

1. 汇率变动对一国对外经济的影响

（1）对贸易收支的影响。汇率的频繁变动会增加国际贸易的风险，不利于国际贸易的顺利开展。但是在一定条件下，利用汇率的变动可以改变一国的贸易收支状况。简单点说，一国货币对外贬值后，有利于本国商品的出口，不利于外国商品的进口，因而会减少贸易逆差，增加贸易顺差；而一国货币对外升值后，则有利于外国商品的进口，不利于本国商品的出口，因而会减少贸易顺差或扩大贸易逆差。

（2）对非贸易收支的影响。一国货币升值或贬值对该国国际收支经常项目中的旅游和其他劳务收支的状况也会产生一定的影响。如果一国货币贬值，外国货币的购买力相对提高，该国的交通、导游、住宿等各项劳务费用就会变得相对便宜，这会吸引大量外国游客来该国旅游，扩大了非贸易收入的来源。同时，本国居民去国外的旅游的各项劳务支出相对提高，从而抑制了本国的对外支出。两个方面同时起作用，贬值会使一国的非贸易收支状况得到改善。相反，升值会使一国的非贸易收支恶化。

（3）对资本流动的影响。汇率变动对一国资本流动的影响取决于汇率变动后人们对该国货币日后走势的预期。以贬值为例，如果贬值后人们普遍产生该国货币将进一步贬值的预期，那么人们会将资金从本国转移至他国，以避免遭受更大的损失。但如果市场普遍认为贬值已使该国货币处于均衡水平，或认为贬值过度，该国货币汇率将出现反弹，那么人们会将资金从他国转移至本国以获利。

（4）对外汇储备的影响。外汇储备是一国国际储备的主要内容，汇率变动对外汇储备的影响主要有直接和间接两条渠道。直接影响表现为，一国汇率的变动会引起外汇储备实际价值的变动。简单点说，如果储备货币的汇率上升，会增加外汇储备的折算价值；如果储备货币的汇率下跌，则会减少外汇储备的折算价值。各国货币当局都随时注意外汇市场行情的变化，进行相应的储备货币调整，以避免汇率波动给外汇储备带来损失。间接影响表现为，汇率变动会引起一国贸易收支的变动，从而引起外汇储备变动。如果一国货币贬值，会导致该国贸易顺差，这会增加该国外汇储备；如果一国货币升值，可能会导致贸易逆差，这会减少该国外汇储备。另外，汇率变动影响某些储备货币的地位和作用。如果一国货币不断贬值，国际收支长期恶化，那么该国货币作为储备货币的地位就会削弱，甚至丧失；相反，另外一些储备货币的地位则日益提高，作用加强。

2. 汇率变动对一国国内经济的影响

（1）对价格水平的影响。在货币发行量一定的情况下，本币贬值会引起国内价格水平的上升，原因主要有三个方面。首先，本币贬值有利于本国商品出口，出口商品数量增加会导致国内市场供给不足，促使价格上涨；其次，本币贬值会导致进口商品以本币表示的价格上涨，进口原材料、中间品和机器设备等的价格上升会造成国内使用这些进口投入品的商品的生产成本提高，推动这些商品的价格上升；最后，进口消费品的价格上升会直接或通过进口替代品价格的上升间接引起国内消费价格某种程度的上升。同样的，在货币发行量一定的情况下，本币升值会引起国内价格水平下降。

（2）对产出、就业和收入的影响。一国货币贬值后，由于“奖出限入”作用，贸易收支往往会得到改善。如果该国还存在闲置的生产要素，则一国的总产出将通过净出口增加的乘数效应扩张。此外，贸易收支改善后，增加的外汇积累若用于进口先进的机器设备等资本品，在存在闲置生产要素条件下，可进一步增强该国生产能力，从而增加总产出。

（3）对资源配置的影响。一国货币贬值后，进口商品本币价格一般会上升，进口替代品本币价格也会上升，这样整个贸易品部门的价格相对于非贸易品部门的价格就会上升，由此会引发生产资源从非贸易部门转移到贸易部门。这样，一国的生产性资源就会更多地向贸易品部门配置，从而呈现出更为开放型的产业结构。

3. 制约汇率发挥作用的条件

（1）一国对外开放的程度。一国对外开放程度越大，其经济对国际环境的依赖程度越高，进出口贸易占国内生产总值的比重越大，汇率变动对该国经济的影响程度就越大；反之，则越小。

（2）贸易商品结构。汇率变动对贸易商品结构单一的国家影响较大，因为这样的国家面临的供求弹性小，而对贸易商品结构多样化的国家影响较小。

（3）与国际金融市场的联系程度。与国际金融市场联系密切的国家，参加外汇交易的种类多，数额大，汇率变动对其经济的影响也比较大；对于较少参与国际金融市场活动的国家来说，汇率变动的影响就小很多。

（4）货币的可兑换性。一国货币若完全可自由兑换，在国际收支中的使用量就会较多，汇率变动对该国经济的影响就较大；否则，影响较小。

此外，各国对经济的干预政策、外汇管制与进口管制措施等都会导致汇率对一国经济影响程度的差异。一国政府当局在运用汇率这一政策手段时需要多方面考虑，权衡各种因素。

本章小结

1. 外汇指以外币表示的，可以用于国际结算的支付手段。

2. 外汇的分类：根据外汇是否可以自由兑换，可以将外汇划分为自由外汇和记账外汇；根据外汇的来源和用途不同，可以将外汇划分为贸易外汇和非贸易外汇；根据外汇买卖的交割期限，可以将外汇划分为即期外汇和远期外汇。

3. 外汇的作用：促进国际结算、调节国际资金运动、充当国际储备手段。

4. 汇率亦称外汇牌价或汇价，是一国货币兑换另一国货币的比率，也可以说是用一种货币表示的另外一种货币的价格。

5. 直接标价法就是用若干单位的本币表示一定单位的外币，或是以一定单位的外币为标准，折算成若干单位本币的一种汇率表示方法。

6. 间接标价法是用若干单位的外币表示一定单位的本币，或是以一定单位的本币为标准，折算成若干单位外币的一种汇率表示方法。

7. 美元标价法是以一定单位的美元为标准来计算应兑换多少单位的其他国家货币的汇率表示方法。

8. 汇率的种类：从制定汇率的角度来分，汇率可分为基本汇率和套算汇率两种；从银行买卖外汇的角度来分，汇率可分为买入汇率、卖出汇率、中间汇率和现钞汇率四种；按外汇交易的交割时间来分，汇率可分为即期汇率和远期汇率两种；按外汇管理的宽严程度不同来分，汇率可分为官方汇率和市场汇率两种；按汇率是否适用于不同的来源与用途划分，汇率可分为单一汇率和多重汇率两种；按外汇交易中支付方式的不同划分，汇率可分为电汇汇率、信汇汇率和票汇汇率三种；按营业时间划分，汇率可分为开盘汇率和收盘汇率两种；按外汇买卖的对象不同划分，汇率可分为银行间汇率和商业汇率两种；按汇率制度的不同划分，汇率可分为固定汇率和浮动汇率两种；按汇率是否经过价格调整划分，汇率可分为名义汇率和实际汇率两种；按汇率使用的范围不同划分，汇率可分为双边汇率和有效汇率两种。

9. 金币本位制下汇率波动的规则：汇率围绕铸币平价，根据外汇市场的供求状况，在黄金输出点与输入点之间上下波动。当汇率高于黄金输出点或低于黄金输入点时，就会引起黄金的跨国流动，从而自动地把汇率稳定在黄金输送点所规定的幅度之内。

10. 影响汇率变动的因素：长期因素包括国际收支、通货膨胀、经济增长，短期因素包括资本流动、利率差异、经济政策、政府干预、心理预期、投机活动、政治与突发因素。

重要概念

外汇　汇率　直接标价法　间接标价法　美元标价法　基本汇率　套算汇率　买入汇率　卖出汇率　中间汇率　现钞汇率　即期汇率　远期汇率　官方汇率　市场汇率　单一汇率　多重汇率　名义汇率　实际汇率　双边汇率　有效汇率　黄金输送点

思考题

1. 说明常见的汇率种类。
2. 影响汇率变动的因素有哪些？
3. 简述一国货币贬值对该国经济的影响。

第十四章

国际收支

学习目标

通过本章的学习，学生应掌握国际收支的基本概念、国际收支平衡表及其项目构成、国际收支账户分析的基本原理和方法以及一国国际收支状况与一国宏观经济状况之间的关系，为掌握国际收支管理理论打下基础。

国际收支是指在一定时期内一国居民与非居民之间全部政治、经济、文化往来所产生的经济交易的系统的货币记录。国际收支平衡表是指按照一定的编制原则和格式，将一国在一定时期内所有国际经济活动的收入与支出进行系统的记录。国际收支平衡表的编制原则包括：复式记账原则、权责发生制原则、市场价格原则、单一记账货币原则。国际收支平衡表中的全部账户可分为四大类：经常账户、资本账户、金融账户以及错误与遗漏账户。经常账户显示的是居民与非居民之间货物、服务、初次收入和二次收入的流量。资本账户包括居民与非居民之间的应收和应付资本转移和居民与非居民之间非生产非金融资产的取得和处置。金融账户记录涉及金融资产与负债以及发生于居民与非居民之间的交易。金融账户可以细分为直接投资、证券投资、金融衍生产品（储备资产除外）和雇员认股权、其他投资和储备资产五类。错误与遗漏账户是人为设立的，由于统计资料来源不同，或资料不全，或资料本身错漏，或未记录，造成统计上的误差和遗漏，导致国际收支借方与贷方金额不相等。为了使借贷双方总额达到相等，特设立错误与遗漏项目，以轧平借贷差额。国际收支平衡表的分析方法有静态分析、动态分析和比较分析三种。国际收支平衡表的分析重点包括贸易账户差额、经常账户差额、综合账户差额、错误与遗漏账户差额。

第一节　国际收支的概述

国际收支（Balance of Payments，BOP）的概念有狭义和广义之分。狭义的国际收支概念是在第一次世界大战和第二次世界大战之间各国普遍采用的概念。广义的国际收支概念，是从第二次世界大战以后才广泛流行起来，也是目前采用的国际收支概念。

一、狭义的国际收支概念

早在17世纪初欧洲重商主义盛行阶段，国际贸易活动便频繁展开。那时国际间的经济交易仅仅是有形商品的贸易。因此，此时的国际收支仅指一国在一定时期内商品进出口的贸易收支，其含义主要是指一国对外贸易需要结算的差额。

国际金本位制度崩溃以后，随着国际间经济交易内容和范围的扩大，国际收支已从贸易收支概念扩展为外汇收支概念。凡在国际经济交往（包括国际借贷）中必须使用外汇收支进行清算的交易都属于国际收支的范围。现在，我们把这种外汇收支通称为狭义的国际收支。狭义的国际收支概念不包括无外汇收支的国际经济交易。因此，狭义的国际收支概念是指一国在一定时期内（通常为一年）同其他国家为清算到期的债权债务所发生的外汇收支的综合。这一概念强调到期立即结清和以现金作出支付，只要是未到期前无须办理结清收付的国际借贷对一国的国际收支就不会产生实际影响。

总之，凡是在报告期内涉及有外汇收支的交易均属于狭义的国际收支范畴。狭义的国际收支是建立在现金基础上的，所以它的状况直接影响了一国的外汇供求关系。

二、广义的国际收支概念

第二次世界大战后，随着对外贸易的进一步发展，以及国际间各种政治、经济、文化往来的密切，国际经济关系更加广泛。不仅结算手段越来越多样化，而且商品、技术和劳动力的国际交流，资本的流动，以及无偿性质的捐款、赠款、侨汇等单方转移和国际援助等都呈现迅速的发展。这其中，有许多并不涉及外汇收支。这样，广义的国际收支概念不再以支付为基础（On Payments Basis），而是以交易为基础（On Transactions Basis）。目前，世界各国普遍采用的便是广义的国际收支概念。

狭义的国际收支强调现金基础，而广义的国际收支则强调国际经济交易的业务基础，即将不需货币偿付的各种援助项目和不需现金支付的物资、服务之间的交换以及赊购赊销的信用交易项目也均列入国际收支。据此，国际货币基金组织对广义的国际收支所做的定义为“在一定时期内一国居民与非居民之间全部政治、经济、文化往来所产生的经济交易的系统的货币记录”。对于广义的国际收支概念应该从以下几个方面理解。

（一）国际收支是一个流量概念

当人们提及国际收支时，必须指明其属于哪一个时期，这一报告期可以是1年，也可以是1个季度或1个月，各国通常以1年为报告期。

（二）国际收支所反映的内容是经济交易

广义的国际收支与支付没有关系，而是以经济交易为基础，以货币形式记录下来。有些交易可能不涉及货币支付，但这些未涉及货币收支的交易须折算成货币加以记录。

所谓经济交易，是指经济价值从一个经济实体向另一个经济实体的转移。从内容上看，经济交易有五种类型。

(1) 交换，即一交易者（经济体）向另一交易者提供了一宗经济价值，并从对方得到价值相等的回报。这里所说的经济价值，可概括为实际资源（货物、服务、收入）

和金融资产。如简单的货物贸易，如金融资产之间的交换，如货币资本借贷、对外直接投资、有价证券投资以及无形资产（如专利权、版权）的转让买卖等。

（2）转移，即一交易者（经济体）向另一交易者提供了一宗经济价值，但并未从对方得到对应的、价值相等的补偿，如无偿的物资捐赠、服务和技术援助，债权国对债务国给予的债务注销，富裕国家对低收入国家的投资捐赠等。

（3）移居，即一个人把住所从一经济体搬迁到另一经济体的行为。居民所属经济体的变化带来经济体间债权、债务以及伴随移居所发生的经济价值的转移。

（4）其他根据推论而存在的交易。在一些情况下，即使实际流动没有发生，也可以根据推论确定交易的存在，记录在国际收支中。例如国外直接投资收益的再投资，投资者的海外子公司所获得收益中的一部分是属于投资者本人的，如果这部分收益用于再投资，则必须在国际收支中反映出来，尽管这一行为并不涉及两国间的资金与服务的流动。

（5）债权债务的再分类。根据手册，国际收支平衡表中金融项目要揭示债权人和债务人的动机，因此金融项目要根据动机的变化进行重新分类。例如，拥有国外一家企业公司股票的几个彼此独立的投资者，如果旨在取得股利，则是一般的证券投资；如果他们联合起来组成一个集团，以便在管理上控制企业，这时他们持有的股份就成了直接投资。这样的再分类就要在发生期末记入到国际收支头寸中，而不是国际收支平衡表。

（三）国际收支所记载的经济交易必须发生于一国居民与非居民之间

判断一项经济交易是否应计入国际收支范围的依据不是国籍和国界，而是交易的双方是否分别为该国的居民和非居民。只有居民与非居民之间的经济交易才计入国际收支的国际经济交易。居民是指在一国的经济领土内具有一定经济利益中心的经济单位，符合上述情况他国的公民也可能属于本国居民。

所谓经济领土，一般包括一个政府所管辖的地理领土，也包括该国天空、水域和临近水域下的大陆架以及该国在世界其他地方的“飞地”，还包括海关控制下的自由区和离岸企业经营的保税仓库或工厂。坐落在一国地理边界内的外国政府或国际机构使用的领土“飞地”不作为该国经济领土的组成部分。

所谓在一国经济领土内具有一定经济利益中心，是指该单位在某国的经济领土内在一年或一年以上的时间中已经或计划从事大规模的经济活动或交易。

对于经济体而言，居民可分为自然人居民和法人居民。自然人居民是指那些在本国居住时间长达一年以上的个人，但官方外交使节、驻外军事人员等一律是所在国的非居民；法人居民是指在本国从事经济活动的各级政府机构、企业和非营利团体，但是国际性机构，诸如联合国、国际货币基金组织等组织是任何国家的非居民。

第二节 国际收支平衡表

一、国际收支平衡表的概念与结构

国际收支平衡表是指按照一定的编制原则和格式，将一国在一定时期内所有国际经济活动的收入与支出进行系统的记录。国际收支平衡表是反映和说明该国国际收支状况的表式，也是反映一国对外经济发展、偿债能力等关键信息的重要文件，也是各国制定开放经济条件下宏观经济政策的基本依据。

国际货币基金组织发布的《国际收支手册》是世界各国编制国际收支平衡表的指导性框架工具，也是各国分析判断国际经济地位的基本数据参考。国际货币基金组织于1993年出版了《国际收支手册（第五版）》，对编制这一报表所采用的概念、准则、惯例、分类方法以及标准构成都做了统一的说明；2008年又公布了最新版的《国际收支手册（第六版）》，扩展并充实了第五版的相关内容，对货物与服务贸易收支部分子项目进行了调整，更加突出对国际投资和国际金融交易的记录。国际收支平衡表的结构为“T形账户”，分为借方和贷方两栏。国际收支平衡表的结构见表14-1。

表14-1　　国际收支平衡表　　单位：亿美元

	贷方（+）	借方（-）	差额
经常账户			
资本账户			
金融账户			
错误与遗漏账户			

二、国际收支平衡表的编制原则

（一）复式记账原则

任何一笔国际经济交易都应在借贷双方同时反映。复式记账法是常用的会计报表编制方法，其特征可以概括为两点：一是会计科目划分为借方和贷方，借方科目为资金占用类科目，如货物和服务进口，应付收入，资产增加，或负债减少，记为“-”，反映对外支付情况；贷方科目为资金来源类科目，如货物和服务出口，应收收入，资产减少，或负债增加，记为“+”，反映接受付款情况。二是每一笔交易需要同时留下金额相同、方向相反的借记和贷记两个记录。

（二）权责发生制原则

指交易的记录时间应以经济所有权转移为标准。在国际经济交易中，如签订买卖合同、货物装运、结算、交货、付款等一般都是在不同日期进行的，为了统一各国的记录口径，国际货币基金组织采用所有权变更原则。只要两国之间发生了债权债务关系，即使没有实现现金支付，也要按照所有权转移的日期记入国际收支平衡表。

（三）市场价格原则

每笔交易的记录都以市场价格或其等值为依据确定交易的价值。关于贸易收支的价格，按照国际惯例，出口国以离岸价（FOB）来计算，进口国以到岸价（CIF）来计算。为了统一记录口径，国际货币基金组织建议无论进出口均采用离岸价来记入各国国际收支平衡表，到岸价中的运费和保险费列入劳务收支。

（四）单一记账货币原则

国际收支平衡表是以货币记录的交易，对于有些可能不涉及货币支付的交易，须折算成货币加以记录。而且所有记账单位要折合为同一种货币。由于国际经济交易使用多种货币，需要将多种货币转换成单一货币表示，原则上应当按照签约时的汇率对交易金额进行转换。记账货币可以是本国货币，也可以是外国货币。比如，我国国际收支平衡表的记账货币是美元（外国货币），美国采用的也是美元（本国货币）。

三、国际收支平衡表的内容

根据《国际收支手册（第六版）》的规定，国际收支平衡表中的全部账户可分为四大类：经常账户、资本账户、金融账户以及错误与遗漏账户。

（一）经常账户

经常账户显示的是居民与非居民之间货物、服务、初次收入和二次收入的流量。经常账户是国际收支中重要的账户类别。

1. 货物和服务

货物包括一般商品、用于加工的货物、货物修理、各种运输工具在港口购买的货物以及非货币用黄金。货物有时又称有形贸易（Visible Trade），此账户系统记录了一国的商品进出口情况，往往对一国国际收支的经常项目乃至整个国际收支的状况起着决定性作用。按国际货币基金组织的规定，进出口商品价格均应按离岸价格（FOB）计算。

服务有时又称无形贸易（Invisible Trade）。此账户记录的内容较为复杂，包括运输服务，旅游服务，通信服务，建筑服务，保险服务，金融服务，计算机和信息服务，专有权利使用费和特许费，其他商业服务，个人、文化和娱乐服务以及别处未提及的政府服务。其中，通信服务、保险服务、金融服务、计算机和信息服务、专有权利使用费和特许费以及其他商业服务在当代国际贸易中的地位越来越重要。

《国际收支手册（第六版）》将加工贸易从货物贸易调整到服务贸易项下，将转手贸易从服务贸易调整到货物贸易的一般贸易项下，并采用交易价格而非离岸价格进行估价。

2. 初次收入

初次收入是为提供劳务、金融资产和出租自然资源而获得的回报，包括雇员报酬、利息、公司的已分配收益、再投资收益、租金，具体分为以下两类：

（1）与生产过程相关的收入。雇员报酬是向生产过程投入劳务的收入。对产品和生产的税收和补贴也是有关生产的收入。

（2）与金融资产和其他非生产资产所有权相关的收入。财产收入是提供金融资产和出租自然资源所得的回报。投资收益是提供金融资产所得的回报，包括股息和准公司收益提取、再投资收益和利息。但是，对金融衍生产品和雇员认股权的所有权不产生投资收益。

3. 二次收入

二次收入账户表示居民与非居民之间的经常转移，主要是通过政府或慈善组织等的经常转移对收入重新分配。转移可以为现金或实物。资本转移列示于资本账户中。经常转移包括各级政府的转移（如战争赔款、政府间的经济援助、军事援助和捐赠、政府与国际组织间定期缴纳的费用以及国际组织作为一项政策向各国政府定期提供的转移等）和其他私人转移（如侨汇、捐赠、继承、赡养费、资助性汇款、退休金等）。

（二）资本账户

与第五版“资本与金融账户”不同，第六版《国际收支手册》将资本账户与金融账户分别单独列出。资本账户包括居民与非居民之间的应收和应付资本转移和居民与非居民之间非生产非金融资产的取得和处置。

非生产非金融资产包括自然资源、契约、租约和许可、营销资产（和商誉）。自然资源包括土地、矿产权、林业权、水资源、渔业权、大气空间和电磁光谱，契约、租约和许可包括确认为经济资产的契约、租约和许可。这些资产为社会和其法律体系所创建，有时称为无形资产。营销资产包括品牌、报刊名称、商标、标志和域名等。

资本转移包括债务减免、非人寿保险索赔、投资捐赠、一次性担保和其他债务承担、税金及其他资本转移，主要涉及以下三项所有权的转移：固定资产所有权的资产转移、同固定资产收买或放弃相联系的或以其为条件的资产转移、债权人不索取任何回报而取消的债务。

（三）金融账户

金融账户记录涉及金融资产与负债以及发生于居民与非居民之间的交易。金融账户可以细分为直接投资、证券投资、金融衍生产品（储备资产除外）和雇员认股权、其他投资和储备资产五类。与经常账户不同，金融账户的各个项目并不按借贷方总额来记录，而是按资产净获得和负债净发生来记入相应的借方或贷方。

金融账户中的会计分录可以为货物、服务、收入、资本账户或其他金融账户分录的对应分录。例如，货物出口的对应分录通常为金融资产的增加，如货币和存款或贸易信贷的增加。

金融账户标准组成部分根据投资类型或功能可以分为直接投资、证券投资、金融衍生品和雇员认股权、其他投资和储备资产。

1. 直接投资

其特征是投资者对非居民企业的经营管理拥有有效的控制权。直接投资可以采取直接在国外投资兴建企业的形式，也可以采取购买非居民企业一定比例股票的形式，或采取将投资利润进行再投资的形式。

2. 证券投资

证券投资指没有被列入直接投资或储备资产的，有关债务或股本证券的跨境交易和头寸主要指购买非居民政府的长期债券和非居民公司的股票、债券等。须指出的是，当证券投资中拥有非居民企业股权达到一定比例时（如美国规定达到10%以上，国际货币基金组织规定25%以上），就作为直接投资。

3. 金融衍生品和雇员认股权

金融衍生合约是一种金融工具，该金融工具与另一个特定的金融工具、指标或商品挂钩，通过这种挂钩，可以在金融市场上对特定金融风险本身（例如利率风险、外汇风险、股权和商品价格风险、信用风险等）进行交易。

4. 其他投资

凡不包括在直接投资、证券投资和储备资产中的一切资金融交易均记录在此。这些交易包括长短期的贸易信贷、贷款、货币和存款以及应收款项和应付款项，比如政府贷款、隐含贷款和贸易融资等长短期贷款。

5. 储备资产

储备资产是由货币当局控制，并随时可供货币当局用来满足国际收支资金需求，用以干预汇兑市场，影响货币汇率，以及用于其他相关目的（例如维护人们对货币和经济的信心、作为向外国借款的基础）的对外资产。储备资产必须是外币资产和实际存在的资产，即各项有效协议下产生出的债权，不包括潜在的资产，如掉期安排和信贷额度下可得到的外汇都不构成现有的债权。由货币当局“控制”和“可供使用”是储备资产的基本概念。

储备资产包括货币黄金、特别提款权持有、在基金组织的储备头寸、货币和存款、证券（包括债务和股本证券）、金融衍生产品和其他债权（贷款和其他金融工具）。储备资产的增加总是经常账户和别的金融账户上有一笔顺差发生，反之亦然。同时，经常账户上的净差额又要通过储备账户的减少（或增加）或其他金融账务的对外净借入来平衡。

（四）错误与遗漏账户

国际收支平衡表采用复式记账法。由于统计资料来源不同，或资料不全，或资料本身错漏，或未记录，造成统计上的误差和遗漏，导致国际收支借方与贷方金额不相等。为了使借贷双方总额人为的达到相等，特设立错误与遗漏项目，以轧平借贷差额。如果借方总额大于贷方总额，其差额记入该账户的贷方；反之，记入借方。

错误与遗漏账户能够在一定程度上反映一国国际收支统计质量的高低。根据国际惯例，只要错误与遗漏账户占国际收支口径的货物进出口额的比重不超过5%，都是可以接受的。

四、编制实例

国际收支平衡表是按照复式记账原理编制出来的会计报表，因此每笔经济交易用两个或两个以上的有关账户同时进行记录，从而全面的、相互联系的反映每项经济交易所引起的外汇资金和运用的增减变动。

在国际收支平衡表中，一般用“借”“贷”反映外汇资金来源和运用的增减变动。“贷方”反映外汇收入，负债增加，资产减少；“借方”反映外汇支出，负债减少，资产增加。

现在以A国某时期内的国际经济交易为例，说明其国际收支平衡表的编制：

(1) A国企业出口价值100万美元的纺织品。这说明A国出口商品，意味着本国资产的减少，所以应记在“货物出口”的贷方，同时也表明A国的外汇资产增加，应记在金融账户中的“其他投资”的借方。

借：其他投资　100万美元

贷：货物出口　100 万美元

（2）A 国居民到欧洲旅行，动用了其在德国的存款 20 万美元。本国居民到国外旅游意味着外汇支出，所以应计入“服务”的借方，同时在外国银行存款减少，应记入“其他投资”贷方。

借：服务进口　20 万美元

贷：其他投资　20 万美元

（3）为帮助某国灾后重建，A 国政府动用外汇储备 200 万美元提供无偿援助，另提供相当于 200 万美元的食品援助。这属于交易类型中的转移项目，本国居民对非居民的单方面转移，应记入借方，官方储备减少、实际资源的减少都属于贷方项目。

借：经常转移　400 万美元

贷：官方储备　200 万美元

货物出口　200 万美元

（4）外商以价值 1 000 万美元的设备投入 A 国，兴办合资企业。A 国实际资源增加，应反映在“货物进口”的借方，而兴办合资企业属于金融账户中的“直接投资”的贷方。

借：货物进口　1 000 万美元

贷：外国对 A 国的直接投资　1 000 万美元

（5）A 国企业在海外投资所得利润 100 万美元，其中 80 万用于当地的再投资，20 万调回国内结售给政府换取本国货币。投资所得属于经常账户下投资收入项目，因为是外汇收入，记“贷方”。官方储备的增加记入“借方”。

借：对外长期投资　80 万美元

官方储备　20 万美元

贷：投资收入　100 万美元

（6）A 国居民动用在海外存款 50 万美元，用以购买外国某公司的股票，同时又收到其持有的海外债券利息收入 1 万美元，并将这 1 万美元存在海外银行。海外资产的增加记入借方，海外资产的减少记入贷方。

借：证券投资　50 万美元

贷：外国银行存款　50 万美元

借：外国银行存款　1 万美元

贷：投资收入　1 万美元

（7）A 国向外国提供了 1 000 万美元的 10 年期贷款。这笔贷款意味着 A 国长期资本外流，应记在金融账户下其他投资的借方。由此产生了外国在 A 国银行的 1 000 万美元存款。新的存款作为短期资本内流，应记在金融账户下其他投资的贷方。

借：其他投资　1 000 万美元

贷：其他投资　1 000 万美元

（8）A 国企业授予某国某企业连锁经营权，获取特许经营费 5 万美元。这属于资本项目中非生产、非金融资产的取得（借记）与处置（贷记）。

借：外国银行存款　5 万美元

贷：营销资产　5 万美元

上述各笔交易可编制成一张完整的国际收支账户表格，如表 14-2 所示。

表 14-2　　国际收支平衡表　　单位：万美元

	贷方	借方	差额
经常账户			
货物和服务	100 …… ① 200 …… ③	20 ……… ② 1 000 … ④	
初次收入	100 …… ⑤ 1 ……… ⑥		
二次收入		400 …… ③	
经常账户差额	401	1 420	-1 019
资本账户			
非生产非金融资产的取得和处置	5 ……… ⑧		
资本转移			
资本账户差额	5	0	5
净贷出（+）/净借入（-）（来自经常账户和资本账户）	406	1 420	-1 014
金融账户（按职能类别）	资产净获得	负债净产生	差额
直接投资	1 000 … ④	80 ……… ⑤	
证券投资		50 ……… ⑥	
金融衍生品（储备除外）和雇员认股权			
其他投资	20 ……… ② 50 ……… ⑥ 1 000 … ⑦	100 …… ① 1 ……… ⑥ 1 000 … ⑦ 5 ……… ⑧	
储备资产	200 …… ③	20 ……… ⑤	
净贷出（+）/净借入（-）（来自金融账户）	2 270	1 256	1 014
错误与遗漏账户			0

五、国际收支平衡表的分析

（一）国际收支平衡表的分析方法

国际收支平衡表的分析方法有静态分析、动态分析和比较分析三种。在对一国国际收支进行分析时，应该将这三种分析方法结合起来综合运用，才能做到全面深入。

静态分析是分析某国在某一时期的国际收支平衡表，主要是计算和分析表中各个项目及其差额，分析各个项目差额的形成原因及对国际收支总差额的影响。

动态分析是指对某国若干连续时期的国际收支平衡表进行分析，掌握其长期变化情况。

比较分析既包括对一国若干连续时期的国际收支平衡表进行比较分析，也包括对多个不同国家在相同时期的国际收支平衡表进行比较分析。

（二）国际收支平衡表的分析重点

从表 14-2 中我们可以发现，国际收支平衡表最终总计的差额为零，其实这是由复式记账方法所决定的。然而，这种国际收支平衡表总计的平衡仅是形式上的平衡，并无经济学意义。在大多数情况下，各个具体项目的借方和贷方经常是不相等的，双方进行抵消后会产生一定的差额。我们把一国国际收支平衡表中的贷方总额大于借方总额，称为国际收支的顺差或盈余（surplus），用“+”号表示；把借方总额大于贷方总额，称为国际收支的逆差或赤字（deficit），用“-”号表示。因此，我们很容易将国际收支不平衡理解为国际收支状况出现了逆差或顺差。因此一些项目的差额就成为我们国际收支平衡表的分析重点。

1. 贸易账户差额

贸易账户差额是指包括货物与服务在内的进出口之间的差额。贸易账户差额在传统上经常作为整个国际收支的代表，能够反映一国的产业结构和产品的国际竞争力。在很多国家，贸易账户差额在国民收入中所占比重相当大，反映在经济增长过程中，对国民收入增长率贡献非常突出，可拉动经济增长，同时通常用出口或进出口总额占国民收入的比重来衡量一国经济开放程度。

2. 经常账户差额

经常账户差额是指一定时期内一国货物、服务、初次收入和二次收入项目上借贷方的净差额，反映了一国贸易、非贸易以及转移收支的状况，是衡量国际收支的、最好的指标。

3. 综合账户差额

综合账户差额是指经常账户与资本和金融账户中的资本转移、直接投资、证券投资、其他投资账户所构成的余额，也就是将国际收支账户中官方储备账户剔除后的差额，通常所说的国际收支盈余或赤字实际上就是指综合差额的盈余或赤字。综合账户的意义在于可以衡量国际收支对一国储备持有所造成的压力，一国可以通过动用或获取储备来弥补国际收支的不平衡。总差额为正，则储备资产增加；总差额为负，则储备资产减少。

4. 错误与遗漏账户差额

错误与遗漏账户差额一般是由于统计技术原因造成的，有时也有人为因素，它的数额过大会影响到国际收支分析的准确性。当一国国际收支账户持续出现同方向、较大规模的错误与遗漏时，就要考虑到人为因素。例如，对出口进行退税是国家鼓励出口的一种财政政策，如果企业为骗取退税收入而虚报出口，就会形成出口数额过高而资本流入数额过低，由此造成国际收支借方余额小于贷方余额，从而相应形成错误与遗漏账户的借方余额。

［专栏］14-1

2013年中国国际收支平衡表见表14-3。

表14-3　　中国国际收支平衡表　　单位：亿美元

2013年

项　　目	行次	差额	贷方	借方
一、经常项目	1	1 828	26 637	24 809
A. 货物和服务	2	2 354	24 250	21 896
a. 货物	3	3 599	22 190	18 591
b. 服务	4	-1 245	2 060	3 305
1. 运输	5	-567	376	943
2. 旅游	6	-769	517	1 286
3. 通信服务	7	0	17	16
4. 建筑服务	8	68	107	39
5. 保险服务	9	-181	40	221
6. 金融服务	10	-5	32	37
7. 计算机和信息服务	11	94	154	60
8. 专有权利使用费和特许费	12	-201	9	210
9. 咨询	13	169	405	236
10. 广告、宣传	14	18	49	31
11. 电影、音像	15	-6	1	8
12. 其他商业服务	16	135	341	206
13. 别处未提及的政府服务	17	0	12	12
B. 收益	18	-438	1 855	2 293
1. 职工报酬	19	161	178	17
2. 投资收益	20	-599	1 677	2 276
C. 经常转移	21	-87	532	619
1. 各级政府	22	-31	11	42
2. 其他部门	23	-56	520	577
二、资本和金融项目	24	3 262	17 271	14 009
A. 资本项目	25	31	45	14
B. 金融项目	26	3 232	17 226	13 995

续表

项　　目	行次	差额	贷方	借方
1. 直接投资	27	1 850	3 478	1 629
1.1 我国在外直接投资	28	-732	364	1 096
1.2 外国在华直接投资	29	2 582	3 114	532
2. 证券投资	30	605	1 041	436
2.1 资产	31	-54	258	311
2.1.1 股本证券	32	-25	136	161
2.1.2 债务证券	33	-28	122	150
2.1.2.1（中）长期债券	34	-28	122	150
2.1.2.2 货币市场工具	35	0	0	0
2.2 负债	36	659	784	125
2.2.1 股本证券	37	326	407	81
2.2.2 债务证券	38	333	377	44
2.2.2.1（中）长期债券	39	160	204	44
2.2.2.2 货币市场工具	40	173	173	0
3. 其他投资	41	776	12 707	11 930
3.1 资产	42	-1 365	1 439	2 804
3.1.1 贸易信贷	43	-603	65	667
长期	44	-12	1	13
短期	45	-591	64	654
3.1.2 贷款	46	-319	374	693
长期	47	-422	100	522
短期	48	102	274	172
3.1.3 货币和存款	49	-20	890	910
3.1.4 其他资产	50	-423	110	533
长期	51	100	100	0
短期	52	-523	10	533
3.2 负债	53	2 142	11 268	9 126
3.2.1 贸易信贷	54	449	449	0
长期	55	8	8	0

续表

项　　目	行次	差额	贷方	借方
短期	56	442	442	0
3.2.2 贷款	57	934	9 493	8 558
长期	58	194	569	375
短期	59	740	8 923	8 183
3.2.3 货币和存款	60	758	1 208	450
3.2.4 其他负债	61	0	118	118
长期	62	8	21	13
短期	63	-8	97	104
三、储备资产	64	-4 314	13	4 327
3.1 货币黄金	65	0	0	0
3.2 特别提款权	66	2	2	0
3.3 在基金组织的储备头寸	67	11	11	0
3.4 外汇	68	-4 327	0	4 327
3.5 其他债权	69	0	0	0
四、净误差与遗漏	70	-776	0	776

注：1. 本表计数采用四舍五入原则。2. 本表由 2013 年四个季度平衡表美元值累加而成。

资料来源：http：//www.safe.gov.cn.

本章小结

1. 国际收支是在一定时期内一国居民与非居民之间全部政治、经济、文化往来所产生的经济交易的系统的货币记录。国际收支概念应该从三个方面来理解，首先，国际收支是一个流量概念；其次，国际收支所反映的内容是经济交易；最后，国际收支所记载的经济交易必须发生于一国居民与非居民之间。

2. 国际收支平衡表指按照一定的编制原则和格式，将一国在一定时期内所有国际经济活动的收入与支出进行系统的记录。

3. 国际收支平衡表的编制原则：复式记账原则、权责发生制原则、市场价格原则、单一记账货币原则。

4. 国际收支平衡表的内容：国际收支平衡表中的全部账户可分为四大类：经常账户、资本账户、金融账户以及错误与遗漏账户。经常账户包括居民与非居民之间货物、服务、初次收入和二次收入；资本账户包括居民与非居民之间的应收和应付资本转移和居民与非居民之间非生产非金融资产的取得和处置；金融账户包括直接投资、证券投资、金融衍生产品（储备资产除外）和雇员认股权、其他投资和储备资产；错误与遗漏账户记录由于统计资料来源不同，或资料不全，或资料本身错漏，或未记录，造成统计上的误差和遗漏。

5. 国际收支平衡表的分析方法为：静态分析、动态分析和比较分析三种。

6. 际收支平衡表的分析重点：贸易账户差额、经常账户差额、综合账户差额、错误与遗漏账户差额。

重要概念

国际收支　国际收支平衡表　贸易账户差额　资本与金融账户差额　综合账户差额　错误与遗漏账户差额

思考题

1. 国际收支平衡表的主要项目有哪些？
2. 简述国际收支平衡表的记账原则。
3. 一个国家经常项目赤字而同时国际收支平衡表盈余是否可能？请加以解释。

参 考 文 献

1. 弗雷德里克·S·米什金. 货币金融学. 9版. 郑艳文，荆国勇，译. 北京：中国人民大学出版社，2011.
2. 博迪. 金融学. 2版. 曹辉，刘澄，译校. 北京：中国人民大学出版社，2010.
3. 艾洪德，范立夫. 货币银行学. 大连：东北财经大学出版社，2011.
4. 蔡则祥，王艳君. 商业银行中间业务. 北京：中国金融出版社，2011.
5. 曹龙骐. 金融学. 4版. 北京：高等教育出版社，2013.
6. 曹龙骐. 金融学案例与分析. 北京：高等教育出版社，2005.
7. 黄达. 金融学. 3版. 北京：中国人民大学出版社，2012.
8. 潘丽娟. 商业银行经营与管理. 北京：人民邮电出版社，2011.
9. 盛松成，等. 现代货币经济学. 3版. 北京：中国金融出版社，2012.
10. 宋玮. 金融学概论. 2版. 北京：中国人民大学出版社，2009.
11. 孙开焕，刘旸. 金融学概论. 大连：东北财经大学出版社，2013.
12. 武康平，李军. 现代货币银行学. 北京：首都经济贸易大学出版社，2007.
13. 夏德仁，李念斋. 货币银行学. 2版. 北京：中国金融出版社，2005.
14. 姚长辉，吕随启. 货币银行学. 4版. 北京：北京大学出版社，2012.
15. 易纲，吴有昌. 货币银行学. 上海：格主义出版社，2014.
16. 张芳. 金融学. 北京：对外经济贸易大学出版社，2014.